第三版
鉄骨建築内外装構法図集

一般社団法人 日本鉄鋼連盟　鉄骨建築内外装構法図集改訂委員会 編

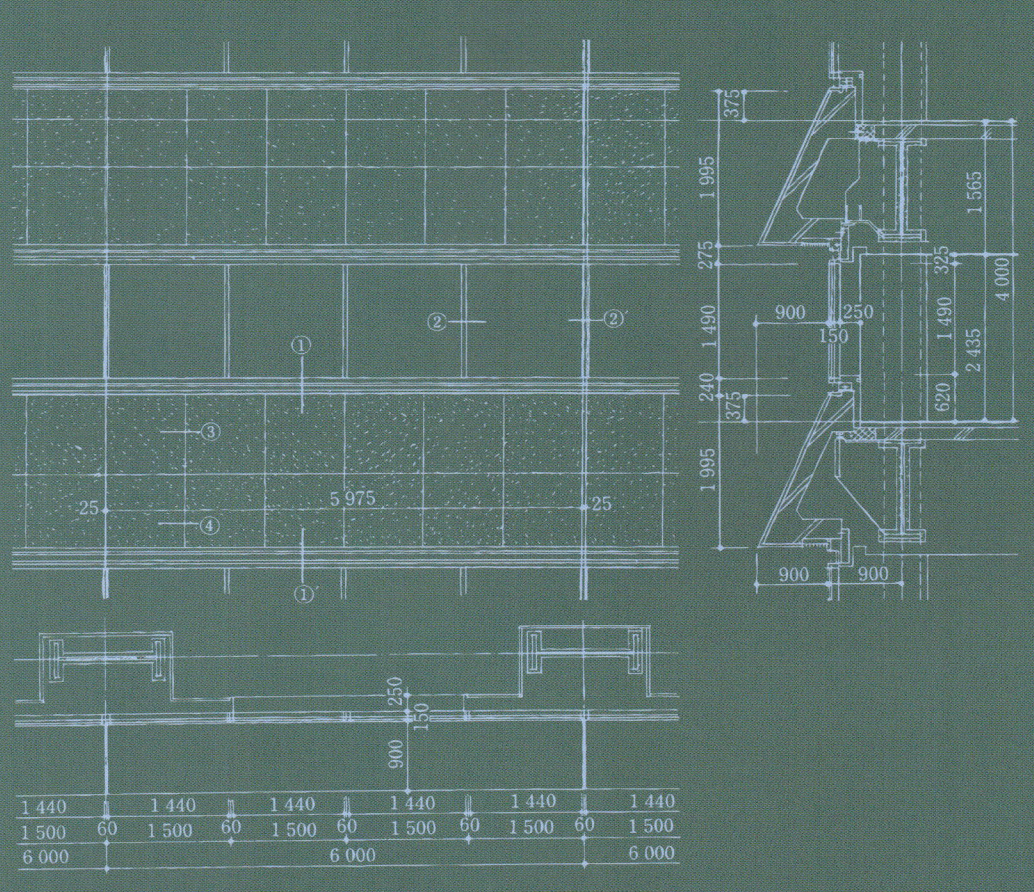

技報堂出版

ALC

【建物用途】高層集合住宅

【建物用途】倉庫

【建物用途】商業施設

【建物用途】公共施設

【建物用途】医療施設

【建物用途】工場

【建物用途】戸建住宅

【建物用途】事務所

押出成形セメント板

(Photo：ナトリ光房)

【建物用途・名称】事務所・バンドー化学（株）本社事業所（兵庫県神戸市）
【使用部位・部材】外壁・押出成形セメント板とガラスカーテンウォールとの交互使い

【建物用途・名称】厚生施設
　　　　　　　　Ｎ社東京工場厚生棟
【使用部位・部材】外壁
　　　　　　　　押出成形セメント板工場塗装品

(Photo：車田 保)　　　　　　　　　　　　　　　(Photo：服部 真由子)

【建物用途・名称】店舗付住宅・村瀬新聞店稲永店（愛知県名古屋市）
【使用部位・部材】外壁・押出成形セメント板素地（部分塗装）

繊維強化セメント板

スレート波板

【建物用途・名称】工場
【使用部位・部材】屋根・大波

【建物用途・名称】倉庫
【使用部位・部材】外壁・小波

けい酸カルシウム板（けい酸カルシウム板タイプ2）

【建物用途・名称】工場
【使用部位・部材】間仕切壁
　けい酸カルシウム板タイプ2

耐火被覆板（けい酸カルシウム板タイプ3）

【建物用途・名称】倉庫
【使用部位・部材】梁
　耐火被覆板・けい酸カルシウム板タイプ3

屋根用スレート

【建物用途・名称】幼稚園・保育園
　片上こども園（岡山県備前市）
【使用部位・部材】屋根
　屋根用スレート
　こども園のにぎやかな雰囲気に似合う赤いスレート屋根葺き。トップコートには高耐候性塗料を採用。

【建物用途・名称】工場
　白鹿 辰馬本家酒造（株）（兵庫県西宮市）
【使用部位・部材】屋根
　屋根用スレート
　中高層の工場のスレート屋根。高耐候トップコート品。

金属板

【建物用途・名称】屋内運動場
　掛川市立原野谷中学校（静岡県掛川市）
【使用部位・部材】
　屋根（キャップ式かん合工法）・カラー GL つや消し $t=0.5$mm

【建物用途・名称】事務所
　さくらインターネット石狩データセンター（北海道石狩市）
【使用部位・部材】
　屋根（折板ダブルパック工法）・アルミめっき鋼板 $t=0.8$mm

【建物用途・名称】店舗
　大涌谷 くろたまご館(神奈川県箱根町)
【使用部位・部材】
　屋根(かん合式立平葺き工法)・カラーステンレス $t=0.4$mm

窯業系サイディング

【建物用途・名称】体育館
　七井小学校屋内運動場（栃木県益子町）
【使用部位・部材】外壁
　窯業系サイディング（15mm，18mm，25mm厚のフラット板，リブ板）を鋼製下地胴縁に横張り。

【建物用途・名称】体育館
　三戸小中一貫校　屋内運動場（青森県三戸町）
【使用部位・部材】外壁
　窯業系サイディング（26mm厚フラット板）を鋼製下地胴縁に横張り。

カーテンウォール

【建物用途・名称】オフィスビル・商業施設
あべのハルカス（大阪市阿倍野区）
【使用部位・部材】外壁
ダブルスキンユニットカーテンウォール。
随所にある吹抜け空間から自然の光と風を通す。
出典：ウィキメディア・コモンズ，
ファイル：Abeno Harukas Osaka Japan01-r.jpg，
著作権者：Oilstreet，ライセンス：cc 表示

【建物用途・名称】電波塔
東京スカイツリー（東京都墨田区）
【使用部位・部材】展望台外壁
地上高さ 350m，450m の展望台にあり，スパンドレル部はアルミパネルで構成された逆円錐台ガラスユニットカーテンウォール。
出典：ウィキメディア・コモンズ，
ファイル：Tokyo Sky Tree 2012.JPG，
著作権者：Kakidai，ライセンス：cc 表示 - 継承

【建物用途・名称】専門学校
モード学園スパイラルタワーズ（名古屋市中村区）
【使用部位・部材】外壁
螺旋状のデザインをしたガラスユニットカーテンウォール。
出典：ウィキメディア・コモンズ，
ファイル：Mode Spiral Towers in Nagoya02.JPG，
著作権者：Kansai explorer，ライセンス：cc 表示

【建物用途・名称】オフィスビル・商業施設
　虎ノ門ヒルズ（東京都港区）
【使用部位・部材】外壁
　ガラスユニットカーテンウォール。
　地上250mの屋根部分はユニット式トップライトで構成。
　出典：ウィキメディア・コモンズ，
　ファイル：Toranomon Hills. JPG，
　著作権者：Kakidai，ライセンス：cc 表示 - 継承

【建物用途・名称】オフィスビル
　飯野ビル（東京都千代田区）
【使用部位・部材】外壁
　定風量型換気装置を備えたダブルスキンユニットカーテンウォール。
　出典：ウィキメディア・コモンズ，
　ファイル：Iinobuilding. jpg，
　著作権者：Shuto.number12，ライセンス：cc 表示 - 継承

【建物用途・名称】オフィスビル・商業施設
　JP タワー（東京都千代田区）
【使用部位・部材】外壁
　旧東京中央郵便局舎を一部保存した低層棟と高層棟から構成されるガラスユニットカーテンウォール。
　出典：ウィキメディア・コモンズ，
　ファイル：JP-Tower-01. jpg，
　著作権者：Rs1421，ライセンス：cc 表示 - 継承

【建物用途・名称】オフィスビル
西新宿三井ビルディング（東京都新宿区）
【使用部位・部材】外壁
シリコーン系構造グレイジングガスケットを用いたガラスノックダウンカーテンウォール。
出典：ウィキメディア・コモンズ，
ファイル：Nishinjuku mitsui building cropped.jpg，
著作権者：kentin，ライセンス：cc 表示 - 継承

【建物用途・名称】オフィスビル
電通汐留本社ビル（東京都港区）
【使用部位・部材】外壁
エアーフローウィンドウを備えたガラスユニットカーテンウォール。
出典：ウィキメディア・コモンズ，
ファイル：Dentsu Headquarters Building(Hamarikyu side).JPG，
著作権者：妖精書士，ライセンス：cc 表示 - 継承

【建物用途・名称】専門学校
モード学園コクーンタワー（東京都新宿区）
【使用部位・部材】外壁
繭玉をイメージさせるガラスユニットカーテンウォール。
出典：ウィキメディア・コモンズ，
ファイル：Cocoontower.jpg，
著作権者：Wiiii，ライセンス：cc 表示 - 継承

【建物用途・名称】オフィスビル
丸の内北口ビルディング（東京都千代田区）
【使用部位・部材】外壁
遮光ルーバー，大型縦フィンを備えた横連窓（等圧構法）。スパンドレル部は大判陶磁器質タイル打込み PC 版。
提供：三菱地所（株）

【建物用途・名称】テレビ局
フジテレビ本社ビル（東京都港区）
【使用部位・部材】外壁
球体部にチタン合金パネルを使用したスパンドレルユニット方式のカーテンウォール。
出典：ウィキメディア・コモンズ，
ファイル：Fuji TV headquarters and Aqua City Odaiba - 2006-05-03-2009-25-01.jpg，
著作権者：Mark J. Nelson，ライセンス：cc 表示 - 継承

【建物用途・名称】オフィスビル
泉ガーデンタワー（東京都港区）
【使用部位・部材】外壁
リブガラススクリーン工法を用いたカーテンウォール。
（遠景）
出典：ウィキメディア・コモンズ，
ファイル：Izumi Garden Tower from Tokyo Tower.jpg，
著作権者：Chris 73，ライセンス：cc 表示 - 継承
（近景）
出典：ウィキメディア・コモンズ，
ファイル：Izumi Garden Tower outer elevator.jpg，
著作権者：Ons，ライセンス：cc 表示 - 継承

ガラススクリーン

【建物用途・名称】公共施設
　東葛テクノプラザ（千葉県柏市）
【使用部位・部材】外壁
　孔なし構法。組み柱の間をテンション構造でつなぎ，横長の面ガラスを孔なし構法でダブルスキンのカーテンウォールで構成している。

【建物用途・名称】競艇場
　浜名湖競艇場（静岡県湖西市）
【使用部位・部材】外壁
　リブガラス構法。ガラスを連続させ，透明性が高く開放的で景観全体を見渡せるようになっている。

【建物用途・名称】オフィスビル
　虎ノ門ヒルズレジデンス（東京都港区）
【使用部位・部材】外壁
　孔あけ構法（DPG構法）。フレームレスで開放的な大型アトリウム空間を孔あけ構法で構成している。

■■『第三版 鉄骨建築内外装構法図集』の刊行にあたって ■■

　本書は，鉄骨建築における一般的な内外装材の取付方法を体系的にとりまとめた『鉄骨建築内外装構法図集』の第三版です。

　初版は1985年，当時の社団法人鋼材倶楽部（現 一般社団法人日本鉄鋼連盟）中部地区鉄骨建築技術普及委員会の発意により編集・発刊され，鉄骨造建築を学ぶ学生から設計実務者に至る幅広い層に好評を得ることができました。

　1995年，鋼材倶楽部は鋼構造関連の研究の活性化と人材育成を図るため，現在も続く「鋼構造研究・教育助成事業」を開始し，同事業の受け手として「鉄骨建築技術普及委員会」は全国の大学・高専の鋼構造研究者で構成される「建築鋼構造研究ネットワーク」に改組されました。本書の改訂作業は，その中の中部地区サブネットワークに引き継がれ，1997年に第二版が刊行されました。

　この改訂からすでに19年が経過し，その間に内外装材に関する数多くの新技術・新製品の開発が行われました。そこで，同サブネットワーク「鉄骨建築内外装構法図集改訂委員会」（委員長：井戸田秀樹 名古屋工業大学教授）において，内外装に関する最新情報を広範囲に盛り込むなど，全面的な改訂作業を行ってまいりましたが，このたび『第三版　鉄骨建築内外装構法図集』として新たに刊行する運びとなりました。

　本書が，鉄骨建築物における内外装構法に携わる数多くの方々の参考となり，わが国の鉄骨造建築物の健全な発展に一層貢献できるよう念願する次第です。

　最後に，本書の刊行に際しまして格別のご指導，ご尽力を賜りました委員の方々をはじめ，関係各団体・協力者各位に対しまして，改めて感謝の意を表します。

2016年1月

一般社団法人日本鉄鋼連盟
建築委員会委員長　一戸 康生

■■ 序 ■■

　鉄骨構造はその優れた品質と耐震性能，超高層や大スパンの実現，さらには高い形態の自由度によって，建築に多くの可能性を提供してきた。こうした高い性能を発揮するのは構造躯体としての鉄骨骨組であるが，建築空間を構成するためにはこの構造躯体に空間を仕切るための二次部材，下地材，仕上材など複数の内外装材が段階的に取り付けられる必要がある。こうした取付けの多段階性は鉄骨建築の主要な特質の一つであるにもかかわらず，それらを網羅的に整理した資料が乏しいことを鑑み，本書の初版本が1985年11月に，また改訂版が1997年11月に出版された。これらは若手建築設計者や学生への入門書としての役割だけでなく，鉄骨建築内外装構法の総合的手引き書としても大いに役立ってきた。

　一方，未曾有の大災害となった2011年3月の東日本大震災では，津波による甚大な被害，きわめて広域に及ぶ液状化被害と並び，天井の落下に代表される仕上材の被害がクローズアップされた。特に鉄骨大スパン構造の天井被害は深刻であり，あらためて構造躯体と内外装材とのかかわりのなかで建物の性能をどう考えていくのかが問われている。こうした内外装材の現状を踏まえ，今回の改訂では以下の3点を編集の柱とした。

1) 過去の被害例から学ぶことで今後の設計技術の前進に資する情報を提供すること
2) 構造躯体と内外装材の関係をわかりやすく表現すること
3) 内外装材の現状に即した最新の情報にアップデートすること

　1) は今回の改訂における目玉であり，豊富な被害例とともに2章にまとめられている。ここでは，貴重な資料を提供していただいた関係諸氏に心からお礼を申し上げる。2) は今までの構法図集が二次部材あるいは下地材から仕上げ材までの範囲で納まりが示されており，そもそも構造躯体といかなる関係にあるかがあまり明確でなかったとの意見に応えたものである。3) は前回の改訂から20年近くが経過し，すでに使われなくなった構法，新たな構法を仕分けして再整理したものである。

　改訂に際して，鉄骨建築内外装構法図集改訂委員会各位，特に関連の協会等には多大なるご協力をいただいた。ここに深く感謝申し上げるとともに，本書がより良質な鉄骨建築普及の一助となれば幸いである。

2016年1月

鉄骨建築内外装構法図集改訂委員会委員長
名古屋工業大学教授　井戸田 秀樹

鉄骨建築内外装構法図集改訂委員会（第三版）

【委員長】
井戸田秀樹　　名古屋工業大学大学院社会工学専攻教授

【委員】
伊神　健三　　ALC協会専任技術委員
石川　博司　　一般社団法人鉄鋼連盟建材薄板技術・普及委員会／基礎技術分科会主査
　　　　　　　（JFE鋼板株式会社）
岡田　久志　　愛知工業大学工学部建築学科教授
尾崎　文宣　　名古屋大学大学院都市環境学専攻准教授
小山内政美　　一般社団法人カーテンウォール・防火開口部協会（YKK AP株式会社）
小野　徹郎　　名古屋工業大学名誉教授
河邊　伸二　　名古屋工業大学大学院社会工学専攻教授
北川　啓介　　名古屋工業大学大学院創成シミュレーション工学専攻准教授
久保　　剛　　せんい強化セメント板協会（株式会社エーアンドエーマテリアル）
近藤登志樹　　日本窯業外装材協会（ケイミュー株式会社）
佐々木哲也　　一般社団法人プレコンシステム協会（高橋カーテンウォール工業株式会社）
佐藤　篤司　　名古屋工業大学大学院創成シミュレーション工学専攻准教授
杉浦　公成　　板硝子協会
髙木　健治　　押出成形セメント板協会（株式会社ノザワ）
竹内　大介　　日本金属サイディング工業会（株式会社淀川製鋼所）
富岡　義人　　三重大学大学院建築学専攻教授
永野　龍博　　日本窯業外装材協会（ケイミュー株式会社）
難波　三男　　日本窯業外装材協会（ニチハ株式会社）
濱野　浩幸　　一般社団法人日本金属屋根協会
山崎良一郎　　一般社団法人石膏ボード工業会（吉野石膏株式会社）
山本　貴正　　豊田工業高等専門学校建築学科准教授

（五十音順，敬称略）

執筆担当

第1章	富岡義人，井戸田秀樹
第2章	富岡義人，井戸田秀樹
第3章	ALC協会
第4章	押出成形セメント板協会
第5章	せんい強化セメント板協会
第6章	ケイミュー株式会社
第7章	一般社団法人石膏ボード工業会
第8章	日本金属サイディング工業会，一般社団法人日本金属屋根協会，一般社団法人日本鉄鋼連盟
第9章	一般社団法人カーテンウォール・防火開口部協会，一般社団法人プレコンシステム協会
第10章	日本窯業外装材協会
第11章	板硝子協会

鉄骨建築非構造部材構法委員会（第二版）

【委員長】

福知　保長　　名古屋工業大学社会開発工学科建築系教授

【副委員長】

森野　捷輔　　三重大学工学部建築学科教授

小野　徹郎　　名古屋工業大学社会開発工学科建築系教授

【委員】

岡田　久志　　愛知工業大学工学部建築工学科助教授

舘本　　勲　　愛知県住宅供給公社住宅開発部長(前建築部建築指導課長)

杉浦　俊幸　　名古屋市水道局建設部長(前建築局指導部長)

渡辺　誠一　　椙山女学園大学生活科学部教授・株式会社エルイー創造研究所取締役

本郷　智之　　株式会社日建設計名古屋事務所理事・副所長

福田　一豊　　株式会社大建設計東京事務所常務取締役所長

谷河　修二　　株式会社大林組名古屋支店設計課長

服部　明人　　鹿島建設株式会社名古屋支店設計部副部長

藤田　良能　　清水建設株式会社名古屋支店生産計画部長

武貞　健二　　大成建設株式会社名古屋支店構造室長

山口　雅生　　株式会社竹中工務店名古屋支店設計部部長(構造担当)

高田　啓一　　社団法人鋼材倶楽部建築専門委員会委員(住友金属工業株式会社建設技術部
　　　　　　　東京建築建材技術室長)

(順不同・敬称略，所属は1997年11月第二版作成当時)

鉄骨建築内外装構法図集改訂委員会（第二版）

【委員長】
岡田　久志　　愛知工業大学工学部建築工学科助教授

【委員】
土井　康生　　岐阜工業高等専門学校建築学科教授
横山　　裕　　東京工業大学工学部建築学科助教授
富岡　義人　　三重大学工学部建築学科講師
池田富士夫　　株式会社大建設計名古屋事務所第二設計室長
斎藤　幸雄　　株式会社日建設計名古屋事務所構造部長
朝隈　武志　　亜鉛鉄板会技術専門委員会副委員長
廣波　純二　　ALC協会技術員
古川　美久　　押出成形セメント板協会（ECP協会）技術部会長
磯部　勝彦　　スレート協会建築部会部会長
佐藤　　強　　社団法人石膏ボード工業会事務局長
末永　佑己　　社団法人日本カーテンウォール工業会

（順不同・敬称略，所属は1997年11月第二版作成当時）

【協力団体】
日本金属サイディング工業会
社団法人日本長尺金属工業会

鉄骨建築内外装構法委員会(第一版)

【委員長】
石黒　德衛　　大同工業大学客員教授

【副委員長】
福知　保長　　名古屋工業大学教授

【委員】
伊藤　明美　　愛知県建築部営繕課長
河辺　信行　　名古屋市建築局営繕課長
町田　哲　　　(社)愛知県建築士会会長
井野　昭治　　井野建築設計事務所長
岩元　康二　　(株)日建設計技術部技術長
後藤　昭夫　　(株)後藤設計事務所代表取締役
福田　一豊　　(株)大建設計名古屋事務所長
越本　昌弘　　(株)大林組名古屋支店工務部長
辻井　剛　　　大成建設(株)名古屋支店建築部設計室長
藤田　良能　　清水建設(株)名古屋設計部設計課長
道家　昇　　　(株)竹中工務店名古屋支店設計部部長補佐
山田　惣弥　　鹿島建設(株)名古屋支店建築部専門部長
宮田　晃二　　川崎製鐵(株)名古屋営業所長
田辺　邦博　　(株)神戸製鋼所名古屋営業所長
平松　貞雄　　住友金属工業(株)名古屋営業所長
野口　直志　　新日本製鐵(株)名古屋営業所長
古荘　宏　　　日本鋼管(株)名古屋営業所長

【顧問】
水野　金市　　中部大学名誉教授(中部地区鉄骨建築技術普及委員長)

【旧委員】

太田　清衛	愛知県		加藤　真昭	名古屋市
作田　久尚	清水建設(株)		岡田　素郎	住友金属工業(株)
相田　幸之	住友金属工業(株)		小林　達郎	(株)神戸製鋼所
森　英二	新日本製鐵(株)		藤井　厚	日本鋼管(株)

(順不同・敬称略，所属は1985年9月第一版作成当時)

鉄骨建築内外装構法委員会作業小委員会（第一版）

【委員長】
大山　孝　　名古屋市建築局営繕課工務第5係長
【委員】
横山　和博　　愛知県建築部営繕課課長補佐
小沢　和弘　　（株）大建設計名古屋事務所計画課長
石田　辰弥　　新日本製鐵（株）名古屋営業所建築技術掛長
【協力者】
水野　英臣　　鹿島建設（株）名古屋支店建築設計部
【旧委員】
秋山　進志　　愛知県　　　　　小嶋　泰雄　　新日本製鐵（株）

（順不同・敬称略，所属は1985年9月第一版作成当時）

鉄骨建築内外装構法委員会編集小委員会（第一版）

【委員長】
福知　保長　　名古屋工業大学教授
【委員】
若山　滋　　名古屋工業大学助教授
土井　康生　　岐阜工業高等専門学校助教授
岡田　久志　　愛知工業大学助教授
豊田　洋一　　中部大学講師

（順不同・敬称略，所属は1985年9月第一版作成当時）

作業協力団体・会社（第一版）

ALC協会　　　　　石綿スレート協会　　　　　（株）ノザワ
三菱セメント建材（株）　　（社）石膏ボード工業会
亜鉛鉄板会　　　　　（社）日本カーテンウォール工業会
コンクリート・カーテンウォール工業会

（順不同）

■ 目次 ■

第1章　鉄骨建築の構法設計 ………………………………………………………………… *1*
1.1　鉄骨建築の構法の特質 ………………………………………………………………… *2*
1.1.1　取付けの多段階性 ………………………………………………………………… *2*
1.1.2　変形追従性の確保 ………………………………………………………………… *2*
1.1.3　規格の重要性 ……………………………………………………………………… *3*
1.2　性能と仕様 ……………………………………………………………………………… *4*
1.2.1　耐震性 ……………………………………………………………………………… *8*
（1）設計目標の設定 ……………………………………………………………… *8*
（2）適切な建材の選定 …………………………………………………………… *13*
（3）強制変形角の検討 …………………………………………………………… *13*
（4）慣性力の検討 ………………………………………………………………… *13*
（5）構造体の変形に伴う面外力 ………………………………………………… *13*
（6）建築計画上の防護処置 ……………………………………………………… *13*
1.2.2　耐風性 ……………………………………………………………………………… *14*
（1）局部風圧に対する対策 ……………………………………………………… *14*
（2）屋根材自体の変形抑制 ……………………………………………………… *14*
（3）下地材の変形抑制 …………………………………………………………… *14*
1.2.3　耐雪性 ……………………………………………………………………………… *15*
（1）地域特性の十分な把握 ……………………………………………………… *15*
（2）下地材の耐力および剛性の確保 …………………………………………… *15*
（3）屋根の形態や表面粗度，融雪装置などとの総合的検討 ………………… *15*
1.2.4　耐火性・防火性 …………………………………………………………………… *15*
（1）耐火被覆 ……………………………………………………………………… *16*
（2）耐火鋼 ………………………………………………………………………… *16*
（3）鋼管コンクリート（CFT） ………………………………………………… *17*
（4）外部露出鉄骨 ………………………………………………………………… *17*
（5）耐火塗料 ……………………………………………………………………… *17*
（6）防火区画および避難経路の維持 …………………………………………… *17*
（7）地震後火災の防止 …………………………………………………………… *17*
1.2.5　防水性・水密性 …………………………………………………………………… *18*
（1）屋根の防水性の確保 ………………………………………………………… *18*
（2）外壁からの雨水浸入防止 …………………………………………………… *18*
1.2.6　断熱性・防露性 …………………………………………………………………… *18*

	（1）ヒートブリッジ（熱橋）の防止	18
	（2）気密性の確保，透湿性の低減	19
	（3）内樋・竪樋の結露防止	19
1.2.7	遮音性・防音性	19
	（1）遮音性	19
	（2）吸音性	19
	（3）衝撃音の低減	20
1.2.8	耐久性・保守性	20

第2章　最近の自然災害に見る典型的被害例と教訓　21

2.1　屋　根　23
- 2.1.1　折板屋根の強風被害例　23
- 2.1.2　温度応力による繰り返し荷重により接合部が緩み強風時に脱落した事例　24
- 2.1.3　強風によって金属板二重屋根の表面板取付け部から剥離した事例　25

2.2　外　壁　27
- 2.2.1　適切な建材が使用されていなかった事例　27
- 2.2.2　層間変形不追従により外壁が脱落した事例　29
- 2.2.3　開口部のパネル切り欠き部からひび割れを生じた事例　30
- 2.2.4　外壁パネルの開口隅角部の損傷事例　31
- 2.2.5　副次的に取り付けられた部材により変形追従性が阻害され破壊を来した事例　32
- 2.2.6　外壁材が過大な面外荷重を受けて破壊・脱落したと考えられる事例　32
- 2.2.7　パネルに隣接する設備などからの面外荷重により破壊を来した事例　34

2.3　内　壁　36
- 2.3.1　防火区画の壁が層間変形不追従によって破れた事例　36
- 2.3.2　ガラス垂れ壁の破損により防煙区画が破れた事例　37
- 2.3.3　ブレースの構面外突出により設備システムに支障を及ぼした事例　37

2.4　開口部　39
- 2.4.1　開口部の破壊により避難閉塞を来した事例　39
- 2.4.2　ガラス窓の破損を来した事例　40
- 2.4.3　ガラス窓が二次的に破壊され被害が拡大した事例　41

2.5　天　井　43
- 2.5.1　壁面との衝突によって破壊した事例　43
- 2.5.2　立体トラスの内部に設置された断熱パネル天井が落下した事例　43
- 2.5.3　大面積の吊り天井が落下した事例　45
- 2.5.4　軒天井が落下した事例　48

第3章　ALC ……… 49

3.1　歴史と製法 ……… 50
3.1.1　歴　史 ……… 50
3.1.2　製　法 ……… 50
3.1.3　リサイクル ……… 51

3.2　種類と規格 ……… 52
3.2.1　厚形パネル ……… 52
　(1)　種類と寸法 ……… 52
　(2)　補強材 ……… 52
　(3)　設計荷重と許容荷重 ……… 53
3.2.2　薄形パネル ……… 53
　(1)　種類と寸法 ……… 53
　(2)　補強材 ……… 54
3.2.3　ALCパネルの種類 ……… 54

3.3　物性と性能 ……… 55
3.3.1　ALCの物性 ……… 55
3.3.2　ALCパネルの耐火性能 ……… 55
3.3.3　ALCパネルの遮音性能 ……… 58

3.4　設計上の注意 ……… 59
3.4.1　取付け構法の種類 ……… 59
　(1)　縦壁ロッキング構法 ……… 60
　(2)　横壁アンカー構法 ……… 60
　(3)　間仕切壁ロッキング構法 ……… 60
　(4)　フットプレート構法 ……… 61
　(5)　敷設筋構法 ……… 61
3.4.2　外壁の設計 ……… 62
　(1)　縦壁ロッキング構法の設計要点 ……… 62
　(2)　横壁アンカー構法の設計要点 ……… 62
　(3)　外壁の開口部補強 ……… 63
3.4.3　外壁仕上げ ……… 63
3.4.4　ALC用シーリング材 ……… 63
3.4.5　メンテナンス ……… 65
3.4.6　間仕切壁の設計 ……… 65
3.4.7　内装仕上げ ……… 66
3.4.8　天井仕上げ ……… 67
3.4.9　屋根・床の設計 ……… 68

 3.4.10 ALC の屋根防水 ……………………………………………………………… *68*
 3.4.11 ALC の床仕上げ ……………………………………………………………… *69*
3.5 外　壁 …………………………………………………………………………………… *71*
 3.5.1 縦壁ロッキング構法 …………………………………………………………… *71*
 3.5.2 横壁アンカー構法 ……………………………………………………………… *73*
3.6 間仕切壁 ………………………………………………………………………………… *75*
 3.6.1 間仕切壁ロッキング構法 ……………………………………………………… *75*
 3.6.2 フットプレート構法 …………………………………………………………… *76*
3.7 屋根・床 ………………………………………………………………………………… *79*
 3.7.1 敷設筋構法 ……………………………………………………………………… *79*
3.8 その他 …………………………………………………………………………………… *84*

第4章　押出成形セメント板 …………………………………………………… *87*
4.1 歴史と製法 ……………………………………………………………………………… *88*
4.2 製品と性能 ……………………………………………………………………………… *89*
 4.2.1 製品規格 ………………………………………………………………………… *89*
 4.2.2 性能規格 ………………………………………………………………………… *89*
4.3 設計上の注意 …………………………………………………………………………… *90*
 4.3.1 風圧力に対する検討 …………………………………………………………… *90*
 4.3.2 層間変位に対する検討 ………………………………………………………… *91*
 4.3.3 そのほかの基準 ………………………………………………………………… *91*
4.4 外　壁 …………………………………………………………………………………… *93*
 4.4.1 工法の概要 ……………………………………………………………………… *93*
 4.4.2 施工上の注意 …………………………………………………………………… *94*
 4.4.3 縦張り工法（A 種） …………………………………………………………… *97*
 4.4.4 横張り工法（B 種） …………………………………………………………… *99*
 4.4.5 2 次シール工法 ………………………………………………………………… *101*
  （1）縦張り工法の例 ……………………………………………………………… *101*
  （2）横張り工法の例 ……………………………………………………………… *102*
4.5 間仕切壁 ………………………………………………………………………………… *103*
 4.5.1 工法の概要 ……………………………………………………………………… *103*
 4.5.2 施工上の注意 …………………………………………………………………… *103*
 4.5.3 間仕切壁縦張り工法（C 種） ………………………………………………… *104*
4.6 仕上げとメンテナンス ………………………………………………………………… *105*
 4.6.1 塗装仕上げ ……………………………………………………………………… *105*
 4.6.2 無塗装仕上げ …………………………………………………………………… *105*

4.6.3	タイル仕上げ	105
4.6.4	そのほかの仕上げ	105
4.6.5	メンテナンス	106

第5章　繊維強化セメント板 …………………………………………… 107

5.1　歴史と製法 …………………………………………… 108
5.2　製品と性能 …………………………………………… 110
5.2.1　種　類 …………………………………………… 110
5.2.2　特　徴 …………………………………………… 110
　　　　（1）スレート波板 …………………………………………… 110
　　　　（2）スレートボード …………………………………………… 111
5.2.3　形状および寸法 …………………………………………… 111
　　　　（1）スレート波板 …………………………………………… 111
　　　　（2）スレートボード・けい酸カルシウム板 …………………………………………… 113
5.2.4　一般性能 …………………………………………… 113
　　　　（1）スレート波板 …………………………………………… 113
　　　　（2）スレートボード・けい酸カルシウム板 …………………………………………… 114
5.2.5　防火・耐火性能 …………………………………………… 114
　　　　（1）防火構造 …………………………………………… 114
　　　　（2）準耐火構造 …………………………………………… 114
　　　　（3）耐火構造 …………………………………………… 115
5.2.6　音響性能 …………………………………………… 123
　　　　（1）遮音性能 …………………………………………… 123
　　　　（2）吸音性能 …………………………………………… 123
　　　　（3）遮音構造 …………………………………………… 123
5.2.7　断熱性能 …………………………………………… 124
5.2.8　耐風圧・積雪性能 …………………………………………… 126
5.3　設計上の注意 …………………………………………… 127
5.3.1　屋　根 …………………………………………… 127
　　　　（1）スレート波板 …………………………………………… 127
5.3.2　外　壁 …………………………………………… 129
　　　　（1）スレート波板 …………………………………………… 129
　　　　（2）スレートボード …………………………………………… 129
5.3.3　内壁・天井 …………………………………………… 130
5.3.4　耐火被覆板（けい酸カルシウム板タイプ3：柱，梁） …………………………………………… 133
5.4　屋　根 …………………………………………… 134

5.4.1　スレート波板（大波） ……………………………………………………… *134*
5.5　外　壁 ……………………………………………………………………………… *138*
　　　5.5.1　スレート波板（小波） ……………………………………………………… *138*
　　　5.5.2　スレートボード（フレキシブル板） ……………………………………… *141*
5.6　内　壁 ……………………………………………………………………………… *143*
　　　5.6.1　けい酸カルシウム板（けい酸カルシウム板タイプ2） ………………… *143*
5.7　耐火被覆板 ………………………………………………………………………… *144*
　　　5.7.1　耐火被覆板（けい酸カルシウム板タイプ3） …………………………… *144*
　　　　　（1）柱 ……………………………………………………………………………… *144*
　　　　　（2）梁 ……………………………………………………………………………… *146*

第6章　屋根用スレート …………………………………………………………… *149*
6.1　歴史と製法 ………………………………………………………………………… *150*
　　　6.1.1　歴史と概要 …………………………………………………………………… *150*
　　　6.1.2　製　法 ………………………………………………………………………… *150*
6.2　製品と性能 ………………………………………………………………………… *152*
　　　6.2.1　特　長 ………………………………………………………………………… *152*
　　　6.2.2　形状および寸法 ……………………………………………………………… *152*
　　　6.2.3　一般性能 ……………………………………………………………………… *153*
　　　6.2.4　防耐火性能 …………………………………………………………………… *153*
　　　6.2.5　断熱性能 ……………………………………………………………………… *153*
　　　6.2.6　耐風圧性能 …………………………………………………………………… *154*
6.3　設計・施工上の注意 ……………………………………………………………… *155*
　　　6.3.1　下　地 ………………………………………………………………………… *155*
　　　6.3.2　下　葺 ………………………………………………………………………… *155*
　　　6.3.3　屋根材 ………………………………………………………………………… *156*
6.4　屋　根 ……………………………………………………………………………… *157*
　　　6.4.1　基本構成図 …………………………………………………………………… *157*
　　　6.4.2　詳細図 ………………………………………………………………………… *158*
6.5　メンテナンス ……………………………………………………………………… *162*

第7章　せっこうボード …………………………………………………………… *163*
7.1　歴史と製法 ………………………………………………………………………… *164*
　　　7.1.1　歴　史 ………………………………………………………………………… *164*
　　　7.1.2　製　法 ………………………………………………………………………… *165*
7.2　製品と性能 ………………………………………………………………………… *166*

	7.2.1	製品の種類 …………………………………………………	*166*
	7.2.2	製品の性能など ………………………………………………	*168*
	7.2.3	製品の寸法 …………………………………………………	*171*
	7.2.4	防耐火性能 …………………………………………………	*172*
		(1) 耐火構造 …………………………………………………	*172*
		(2) 準耐火構造 ………………………………………………	*172*
		(3) 防火構造 …………………………………………………	*173*
	7.2.5	遮音性能 ……………………………………………………	*174*
	7.2.6	吸音性能 ……………………………………………………	*174*
	7.2.7	熱抵抗 ………………………………………………………	*175*
7.3	設計上の注意 ……………………………………………………………		*176*
7.4	下地材および副構成材料 ……………………………………………………		*177*
	7.4.1	鋼製下地の材料 ………………………………………………	*177*
		(1) 壁 …………………………………………………………	*177*
		(2) 天　井 ……………………………………………………	*178*
	7.4.2	副構成材料 …………………………………………………	*180*
		(1) 取付け用金物 ……………………………………………	*180*
		(2) 接着剤 ……………………………………………………	*180*
		(3) 継目処理材 ………………………………………………	*181*
		(4) 隙間充填材 ………………………………………………	*181*
7.5	施　工 ……………………………………………………………………		*182*
	7.5.1	鋼製下地の施工 ………………………………………………	*182*
		(1) 壁 …………………………………………………………	*182*
		(2) 天　井 ……………………………………………………	*183*
	7.5.2	せっこうボード張り …………………………………………	*185*
		(1) 壁 …………………………………………………………	*185*
		(2) 天　井 ……………………………………………………	*185*
		(3) 継目処理工法 ……………………………………………	*186*
		(4) そのほかの工法 …………………………………………	*188*
7.6	施工上の注意 ……………………………………………………………		*189*
	7.6.1	せっこうボード全体について ………………………………	*189*
	7.6.2	ボード面の処理 ………………………………………………	*189*
	7.6.3	出隅部の処理 …………………………………………………	*189*
	7.6.4	入隅部の処理 …………………………………………………	*190*
	7.6.5	開口部の補強 …………………………………………………	*190*
	7.6.6	鉄骨梁との取合い ……………………………………………	*193*

第8章　金属板 ... 197

8.1　歴史と製法 ... 198
- 8.1.1　溶融亜鉛めっき鋼板とその歴史 ... 198
- 8.1.2　製造方法 ... 199
  - (1)　製造工程 ... 200
  - (2)　塗装溶融亜鉛系めっき鋼板用の塗料 ... 200

8.2　種類と性能 ... 203
- 8.2.1　金属板の種類と用途 ... 203
- 8.2.2　主な塗装金属板の種類 ... 204
- 8.2.3　耐久性 ... 204
- 8.2.4　遮熱性 ... 206
- 8.2.5　環境適性 ... 207
- 8.2.6　発音性 ... 207
- 8.2.7　断熱性能 ... 209
- 8.2.8　防火材料・耐火構造 ... 209

8.3　設計上の注意 ... 214
- 8.3.1　耐食性が要求される場合 ... 214
- 8.3.2　塗装性が要求される場合 ... 214
- 8.3.3　加工性が要求される場合 ... 214
- 8.3.4　溶接性が要求される場合 ... 214
- 8.3.5　防音性能の確保 ... 215
- 8.3.6　断熱性能の確保 ... 215
- 8.3.7　用途に適した材料選択 ... 215
- 8.3.8　屋根の設計について ... 216
- 8.3.9　谷樋の設計について ... 216
- 8.3.10　メンテナンス（塗替え）について ... 217

8.4　屋根 ... 218
- 8.4.1　金属屋根構法の分類 ... 218
- 8.4.2　金属屋根構法の種類と特徴 ... 218
- 8.4.3　瓦棒葺屋根 ... 219
  - (1)　構成部品 ... 219
  - (2)　詳細図 ... 219
- 8.4.4　波板葺屋根 ... 225
  - (1)　構成部品 ... 225
  - (2)　詳細図 ... 228
- 8.4.5　角山葺屋根 ... 230

8.4.6	折板葺屋根	232
	(1) 構成部品	232
	(2) 詳細図	234
8.4.7	金属成形瓦葺屋根	240
8.4.8	横葺屋根	241
	(1) 構成部品	241
	(2) 詳細図	242
8.4.9	金属屋根事例写真	246
8.5	外　壁	248
8.5.1	使用金属板の分類	248
8.5.2	波板外壁	248
	(1) 構成部品	248
	(2) 詳細図	249
8.5.3	金属サイディング外壁	251
	(1) 製　品	251
	(2) 形　状	252
	(3) 構成部品	252
	(4) 詳細図	253
8.5.4	外壁事例写真	258

第9章　カーテンウォール　259

9.1	歴史と製法	260
9.2	種類と性能	262
9.2.1	主材料による分類	262
9.2.2	材質によるデザインと品質	263
6.2.3	窓の設け方・見え方による分類	264
9.2.4	メタル系カーテンウォールの種類	264
	(1) 構成方式による分類	264
9.2.5	コンクリート系カーテンウォールの種類	266
	(1) 構成方式による分類	266
	(2) 取付け方式による分類	266
9.3	設計上の注意	268
9.3.1	カーテンウォールの性能	268
9.3.2	メタルカーテンウォール設計のフローと部材設計	271
9.3.3	PCカーテンウォール設計のフローと部材設計	272
9.3.4	雨仕舞機構の設計	273

　　　　　（1）カーテンウォールのジョイント目地のシーリング材の設計プロセス ……………… 273
　　9.3.5　ファスナー部の設計 ………………………………………………………………… 276
　　　　　（1）ファスナーに要求される機能 …………………………………………………… 276
9.4　メタル系カーテンウォール ………………………………………………………………… 280
　　9.4.1　マリオン方式の実例 ………………………………………………………………… 280
9.5　コンクリート系カーテンウォール ………………………………………………………… 283
　　9.5.1　パネル方式（スウェイ・スラブ上取付け）の標準図 ……………………………… 283
　　9.5.2　パネル方式（ロッキング）の標準図 ……………………………………………… 285
　　9.5.3　パネル方式の実例 …………………………………………………………………… 287
　　9.5.4　腰パネル方式の実例 ………………………………………………………………… 290
　　9.5.5　GRC パネル方式の実例 1 …………………………………………………………… 293
　　9.5.6　GRC パネル方式の実例 2 …………………………………………………………… 294

第 10 章　窯業系サイディング ……………………………………………………………… 297
10.1　歴史と製法 …………………………………………………………………………………… 298
10.2　製品と性能 …………………………………………………………………………………… 300
　　10.2.1　製品寸法・規格 …………………………………………………………………… 300
　　10.2.2　物　性 ……………………………………………………………………………… 301
10.3　設計上の注意 ………………………………………………………………………………… 303
　　10.3.1　設計上の留意点 …………………………………………………………………… 303
　　10.3.2　付属部材 …………………………………………………………………………… 304
10.4　外　壁 ………………………………………………………………………………………… 307
　　10.4.1　横張り工法 ………………………………………………………………………… 307
　　10.4.2　縦張り工法 ………………………………………………………………………… 310
10.5　仕上げとメンテナンス ……………………………………………………………………… 314
　　10.5.1　化粧サイディング仕上げ ………………………………………………………… 314
　　10.5.2　現場塗装サイディング仕上げ …………………………………………………… 314
　　10.5.3　タイル仕上げ ……………………………………………………………………… 315
　　10.5.4　メンテナンス ……………………………………………………………………… 316
　　　　　（1）点検のポイント ………………………………………………………………… 316
　　　　　（2）メンテナンススケジュール …………………………………………………… 316

第 11 章　ガラススクリーン ………………………………………………………………… 319
11.1　歴史と製法 …………………………………………………………………………………… 320
11.2　種類と性能 …………………………………………………………………………………… 321
　　11.2.1　リブガラス構法のガラス吊下げ方式 …………………………………………… 321

11.2.2　リブガラス構法のガラス方立方式 ……………………………………………… 322
　11.2.3　孔あけ構法（DPG構法）……………………………………………………… 322
　11.2.4　孔なし構法（ガラスを部分的に支持する構法）………………………………… 323
11.3　設計上の注意 ………………………………………………………………………… 324
　11.3.1　リブガラス構法の場合 …………………………………………………………… 324
　11.3.2　孔あけ構法，孔なし構法の場合 ………………………………………………… 326
11.4　外　壁 ………………………………………………………………………………… 327
　11.4.1　リブガラス構法（ガラス吊下げ方式）の標準図 ………………………………… 327
　11.4.2　孔あけ構法の支持金物の例 ……………………………………………………… 329
　11.4.3　リブガラス構法（ガラス吊下げ方式）の実例 …………………………………… 330
　11.4.4　下置き式中空ガスケット工法の実例 …………………………………………… 332
　11.4.5　孔あけ構法（テンションロット工法）の実例 …………………………………… 334

関連団体名簿 ………………………………………………………………………………… 337

第1章……鉄骨建築の構法設計

1.1 鉄骨建築の構法の特質

　本書は，鉄骨建築の内外装構法の基本的考え方や設計の典型例を，主として建材別に図示しながら解説したものである。

　本書編纂の背景には，鉄骨建築の設計について，とくに学生や新進の設計者に対し，十分な深さと広さを持った学習・設計資料を提供したいとの思いがある。鉄骨建築の設計は，ほかの構造形式に比べて習得が難しいといわれることもあるようだが，実際にはそれほど難しくはない。鉄骨造独特の設計の要点を十分理解し，手元に適切な設計資料をおいて取り組みさえすれば，ほかの構造形式にはない設計上の可能性，すなわち，超高層や長大スパン，巨大な都市的空間の実現などといった，鉄骨造以外では考えられない貴重かつ重要な可能性を引き寄せられる。本書は，まさにそのような学習や訓練のために編まれた。

　まず最初に理解しなければならないのは，ほかの構造形式とは異なる鉄骨建築の3つの特質，すなわち「取付けの多段階性」「変形追従性の確保」「規格の重要性」である。この3つの特質は，鉄骨建築の内外装構法すべてに深く関係している。

1.1.1　取付けの多段階性

　鉄骨建築の内外装構法のまず第一の特質は，内外装材の取付けの多段階性である。建築の本来の目的は，外部空間から区切られた内部空間をつくることにあるが，通常，鉄骨自体に空間を仕切る能力は期待されない。建築空間を構成する壁や床や天井などの仕切り面は，骨組にそれ以外の建材を取り付けることによって形成される。このようなわけで一般に鉄骨建築では，構造体からはじまって，構造体に力を受け渡すための二次部材，仕上げ材固定のために背面に敷かれる下地材，利用者の目に直に触れる仕上げ材というように，多段階の取付け構法が採られる。これは現場打ち鉄筋コンクリート造のような一体成形の構造形式とは大きく異なっている。

1.1.2　変形追従性の確保

　特質の第二は変形追従性の確保である。いかなる構造形式であっても外力が加われば構造体が変形するが，鉄骨ラーメン構造ではこの量がほかの構造形式と比較して大きい。骨組の変形量を表す指標としてよく用いられるのが，水平力を受けたときの層間変形角で，ある階とその直上階の床どうしの水平変位 δ（mm）を階高 h（mm）で除した値 δ/h（rad）で示される。一次設計段階での検討を例に説明すると，建築基準法施行令第88条第1，2項に規定されている中規模地震動（1次設計用地震力）を受けた際の層間変形角の最大値は，同第82条の2の規定により1/200 ないし 1/120 に制限されている。階高を 4 000mm とすると，その階の水平変位は 20 ない

し34mmまでということになる。

　構造設計の側では，各階の層間変形角がこの制限を超えないよう，構造体が適切な剛性を保つように設計する。片や構法設計の側では，構造体がこの層間変形角まで変形してなお，取り付けられている各々の部材が脱落や破壊を来さないよう，構造体に安全に緊結され続けるように設計する。これが変形追従性の確保である。このためには，骨組変形時の各部材取付け部の機械的動作を十分考察し，必要な可動性やクリアランスを確保しなければならない。

　以上のように層間変形角の設定は，構造設計と構法設計の境目にある重要な合意事項であり，お互いに尊重すべき約束事である。一般的な設計チームでは，前者が構造技術者，後者が意匠設計者と分担されることが多いので，無関心や無理解は，設計に決定的な欠陥をもたらす危険がある。共通の設計対象にあたる一体の設計チームとして，それぞれの分担を相互に検証するなどの手続きが強く望まれる。

1.1.3　規格の重要性

　特質の第三は，工業化構法の広汎な発達と，それに伴う各種規格の存在である。鉄骨建築では主体構造に用いる鋼材自体が工業製品であり，形状，寸法，材質，物性が工業規格などに基づいて離散的に定められている。設計者は規格カタログの中から所望の材料や寸法の部材を選択して設計に取り入れる。構造体に取り付けられる各種材料についてもほぼ同様で，外壁材，屋根材，内部仕上げ材，天井材など，ほとんどすべての材料が工業製品として整備され，取付け部品などを含めた一体の構法システムとして市場に供給されている。

　このため設計者は，とくに鉄骨造を扱う場合，各種の内外装材の基本的な規格，とくにそのモジュール寸法や基本的構法を十分理解していなければならない。本書の第3章以降には，鉄骨建築に頻繁に用いられる内外装材の基本的構法が網羅されている。設計者は，これらを上手に組み合わせ操りながら，個々別々の敷地，用途，要求事項，形状に見合う固有の建築形態を具現化し，その建築物に期待される性能を達成するのである。

1.2 性能と仕様

　工業製品の設計一般に通じることであるが，設計者はまず，設計対象物に求められる性能（performance）を設定し，次いでその性能が十分発揮できるよう各部分の仕様（specifications）を定めて設計を構築し，最後にその設計によって確かに所期の性能が発揮されるかどうか検証する。性能は，設計に含まれる各種仕様の総合的効果であって，設計が組み立てられてはじめて正確に検証できる。その最も根源にあるのが材料の物性であり，次いで部品の性能である。すなわち，各種材料の物性が編成されて部品の性能が発揮され，部品の性能が編成されて工業製品全体の性能が発揮される。

　建築においても同様である。建築物に期待される性能には，耐震，耐火，防水，断熱など多くのカテゴリーがあるが（**表 1.2-1**），これらはすべからく各種材料や部品の編成に基づく総合的効果として発揮される。言い換えれば，どのような材料も部品も，単独では最終的な建築物の性能を担保できない。重要なのは材料や部品の編成の仕方，すなわち構法設計である。この意味で，設計者の任務はたいへん重いといえるだろう。

　鉄骨構造は，目標とする性能を実現するための設計の自由度が非常に大きい構造形式である。鉄骨造は鉄筋コンクリート造などと比べ多段階性が強く，多数の材料や部品を複合的に利用する。そのため材料の組合せや配分をコントロールすることによって，要求性能にジャスト・フィットする設計や，各種性能がうまくバランスした設計を実現できる。たとえば軽量でありながら断熱性の高い屋根を設計したいというとき，鉄骨造では，鉄筋コンクリート造で到達不可能な領域にまで踏み込んでいける。

　また鉄骨造は，その設計がどのような性能を発揮するか，正確に推定できる構造形式である。鋼材自体も，あるいは工業的に供給されている内外装建材も，その物性が厳密に管理されているので，モデル化や計算によって発揮性能を理論的・演繹的に算出できる。鉄骨造のこの特質は，これまで経験したことのないチャレンジングな建築物を実現しようとする場合，欠くことのできない拠りどころとなっている。

　鉄骨造の内外装建材の工業化という観点から，代表的建材の標準的規格および主要物性値を一覧表にして示す（**表 1.2-2**）。このように内外装建材には，主たる適用部位，規格寸法，各種物性などの個性がある。これに加え，多くの内外装建材について，層間変形追従性の試験結果や，耐火構造の認定構法など，設計者が利用可能な情報を，製造メーカーなどが多数公表している。これらの情報は，今や実務上欠くことのできない重要かつ有用なものとなっているが，その活用にあたっては，その情報の背景にある前提条件を十分に理解する必要がある。たとえば，外装建材の変形追従性は，切り欠きのない整形パネルを前提に試験した結果であり，開口部の設定のためにパネルに切り欠きを入れた場合，その性能は必ずしも保証されない。耐火構造の壁の認定は，層間変形を被る前の損傷のない状態について取得されており，地震後の耐火性能が保証されてい

表1.2-1 建築物各部位に要求される性能項目

性能の種別	作用因子	性能項目	測定項目	屋根	床	外壁	内壁,間仕切壁	天井
作用因子を制御するための性能	日射	日射反射性	日射反射率	◎		○		
	熱	断熱性	熱貫流抵抗	◎	○	◎	○	○
	音	遮音性	透過損失		◎	◎	◎	○
		吸音性	吸音率				◎	○
		発音性	衝撃音レベル	◎				
		衝撃音遮断性	標準曲線上の音圧レベル差		◎			
	水	防水性	水密圧力	◎	○	◎	○	
		はっ水性		○	○	○		
		排水性		◎	○			
		防湿性	透湿抵抗	○		○	○	○
		調湿性	単位吸湿量				◎	○
	空気	気密性	気密抵抗	○		◎	○	○
		小屋裏換気性				◎		
	振動	防振性			◎	○		◎
	人・物	帯電防止性			○			
	放射線	放射線遮断性	放射線吸収率			○		
建物の存続と安全に関する性能	力	耐分布圧性	単位荷重	◎	◎	○		
		変形能	許容変形能			◎	○	
		耐せん断力性	せん断耐力	◎	◎	◎	◎	◎
		耐局圧性	局圧荷重	◎	◎	○		
		耐ひっかき性			◎		○	
		耐衝撃性	安全衝撃,エネルギー	◎	◎	◎	○	
		耐磨耗性	磨耗量		◎			
		耐振動性			◎			◎
	熱	耐熱性		◎	○	◎	○	○
		耐寒性		◎	○	◎	○	○
	水	耐水性		◎	◎	◎	○	○
		耐湿性		○	○	○	○	○
	薬品	耐薬品性			◎	○		
	火	耐火性	加熱時間	◎	◎	◎	◎	◎
		難燃性	防火材料の種別	◎	◎	◎	◎	◎
		耐引火性,着火性	引火着火温度	◎	◎	◎	◎	◎
	紫外線	耐紫外線性		◎		○		
	ほこりなど	耐汚性		○	◎	◎	○	○
	耐久	耐久性	耐久年数	◎	◎	◎	○	○
人間などに対する感覚または作用に関する性能	(ふれる)	感触性			◎		○	
		防傷害性			◎		○	
	人・物	防衝撃性			◎		○	
	(歩行)	防滑性			◎			
	(見る)	意匠性		◎	◎	◎	◎	◎
	人	防振動性			◎			

JIS A 0030 より抜粋
( )の作用因子は人間の行為,感覚についてのものである

(注) ◎:重要　○:重要な場合あり

表 1.2-2　代表的な内外装材料

		ALC				押出成形セメント板	スレート	
		屋根用パネル	床用パネル	外壁用パネル	間仕切壁用パネル		波板	フレキシブル板
主な適用部位	屋根	○					○	
	床		○					
	外壁			○		○	○	○
	内壁, 間仕切壁				○	○		○
	天井							○
寸法	厚さ mm	100	100, 150	100	100	標準 60	6.3	3, 4, 5, 6, 8
	長さ mm	2 000, 2 500, 2 700, 3 000	1 800, 2 000, 2 500, 2 700	2 500, 2 700, 3 000, 3 200, 3 500	2 500, 2 700, 3 000, 3200, 3500	品種により 5 000 以内, 4 000 以内	1 820, 2 000, 2 120, 2 420	1 820, 2 000, 2 420, 2 730
	幅 mm	600	600	600	600	標準 600, 900	720, 950, 1 030	900, 910, 1 000, 1 200, 1 210
	厚さ許容差 mm	± 2	± 2	± 2	± 2	± 1.5	± 0.6	± 0.3 ～ 0.4
	長さ許容差 mm	± 5	± 5	± 5	± 5	+ 0, − 2	± 5	+ 0, − 3
	幅許容差 mm	0, − 4	0, − 4	0, − 4	0, − 4	+ 0, − 2	± 5	+ 0, − 3
重量	比重	絶乾かさ比重 0.45 ～ 0.55, 気乾比重 0.5 ～ 0.6 程度				1.7 以上		かさ比重約 1.7
	単位面積当たりの質量 kg/m²					フラットパネルの場合 56 ～ 89	約 10 ～ 13	
強度	曲げひびわれ, 破壊荷重 N{kgf} (L:スパン, B:幅)	1 177 ～ 1 765 {120 ～ 180} (製品長さ − 100mm, 製品幅)	2 550 ～ 5 100 {260 ～ 520} (製品長さ − 100mm, 製品幅)	1 079 ～ 2 648 {110 ～ 270} (製品長さ − 100mm, 製品幅)	294 ～ 392 {30 ～ 40} (製品長さ − 100mm, 製品幅)		1 470 ～ 3 920 以上 {150 ～ 400 以上} (L=800mm, 製品幅)	
	曲げ強度 N/mm²{kgf/cm²} (L:スパン, B:幅)					17.6N/mm² 以上		28.0 ～ 33.0 以上 {286 ～ 336 以上} (L=400, B=400mm)
	引張強さ N/mm² {kgf/mm²}							
	耐衝撃性 (試験方法)					質量 30kg の砂袋を 2m の高さから落下させ, 表裏面の割れ, 貫通き裂がないこと	10N{1kgf} なす形おもり 落下高さ 120cm スパン 800 ㎜	約 5N{0.5kgf} 球形おもり 落下高さ 50 ～ 110cm 砂上全面支持
熱	熱抵抗 m²・k/W {m²・h・℃/kcal}	5.3t 以上 (t：パネル厚)						
	熱伝導率 W/m・k {kcal/m・h・℃}	{0.15 程度}				60mm 厚で 約 0.37 ～ 0.47W/mK	{0.3 程度}	{0.3 程度}
火災	難燃性	不燃	不燃	不燃	不燃	不燃	不燃	不燃
水分	含水率	平衡含湿率 2.5% 程度				8% 以下		
	吸水率	部分吸水率 20 ～ 23% 程度				18% 以下	28% 以下	22% 以下, 長さ変化率 0.20% 以下
	非透水性 (試験方法)						裏面に水滴生じない (JIS A 5430)	裏面に水滴生じな (JIS A 5430)
耐候	耐凍結融解性 (試験方法)	一般に注意を要する				200 サイクル後, 著しい割れ, 膨れ, 剥離がなく, 質量変化率 5% 以下	300 サイクル 異常なし (JIS A 1435)	300 サイクル 異常なし (JIS A 1435)
	耐食性, 防腐性	鉄筋表面に生じるさびの面積が鉄筋表面積の 5% 以下 (JIS A 5416 の防錆性能試験方法による)				力学的性能・耐水性・耐久性・難燃性など, 基本的性能に優れる		○
	その他							
音	遮音性 1kHz の透過損失	40dB 程度 (10cm 厚 + 仕上げ)				39dB 程度(60mm 厚)	27dB 程度 (小波板 6.3mm 厚)	28dB 程度 (4mm 厚) 32dB 程度 (6mm 厚)
	吸音性	吸音率 19% 程度 (1kHz)						あなあきスレートボードは
	発音性							
施工	加工性						○	
	形状の自由度					○		
	その他					寸法・強度・水分・耐候は, JIS A 5441 による		

の規格および物性値（修正案）

けい酸カルシウム板	せっこうボード	シージングせっこうボード	強化せっこうボード	塗装亜鉛めっき鋼板（コイル）	塗装ステンレス鋼板（コイル）	アルミニウム合金塗装板（コイル）	項目	区分
				○	○	○	屋　　　　根	主な適用部位
							床	
		○	○	○	○	○	外　　　壁	
○	○	○	○				内壁，間仕切壁	
○	○	○	○				天　　　井	
4, 5, 6, 8, 10, 12	9.5, 12.5, 15.0	9.5, 12.5, 15.0	12.5, 15.0, 16.0, 18.0, 21.0, 25.0	屋根用 0.35～1.6 建築外板用 0.27～1.6	0.25～0.80	0.3～1.6	厚　さ　mm	寸法
1 820, 2 000, 2 420, 2 730	1 820, 2 420, 2 730, 3 030	1 820, 2 420, 2 730, 3 030	1 820, 2 420, 2 730, 3 030				長　さ　mm	
900, 910, 1 000, 1 200, 1 210	606, 910, 1 210	910, 1 210	606, 910, 1 210	610, 762, 914, 1 000, 1 219	610, 762, 914, 1 000, 1 060, 1 219	914, 1 000, 1 219	幅　　　mm	
±0.3～0.5	±0.5	±0.5	±0.5	+0.09～0.19, −0.03～0.12	±0.038～0.09	±0.05～0.13	厚さ許容差 mm	
+0, −3	+3, −0	+3, −0	+3, −0	+15, −0	+規定せず, −0		長さ許容差 mm	
+0, −3	+0, −3	+0, −3	+0, −3	+7, −0	+5～10, −0	±1.2～1.6	幅許容差 mm	
かさ比重 0.6～1.2	0.6～0.9 程度	0.6～0.9 程度	0.6～0.9 程度	鋼材で 7.86	7.70～7.98	2.70 程度	比　　　重	重量
	5.7～13.5	5.7～13.5	7.5～22.5				単位面積当たりの質量 kg/m²	
	360～650 以上 {36.7～66.3 以上} (L=350, B=300mm)	360～650 以上 {36.7～66.3 以上} (L=350, B=300mm)	500～1 000 以上 {51.0～102.0 以上} (L=350, B=300mm)				曲げひびわれ，破壊荷重 N{kgf} (L:スパン, B:幅)	強度
10.0～18.5 以上 {102～189 以上} (L=400, B=400mm)	1.57～7.25 程度 {16～74 程度}						曲げ強度 N/mm² {kgf/cm²} (L:スパン, B:幅)	
				270～570 以上 {28～58 以上}	450～520 以上 {46～53 以上}	98～284 程度 {10～29 程度}	引張強さ N/mm² {kgf/mm²}	
約 5N{0.5kgf} 球形おもり 落下高さ 25～130cm 砂上全面支持			約 5N{0.5kgf} 球形おもり 落下高さ 65～100cm 砂上全面支持	塗膜の耐衝撃性: 約 5N{0.5kgf} 円柱形おもり（撃心先端の半径約 6.35mm）落下高さ 500mm			耐衝撃性（試験方法）	
	0.043～0.069 以上 {0.05～0.08 以上}	0.043～0.060 以上 {0.05～0.07 以上}	0.060～0.095 以上 {0.07～0.11 以上}	断熱亜鉛鉄板で {0.15～0.18 程度}			熱抵抗 m²·k/W {m²·h·℃/kcal}	熱
0.18～0.24 以下 {0.15～0.21 以下}	7mm厚で {0.1 程度}			鋼材で {45 程度}		{210 程度}	熱伝導率 W/m·k {kcal/m·h·℃}	
不燃	不燃～準不燃	準不燃	準不燃	不燃	不燃	不燃	難　燃　性	火災
	3%以下	3%以下	3%以下				含　水　率	水分
長さ変化率 0.15%以下	全吸水率 10%以下，表面吸水量 2g以下						吸　水　率	
							非　透　水　性（試験方法）	
300 サイクル 異常なし (JIS A 1435)							耐凍結融解性（試験方法）	
		○		塗膜の耐食性：塩水噴霧試験 (JIS Z 2371) 500～2 000 時間異常なし	塗膜の耐食性：塩水噴霧試験 (JIS Z 2371) 1 000 時間異常なし	塗膜の耐食性：塩水噴霧試験 (JIS Z 2371) 1 000 時間異常なし	耐食性，防腐性	耐候
						塗膜の耐候性，耐酸性，耐アルカリ性，耐湿性に関する規定あり (JIS H 4001)	そ　の　他	
	26dB 程度（7mm厚）28dB 程度（9mm厚）			29 dB 程度（0.76 mm厚）		18 dB 程度（0.63 mm厚）	遮音性 1kHzの透過損失	音
○	あなあきせっこうボードは○						吸　音　性	
				一般に注意を要する	○		発　音　性	
	○			○			加　工　性	施工
							形状の自由度	
				塗膜の物理的性質に関する規定あり (JIS G 3322)	塗膜の物理的性質に関する規定あり (JIS G 3320)	塗膜の物理的性質に関する規定あり (JIS H 4001)	そ　の　他	

るわけではない。最終的な建築物の性能は，必ず構法設計によっているという事実を，設計者は常に意識しておく必要がある。

以下，鉄骨建築に期待される各種性能のうち主だったものを取り上げて，設計上の留意点を解説する。

1.2.1　耐震性

鉄骨建築の耐震性を確保するうえで，内外装の非構造部材の構法は，きわめて重要な役割を担っている。すでに述べたように鉄骨造の建築物は地震動を受けたときの変形量が比較的大きいので，内外装構法に十分な変形追従性がないと，外壁の落下，窓ガラスの破裂など，人命に直接関わる事故が起こる。たとえ構造に十分な耐震性があっても，構法が不十分だと，総合的にみて安全性が保証されないことになる。最近の地震ではこうした構法由来の被害がかなり目に付くようになっており，なかには人命に関わるような事故もある。構造技術者だけでなく意匠設計者のいっそうの能力向上が，目下の課題となっている。以下，項目ごとに要点を解説する。

（1）設計目標の設定

一般的な設計では，中規模地震動を受けた際の構造体の変形が弾性範囲にとどまるとともに，建築基準法施行令第82条の2で規定されている層間変形角の限度，すなわち1/200ないし1/120以内にとどまるようにし（一次設計），これを超える大規模な地震動を受けたときには，建築物の終局的な限界状態を「倒壊」直前の状態と設定して安全性を確かめる（二次設計）。鉄骨造の建築物は高い塑性変形性能を有しているので，「倒壊」以前でもかなりの大変形を呈する。このため二次設計において，大変形を許容したうえで「倒壊」に対する安全性を確認する方針の設計では，倒壊に至るまでの変形の中で，人命を脅かすような外装材の脱落など，安全上重大な事故が生じないことを確かめる必要がある。

二次設計の変形量は一般に一次設計時よりもかなり大きく，またこれに合わせて非構造部材にも一定程度の損傷を許容することがある。この許容損傷の程度は，いわばその設計における目標設定の裏返しであり，建物の重要性や災害時の役割などに応じて，設計者があらかじめ適切に判断しておくべきものである。

日本建築学会編の『非構造部材の耐震設計施工指針・同解説および耐震設計施工要領』では，非構造部材の損傷程度を，表1.2-3に示すようにA～Eにランク分けしたうえで，中規模および大規模地震動それぞれにおいて，建築物の各部位に許容される損傷の程度を，「特に重要な建物」と「その他の建物」のそれぞれについて，表1.2-4のように定めている。これらの表を見てわかるとおり，「特に重要な建物」では「その他の建物」よりも各部の許容損傷を小さく抑え，中規模地震動に遭遇しても建築物としての機能や機構を維持することが期待されており，さらに，大規模地震動遭遇時であっても居住者・利用者が自律的に避難でき，補修によって従前の機能や安全性へ復帰することが期待されている。設計者は，設計対象建築物の防災上の役割を社会的ス

表 1.2-3　非構造部材の損傷程度の区分

損傷程度の区分	被害の有無	補修の必要	部品交換の必要	脱落，重要な機能の低下（扉の開閉不能など）
A	なし	なし	なし	なし
B	あり	なし	なし	なし
C	あり	あり	なし	なし
D	あり	あり	あり	なし
E	あり	あり	あり	あり

出典：日本建築学会編『非構造部材の耐震設計施工指針・同解説および耐震設計施工要領』1985 制定，2003 改定

表 1.2-4　非構造部材の許容損傷程度

地震動の強さ	建物の重要性	非構造部材の破壊が避難に及ぼす影響	バルコニー・ひさし・外部非常階段	天井・扉・煙突	外壁（仕上げ・窓ガラスを含む）・パラペット・屋根ふき材・エキスパンションジョイント	開仕切・フリーアクセスフロア
中地震動	特に重要な建物	あり	A	A	A	A
		なしとも				
	その他の建物	あり	A	B	B	B
		なしとも				
大地震動	特に重要な建物	あり	B	B	B	B
		なし	C	C	C	C
	その他の建物	あり	C	D	D	D
		なし	C	D	D[注1]	E

（注）1.　危険でない方法を講じた場合は，破壊程度のランクを下げてよい。
出典：日本建築学会編『非構造部材の耐震設計施工指針・同解説および耐震設計施工要領』1985 制定，2003 改定

ケールで考え，求められる設計目標を明確に定めなければならない。

　なお，表 1.2-5 は，同じく『非構造部材の耐震設計施工指針・同解説および耐震設計施工要領』に掲載されているもので，表 1.2-3 の部位別の A〜E の損傷程度（表 1.2-5 では「被害の段階」とされており，カッコ内に A〜E の記号が付記されている）について，具体的かつおおまかに示したものである。損傷程度の正確な指標とはいいがたいものの，設計者が損傷の実際の様子をイメージする手助けにはなるものと思われる。これらの情報をもとに，建築物の各部位に必要な変形追従性を想定し，適切な構法設計を行う必要がある。

　建築物の中でも大災害時に重要な拠点となる官庁施設には，一般の建築物よりも高い安全性が求められる。インフラ産業や金融機関など，社会的に重要な役割を担う民間建築物にも，潜在的に同様の要請があるといえるだろう。

　このような観点から，官庁施設にふさわしい耐震性の達成目標として設定されたのが『官庁施設の総合耐震・対津波計画基準』である。表 1.2-6 は，建築物の部位ごとの安全性の目標水準を定めたもので，建築物の構造体は I〜III 類の 3 水準，非構造部材は A・B 類の 2 水準，建築設備は甲・乙類の 2 水準に区分されている。さらに表 1.2-7 では，官庁建築の種別ごとに，構造体・非構造部材・建築設備の各部に，それぞれどの水準の目標が適用されるべきかが示されている。

表 1.2-5 　非構造部材の損傷程度

被害の段階			無被害 (A)	(B) 軽損 (C)	中損 (D)	重損 (E)
被害の概要	落下物による被害		・落下物による危険性はない	・内外装部材の落下による傷害はほとんどない	・内外装部材や一部のガラスの落下によって人が負傷する ・家具・収納物等が転倒・落下・移動し負傷者が出る	・重い内外装部材やガラスの落下，家具の転倒などで，重傷者が出る
	部材の変形・ひび割れ，剥離・剥落等		・ほとんどない	・天井や壁の一部に微小なひび割れ，変形，移動が生じ，一部のガラスにひびが入る	・天井や壁の一部に変形やひび割れが生じ，破片が落下する	・天井や壁が大きく変形したり重い破片・部材が脱落する
	物品の散乱		・ない	・ほとんどない	・固定されていない家具等が転倒し，その収納物が散乱する	・建物の部材や物品が散乱する ・固定された家具等も転倒・破損する
外部	外装	PCカーテンウォール	・変形・落下しない	・一部の目地シールが破断する ・わずかな残留変形が生じるがパネルの変形・落下はない	・ファスナーや目地シールが切断する ・パネル隅角部が欠損するが落下はしない ・ガラスにひびが入ることがあるが，脱落には至らない	・ファスナーや目地シールが切断する ・パネルの割れや面外変形が生じ，一部のパネルが落下する ・ガラスが割れて落下する
		金属カーテンウォール	・同上	・一部のシールやグレージングが破断する ・変形・落下することはない	・シールやグレージングが破断する ・パネルやサッシの一部が変形する ・残留変形を生じる ・ガラスにひびが入るが脱落には至らない	・シールやグレージングが破断する ・パネルやサッシが大きく変形する ・ガラスが割れて落下する
		RC壁の仕上げ	・同上	・タイル壁に微小なひび割れが生じる ・石張りにひび割れが生じる	・タイルや石張りの一部が剥離し，一部は落下する ・仕上げ塗材にひび割れを生じる	・タイル・石，コンクリート片が剥離，落下する
		RC壁の開口部	・同上	・ガラスは落下しない ・一部のはめ殺しガラスが割れる	・一部のガラスにひびが入るが，サッシからの脱落には至らない ・はめ殺しガラスの多くが割れ，落下する	・サッシが大きく変形する ・ガラスが割れて落下する部分が生じる
		屋根・ひさし	・被害はない	・一部のひさしにひび割れが生じる ・一部の瓦がずれる	・一部の瓦が落下する	・瓦やひさしが落下する
	屋上工作物（煙突，避雷針，アンテナ，ゴンドラなど）		・同上	・煙突に微小なひび割れや変形が発生する ・ゴンドラの再使用には点検を要する	・煙突にひびが入る ・避雷針・アンテナが変形するが落下には至らない ・ゴンドラの再使用には点検を要する	・折れたり一部が落下する ・構造体の損傷に伴って落下する ・ゴンドラが脱輪し，ほかの部材等に衝突する
	広告・看板		・同上	・ほとんど被害はないが，一部変形する部分が生じる	・変形など補修の必要な損傷を受けるが落下には至らない	・大きな変形を受け，一部は落下する
	塀，擁壁等		・同上	・ほとんど被害はない	・一部のコンクリートブロック塀が転倒する	・コンクリートブロック塀が転倒する ・一部の擁壁が割れたり倒壊する
内外共通	エキスパンションジョイント		・同上	・一部のシールが切れる ・カバーはほとんど変形しない	・シールが切れる ・衝突によって一部の床・壁等が破損する ・カバーが変形する	・シールが切れる ・衝突によって床・壁等が大きく破損し，破片が落下する ・カバーが変形・脱落する

被害の段階			無被害(A)	(B) 軽損(C)	中損(D)	重損(E)
内部		フリーアクセス床	・同上	・ほとんど被害はない	・床パネルの一部に破損・脱落，浮きが生じる	・床パネルに破損・脱落，浮きが生じる ・固定床部分が破損する
	内壁	軽量間仕切	・脱落・落下しない	・ひび割れ，目地の乱れが生じる ・変形が残ることがあるが脱落はしない	・人命に被害を及ぼす落下物はない ・一部のパネルに変形が残る	・大きく変形する ・面外変形や転倒・脱落がある ・ガラスが割れる
		ALC壁	・被害はない	・パネル目地の一部のシールが切れる ・仕上げ材にひび割れが発生する	・パネル目地のシールが切れたりパネル間にずれが残る ・隅角部のパネルが欠損する ・仕上げ材に欠損・ひび割れが発生する	・パネルが大きくずれる ・パネルが破損し，落下する ・仕上げ材が剥落する
		ブロック壁	・同上	・ヘアクラックが発生する ・仕上げ材にひび割れが発生する	・目地に沿ってひび割れが発生する ・仕上げ材が欠損・ひび割れ・剥離する	・ブロックが大きく割れる，崩れる ・仕上げ材が剥落する
		RC壁	・同上	・ヘアクラックが発生する ・仕上げ材にひび割れが発生する	・ひび割れが発生する ・仕上げ材が欠損・ひび割れ・剥離する	・大きなひび割れが生じる ・仕上げ材が剥落する
		タイル	・同上	・微小なひび割れが発生する	・ひび割れが生じる ・一部剥離するが落下はしない	・広範囲な損傷を受ける ・剥落する
	天井		・同上	・部材の落下はない ・在来工法では一部に目地ずれや変形が生じる ・システム天井では一部のボードがずれる	・在来工法では目地ずれや変形が発生し，破片が落下・散乱する ・システム天井のラインに曲りやずれが発生する ・一部のパネルが落下するが設備の落下はない	・在来工法の天井が大きく破損し，部材が落下する ・システム天井の部材がずれ，変形，落下する ・重量部材が落下する
	天井設備 (照明器具等)		・同上	・吊下げ器具が揺れるがほかの部位・部材への衝突はない ・落下するものはない	・吊下げ器具が揺れ，天井その他の部位・器具に衝突する ・一部の吹出し口，ガラリ，スピーカー等がずれる ・器具の落下はない	・吊下げ器具が大きく揺れて天井その他の部位・器具に衝突する ・吹出し口，ガラリ，スピーカー等がずれる，落下する
	固定器具等 (暖房器具，電気器具，自動販売機等)		・移動，転倒などがない	・多少揺れるが移動・転倒はない	・移動・転倒しないが一部の固定金具が変形する ・一部の棚の収納物が飛び出す	・一部の器具は固定金物が破断し移動・転倒する ・器具自体が破損する ・棚の収納物が飛び出す

出典：日本建築学会地震防災総合研究特別研究委員会，シンポジウム「総合的な耐震安全設計の実現に向けて」資料，2001.3 より抜粋

このうち非構造部材に注目すると，大地震後の十分な機能確保を求めるA類と，大地震後の二次災害防止までを求めるB類の2水準に分けられているが，主要官庁施設や病院，避難所となる学校，危険物貯蔵施設など，かなり多くの官庁施設にA類が適用されている。すなわちこれらの建物では，大地震動後の十分な機能確保を目標として設計されなければならない。

一方B類にあっても「二次災害の防止」が謳われており，建築の安全に直接関わる防火・耐火・避難関係部位の安全機能の維持が目標とされている。大地震後の火災は，二次災害の最も典型的な姿である。鉄骨建築では，防火・耐火・避難関係の諸機能のほとんどが，内外装構法によって実現されているので，設計者にとってとくに留意すべき点であるといえよう。

なお，国土交通省大臣官房官庁営繕部整備課の『建築構造設計基準の資料』（平成27年度版）

表 1.2-6　耐震安全性の目標

部位	分類	耐震安全性の目標
構造体	Ⅰ類	大地震動後，構造体の補修をすることなく建築物を使用できることを目標とし，人命の安全確保に加えて十分な機能確保が図られるものとする。
構造体	Ⅱ類	大地震動後，構造体の大きな補修をすることなく建築物を使用できることを目標とし，人命の安全確保に加えて機能確保が図られるものとする。
構造体	Ⅲ類	大地震動により構造体の部分的な損傷は生じるが，建築物全体の耐力の低下は著しくないことを目標とし，人命の安全確保が図られるものとする。
建築非構造部材	A類	大地震動後，災害応急対策活動等を円滑に行ううえ，または危険物の管理のうえで支障となる建築非構造部材の損傷，移動等が発生しないことを目標とし，人命の安全確保に加えて十分な機能確保が図られるものとする。
建築非構造部材	B類	大地震動により建築非構造部材の損傷，移動等が発生する場合でも，人命の安全確保と二次災害の防止が図られていることを目標とする。
建築設備	甲類	大地震動後の人命の安全確保および二次災害の防止が図られているとともに，大きな補修をすることなく，必要な設備機能を相当期間継続できることを目標とする。
建築設備	乙類	大地震動後の人命の安全確保および二次災害の防止が図られていることを目標とする。

出典：国土交通省大臣官房官庁営繕部整備課「官庁施設の総合耐震・対津波計画基準」2013

表 1.2-7　耐震安全性の分類

	対象施設	構造体	建築非構造部材	建築設備
(1)	災害対策基本法（昭和36年法律第223号）第2条第3号に規定する指定行政機関が使用する官庁施設（災害応急対策を行う拠点となる室，これらの室の機能を確保するために必要な室および通路等ならびに危険物を貯蔵または使用する室を有するものに限る。以下 (2) から (11) において同じ。）	Ⅰ類	A類	甲類
(2)	災害対策基本法第2条第4号に規定する指定地方行政機関（以下「指定地方行政機関」という。）であって，2以上の都府県または道の区域を管轄区域とするものが使用する官庁施設および管区海上保安本部が使用する官庁施設	Ⅰ類	A類	甲類
(3)	東京都，神奈川県，千葉県，埼玉県，愛知県，大阪府，京都府および兵庫県ならびに大規模地震対策特別措置法（昭和53年法律第73号）第3条第1項に規定する地震防災対策強化地域内にある (2) に掲げるもの以外の指定地方行政機関が使用する官庁施設	Ⅰ類	A類	甲類
(4)	(2) および (3) に掲げるもの以外の指定地方行政機関が使用する官庁施設ならびに警察大学校等，機動隊，財務事務所等，河川国道事務所等，港湾事務所等，開発建設部，空港事務所等，航空交通管制部，地方気象台，測候所，海上保安監部等および地方防衛支局が使用する官庁施設	Ⅱ類	A類	甲類
(5)	病院であって，災害時に拠点として機能すべき官庁施設	Ⅰ類	A類	甲類
(6)	病院であって，(5) に掲げるもの以外の官庁施設	Ⅱ類	A類	甲類
(7)	学校，研修施設等であって，災害対策基本法第2条第10号に規定する地域防災計画において避難所として位置づけられた官庁施設（(4) に掲げる警察大学校等を除く。）	Ⅱ類	A類	乙類
(8)	学校，研修施設等であって，(7) に掲げるもの以外の官庁施設（(4) に掲げる警察大学校等を除く。）	Ⅱ類	B類	乙類
(9)	社会教育施設，社会福祉施設として使用する官庁施設	Ⅱ類	B類	乙類
(10)	放射性物質もしくは病原菌類を貯蔵または使用する施設およびこれらに関する試験研究施設として使用する官庁施設	Ⅰ類	A類	甲類
(11)	石油類，高圧ガス，毒物，劇薬，火薬類等を貯蔵または使用する官庁施設およびこれらに関する試験研究施設として使用する官庁施設	Ⅱ類	A類	甲類
(12)	(1) から (11) に掲げる官庁施設以外のもの	Ⅲ類	B類	乙類

出典：国土交通省大臣官房官庁営繕部整備課「官庁施設の総合耐震・対津波計画基準」2013

では，官庁建築物の大地震動時の層間変形角の最大値を，鉄骨造で 1/100 と定めている（同資料：5.1.1 構造計算の方法，表 5.1（1） 大地震動時の変形制限）。

（2）適切な建材の選定

変形追従性を確保するには，何よりもまず適切な建材を選定することである。かつては鉄骨造建築物の外壁に，ラスモルタルなどの湿式材料や，コンクリートブロックのように重く変形しにくい材料が使われたことがあり，現在でもそのような建物が多く残っていると考えられるが，これらは例外なく大きな被害に遭っている。鉄骨建築には，その構造特性に見合った変形追従性の高い建材・構法を選定することが決定的に重要である。

（3）強制変形角の検討

骨組に層間変形が生じたときに，個々の部材が被る変形角を強制変形角という。縦張りの外壁材のように，階高分を一挙に飛ぶ部材が被る強制変形角は，層間変形角とほぼ等しい。だが剛性の高い腰壁・垂れ壁に挟まれた水平連窓などでは，せん断変形が階高の一部に集中するため，強制変形角 $\gamma_1 (= \delta / h_1)$ が，層間変形角 $\gamma_0 (= \delta / h_0)$ よりかなり大きくなる（図 1.2-1）。階高を複数の部材で分け持たせる設計では，この点とくに注意が必要である。

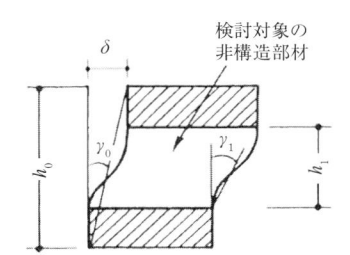

図 1.2-1 上下を剛体に挟まれた部材にかかる強制変形角（日本建築学会編『非構造部材の耐震設計施工指針・同解説および耐震設計施工要領』2003 に基づき作成）

（4）慣性力の検討

内外装建材には自重があり，地震加速度により慣性力が発生する。とくに外壁材の場合，面内および面外に働く力が生ずるので，各方向に十分な耐力を持ったジョイントで留める必要がある。システム化された建材製品では，壁体自重分の慣性力に見合ったジョイント部品が用意されていることが多いが，つくり付けの家具への慣性力や，内部の什器備品の移動，吊り天井の衝突など，壁体自重以外に起因する地震荷重は一般に見込まれていないので，これらの荷重は，外壁材以外の部材で受け止め，構造体に伝達するよう設計する必要がある。

（5）構造体の変形に伴う面外力

ブレースを利用した建築物で，外壁と構造構面が近接している場合，地震時に圧縮側のブレースが構面外に座屈・突出して，外壁やその下地を押し出し，結果的に外壁材を脱落させることが考えられる。設計時に十分注意し，ブレースの座屈変形を構面内に納める，クリアランス寸法などを適切に保つなどの注意が必要である。

（6）建築計画上の防護処置

変形追従性をいくら追求しても，構造体の変形が極限まで進行すれば，内外装材はいつか必ず

脱落・崩壊する。そのような状況でなお人命の安全を確保するためには，フェイル・セーフの考え方が欠かせない。設計や施工の瑕疵によって安全が脅かされる危険をあらかじめ避けておこうとする場合も同様である。

たとえば，外壁材に二次的緊結を施し，ジョイントが破壊しても本体が落下しないようにする，建物正面にひさしを通し，外壁やガラスが破壊ないし脱落しても，ひさしで受け止める，といった考え方である。実際，地震被災地を歩くと，下屋のコロネードや雁木などで人命の安全が保たれた実例を非常に多く目にする。とくに公共の歩道沿いや避難に使われるエントランス通路などを念頭に置いて，建築計画上の対策のひとつとして設計に生かすことが望まれる。

1.2.2　耐風性

風圧力は面外力として屋根，外壁，開口部などの外装材の表面に作用する。風向や建物の形状により，屋根面や外壁面を内側に押し込むように働く正圧，逆に外側に引き剥がすように働く負圧と，方向が変転する。鉄骨造の外装材は軽量なものが多いので，地震時の慣性力を上回る大きさになることが珍しくない。

風速には地域差があり，海岸に近接した地域，樹木やビルなどのない平坦な空地で速くなる。また風速・風向は時間的変化が目まぐるしく，構法各部にかかる力も素早く変化し，荷重の間欠的反復や振動（フラッター現象）が起きる。これにより取付け部分が緩んでいくなどして，破壊が時間をかけて徐々に進行する場合もある。

（1）局部風圧に対する対策

風圧力は，屋根の軒，けらば，棟，外壁の突出部などでとくに大きくなり，こうした部分を発端として破壊が始まることが多い。いったん一部が剥がれると，そこが新たな受風面となって荷重が累積的に増加し，雨仕舞の重ね部分を通じて次々に破壊が伝播していく。このような被害を防ぐためには，突出部位に適切な補強を施し，破壊の発端をつくらないようにすることが大切である。

（2）屋根材自体の変形抑制

長尺金属板葺きや折板葺きなどの軽量な屋根材の場合，強風時にばたついて，取付け部が徐々に緩み，破壊につながることがある。屋根材自体のばたつきを抑えるため，屋根材の剛性を確保する，留付けピッチなどを十分に細かく設定する，留付けディテールの信頼性を上げるなどの対策が有効である。

（3）下地材の変形抑制

母屋，胴縁などの下地材の剛性が不足している場合，上と同様に，取付け部が徐々に緩んで破壊につながることがある。下地材の剛性を確保したり，そのピッチを細かくするなどの配慮が有

効である。

1.2.3　耐雪性

　積雪による荷重は比較的大きく，かつ地域差が大きい。建築基準法施行令第86条には，当該地域の垂直最深積雪量をもとに，雪の比重を約0.2として荷重を算定するよう規定されている。特定行政庁は，地域ごとの積雪量について，多雪地域を指定したり，雪の比重を約0.3に割り増すなどの指導を行っている。積雪量は本来不確定なもので，過去の最深積雪量を超える可能性も十分ある。さらに建築物の形によっては，吹き寄せや吹き溜まりによって積雪が局部に集中したり，上屋から下屋への落下など，衝撃力を及ぼす可能性も考えられる。法令の規定を満たすだけでなく，敷地固有の事情や，設計形態の特性をよくつかみ，実質的に対処することが求められる。

（1）地域特性の十分な把握
　敷地環境，とくに多雪地域か否か，海岸沿い，半島部，島嶼地域など強風の生じやすい地域か否か，その土地の雪の性質などに注意する。

（2）下地材の耐力および剛性の確保
　屋根面材だけでなく，母屋，垂木などの支持材について，十分な余裕を持って設計する必要がある。とくに軽量の屋根を設計するときは注意する。

（3）屋根の形態や表面粗度，融雪装置などとの総合的検討
　建築物の屋根の形態は，積雪荷重に根本的な影響を与える。建築基準法施行令第86条第3項には，屋根勾配により積雪荷重を補正する規定があるが，谷部の吹きだまりや，下屋の立ち上がり部への吹き寄せに関しては，設計者の検討に全面的に任されている。
　雪止めによって雪を屋根に載せたままにする設計か，あるいは勾配を急にし，表面をスムーズに処理し，さらに融雪装置を設置したりして，積極的に雪を落とそうとする設計か，といった判断は設計者に任されている。建築物にかかる実際の荷重は，こうした判断によって大きく異なってくる。

1.2.4　耐火性・防火性

　一般に鋼材は高温になると急速に耐力を失う性質がある。一般的な鋼材の強度は，600℃で約半分，1 000℃を超えるとまったく期待できなくなる。そのため耐火性能が要求される鉄骨造建築物の主要構造部には，耐火被覆などを施して，鋼材の温度上昇を防ぐ処置がなされる。以下に鋼材の温度上昇を防ぐさまざまな技法を紹介する。

(1) 耐火被覆

最もポピュラーな対策である。鋼材表面に岩綿を吹き付けたり（湿式ロックウール工法），ケイ酸カルシウム板などの耐火材で覆うなどして，鋼材の温度上昇を防ぐ。耐火被覆は骨組だけでなく，デッキプレート合成スラブの裏面，ブレース，カーテンウォールのファスナー部など，構造体の各部に施される。

耐火被覆は構造体をぐるりと包むように施すのが原則であるが，外壁のカーテンウォールに接する部分などでは，異種材を併用して被覆することも行われる。図 1.2-2 にその例を示す。

(2) 耐火鋼

600℃における降伏応力が，常温規格値の 2/3 以上であることを保証した鋼材を耐火（FR：Fire Resistant）鋼という。自走式駐車場など一部の耐火建築物で，無耐火被覆設計法の一般認定が取得されている。

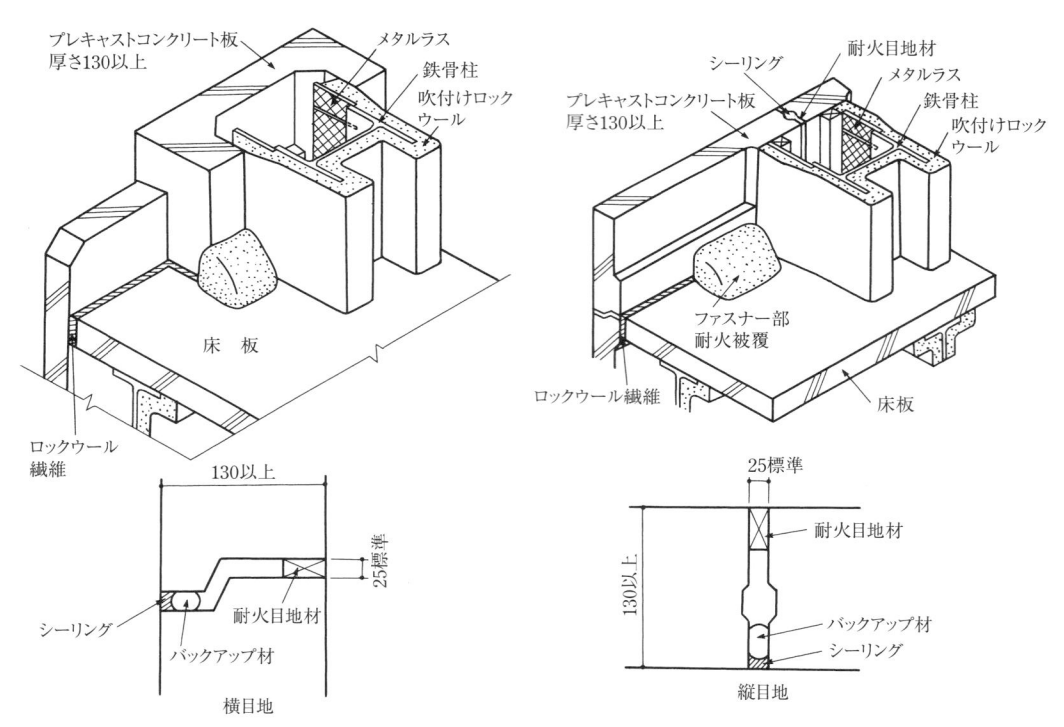

図 1.2-2 外壁材と併用した耐火被覆の例，
耐火指定（通）C3002 プレキャストコンクリート板（30 mm 以上吹付けロックウール合成被覆鉄骨柱）

PCコンクリート板
・厚さ：フラット板の場合は150 mmおよび175 mmを標準とする。リブ付の場合はシェル部で130 mm，リブ部で200 mmを標準とする。
・材質：1種軽量コンクリート（かさ比重1.8）
　FC21N/mm² 以上

PCコンクリート板目地
・シーリング：ポリサルファイド系，シリコン系，変成シリコーン
・耐火目地材：ロックウール，セラミック，石綿等の不燃材料
・吹付けロックウール
・厚さ：65 mm（施工管理基準値）

(3) 鋼管コンクリート（CFT : Concrete Filled Tube）

鋼管に無筋のコンクリートを充填する構造で、一般に柱に使われる。充填によってコンクリートが鋼管に拘束されるため、実質的強度および剛性が高まり、かつ粘りのある構造部材となる。熱容量の大きなコンクリートが内部に充填されていることから耐火性もあり、これを利用した無耐火被覆の鋼管コンクリート柱が実用化されている。

(4) 外部露出鉄骨

鉄骨骨組を外壁の外に追い出し、火焔を吹き出す可能性のある開口部から十分距離を取ることができれば、その部分について耐火被覆を施す必要はなくなる。ただし延焼のおそれのある部分を避けたり、外壁の火焔遮蔽能力の信頼性を高めるなどの検討が必要である。

(5) 耐火塗料

耐火塗料は、表面温度がおよそ300℃に達すると急激に発泡し、当初の厚みの25〜50倍の厚みの炭化層が形成されて断熱性を発揮する耐火被覆材である。発泡前の厚みは1〜2mm程度と薄く、一般塗料と同等の意匠性、施工性を有し、さらに屋外に適用できるものもある。FR鋼との併用などにより、鉄骨造らしいシャープな姿をデザイン表現に結びつける可能性も増してきている。

　鉄骨建築の耐火性・防火性に関わるいまひとつの側面は、防火区画と避難経路の確保である。火災を建物内の一区画に食い止め、人的・物的損害を軽減するとともに、避難行動の可能性を保障し、消火活動の効率化・迅速化を図ることが、建築物の安全性に大きく関わってくる。
　防火区画の壁やスラブには、耐火ないし準耐火性能が求められるが、各種建材メーカーにより多種多様な認定構法が整備されており、設計者はこれらの中から適切なものを取捨選択して利用することが多い。
　一方、防火性能は建築物の外からの延焼防止などを目的として定められたものであり、外壁や軒裏などに適用される。以下、設計上の要点を解説する。

(6) 防火区画および避難経路の維持

防火区画をきちんと確立し、防火戸や貫通孔などを適切に処置することがきわめて重要である。なかでも竪穴区画は、避難上の幹線であると同時に延焼の危険や煙の流入を防止する要にもあたるので、設計上十分な注意が必要である。

(7) 地震後火災の防止

地震後の火災は二次災害の最も典型的なものである。地震によって防火区画が破れれば、当初の延焼防止機能が担保されず、二次災害の防止が果たされなくなる。また、外壁や軒天井が脱落したりガラス窓が破損すれば、防火性能に実質的影響が及ぶ。このような地震後の耐火・防火性

能の維持については，現行の建築基準法では規定されておらず，また各種認定構法も地震後の性能を保証するものとはなっていない。こうしたことは，ほとんどすべて設計者の判断に任されている。

その一方で，すでに述べたとおり，官庁建築では「二次災害の防止」や「機能維持」などの目標が掲げられるようになってきている。今後，設計者，施工者，建材メーカー，研究者などが緊密に協力し，開発的・発展的に対処しつつ，知見や経験を蓄積していく必要がある。

1.2.5　防水性・水密性

防水は建築物の最も基本的な居住性能のひとつである。以下留意点を列記する。

(1) 屋根の防水性の確保

鉄骨造の陸屋根は，鉄筋コンクリート造の場合とさほど変わらず，パラペットを立ち上げて，シート防水やアスファルト防水などを施すことが一般的である。歩行床の場合は，シンダーコンクリートなどで防水層を被覆することが一般的である。

一方，勾配屋根については，外壁と同様に各種のシステム製品が供給されているので，それを利用するか，あるいはそれらの構法をカスタマイズして設計に盛り込むことが行われている。材種や葺き方によって可能な勾配範囲や，下地の母屋ピッチなどが指定されている。

(2) 外壁からの雨水浸入防止

鉄骨造の外壁では，変形追従性を確保するために，目地シールやクリアランスが各所に設けられる。この部分の止水策をしっかりと講ずる必要がある。とくに強風時には，外壁表面を伝う雨水が風圧力によって隙間から押し込まれ，室内まで浸入してくる危険がある。等圧ジョイントなどの構法上の工夫を駆使して設計にあたる必要がある。また，一般に大きな地震動を受けたあとはシールやジョイント部が破断・劣化して所期の性能を失うので，事後の再点検・補修が必要である。とくにサッシュ取付け部など，アルミと鉄の接触部に雨水が浸入すると，電食により急速な劣化を来す可能性がある。

1.2.6　断熱性・防露性

鉄骨造の外壁は，材料が多層になっていることが多く，その断熱性は，個々の内外装建材の熱伝達率と各層の厚みの総合的効果によって決まる。以下，設計上の要点を解説する。

(1) ヒートブリッジ（熱橋）の防止

鉄骨造の外壁下地には，軽量形鋼やアルミ形材などが用いられるが，鋼やアルミは一般的な断熱材に比べ，格段に熱伝達率が高いので，小さな断面であってもヒートブリッジの影響は重大で

ある。全体的な断熱性能の劣化だけでなく，局部的な結露なども生じうる。構法設計次第で性能が大きく左右される好例といえよう。

(2) 気密性の確保，透湿性の低減

気密性が確保されなかったり，内外装材の透湿性が大きいと，室内の湿気が外壁内の隙間に導かれ，表面温度の低い界面で結露を起こし（内部結露），目に触れない深部で腐食やカビの繁殖などを来すことがある。モルタルなどの湿式材料や木質材料にはとくに注意が要る。材料間の目地の処理，外壁沿いの天井裏の処理なども関係する。

(3) 内樋・竪樋の結露防止

とくに内樋を設けた場合，室内側への水漏れに注意するだけでなく，冬期の積雪や氷結に伴う室内側からの結露に十分注意する必要がある。室内を貫通する竪樋も同様の危険があるので，十分な断熱を施す必要がある。

1.2.7 遮音性・防音性

鉄骨建築では，遮音性のほとんどは内外装建材によって達成される。鉄骨造の軽量性を生かすためには，区画壁や床の重量密度に頼って遮音性を達成するのはあまり現実的でなく，遮音と吸音，衝撃音発生の防止などの対策を総合的に組み合わせて，良好な音環境を目指すことが望まれる。集合住宅の住戸間の界壁の遮音に関しては，従来，鉄筋コンクリートの耐震壁によって区画することが通常だったが，最近では開発が進み，乾式工法でもその性能に匹敵するものが提案されつつある。

(1) 遮音性

材料の遮音性能は，透過損失によって表される。一般に透過損失は重量密度が大きな材料ほど高いが，材料間の隙間から漏音があると，遮音性能のかなりの部分が台なしになってしまう。また，躯体内を伝わる音（固体伝搬音）などもあるから注意を要する。

(2) 吸音性

室内に良好な音環境を実現するには，ある程度の吸音性を持たせる必要がある。天井吸音板や，有孔板で覆ったグラスウール，ロックウールなどの吸音材がよく用いられる。講義室などでは，発音側の壁を反射材で，聴衆側の背後の壁を吸音材で処理し，音量の維持と聞き取りやすさの向上を図るテクニックが古くから使われている。室内の静かさ・穏やかさを演出するには，遮音性と吸音性の協調が欠かせない。

(3) 衝撃音の低減

とくに集合住宅などでは，上階の床での飛び跳ね音，食器の落下などにより発生する衝撃音の遮断性能が要求される。床衝撃音には軽量床衝撃音と重量床衝撃音がある。一般に軽量床衝撃音は軟らかい仕上げ材を施すことにより低減できるが，重量床衝撃音は仕上げ材での低減が困難で，床躯体の重量を増す必要があることから，設計初期の段階で十分注意しておかねばならない。

1.2.8 耐久性・保守性

内外装に用いられる材料の耐用年数は，材料自体の物性やそれがさらされる環境によって大きく異なってくる。一般に風雨や日光にさらされる有機材料は，劣化が早く進む傾向がある。逆にガラスや窯業製品などの無機素材は劣化が少ない。

建物全体のメンテナンス・サイクルは，建物に使われている材料のうち耐用年数が最短のものに支配される。このため，目地シールやパッキンなど劣化の早い材料が比較的簡便に交換できるよう，建築計画や構法計画を整えておくことが，建物全体のライフサイクルデザインにとって，大きな意味を持っている。

《参考文献》

1) 『非構造部材の耐震設計施工指針・同解説および耐震設計施工要領』日本建築学会，2003
2) 国土交通省大臣官房官庁営繕部整備課『建築構造設計基準の資料（平成27年版）』2015
3) 国土交通省大臣官房官庁営繕部整備課『官庁施設の総合耐震・対津波計画基準』2013

第2章 最近の自然災害に見る典型的被害例と教訓

本章では，最近の地震や台風などの自然災害による建築物の被害写真をもとに，部位別に典型的被害の様子や，事故発生の原因・機序や影響，および事故の防止策について具体的に解説する。

　実際の被害例を題材にすることは，その建築物の所有者や管理者をはじめとする関係者にとって，複雑あるいは不愉快な感慨を抱かせる行いであるかもしれない。だがむしろ設計者としては，そこにあった不幸な経験を貴重かつ有意義な教訓として摂取し，今後の設計技術の発展に生かすことこそが重要である。

　さらに実地に学ぶことも必要だ。応急危険度判定など，建築設計者として被災直後の支援を行うことは，与えるものだけでなく，得られるものも非常に大きい。

　真剣かつ真摯な目をこれらの被害例に向け，技術の発展と安全性の向上にいっそう力を尽くしていただきたい。また，本書執筆の意を汲んで，貴重な資料をご提供くださった関係者の皆様に対し，心からの感謝をお伝えしたい。

　自然災害による構法上の事故例を学ぶには，猛烈甚大な災害よりも，むしろ比較的規模の小さかった災害，また，深刻な災害の中心地から離れた地域のほうが観察しやすい。破壊のメカニズムが過渡的状態でとどまった事例が多いためである。

2.1 屋　根

2.1.1　折板屋根の強風被害例

(a) 重ね形折板の軒の被害

(b) 棟の被害

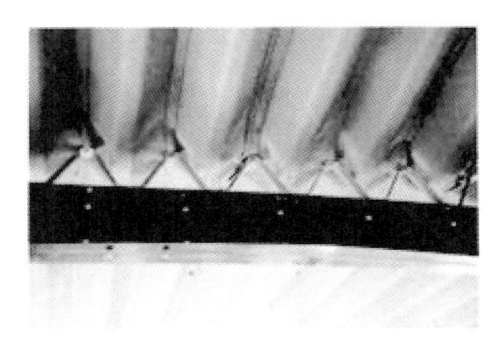

(c) タイトフレームとボルト部の変形

(d) はぜ締め形折板のけらばの被害

タイトフレーム部剥がれ　　支点間中央での座屈

(e) はぜ締め形折板の被害
写真 2.1-1　折板屋根の強風被害例

　写真 2.1-1 に，折板屋根の強風による被害の例を示す。強風による屋根の引き剥がしは，軒先やけらばなど，屋根の隅角部や突出部を発端にすることが多く，いったん一部が剥がれると，そ

こが新たな受風面となって荷重が累積し、屋根材の重ね部分を媒介にして、連鎖的に破壊が進行する。このため、そもそも破壊の発端をつくらないことが大切で、周辺部や隅角部をとくに念入りに留め付ける必要がある。

鼻隠しや樋、棟カバー、瓦棒カバーなどの板金部分も破壊の発端になりやすい。金属屋根は部材の単位が比較的大きいので、強風で剥がれた場合は、かなり遠くまで飛翔する。地震とはまったく異なる様態で人命に危害を与える可能性があるので、破壊の発端をつくらないように細心の注意を払うことが、最も重要である。

2.1.2　温度応力による繰り返し荷重により接合部が緩み強風時に脱落した事例

(a) 二重折板屋根のけらばの被害 (1) 　　　(b) 二重折板屋根のけらばの被害 (2)

(c) (b) の詳細 　　　(d) 二重折板屋根のけらばの被害 (3)

写真 2.1-2　二重折板屋根の強風被害例

写真 2.1-2 に示すのは、2枚の金属折板の間にグラスウールを充填して構成した、折板二重屋根の被害例である。折板二重屋根は、表面板が日射を受けて熱せられる一方、裏面板の温度上昇が断熱層の効果により非常に緩やかとなるため、表面板の膨張により、むくり変形を起こそうという温度応力が生じる。2枚の板を固定する屋根材の取付け部品は、この力に対抗して非常に大きな引張り力を負担することになる。日射は1日1サイクル必ずやってくるので、繰り返し応力が部材の局部に集中すると、金属疲労によって破壊に至る危険があると指摘されている。上下の折板をスライド可能な状態で保持するなど、熱応力に配慮したディテールを工夫する必要がある。

2.1.3 強風によって金属板二重屋根の表面板取付け部から剥離した事例

写真 2.1-3 スポーツ施設の金属板二重屋根の強風被害（四日市市，1998年）
（提供：川口淳三重大学准教授）

　写真 2.1-3 は，スポーツ施設のドーム型屋根の強風被害例である。縦葺き屋根の表面板の一部が大きく剥がされる被害を生じた。

　この屋根は，一種の金属板二重屋根である。部品構成の概略を説明する。写真 2.1-2（c）に見えるように，二重屋根の下側は金属折板で，これを下地にして，まず流れ方向と直交にハット形鋼の力骨を渡し，さらにこれに直交して写真 2.1-3（b）に見えるように「ガッター」と呼ばれる溝型の部材を流す。ガッターは写真 2.1-3（d）左下に見えるゼット型の押さえ金物によって両側から押さえ込むように力骨に固定されている。ガッターの溝部に少量の雨水が流れることを許容した設計であり，防水上の理由から貫通留付けを避けたものと思われる。ゼット型の押さえ金物による固定には，温度応力を逃がす意図もあったかも知れない。一方の表面板は長尺のステンレス板で，両側面がV字型に折り曲げられたつばになっている。このつばをガッターの溝にはめ込み，そこに写真 2.1-3（d）のような固定金物を一定間隔で挿入し，金物の下側フックを回転させてガッター内空洞部の肩に引っかけ，さらに引きボルトを締め込んで，ガッターと表

面板を締め付けて固定する。この溝にはさらに目地カバーをはめ込んで表面を平滑に仕上げる。屋根表面の平滑性を重視した，非常にスマートな外観の設計であった。

　写真に示すように，この強風被害は，表面板と目地カバーおよびガッターまでの表面側が引き剥がされたもので，力骨以降下側の部材は存置している。下面側の折板に事故はなく，おかげで雨水の内部浸入は起こらずにすみ，被害は比較的軽微にとどまった。

　この被害の要因はきわめて複合的である。主としてガッターと力骨の界面が破壊されていることからみて，ガッターを留め付けるゼット型押さえ金物の強度不足がまず第一に指摘できるが，その下の力骨の熱膨張クリアランスの位置不適切（ガッター直下，組になった押さえ金物の間に隙間がきている部分があり，受風時にガッターはずれの発端を誘発した可能性がある），固定金物の摩擦接合の信頼性不足（日射やフラッターによる繰り返し荷重を受けるうちに，固定が少しずつゆるみ，金物が勾配方向に滑り落ちるように移動し，屋根面の留付けピッチが開いていった可能性がある），けらば部分の先行破壊の可能性（端部破壊により内部から風圧を受けた可能性がある），構造体全体の変形によるディテールへの影響（構造自体が変形し，屋根目地などに隙間を生じたり，嵌合のゆるみを来した可能性がある）など，複合的な要因が相乗的に働いて，最終的な被害に至ったと考えられている。もちろん，本事例の受けた強風は設計荷重を一時超えるきわめて大きなものであった。

　屋根面にジョイントが出ることを嫌い，平滑単純な表情を求める意匠上の要求は大きいが，金属屋根面の取付けは，機械的嵌合や貫通固定による留付けが基本であり，摩擦力に頼るような，繰り返し荷重下で移動やゆるみを来すおそれのあるディテールについては慎重であるべきである。図面の上で奥行き方向に続く部材のジョイント（この場合は力骨同士を長手方向につなぐジョイント）については，設計の際つい見落としがちになり，指定不十分となるきらいがあるが，この位置やディテールなどを現場で適切に監理することが非常に重要である。モックアップの風圧実験などを行っても，なお日射による膨張や収縮，目地からの雨水の浸入による腐食や電食，フラッター現象によるねじのゆるみなど，実験で再現することの困難な要因が，現実には多数存在する。地震とは異なる複合的かつ長期的要因に十分想像力を巡らせながら，慎重に設計にあたることが必要である。

2.2 外 壁

2.2.1 適切な建材が使用されていなかった事例

(a)　(b)　(c)

写真 2.2-1　コンクリートブロック外壁の変形不追従による脱落（十日町市，2004年）（撮影：富岡義人）

　写真 2.2-1 は，鉄骨ラーメン構造の外壁をコンクリートブロックで構成した建物の被害例である。コンクリートブロックの帳壁は，層間変形追従性が極端に悪く，自重も大きいため地震力が大き

く，さらに破壊性状ももろい。以上のことから，鉄骨造の外壁材としてはまったく適していない。本例のように，ある程度の地震を受けると破壊を来し，塊状の破片が次々と落下して，人命に危害を及ぼす可能性が高い。変形追従性のない材料は，利用しないようにすべきである。

写真 2.2-2 ラスモルタル外壁の変形不追従による脱落（白河市，2011 年）
（提供：(独) 建築研究所）

写真 2.2-2 は，空中渡り廊下のラスモルタル外壁の脱落事例である。ラスモルタルはもともと木造家屋に対する耐火性付与のために開発された構法で，広く普及したため，鉄骨造に転用された事例も多いようである。だが，この構法は層間変形追従性がほとんどなく，下地への留付けが脆弱であるため，中規模の地震においてさえ脱落することが多い。湿式材料は一般に変形性能を持たせるのが難しいので，鉄骨造にはまったく適していない構法だといえるだろう。

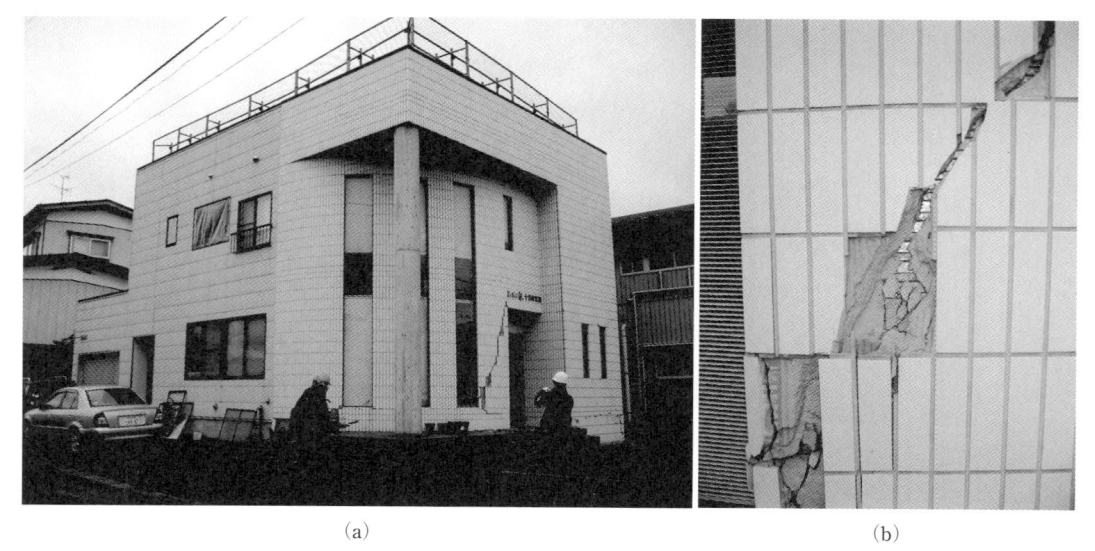

(a)　　　　　　　　　　　　　　　(b)
写真 2.2-3 外壁タイルの下地ラスモルタルの被害例（十日町市，2004 年）（撮影：富岡義人）

写真2.2-3は，2階建ての小規模オフィスビルである。鉄骨造だが，ファサード部分を鉄筋コンクリートのような表情でまとめた設計で，正面の独立柱はわざわざ現場打ちコンクリートで仕上げている。

正面のタイル張りの壁に，開口部の角をつなぐように大きくひびが入っている。このひびの中をのぞき込むと，写真2.2-3（b）に示すようにタイルがメッキ鋼板の折板の上に，ラスモルタルで張り付けてあることがわかる。金属折板とモルタルの間に付着力はまったく期待できないので，少しのゆれでも容易に脱落するのは当然である。

これと直交する奥行き方向の面は，通常の鉄骨造同様，横張りのサイディングで仕上げられている。サッシュに脱落を来すほどの変形を受けてなお，この部分の外壁はほとんど被害なく済んでいる。

2.2.2　層間変形不追従により外壁が脱落した事例

写真2.2-4は，鉄骨ラーメン構造の建築物の外壁を，薄いサイディングボードで細かく留め付けて形成した事例である。骨組の層間変形に対し，鋼製の胴縁や窓サッシュは追従したものの，外壁材が追従できずに先に落下したものと考えられる。外壁材が薄いものであったため，人命に対する危険はコンクリートブロックの場合よりは格段に小さい。しかしながら落下部分では，内装の木製下地やベニア板が露出しており，容易に着火する状態になっている。延焼による二次災害の危険がたいへん大きい。本事例ではつまびらかではないが，外壁回りは「延焼のおそれのある部分」であることが多い。「延焼のおそれのある部分」の設計では，設計者の関心が，ややもすると開口部（防火設備）だけに向かいがちになる。地震後の火災を防ぐためには，外壁の追従性が安全上きわめて重要であることをあらためて認識したい。

写真2.2-5は，ALC縦壁挿入筋構法パネルの脱落事例である。層間変形不追従に起因する典型的な事例と思われる。自動車の破壊状態からも，落下のすさまじさが伝わってくる。パネル脱落が起きたところは，一般の屋根高さから屋階が突出している部分で，骨組もイレギュラーに組まれていて細い。パネルが上階部分を下に折り畳んだように落下していることからみて，屋階部分の層間変形が過大となって破壊が始まり，上下パネルどうしをつなぐように入っている挿入筋を通じて下階へ，あるいは角を回っ

写真2.2-4　変形不追従による外壁落下（十日町市，2004年）（撮影：富岡義人）

写真 2.2-5 ALC 縦壁挿入筋構法の崩落例（現在この構法は利用されなくなっている）（郡山市，2011 年）（提供：(独) 建築研究所）

て直交側の外壁へと伝播していったようである。このため破壊は，おおむね屋階の直下に限られている。**写真 2.2-5 (a)** に見える最下のパネルには，挿入筋が面外に脱出したあとが残っている。なお，この構法は現在では利用されなくなっている。

2.2.3 開口部のパネル切り欠き部からひび割れを生じた事例

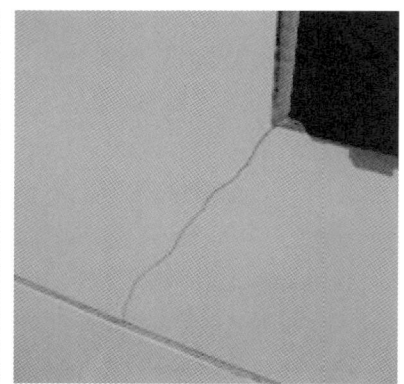

(a) 縦張り外壁　　　　　　　　　　　　(b) 横張り外壁

写真 2.2-6 押出成形セメント板の開口部隅からのひび割れ（仙台市，2011 年）（提供：(株) ノザワ）

写真 2.2-6 は，押出成形セメント板の外壁に，パネルを欠き込むように設備開口部や窓を取った事例である。地震後，開口部の隅角部からひび割れが入ったが，脱落には至っていない。

パネルの割付と開口部，とくに設備に絡むガラリなどは，内部のダクトや機器配置などの都合

でパネル割付に合わせることが難しく，充分な検討なく切り欠きが行われることがある。

かつて「公共建築工事標準仕様書（建築工事編）平成22年版」には，やむを得ずパネルに欠き込みを行う場合の上限寸法が記載されていた。これを安全寸法と誤解して，十分な強度検討をしないまま欠き込みを行った事例が多かったようである（本来は「建築工事監理指針　平成22年版」に基づいて，欠損部を考慮した断面性能で強度計算を行うこととされていたが，見逃されることが多かった）。

その結果，欠き込み部からのひび割れ事例が地震のたびに数多く発生した。これを踏まえ，最新版の「公共建築工事標準仕様書（建築工事編）平成25年版」では，「パネルに欠き込み等を行う場合，パネルの開口の限度は，特記による」と変更され，設計者の責任で強度を検討し，欠き込み限度を決定することが明確化された。

このようなひび割れ被害は，地震のたびに広く見られるもので，本例のようにパネル幅の半分まで切り欠くようなものは，まず被害を免れない。脱落まで至ることは少なく，人命への影響は比較的小さいとはいえるが，パネル割付を念頭に置いた設備・配管ルートを検討する，欠き込み部がなくなるようパネルをあらかじめ分割して目地を通しておくなど，設計者の事前検討によって十分防ぎうる事象であるといえるだろう。

2.2.4　外壁パネルの開口隅角部の損傷事例

写真2.2-7は，ALC縦張りの外壁の開口部（おそらく排煙口）隅のひび割れである。剛性の高いサッシ枠が壁面にインセットではめ込まれていたため，隣接する外壁にひび割れを来したものである。排煙口の機能維持のほうが外壁の維持よりも安全上の価値が高いと考えられるので，この被害の「発生順序」については，適切であったといえるだろう。

このような外壁の軽微な被害は，各種建材で広く観察されるので，設計のときには，大地震時にはこうした被害がある程度起こる，という前提で設計にあたる必要がある。

写真2.2-7　ALC外壁の開口部隅の軽微な破壊（十日町市，2004年）（撮影：富岡義人）

2.2.5　副次的に取り付けられた部材により変形追従性が阻害され破壊を来した事例

写真 2.2-8 は，押出成形セメント板横張りの外壁に縦樋を取り付けた事例で，地震後，当該パネルの一部が破壊された。これは，横向きにスライドすることによるパネルの変形追従性が阻害された結果であると考えられ，このほかの一般部に被害は見られなかった。変形追従性はこのような比較的軽微な拘束でも妨げられる可能性があるということを，今一度確かめながら，慎重に設計すべきである。

写真 2.2-8　押出成形セメント板横張り外壁の縦樋取付け部の被害（水戸市，2011 年）（提供：(株)ノザワ）

2.2.6　外壁材が過大な面外荷重を受けて破壊・脱落したと考えられる事例

写真 2.2-9 は，外壁の横張り ALC パネルが脱落した事例である。横壁アンカー構法と思われる。外壁下地の鋼材は骨組に取り付いた状態で残存し，さらにパネル内のアンカーが骨組側に残存しているので，パネル自体が破壊して落下したようである。なお，この建物のパネル落下部の下には下屋がかかり，屋外通路はこれに覆われていた。そのため，この部分では外壁落下による人命の危険はなかったようである。

層間変形追従性の影響がなかったとは必ずしもいい切れないものの，主原因は外壁材が自重に起因する慣性力以外の面外荷重を受けたことであると推測される。すなわち，内装壁下地のスタッド（天井下までだったように見える）が面外に大きく曲がって外壁面から突出していることからみて，内部の存置物品が移動して外壁側に衝突したか，あるいは天井が振り子のように大きく振れて，外壁を面外に押し出した可能性がある。

(a)

(b)

(c)

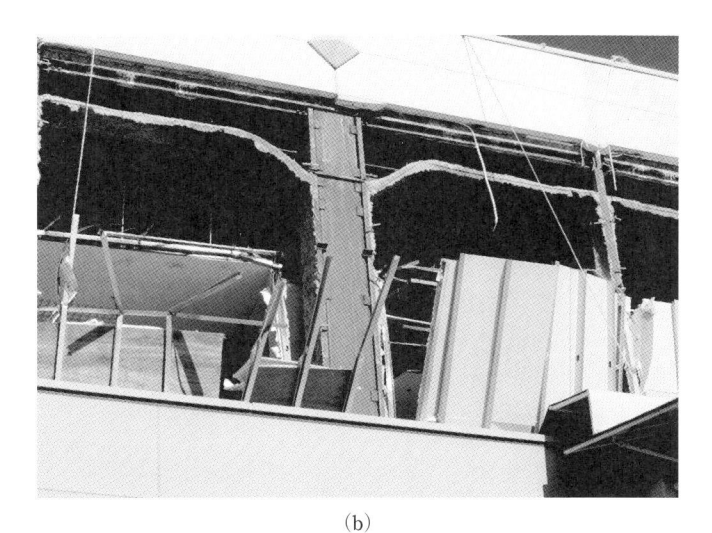

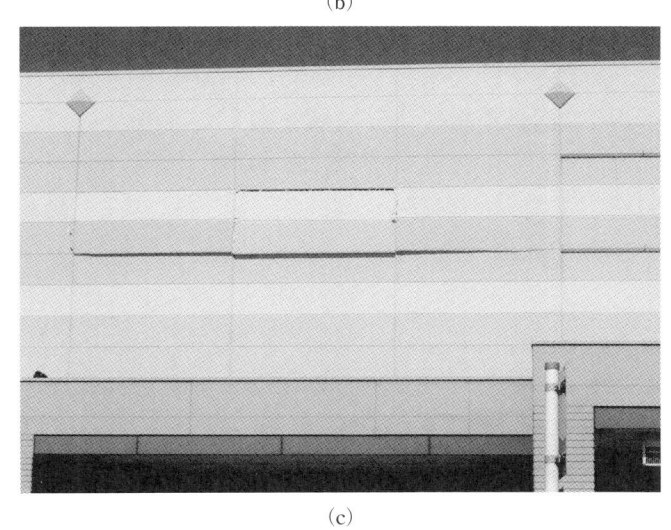

写真 2.2-9 ショッピングセンターの横張り外壁の面外押し出しおよび脱落（小千谷市，2004年）（撮影：富岡義人）

写真 2.2-10　ショッピングセンターの外壁突出部のむち打ち現象による破壊
（十日町市，2004 年）（撮影：富岡義人）

　写真 2.2-10 は，ショッピングセンターの縦張り ALC パネルの脱落例である。パネルにボルトを貫通させたボルト止め構法のようである。外壁が屋上面の高さを超えて突き出し，フォールス・ファサード（みせかけの正面）とする設計になっている。

　建物の外壁だけを屋上面から高く突出させると，いわゆるむち打ち現象により，何度も大きく面外に振られ，加速度が増加する。本事例では，こうして自重に対する慣性力が増加した結果，パネル自体が破壊するとともに，パネル内に設置していたボルトが引き抜けて，徐々に脱落したようである。脱落部のとなりのパネルにその中間段階の様子が見える。ボルト止め構法であったため，パネルの留付けは一枚ずつ独立であり，破壊が連鎖的に伝播することなく済んだ。

　屋上突出部は，かならず高所に位置するわけで，人命に対する危険が大きい。剛性の極端に小さくなる突出部を外壁沿いにつくらないのが，最も安全な設計方針である。建物に付属して上方に突出した煙突や，屋上機械室，看板工作物，高架水槽なども問題になることがある。

2.2.7　パネルに隣接する設備などからの面外荷重により破壊を来した事例

　写真 2.2-11 は，押出成形セメント板縦張りの外壁に煙道ダクトを貫通させ，右に見える煙突につないだ事例である。地震時に煙突と建物本体が異なる振動をしたため，煙道ダクトが取り付けられていた外壁が，面外に引きちぎられるように破壊されたと考えられる。脱落部位は僅少で，パネル間の破壊の伝播も起きていない。

　ダクトなどの設備配管が建物外壁を貫通する部分では，密閉や止水のため，フランジなどで外壁を面外から拘束する場合が多くなるが，一方で，設備配管は建物と異なる振動をする可能性が高いので，面外荷重による破壊が起きやすい。地震後の機能維持のためには，サヤ管カバーなどによって変位性能を保つなど，外壁建材に面外荷重を加えないような詳細設計が必要である。設

写真 2.2-11　煙道ダクト取付け部からの面外荷重による外壁の破壊（長岡市，2004 年）（提供：(株) ノザワ）

計上の重要な留意点であるといえるだろう。

　写真 2.2-12 は，押出成形セメント板縦張りの外壁裏の配管架台の見上げ写真である。外壁のすぐ裏面，主体構造の片持ち梁の先端から架台が下ろされ，各種の配管を支えていた。地震時，この架台が大きく揺れ，面外方向から外壁材に衝突し，断裂を生じさせたようである。設備架台などの二次的な部材が大きく振動して，外壁を破壊することは十分考えられることなので，クリアランスを十分に取る，外壁付近では吊り下げ長さを短く抑えるなどの対策が必要である。

写真 2.2-12　外壁裏の配管架台の押し出しによる外壁材の破壊（長岡市，2004 市）（提供：(株) ノザワ）

2.3　内　壁

2.3.1　防火区画の壁が層間変形不追従によって破れた事例

写真 2.3-1　コンクリートブロックで構成した階段室の竪穴区画が破れた事例
（小千谷市，2004 年）（撮影：富国義人）

　内壁は，吹抜け部分などを除いて，外壁のように高所から落下するということは少ない。しかし防火区画や防煙区画などの安全上の機能を担っていることがあるので，その面での注意が必須である。防火区画のうちでもとくに竪穴区画が成立しなくなると，階段室が煙道あるいは延焼経路となり，避難にも重大な支障が出て，多数の人命に関わる事態を引き起こす可能性が高い。

　写真 2.3-1 は，階段室の隔壁をコンクリートブロックの帳壁で行った建物の被害例である。前述したようにコンクリートブロックは，自重の大きさの点でも変形追従性の点でも鉄骨造には適さない。この事例では，鉄骨階段のささら桁に区画壁が衝突して防火区画が破れ，一般部と貫通してしまい，延焼や煙を妨げる能力が完全に失われている。また壁面上部の梁との間にも大きな断裂が生じている。この状況がさらに進み，壁体が内側に崩れた場合には，事実上，上階からの避難経路が失なわれてしまうことになる。

2.3.2 ガラス垂れ壁の破損により防煙区画が破れた事例

写真 2.3-2 は，避難所となった体育館のロビーの防煙垂れ壁の被害例である。比較的せいの高いガラス垂れ壁の隅角部に変位が集中し，そこで破壊したと考えられる。ガラスが一枚ほぼ丸ごと欠損しているので，煙の流動を妨げる機能はほとんど失われている。さらに，ガムテープで仮補修してはいるものの，ガラス片が余震などでさらに落下する心配がある。避難所として機能すべき建築物では，防煙区画の線引きやそのディテールに，特段の工夫を費やすべきであろう。

写真 2.3-2　避難所となった体育館の防煙区画が破れた事例（小千谷市，2004 年）（撮影：富岡義人）

2.3.3 ブレースの構面外突出により設備システムに支障を及ぼした事例

写真 2.3-3 は，鉄骨造平屋の工場の事例である。構造体が変形し，構面にたすきがけに入っていたブレースが塑性変形を来している。鋼材が塑性変形を来すと，塗膜が変形についていけず剥

(a)　(b)

写真 2.3-3　ブレースが面外に変形し工場内部の配管を破った事例（補修済み）（十日町市，2004 年）（撮影：富岡義人）

落する。原因調査などの際に注意して観察すべきポイントである。この事例では塑性域に入ったのはブレースのみで，主要フレームは弾性域の範囲にとどまり，全体として設計想定内の変位で済んだようである。

　しかしながら，この変形に伴い，ブレースが面外に突出して工場の配管を破る事故が発生した。写真はすでに補修が済んだ状況を示しており，最上段の配管の両側に継ぎ直したスリーブが見える。この事例では，配管に危険物が流れていなかったので，大事故には至らなかった。配管の多い工場建築や病院建築などでは，毒性や可燃性のある液体，ガス，さらに電気などの配管が次々に破れる事態も想像しながら，慎重に設計にあたるべきである。

2.4 開口部

　開口部は，建築の最も基本的な機能部分・可動部分であり，避難経路，防火区画，排煙設備，防火設備としての機能を担う部分でもある。ドアが閉じた状態のままロックすれば避難に影響が及ぶし，逆に開いたまま閉じないと防火区画が設計どおり実現しないことになる。また，ガラスが爆裂すれば，それが人間の頭上に降り注ぎ，それ自体が凶器になるおそれがある。

2.4.1　開口部の破壊により避難閉塞を来した事例

　写真 2.4-1 は，ショッピングセンターのエントランスのアルミサッシュのドアである。建物輪郭の中に入り込んだポーチの奥に，自動扉と開き戸を並列にしたガラス面が二重に取られ，間が風除室となっている。この事例の場合，層間変形の結果アルミサッシュが面外に大きくたわみ，扉がロックして容易に開放できない状態となった。手動扉のガラス面には脱出のため人為的に割ったと思われる痕跡がある。この設計のようにサッシュの両側を剛性の高い壁で押さえ込むと，面内に加わった変形が面外に逃げ，その結果，建具が破損して避難経路の閉塞を来すことがある。本例の扉上部の欄間は自然排煙口として設計されているようだが，同様に排煙機能の喪失を来していたかもしれない。

写真 2.4-1　ショッピングセンターの入口建具の面外変形および避難閉塞（十日町市，2004 年）（撮影：富岡義人）

　写真 2.4-2 に示す事例は，ショッピングセンターの 1 階で，物品販売業の店舗において法定の避難経路幅を確保するためにつくられたフランス窓の部分である。普段は窓として運用するが，非常時には避難用の出入口となるべく設計されている。

写真 2.4-2　ショッピングセンターの避難扉の欄間ガラスの爆裂と付近天井の崩落による避難閉塞（小千谷市，2004 年）（撮影：富岡義人）

この事例の場合，下のフランス窓の部分は，戸枠，障子枠ともに頑丈で，被害があるように見えないが，上部欄間のガラスは爆裂してしまっている。おそらく下部フランス窓部分が剛強であるため，欄間部分に大きな強制変形角が作用し，欄間ガラスから破壊しはじめたと考えられる。その結果，避難経路の床にガラス片が散乱する状況が出来した。これに加え室内側の天井も落ちており，二重の意味で避難閉塞に近い状況になっている。

2.4.2　ガラス窓の破損を来した事例

写真 2.4-3 は，横長の大判ガラスの破損である。腰壁パネルが剛強なため，せん断変形が窓部分に集中し，サッシュに大きな強制変形角が作用したものと思われる。外付けの照明ポールが曲がっていることから，ガラスは地面まで落下したと考えられるが，もう少し窓の位置が外壁面から後退していれば，危険性をかなり低減できたはずである。

写真 2.4-4 は，銀行のキャッシュコーナーの入口である。柱梁骨組の中にステンレスサッシュのボックスを挿入したような形になっている。その上部の欄間の大判ガラスが破損しており，ガムテープで仮に補修されている。だが，割れたガラスはボックスの小屋根に受け止められ，人命に危険はなかったようである。通行の多い入口はこのような造形で出入りの安全を確保する配慮が望まれる。

写真 2.4-5 は，きわめて大判の合わせガラスの破損例である。合わせガラスを利用したことにより室内側のガラスのみが破損し，小片として散乱するのが防がれている。

写真 2.4-3　横長窓の大判ガラスの破損（郡山市，2011 年）（提供：（独）建築研究所）

写真 2.4-4　エントランス上方の大判ガラスの破損（仙台市，2011 年）（提供：（独）建築研究所）

この事例では詳らかではないが，構造体がねじれ変形を来した場合，複雑な破壊メカニズムが生じるので，注意が必要である。

写真 2.4-6 は，体育館側面の大きな採光窓のガラス破損例である。1972（昭和 47）年竣工というこの建物の採光窓は，スチールサッシュで構成され，硬化性パテ止めのはめ殺し窓を上部に，同じくスチールサッシュによる引き違い窓が下部に配されている。ガラスの破損のほとんどが，はめ殺し部分で起こっている。

写真 2.4-5　大判合わせガラスの破損（仙台市，2011 年）

　硬化性パテ止めのはめ殺し窓は，破損事故が多いということで，その後告示によって使用が禁止されており（1978（昭和 53）年），現在では設計に用いることはできない。しかしながら，既存不適格建築物は多数残存していると思われるので，改修などの際に見落とさないようにすべきである。また，この事例の場合，ガラススクリーンの上下を支点として面外方向に揺さぶられたようにも見え，その固有周期が地震動

写真 2.4-6　体育館のスチールサッシュの硬化性パテ止めガラスの破損（鉾田市，2011 年）
（提供：（独）建築研究所）

あるいは建物本体の固有周期と共振して，面外の振動が増強された可能性がある。

2.4.3　ガラス窓が二次的に破壊され被害が拡大した事例

　写真 2.4-7 に示すのは，凝った形の建築物で，奥行き方向の外壁と，その下に突き出したガラス部分が破損している。パラペットは縦張り ALC パネルを屋上面から上に持ち出して処理している。この事例では，パネルのほぼ中央に相当する屋上面の留付け部を支点として，上端部が面外方向に大きく振られ，パネル下部のジョイントが面外に外れ，滑り出すようにしてパネルが脱落し，外壁から突き出たガラス部分に落ちて，それを破壊したものと考えられる。接道側外壁にパネル脱出の中間過程が見え，その下のガラスは破損していない。

　外壁外の下屋は，人命保護の手段として有効な場合が多いが，ガラスのトップライトなどは落

下の衝撃を受け止めるには不十分で，むしろ被害を拡大する要因となりうる。

写真 2.4-7 ALC パネルの脱落とそれに伴うガラスの破損
（仙台市，2011 年）（提供：(独) 建築研究所）

2.5 天　井

　天井の破壊は大地震のたびに経験されており，近年とくに問題になっている破壊現象である。天井が落下すると，人間の頭上に落ちて危険であるばかりでなく，室内の重要機器を破損させ，著しい機能喪失を来す可能性がある。室用途の重要度，地震後の機能維持の必要性に応じて，設計上，今後さらに配慮を要する点であると考えられる。

2.5.1　壁面との衝突によって破壊した事例

　写真 2.5-1 に示す事例は，軽鉄下地せっこうボード捨て張り岩綿吸音板の吊り天井で，壁面近傍で破壊を来したものである。吊り天井はメカニズム上水平に変位しやすいが，壁面は固定されているので，天井が壁面に反復的に突き当たり，結果として天井のほうが破壊される。現在，一般に推奨されている対策は，吊り天井の吊り材にブレースを挿入して水平変位を抑制すること，また壁面との間に一定の変位を許容するような目地を設けることである。

写真 2.5-1　二重張り天井の壁面との衝突による破壊
（笠間市，2011 年）（提供：（独）建築研究所）

　天井吊りの設備機器は，架台で構造体とかなりしっかりと緊結され，変位しにくいため，その周囲でも同様の事象が頻繁に起こる。

2.5.2　立体トラスの内部に設置された断熱パネル天井が落下した事例

　写真 2.5-2 に示すのは，体育館の立体トラスの屋根架構内の天井で，トラスの構面内にプラスチックシートで覆ったグラスウールパネルをはめ込んだ一種の吸音天井である。天井落下の機序は必ずしも明瞭ではないが，パネル周辺を保持するアルミ形材との掛かり寸法が小さく，下地材の変形に伴って，シートおよびパネルが一枚ずつ外れ，ばらばらと脱落したようである。パネル自体が軽量なので，人命に対する危険は比較的小さかったように見える。

44 ●第2章─最近の自然災害に見る典型的被害例と教訓

(a)

(b)

(c)

写真 2.5-2 体育館の立体トラス架構内に設置された天井パネルの落下（水戸市，2011年）（提供：(独)建築研究所）

2.5.3 大面積の吊り天井が落下した事例

(a)

(b)

写真 2.5 - 3 体育館の木製下地天井の全体的落下（日立市，2011 年）（提供：(独)建築研究所）

写真 2.5 - 3 に示すのは，鉄骨平面ラチスで架構された体育館で，木製下地の吊り天井がほとんど全面にわたって崩落した事例である。竣工は 1967（昭和 42）年で相当古い。木製下地は比較的軽量で，曲面などを構成しやすく，造作も容易であるが，面材を張ることによってかなり一体的になる。

このような天井の場合，全面が一気に落下することは普通考えられず，引き剥がしの伝播による破壊が通例である。すなわち天井の一部が剥がれると，その荷重が次々に累積しながら次の留付け点を破壊していき，ついに天井全体が崩落する，というメカニズムである。このような破壊は，木製下地だけでなく，軽鉄下地でも起こりうる。たとえばせっこうボード捨て張り岩綿吸音板のように，接ぎ合わせにより一体化した大きな天井面をつくる構法のときには注意が必要である。一体化した天井にわざと区切りを入れ，面を独立させれば，全体への伝播は防げるだろうが，天井の崩落自体を止める対策とはいえない。

(a)

(b)

写真 2.5-4　金属折板の吊り天井の落下（水戸市, 2011 年）（提供：（独）建築研究所）

　写真 2.5-4 に示す事例は 1970（昭和 45）年竣工の体育館である。両側面の傾斜天井をボードで仕上げ，中央部に金属折板を水平に吊り込んでいたようである。中央部の折板は一部を除き落下しているが，残った部分の端部には横方向の衝突のあとが見える。

　おそらく，折板を吊り込んだ部分が，地震動によって振り子のように左右に大きく揺れ，周囲のボード天井のエッジ部を破壊するとともに，折板下地の吊り込み部が破断して崩落したものと思われる。ボード天井自体も外壁側で落ちているので，相互の振動が複合的に干渉しあったかもしれない。

　折板天井がなぜ採用されたのか，理由は判然としないが，落ちたときのダメージの大きさから見て，正しい材料選定だったか，吊り天井の扱いで適切だったか，疑問の残る設計である。水平変位を抑制しようとしてブレースを配したとしても，吊り下の重量が大きければ，ブレースが破断する事態さえ起きうるわけである。吊り天井は，ブレースで変位を抑制するだけでなく，吊り下重量を厳しく制限するよう，設計上の配慮を尽くすべきである。

(a) (b)

写真 2.5-5 空港コンコースの天井落下（小美玉市，2011 年）
（提供：（独）建築研究所）

　写真 2.5-5 は，空港コンコースの天井が落下した例である。天井照明が配置されている部分にはもともと天井がなく，このため区画の一部だけが崩落し，残りは部分的な破損にとどまっている。

　天井が隙間を介して独立していたため，破壊の伝播を区画内にとどめることができた。崩落した部分を見上げると，野縁はあまり残っておらず，そのほとんどが天井板に緊結されたまま，一緒に落ちたと考えられる。このような設計の場合，天井板は一体的に挙動するので，前述の引き剥がし伝播型の破壊をしたと考えられる。

　野縁受け金物の緊結性能を向上させることや，吊り込み下地に振動を抑制するブレースを入れる変位防止処置を施すことが設計上必要で，またこれらは監理の際の要点でもある。

　吊り天井の共振周期を，単振り子と同じと考えると，理論上吊り長さが 1m でおよそ 2.0 秒，2m で 2.8 秒となる。もしこれが建物の固有周期に合致すると，非常に破壊が起こりやすい状況となる。共振効果により非常に大きな変位が生じたり，あるいは変位が拘束されている場合には，ブレースなどの拘束材に大きな力が作用することになる。これらの点について今後特段の注意を払うべきである。そもそも吊り天井が必要なのかどうか十分に考え，天井あらわしの意匠を採用するなど，創作的対応が必要である。

2.5.4 軒天井が落下した事例

写真 2.5-6 は，スーパーマーケット前面の軒天井が地震により落下した例である。取付け部のディテールを見る限り，通常の室内の場合と同程度のようである。軒天井は強風によって破壊される可能性もあるので，吹き上げなどの面外力も念頭に置き，しっかりと固定すべきである。

また，軒天井は延焼を受けやすい部位であり，防火の要点でもある。落下が起こらないようにしっかり緊結するか，あるいはたとえ落下しても，その後の延焼防止性能が保たれるようでないと，地震や強風後の安全機能を維持できるとみなすことはできない。

写真 2.5-6 スーパーマーケットの軒天井の落下（小千谷市，2004 年）（撮影：富岡義人）

《参考文献》

1) 日本建築学会編『2011 年東北地方太平洋沖地震災害調査速報』日本建築学会，2011
2) 国土交通省国土技術政策総合研究所，独立行政法人建築研究所，一次調査資料
3) 西村宏昭「台風による強風被害と外装材の耐風設計」『GBRC』Vol.33，No.1，2008
4) 『公共建築工事標準仕様書（建築工事編） 平成 25 年版および平成 22 年版』公共建築協会

第3章……ALC

3.1 歴史と製法

3.1.1 歴史

ALC は"Autoclaved Lightweight aerated Concrete"（高温高圧蒸気養生された軽量気泡コンクリート）の頭文字をとって名づけられた建材で，板状に成形したものを「ALC パネル」と呼ぶ。

ALC は 1930（昭和 5）年ごろ北欧ではじめて工業生産された。その製造技術をもとに，日本で工業生産が開始されたのは 1963（昭和 38）年のこと。その後，1969（昭和 44）年に厚さ 50mm の薄形 ALC パネル，1980（昭和 55）年に厚さ 35・37mm の木造用薄形パネルが販売された。以来，わが国の建築事情を考慮した製品開発，取付け構法開発が進められ，並行して規格・基準類も整備された。

1967（昭和 42）年に建築基準法第 38 条に基づき「ALC パネル構造設計基準」が大臣認定され，1972（昭和 47）年に「JIS A 5416 軽量気泡コンクリートパネル（ALC パネル）」が制定され，1975（昭和 50）年に ALC パネル施行の標準仕様書である「JASS 21 ALC パネル工事」が日本建築学会により制定された。

2000（平成 12）年に施行された改正建築基準法により法第 38 条が削除され，大臣認定が失効となったことを機に，ALC 協会は，新たな技術基準として「ALC パネル構造設計指針」を制定し，独立法人建築研究所の監修を受けて 2004（平成 16）年に『ALC パネル構造設計指針・同解説』を発刊した。

その後，2007（平成 19）年の「建築物の安全性の確保を図るための建築基準法等の一部を改正する法律」の施行に伴い，ALC パネルに関する関連法規条文ならびに告示の解説書として，『2009 年版 ALC パネルを用いた建築物の構造関係技術基準解説書』（監修：国土交通省国土技術政策総合研究所，独立法人建築研究所，企画：一般財団法人 日本建築センター）が発刊された。

また，新たな技術基準として 2013（平成 25）年に『ALC パネル構造設計指針・同解説』（監修：独立法人建築研究所）が改訂され，木造用敷設筋構法と木造用ねじ止め構法も追加された。

3.1.2 製法

ALC パネルの主原料は珪石，セメント，生石灰である。人体に有害なアスベスト（石綿）や，シックハウス症候群の原因となるホルムアルデヒドなど VOC を含まない建材である。

製造工程を図 3.1-1 に示す。

❶ 原料調合
ALCパネルの主原料は珪石，セメント，生石灰。それに発泡剤のアルミ粉末と水を加えて混合液を作る。

❷ 鉄筋加工・組込み
補強材として特殊防錆処理を施した鉄筋マットをモールド（型枠）に組込む。

❸ 注入・発泡
鉄筋マットを組込んだモールドに混合液を流し込み，化学反応によって発泡させる。

❹ 切断
半硬化の状態で所定のサイズに切断する。

❺ オートクレーブ養生
半硬化したパネルはオートクレーブと呼ばれる高温高圧の蒸気養生釜で養生し，安全に硬化させる。

❻ 加工
オートクレーブ養生の終わったALCパネルは，入念に側面加工・表面加工を施す。

❼ 検査・保管
完成したALCパネルは，厳重な品質検査を行ったうえで出荷される。

図 3.1-1　ALC パネルの製造工程

写真 3.1-1　オートクレーブ養生の例

3.1.3　リサイクル

　地球環境問題への関心が高まるなか，ALCパネル廃棄物が環境へ及ぼす負荷を軽減するため，ALC協会とALCパネルメーカー各社は資源循環のシステムづくりや廃棄物の適正処理を推進している。設備用穴あけや柱形切断加工などにより新築現場から排出されるALCパネルの端材については，「広域認定制度」*を利用してALCパネルメーカー各社が回収にあたり，ALCパネルの原料に再利用する体制を整えている。

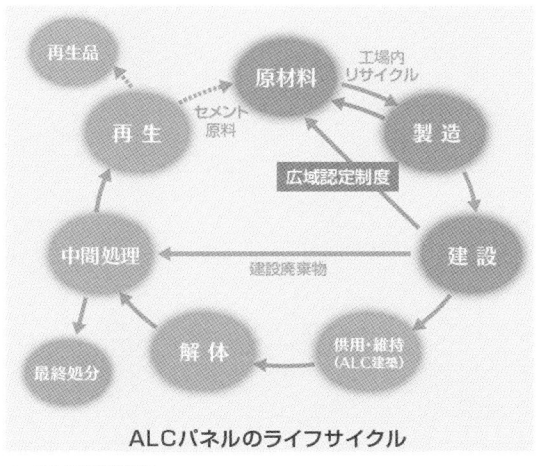

ALCパネルのライフサイクル

* 広域認定制度
廃棄物となった製品について，その製造，加工，販売にあたる製造事業者などが処理できるよう環境大臣が認定する制度。これにより，地方公共団体ごとの廃棄物処理業の許可が不要となる。

3.2 種類と規格

ALCパネルは，厚さ75mm以上の厚形パネルと，厚さ75mm未満の薄形パネルに分類される。

3.2.1 厚形パネル

(1) 種類と寸法

厚形パネルは，主に鉄骨造，鉄筋コンクリート造などの耐火建築物に使用される厚さ75mm以上のALCパネルである。また，最近では大断面木造などにも使用されてきている。

厚形パネルの種類と寸法は**表3.2-1**のとおりである。

(2) 補強材

厚形パネルの補強材は，JIS A 5416に則った鉄線が主に使用されている。

補強材にはJISに規定される性能の防錆処理が施され，

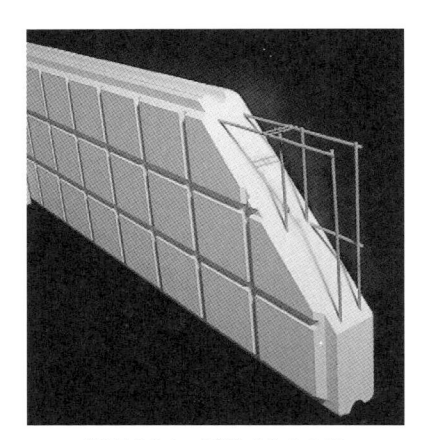

写真3.2-1 厚形パネルの例

表3.2-1 厚形パネルの種類と寸法

(単位：mm)

区分			耐火性能 (時間)	寸法			意匠	
				厚さ[注1]	長さ[注3]	幅[注4]	模様の溝深さ	傾斜面の厚さの差
一般	平	外壁用	1	100以上 180以下	6 000以下	2 400以下	−	−
		間仕切壁用	1	75以上 180以下				
		屋根用	0.5	75以上 180以下				
		床用	1	100以上 180以下		610以下		
			2	120以上[注2] 180以下				
	意匠	外壁用 間仕切壁用	1	100			10以下	25以下
				120，125			25以下	
				150，175，180			30以下	60以下
コーナー	平	外壁用 間仕切壁用	1	100以上 150以下	4 500以下	400以下	−	−
	意匠	外壁用 間仕切壁用	1	100			10以下	−
				120，125			25以下	
				150，175，180			30以下	

(注) 1. 厚さは，パネルの最も厚い部分をいう。
  2. 床パネルの厚さは，1時間耐火の場合は100mm以上，2時間耐火の場合は120mm以上とする。
  3. 長さは600mmから6 000mmの間で，通常10mmピッチに製造される。パネルが負担する荷重が大きい場合は制限される。
  4. 幅は300mmから600mmの間は，通常10mmピッチで製造される。

出典：JIS A 5416 - 2007 軽量気泡コンクリートパネル（ALCパネル）

使用される鉄線の径，本数，配置などは，ALCパネルの種類，寸法，設計荷重などにより異なる。

(3) 設計荷重と許容荷重

設計荷重は，ALC パネルの強度および取付け構法の設計を行うために設定される荷重である。

ALC パネルの各部位が負担する外力を**表 3.2-2** に示す。許容荷重は ALC パネルの持つ曲げ強さを表し，許容荷重が設計荷重を上回るよう配筋設計を行い，製造される。

表 3.2-2 各部位が負担する外力

部位	外　力
外壁	風圧力，地震力[注1]
屋根	風圧力，固定荷重，積載荷重，積雪荷重
床	固定荷重，積載荷重
間仕切壁	地震力[注1]

(注) 1. ALC パネル自重を基に計算される地震力。

3.2.2 薄形パネル

(1) 種類と寸法

薄形パネルは，木造や鉄骨造に使用される厚さ 35mm 以上，75mm 未満の ALC パネルである。厚さ 50mm は鉄骨造，木造の建築物に，厚さ 35・37mm は主に木造に使用される。薄形パネルの種類と寸法は，**表 3.2-3** のとおりである。

写真 3.2-2　薄形パネルの例

表 3.2-3　薄形パネルの種類と寸法

(単位：mm)

区分		寸　法			意　匠
		厚さ[注1]	長さ	幅	模様の加工後の厚さ[注2]
一般	平	35 以上 75 未満	3 000 以下	606 以下	―
	意匠		2 400 以下		パネル厚さ 50 未満は，30 以上
					パネル厚さ 50 以上は，40 以上
コーナー	平	35 以上 75 未満	3 030 以下	200 以下[注3]	―
	意匠				パネル厚さ 50 未満は，30 以上
					パネル厚さ 50 以上は，40 以上

(注) 1. 厚さは，パネルの最も厚い部分をいう。
　　 2. 模様加工後の厚さは，パネルの最も薄い部分をいう。
　　 3. パネルの外面側の寸法をいう。
出典：JIS A 5416 - 2007 軽量気泡コンクリートパネル（ALC パネル）による

表 3.2-4 （参考）代表的薄形パネル

(単位：mm)

形状による区分	表面加工の有無による区分	寸法									意匠
^	^	厚さ	幅	長さ							模様の溝深さ
^	^	^	^	1 800	1 820	2 000	2 400	2 700	3 000	3 030	^
一般	平	50	600 または 606	○	○	○	○	○	○	−	−
^	^	37	^	○	○	○	−	−	−	−	^
^	^	35	^	○	○	○	−	−	−	−	^
^	意匠	50	^	○	○	○	−	−	−	−	10 以下
^	^	37	^	○	○	○	−	−	−	−	7 以下
^	^	35	^	○	○	○	−	−	−	−	5 以下
コーナー	平	50	100 × 100	○	−	○	○	−	○	○	−
^	^	37	85 × 85, 84 × 84	−	−	−	−	−	−	○	^
^	^	35	83 × 83	−	−	−	−	−	−	○	^
^	意匠	50	100 × 100	○	−	○	○	−	○	○	10 以下
^	^	37	85 × 85, 84 × 84	−	−	−	−	−	−	○	7 以下
^	^	35	83 × 83	−	○	−	−	−	−	−	5 以下

出典：JIS A 5416 - 2007 附属書 A

(2) 補強材

薄形パネルの補強材には，JIS に規定されるメタルラス，鉄線または溶接金網が使用されている。補強材には JIS に規定される防錆処理が施されている。

3.2.3 ALC パネルの種類

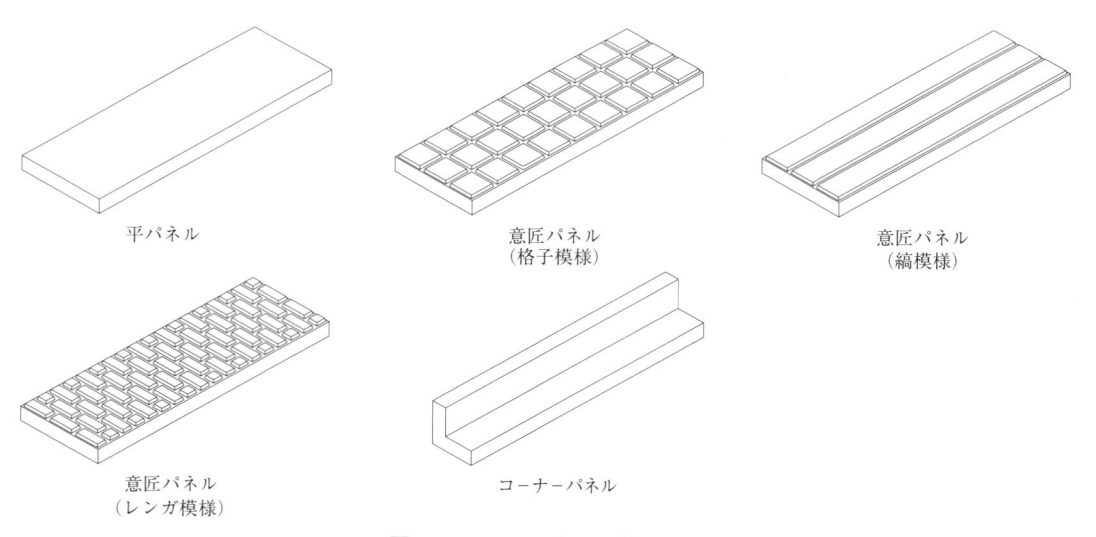

平パネル

意匠パネル（格子模様）

意匠パネル（縞模様）

意匠パネル（レンガ模様）

コーナーパネル

図 3.2-1　ALC パネルの種類の例

3.3 物性と性能

3.3.1 ALCの物性

ALCの物性を表3.3-1に示す。

表3.3-1 ALCの諸物性の概要

	項　目		物性値	測定条件	備　考
重量	密度	(kg/m³)	450を超え550未満	絶乾状態	JIS A 5416規定値
	パネル構造計算用単位容積質量	(kg/m³)	650（550）	気乾状態	補強筋を含む。（　）内は屋根用を負の風荷重により構造計算する場合。
強度	圧縮強度	(N/mm²)	3.00以上	気乾状態	JIS A 5416規定値
	曲げ強度	(N/mm²)	0.78〜1.18	気乾状態	パネル製造業者のカタログ値
	せん断強度	(N/mm²)	0.39〜0.88	気乾状態	パネル製造業者のカタログ値
	引張強度	(N/mm²)	0.39〜0.59	気乾状態	パネル製造業者のカタログ値
	ヤング係数	(N/mm²)	1.75×10^3	気乾状態	ALCパネル構造設計指針・同解説
熱	熱伝導率	(W/m・K)	0.14〜0.18	気乾状態	パネル製造業者のカタログ値
	熱抵抗値	(m²K/W)	5.3t以上	気乾状態	JIS A 5416規格値（補強筋入り）
	熱膨張係数		7×10^{-6}	気乾状態	パネル製造業者のカタログ値
音	吸音率		0.08〜0.12	1 000Hz	パネル厚さ100mmの参考値
	透過損失	(dB)	35〜40	1 000Hz	パネル厚さ100mmの参考値
水	乾燥収縮率	(%)	0.05以下	飽水→気乾	JIS A 5416規定値

出典：JASS 21 ALCパネル工事-2005

3.3.2 ALCパネルの耐火性能

ALC各種パネルの耐火性能を表3.3-2(1)〜(5)に示す。

表3.3-2（1）ALC耐火構造の例示仕様

部位	厚さ(mm)	性能（時間）	告示年月日	告示番号	備　考
屋根	75以上	0.5	H12.5.30	第1399号	
壁	75以上[注1]	1	H12.5.30	第1399号	壁：外壁および間仕切壁をいう。非耐力壁の令第107条第二号・三号による法的要求性能は1時間。

（注）1. 壁で75以上とある場合は，間仕切壁の場合75mm以上で，外壁の場合は100mm以上をいう。

表 3.3-2（2） ALC 耐火構造の認定

部位	厚さ（mm）	性能（時間）	認定年月日	認定番号	品目名
床	100 以上	1	H14.5.17	FP060FL-9119	ALC パネル床
	120 以上	2		FP120FL-9120	
壁付鉄骨梁	壁：75 以上 被覆：50	2	H14.5.17	FP120BM-9355	ALC パネル /ALC 耐火被覆板合成被覆 / 鉄骨梁
壁付鉄骨柱 合成被覆(1)	壁：75 以上	1	H14.5.17	FP060CN-9414	ALC パネル / 繊維混入けい酸カルシウム耐火被覆板 1 号合成被覆 / 鉄骨柱
		2		FP120CN-9415	
		1	H14.5.17	FP060CN-9416	ALC パネル / 繊維混入けい酸カルシウム耐火被覆板 2 号合成被覆 / 鉄骨柱
		2		FP120CN-9417	
壁付鉄骨柱 合成被覆(2)	壁：75 以上	1	H14.5.17	FP060CN-9411	ALC パネル / 軽量セメントモルタル合成被覆 / 鉄骨柱
		2		FP120CN-9412	
		3		FP180CN-9413	
壁付鉄骨柱 合成被覆(3)	壁：75 以上	1	H14.5.17	FP060CN-9408	ALC パネル / 吹付けロックウール合成被覆 / 鉄骨柱
		2		FP120CN-9409	
		3		FP180CN-9410	
壁付鉄骨梁 合成被覆(1)	壁：75 以上	1	H14.5.17	FP060BM-9362	ALC パネル / 繊維混入けい酸カルシウム耐火被覆板 1 号合成被覆 / 鉄骨梁
		2		FP120BM-9363	
		1	H14.5.17	FP060BM-9364	ALC パネル / 繊維混入けい酸カルシウム耐火被覆板 2 号合成被覆 / 鉄骨梁
		2		FP120BM-9365	
壁付鉄骨梁 合成被覆(2)	壁：75 以上	1	H14.5.17	FP060BM-9359	ALC パネル / 軽量セメントモルタル合成被覆 / 鉄骨梁
		2		FP120BM-9360	
		3		FP180BM-9361	
壁付鉄骨梁 合成被覆(3)	壁：75 以上	1	H14.5.17	FP060BM-9356	ALC パネル / 吹付けロックウール合成被覆 / 鉄骨梁
		2		FP120BM-9357	
		3		FP180BM-9358	
中空鉄骨 耐火被覆柱	35・37	1	H14.5.17	FP060CN-9405	ALC パネル張 / 鉄骨柱
	50	2		FP120CN-9406	
	75	3		FP180CN-9407	
中空鉄骨 耐火被覆梁	35・37	1	H14.5.17	FP060BM-9352	ALC パネル張 / 鉄骨梁
	50	2		FP120BM-9353	
	75	3		FP180BM-9354	
屋根	50	0.5	H14.5.17	FP030RF-9320	ALC パネル屋根
外壁	50	1	H14.5.17	FP060NE-9293	ALC パネル外壁
間仕切壁	50	1	H14.5.17	FP060BP-9012	両面 ALC パネル張 / 間仕切壁

表 3.3-2（3） ALC 準耐火構造の例示仕様

部位	厚さ（mm）	性能（分）	告示年月日	告示番号	備　考
床	35 以上	45	H12.5.24	第 1358 号	告示では 9mm 以上	構造用合板等の上に張り，裏側に必要な防火措置を行う。
		60	H12.5.26	第 1380 号	告示では 12mm 以上	

表 3.3-2 (4)　ALC 準耐火構造の認定

部位	厚さ (mm)	性能 (分)	認定年月日	認定番号	品目名
軒裏	35・37・50	45	H14.5.17	QF045RS-9103	ALC パネル張 / 木造軸組下地・鉄骨下地軒裏
		60	H14.5.17	QF060RS-9104	ALC パネル張 / 木造下地・鉄骨下地軒裏
外壁	35・37・50	45	H14.5.17	QF045BE-9207	両面 ALC パネル張／木製軸組造・鉄骨造外壁
		60	H14.5.17	QF060BE-9208	両面 ALC パネル張／木造・鉄骨造外壁
	35・37・50	60	H14.10.25	QF060BE-0082	ALC パネル表張／強化せっこうボード裏張／木製軸組造外壁

表 3.3-2 (5)　ALC 防火構造の認定

部位	厚さ (mm)	性能 (分)	認定年月日	認定番号	品目名
外壁	50	30	H14.5.17	PC030NE-9080	ALC パネル張／軽量鉄骨下地外壁
	35・37	30	H14.5.17	PC030NE-9189	ALC パネル張／木造外壁
	50	30	H14.5.17	PC030NE-9081	ALC パネル張／木造外壁
	35・37	30	H14.10.25	PC030BE-0181	仕上げ塗装材 ALC パネル張／木製軸組造外壁
	35・37	30	H14.10.25	PC030BE-0182	仕上げ塗装材 ALC パネル張／木製軸組造外壁
	35・37・50	30	H19.8.8	PC030BE-0882	仕上げ塗材塗 ALC パネル張／木製軸組造外壁
				PC030BE-0883	仕上げ塗材塗 ALC パネル・木質系ボード張／木製軸組造外壁
				PC030BE-0884	仕上げ塗材塗 ALC パネル・セメント板張／木製軸組造外壁
	35・37・50	30	H19.8.8	PC030BE-0885	仕上げ塗材塗 ALC パネル・せっこうボード張／木製軸組造外壁
				PC030BE-0886	仕上げ塗材塗 ALC パネル・火山性ガラス質複層板張／木製軸組造外壁
				PC030BE-0887	仕上げ塗材塗 ALC パネル／木製軸組造外壁
				PC030BE-0888	仕上げ塗材塗 ALC パネル・木質系ボード張／木製軸組造外壁
				PC030BE-0889	仕上げ塗材塗 ALC パネル・セメント板張／木製軸組造外壁
				PC030BE-0890	仕上げ塗材塗 ALC パネル・せっこうボード張／木製軸組造外壁
				PC030BE-0891	仕上げ塗材塗 ALC パネル・火山性ガラス質複層板張／木製軸組造外壁

3.3.3 ALCパネルの遮音性能

ALC各種パネルの遮音性能を表3.3-3(1)～(2)に示す。

表3.3-3 (1) ALC遮音構造の例示仕様

部位	厚さ (mm)	性能	告示年月日	告示番号	備考
長屋または共同住宅界壁	100以上	遮音	S45.12.28	第1827号	両面に15mm以上のモルタル,プラスターまたはしっくいを塗ったもの

(注) 本仕様の採用にあたっては,製造メーカーに問い合わせる。

表3.3-3 (2) ALC遮音構造の認定

部位	厚さ (mm)	性能	告示年月日	告示番号	備考
長屋または共同住宅界壁	−	遮音	H14.5.17	SOI-9277	ALC間仕切壁（4タイプ）

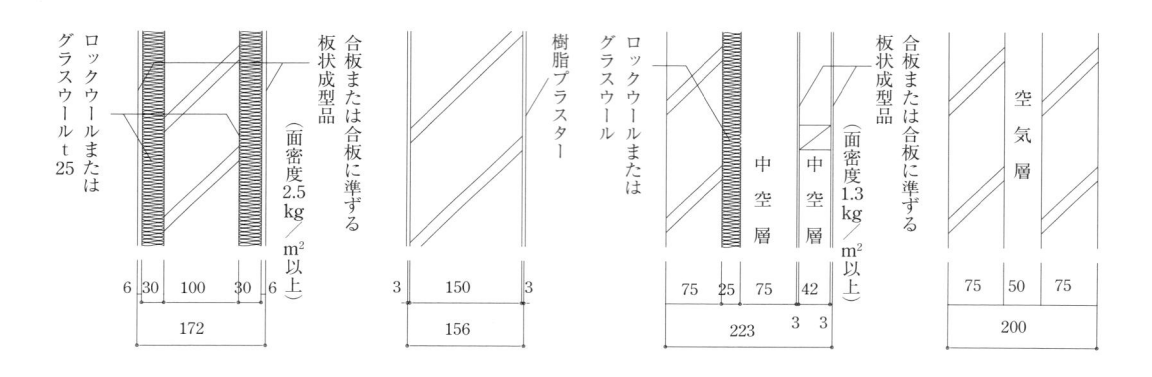

構造図:

タイプ1（幅172）: ロックウールまたはグラスウール t25 ／ 合板または合板に準ずる板状成型品（面密度2.5kg/m²以上） ／ 寸法 6, 30, 100, 30, 6

タイプ2（幅156）: 樹脂プラスター ／ 寸法 3, 150, 3

タイプ3（幅223）: ロックウールまたはグラスウール ／ 合板または合板に準ずる板状成型品（面密度1.3kg/m²以上） ／ 中空層 ／ 寸法 75, 25, 75, 42, 3, 3

タイプ4（幅200）: 空気層 ／ 寸法 75, 50, 75

3.4 設計上の注意

3.4.1 取付け構法の種類

ALC厚形パネルの標準的な取付け構法は，表3.4-1に示す。

表3.4-1 ALC厚形パネルの取付け構法

使用部位	取付け構法	概　要
外壁	縦壁ロッキング構法	構造躯体の変形に対し，ALCパネルが1枚ごとに微少回転して追従する機構。 層間変形角の目安 1/100 rad。 ALCパネル内部に設置されたアンカーと取付け金物により躯体に取り付ける。
外壁	横壁アンカー構法	構造躯体の変形に対し，上下段のALCパネル相互が水平方向にずれ合い追従する機構。 層間変形角の目安 1/100 rad。
間仕切壁	間仕切壁ロッキング構法	構造躯体の変形に対し，ALCパネルが1枚ごとに微少回転して追従する機構。 層間変形角の目安 1/100 rad。 ALCパネル内部に設置されたアンカーと取付け金物により躯体に取り付ける。
間仕切壁	フットプレート構法	構造躯体の変形に対し，ALCパネル上部がスライドして追従する機構。 層間変形角の目安 1/150 rad。 ALCパネル下部をフットプレートなどにより躯体に取り付ける。
屋根・床	敷設筋構法 木造用敷設筋構法	ALCパネルをスラブプレート，目地鉄筋などにより躯体に取り付ける。
屋根・床	木造用ねじ止め構法	ALCパネルを木ねじなどにより躯体に取り付ける。

図3.4-1 鉄骨ALC造のイメージ

(1) 縦壁ロッキング構法

縦壁ロッキング構法は，建築物の躯体の層間変形に対し，ALC パネルが 1 枚ごとに微少回転して面内方向に追従する機構であり，ALC パネル内部に設置されたアンカーと取付け金物により躯体に取り付けることを特徴とした取付け構法である。（**図 3.4-2**）

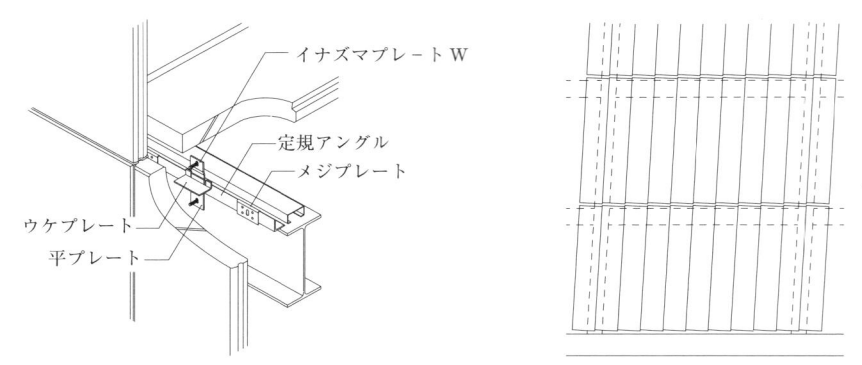

図 3.4-2 縦壁ロッキング構法の取付け例と層間変形時の ALC パネルの動き

(2) 横壁アンカー構法

横壁アンカー構法は，建築物の躯体の層間変形に対し，上下段の ALC パネル相互が水平方向にずれて追従する機構で，縦壁ロッキング構法と同様に，ALC パネル内部に設置されたアンカーと取付け金物により躯体に取り付けることを特徴とした取付け構法である。（**図 3.4-3**）

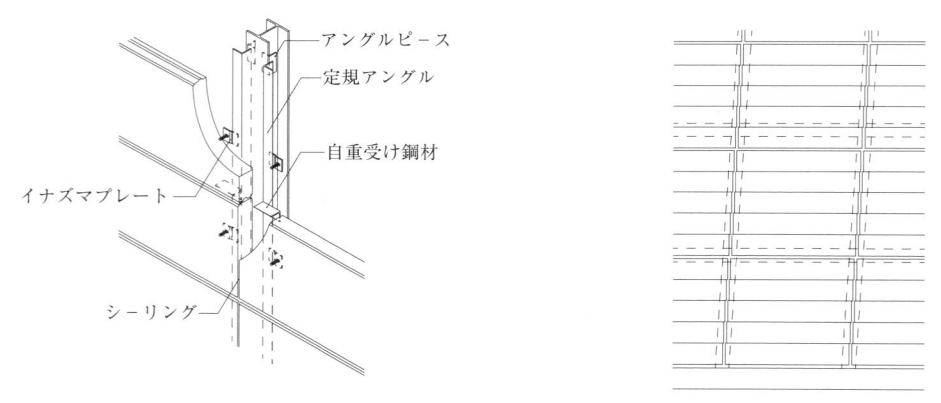

図 3.4-3 横壁アンカー構法の取付け例と層間変形時の ALC パネルの動き

(3) 間仕切壁ロッキング構法

間仕切壁ロッキング構法は，建築物の躯体の層間変形に対して，ALC パネル下部を RF プレート，上部は ALC パネル内部に設置されたアンカーと取付け金物により躯体に取り付け，ロッキングして追従する構法である。（**図 3.4-4**）

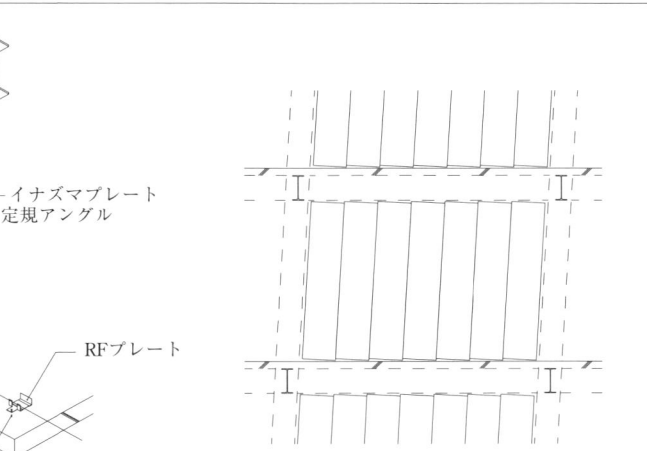

図 3.4-4　間仕切壁ロッキング構法の取付け例と層間変形時の ALC パネルの動き

(4) フットプレート構法

フットプレート構法は，建築物の躯体の層間変形に対して，ALC パネル上部がスライドして追従する機構で，ALC パネル下部をフットプレートにより躯体に固定するとを特徴とした取付け構法である。（図 3.4-5）

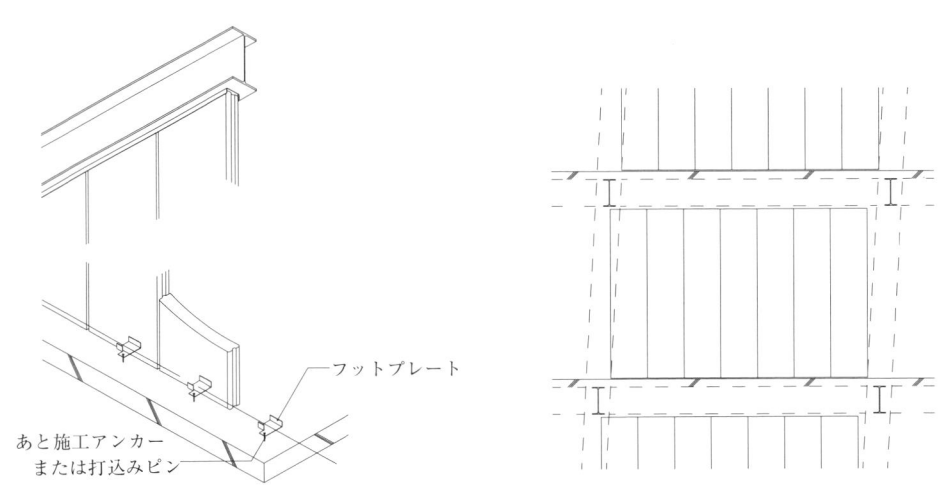

図 3.4-5　フットプレート構法の取付け例と層間変形時の ALC パネルの動き

(5) 敷設筋構法

敷設筋構法は，ALC パネルをスラブプレート・目地鉄筋などにより，建築物の躯体に固定することを特徴とした取付け構法である。（図 3.4-6）

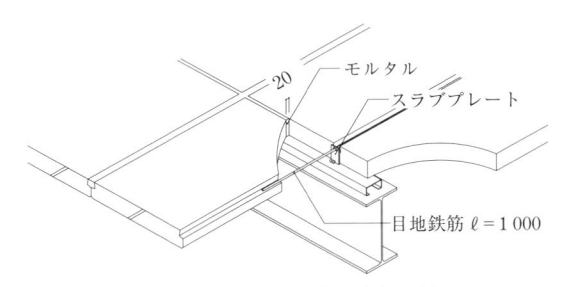

図 3.4-6　敷設筋構法の取付け例

3.4.2　外壁の設計

(1) 縦壁ロッキング構法の設計要点
① パネルの厚さは100mm以上，最大支点間距離は厚さの35倍以下とする。ただし，風荷重などの設計荷重が大きくなると最大支点間距離は短くなる。詳細は各製造会社にお問い合わせていただきたい。
② 梁の位置は，少ない品種のパネルでまとめられるような位置とする。
③ パネルの割付寸法は600mmの倍数を基本とする。
④ パネルは単純梁として設計されており，両端単純支持を原則とする。
⑤ パラペットなどにおけるパネルのはね出し長さは，パネル厚さの6倍以下とし，これを超える場合は受材を設ける。
⑥ 外部面は，耐久性の高い防水仕上げを施す。
⑦ 開口部周辺には金物による補強を施し，パネルには原則として開口部の風荷重を負担させない。
⑧ 腰壁の立ち上がりは地盤面より30cm以上とし，地盤との接触は絶対に避ける。
⑨ パネルは躯体である鉄骨と30mm以上のクリアランスを設ける。
⑩ 開口部は，ALC用のサッシを利用すると納まりやすい。
⑪ 開口部位置・サイズは，パネル割に合せて計画する。
⑫ パネルには強度上有害な溝掘り，孔あけ，切欠きなどの加工は行わない。やむを得ずパネル加工を行う必要が生じた場合は，パネル強度や割付けの検討を行う。
⑬ 地震時などにおいて，パネルの損傷防止などを目的に，パネル相互，パネルと躯体各部および他部材との取合い部などに伸縮目地を設ける（図3.4-7）。また，耐火性能が要求される場合の伸縮目地には耐火目地材を充填する。

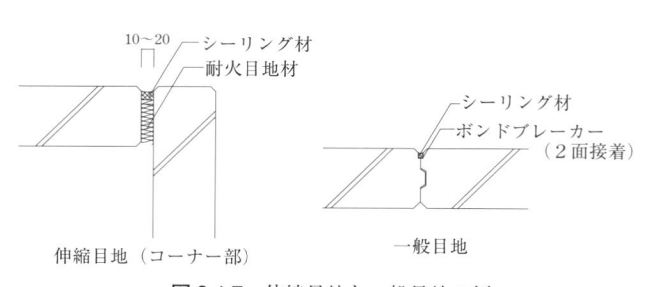

図3.4-7　伸縮目地と一般目地の例

(2) 横壁アンカー構法の設計要点
一般的な注意点は，縦壁ロッキング構法に準ずるほか，横壁アンカー構法では次の点に注意する。
① ALCパネルの積上げ段数3～5段以下ごとにALCパネルの重量を支持する自重受け金物を設ける（図3.4-8）。なお，山形鋼などを用いて自重受け金物とする場合は，ALCパネルとの取合い部に生じる局部圧縮応力度が，$0.8N/mm^2$以下になるようにパネル支持面積を確保する。

(3) 外壁の開口部補強

窓および出入口などの開口部回りには，小壁（腰壁，垂れ壁）の ALC パネルを支持するとともに，開口部材を支持する開口補強材を設ける。

開口補強材は，開口の大きさ，風圧力などに対し，構造安全上有効な断面を有するものとする。

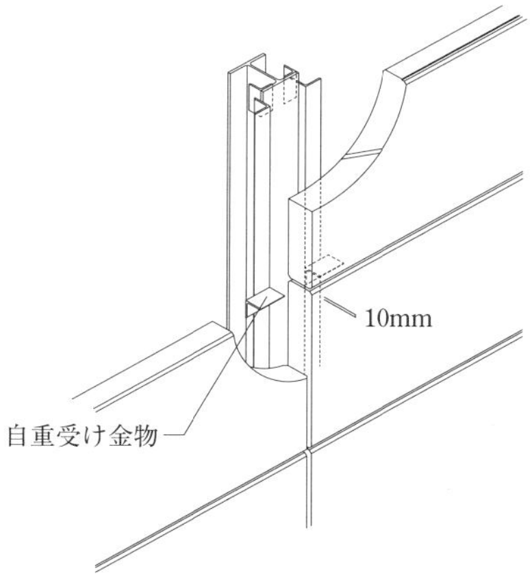

3.4.3 外壁仕上げ

図 3.4-8 自重受け金物の取付け

外壁仕上げは，次の点に注意する。
① ALC パネルは吸水しやすい材料であることから，耐久性を維持するために，外壁面には防水性のある仕上げを施す。
② ALC パネルは表面強度が低いため，石張り，大型タイル，モルタル塗などの重い仕上げは避ける。また，ALC パネル間をまたぐ張り方は避ける。なお，ALC タイル張りの留意点については，『ALC パネル現場タイル張り工法指針・同解説（第 3 版）』『ALC パネル現場タイル接着剤張り工法指針（案）・同解説（第 1 版）』（日本建築仕上学会編）を参考にされたい。
③ ALC パネルは，放湿性，通気性があるのでパネル両面を密閉する仕上げは避ける。
④ 仕上げ塗材で仕上げる場合は，JASS 23（吹付け工事）による下地調整が必要である。
⑤ 吸水性を少なくしたパネルを使用する場合にも，一般パネルに準じた仕上げを計画する。なお，寒冷地で使用する場合には，水の浸入防止に十分配慮しなければならない。
⑥ 外装仕上げの選定の目安を**表 3.4-2** に示す。
⑦ 斜め外壁は垂直壁面より降雨に対して厳しい条件となるため，アスファルト・シングル葺とするなど屋根に準じた防水を行う必要がある。
⑧ 隣棟間隔が狭い場合は，シーリング工事による防水性能が十分確保できないため，別途，隣接する建物との取合い部に，雨樋・雨押えなどを設ける必要がある。

3.4.4 ALC 用シーリング材

ALC 用シーリング材は，次の点に注意する。
① 雨がかりとなる ALC パネルの目地はシーリング材を充填する。目地に水密性，気密性を確保させるため，ALC パネル相互間および ALC パネルと他部材との取合い部にはシーリング材を充填する。
② ALC パネルに使用するシーリング材は，耐久性があり経年劣化が少なく 50％引張応力 0.3N/mm^2 以下のモジュラスの低いタイプを使用する。
③ ALC パネル取付け構法に応じたシーリング材を選択する。ロッキング構法および横壁アン

表 3.4-2 外装仕上げの種類と適合性

種類			適合性	備考
仕上げ塗材仕上げ	薄付け仕上げ塗材	外装薄塗材 E（樹脂リシン）	○	防水性能を確保するため，特に十分な下地処理が必要。
		可とう形外装薄塗材 E（弾性リシン）	○	
		外装薄塗材 S（溶液リシン）	○	溶液系のためセメント系等下地調整塗材の選定に注意が必要。
		防水形外装薄塗材 E（単層弾性）	○	透湿性が比較的低いため，下地調整，乾燥に注意が必要。
	厚付け仕上げ塗材	外装厚塗材 E（樹脂スタッコ）	○	厚塗りのため乾燥養生に注意が必要。
	複層仕上げ塗材	複層塗材 CE（セメント系吹付けタイル）	◎	
		複層塗材 Si（シリカタイル）	◎	
		複層塗材 E（アクリルタイル）	◎	
		可とう形複層塗材 CE（セメント系吹付けタイル（可とう性，微弾性，柔軟性））	◎	
		防水形複層塗材 E（ダンセイタイル（複層弾性））	○	透湿性が比較的低いため，下地調整，乾燥に注意が必要。
		防水形複層塗材 RS	○	
		防水形複層塗材 CE	○	
		防水形複層塗材 RE	○	
張り仕上げ	成形板仕上げ		○	軽い成形板は，ALC パネルにボルト止めされた胴縁に取付け可能である。
	タイル張り仕上げ		○	『ALC 現場タイル張り工法指針・同解説（第3版）』『ALC パネル現場タイル接着剤張り工法指針・同解説（第1版）』（日本建築仕上学会編）を参照する。
	モルタル塗り仕上げ		－	ひび割れ発生により防水性が劣るため，好ましくない。
	石張り仕上げ		－	重量が大きいため，好ましくない。

［記号］ ◎：適している　　○：備考欄記載内容など注意のうえ使用する　　－：適用外

　カー構法の目地はワーキングジョイントとなるため，ALC パネルの目地シーリング材は，よりグレードの高いポリウレタン系，変成シリコーン系のシーリング材が望ましい。
　なお，目地底にはボンドブレーカーやバックアップ材などを用いて 2 面接着とする。
　シーリング材の種類と選定の目安を表 3.4-3 に示す。

④ シーリング材表面の塗装仕上げの有無に注意する。
　ALC パネルのシーリング材は，表面に仕上げ塗材で仕上げを行うことが一般的である。このため，仕上げ塗材が汚染しにくいタイプのシーリング材を選択する。
　また，硬質な仕上げ塗材を施す際は，塗装が割れて剥がれたり，割れた部分に変形が集中してシーリング材が損傷することがある。詳細については，塗料メーカーおよびシーリングメーカーなどに確認する。

⑤ 他部材との取合い部は個別に注意が必要。
　ALC パネルと取り合う笠木，サッシ，水切り板，基礎部ならびに設備配管などとの目地は，ALC パネル間とは異なった挙動が考えられるので，他部材の特性も考慮し，JASS 8-2014（防水工事）および日本シーリング材工業会『建築シーリング材ハンドブック』などを参照のうえ，適切なプライマーおよびシーリング材を選択する。

表 3.4-3　取付け構法に適したシーリング材の種類[注1]

取付け構法		耐久性区分				
		7020	8020		9030	
		AC-1[注2]	PU-1	PU-2	MS-1[注3]	MS-2[注3]
縦壁	ロッキング構法	△	○	○	△	△
横壁	横壁アンカー構法	△	○	○	△	△

（注）1. 上記の表は，シーリング材表面に塗装を施す場合を示す。シーリング材表面に塗装を施さない場合には，耐久性区分 9030（MS-1，MS-2）に限る。また，MS-1 は耐久性区分がないものがあるので，その場合には性能を確認して行う。経時でシーリング材が硬くなり，柔軟性が低下するものがあるので，事前にシーリング材メーカーに確認する。
2. 住宅瑕疵担保責任保険の加入条件は，シーリング材の耐久性区分が 8020 以上とされており（木造を除く），7020 であるアクリル系シーリング材は適合しない。
3. シーリング材への表面塗装については，事前確認が必要である。
・シーリング材の耐久性，主成分および製品形態の記号は，JIS A 5758：2010（建築用シーリング材）の耐久性，成分および製品形態による。
　AC-1：アクリル系　　　　PU-1：1成分形ポリウレタン系　　　PU-2：2成分形ポリウレタン系
　MS-1：1成分形変成シリコーン系　　MS-2：2成分形変成シリコーン系

3.4.5　メンテナンス

　ALC パネル使用建物の機能・性能を確保するためには，ALC パネル自体の持つ品質・性能に加えて，パネル表面の仕上げ材とパネル相互の接合材としてのシーリング材の性能に負うところが大きい。

　これら仕上げ材やシーリング材の耐用年数は，一般に ALC 外壁に要求される耐用年数以下であることが多いので，使用する仕上げ材およびシーリング材の耐用年数に応じ，計画的に維持保全（メンテナンス）を行うことが必要である。

3.4.6　間仕切壁の設計

① パネルの長さは**表 3.4-4** とする。
② パネル幅は 600mm で割り付ける。
③ 鉄骨構造において，パネルとほかの部材との取合いは，動きを考慮したクリアランスを設け，ロックウール・セラミックファイバーなどを詰める。
④ 開口部位置は，パネル割付けに合わせ計画する。
⑤ パネルの切断・溝掘り・孔あけは，強度上有害とならない範囲とする。

表 3.4-4　間仕切壁用パネルの厚さごとの最大長さ

種類	厚さ (mm)	最大長さ (mm)
間仕切壁用パネル	75，80	4 000
	100	5 000
	120，125	6 000
	150	6 000

（注）倉庫業法に対応する場合には別途検討が必要となる。

3.4.7 内装仕上げ

内壁には，原則として仕上げが必要である。仕上げをしないと，パネルの補修箇所やひっかき傷などが目立つほか，表面保護や汚染防止のためにも不適当である。内装仕上げにあたっては，次の事項に注意する。

表3.4-5 内装仕上げの種類と適合性

分類	種別	種類	外壁 縦壁ロッキング構法	外壁 横壁アンカー構法	間仕切壁 間仕切壁ロッキング構法	間仕切壁 フットプレート構法	備考
仕上げ塗材仕上げ	薄付け仕上げ塗材	内装薄塗材 E（じゅらく）	◎	◎	◎	◎	
		内装薄塗材 W（繊維壁，京壁，じゅらく）	○	○	○	○	セメント系下地の場合，耐アルカリ性材料を使用する。
	厚付け仕上げ塗材	内装厚塗材 C（セメントスタッコ）	○	○	○	○	目地の動きに注意が必要。白華を生じやすい。
	複層仕上げ塗材	複層塗材 CE（セメント系吹付けタイル）	◎	◎	◎	◎	
		複層塗材 Si（シリカタイル）	◎	◎	◎	◎	
		複層塗材 E（アクリルタイル）	◎	◎	◎	◎	
		可とう形複層塗材 CE（セメント系吹付けタイル（可とう性，微弾性，柔軟性））	◎	◎	◎	◎	
		防水形複層塗材 E（ダンセイタイル（複層弾性））	○	○	○	○	透湿性が比較的低いため，下地の調整，乾燥に注意が必要。
		防水形複層塗材 CE	○	○	○	○	
		防水形複層塗材 RE	○	○	○	○	
	ペイント塗り		○	○	○	○	合成樹脂エマルションペイントは適するが，エポキシ系ペイントは割れのおそれがあるので注意が必要。
左官仕上げ	モルタル	ALC用モルタル（既調合）	−	−	−	○	目地の動きに注意が必要。
		普通モルタル（ALC仕様）	−	−	−	○	下地調整後，保水剤混入の貧配合のモルタルを塗る。塗厚は薄塗とする。
	プラスター	せっこうプラスター	−	−	−	○	耐水性に劣るため，水がかりでの使用は避ける。
		樹脂プラスター	−	−	−	○	目地の動きには注意が必要。
張り仕上	ボード張り	変形追従型工法	◎	◎	◎	◎	ボードメーカーの仕様に従う。
		木胴縁工法	−	−	−	○	フットプレート構法のみ適用可能。
		接着剤による直張り工法	−	−	−	○	フットプレート構法のみ適用可能。

［記号］ ◎：適している　　○：備考欄記載内容など注意のうえ使用する　　−：適用外

① ALCパネルは表面強度が低いため，石張り，大型タイル，モルタル塗などの重い仕上げは避ける。また，軽量骨材を用いたモルタルの中にはALCに不適なものがあるため，注意を要する。
② ALCパネルは，放湿性，通気性があるので，パネル両面を密閉する仕上げは避ける。
③ 仕上げ塗材で仕上げる場合には，「建築工事標準仕様書　JASS 23　吹付け工事」による下地調整が必要である。
④ 内装仕上げの選定の目安を**表 3.4-5** に示す。
⑤ 浴室など水回りは，アスファルト防水などの防水処理が必要である。また，住宅などではユニットバスとすることが望ましい。
⑥ ALCパネルを長屋または共同住宅の界壁に使用する場合は，例示仕様（平成12年建設省告示第1827号），大臣認定（SOI-9277）などに従って設計する必要がある。
⑦ 防護区画部における仕上げについて，東京消防庁より「乾式工法を用いた防火区画などにおける煙などの漏えい防止対策に係わる指導基準」（2009（平成21）年4月10日東京消防庁通達）として，防護区画部における遮煙性能などを要求される場合の指導基準が出ている。指導があった場合には，指示に従って処理を行う。

3.4.8　天井仕上げ

① 美観の確保，および粉落ちを防止するために，天井を設けることを原則とする。天井を設けない場合には，透湿性がある仕上げを施し，目地にシーリング材を充填するなどの粉落ち防止の適切な処理が必要である。
② 吊り天井を設ける場合には，梁に吊り木受けを取り付け，それから吊ることとする（**図 3.4-9**）。

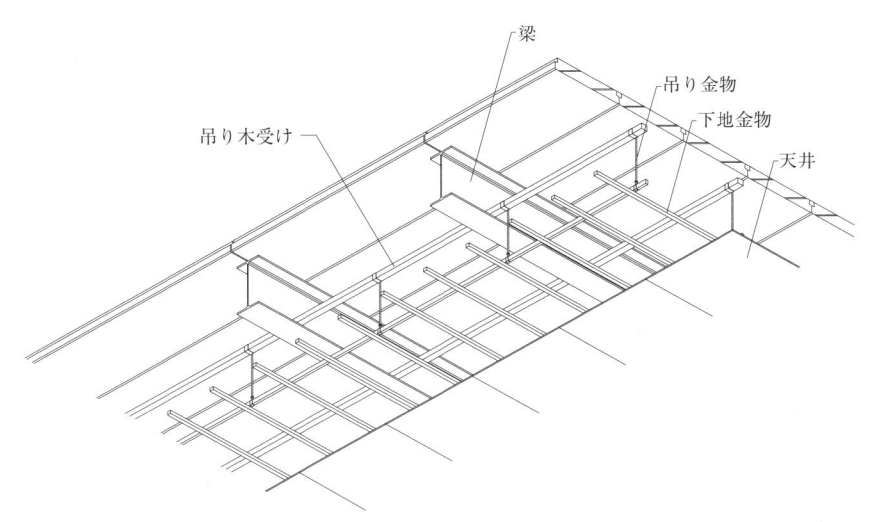

図 3.4-9　天井仕上げの例

3.4.9　屋根・床の設計

① 屋根パネルは厚さ 75mm 以上かつ最大長さは厚さの 30 倍以下とし，床パネルは厚さ 100mm 以上かつ最大長さは厚さの 25 倍以下とする。また，許容荷重が大きくなると最大長さは短くなる。詳細は各製造会社に問い合わせていただきたい。
② 梁の位置は，少ない品種でまとめられるような位置とする。
③ 幅方向の割付寸法は，600mm の倍数を基本とする。
④ パネルは所定のかかり代を有する受梁による両端単純支持を原則とする。
⑤ 屋根・床にかかる面内せん断力は，ALC パネル以外の構造躯体に負担させる。
⑥ 屋根の水勾配は構造躯体でとるよう計画する。また，水勾配に対してパネルの敷込み方向は直角方向とし，ALC パネルのたわみによって水たまりが発生しないよう，梁の配置を計画する。
⑦ パネルの受梁に対するかかり代は，40mm 以上，かつ主要支点間距離の 1/75 以上とする。
⑧ パネル短辺の目地幅は，20mm を標準とする。
⑨ パネルには，切込み，切断が原則として不可能なため，受梁に突起物（ガセットプレート，ボルトなど）の出る場合は，梁に有効な受材を設ける。ただし，小梁は大梁より 50mm 程度上げて納めると，これを省くことができる。
⑩ パネル長辺方向のはね出し長さは，屋根にあっては厚さの 3 倍以内とし，これを超える場合は，受材を設ける。床にあっては，はね出しは避ける。
⑪ パネル短辺方向のはね出しは，屋根・床ともできない。
⑫ 高架水槽，クーリングタワー，ユニットバス，大型金庫などの重量物を設置する場合には，パネルに局部的な荷重がかからないように補強する。
⑬ 開口部周辺やパネル切断箇所は，鋼材により補強する。
⑭ 床パネルに配管などの貫通孔を設ける場合は，パネル主筋の切断を避けるようにする。
⑮ 屋根パネルには防水仕上げ，床パネルには耐衝撃，耐摩耗仕上げを施す。

3.4.10　ALC の屋根防水

設計上の留意点
① 屋根面には外壁以上の水密性が要求されることから，メンブレン防水または葺屋根工法による防水を行う。
② メンブレン防水の場合の水勾配は，1/50 以上を目安とし構造躯体でとる。
③ 葺き屋根工法の場合の水勾配は，葺き屋根材料メーカーの仕様による。
④ メンブレン防水は，露出防水を原則とする。
⑤ ALC パネルは放湿性，通気性があるので，両面を密閉するような仕上げは避ける。

⑥ 縦壁ロッキング構法の外壁の延長としてのパラペット部などは，屋根面に立ち上がり部をつくり二重パラペットとするか，または追従可能な防水工法を選定するなど防水層がムーブメントの影響を受けないようにする。

⑦ 屋根防水の選定の目安を，表 3.4-6 に示す。

表 3.4-6 屋根防水の種類と選択の目安表

防水層の種類・種別・記号					備考
メンブレン防水 (JASS 8-2014)	アスファルト防水層	アスファルト防水工法	絶縁露出仕様	AM-MS	アスファルトプライマーの塗り付け量は，ALC下地では吸い込みを考慮して 0.4kg/m^2 とする。ALCパネルの短辺接合部には絶縁用テープを張り付け，この部分に対する防水層の接着を防止する。
^	^	^	断熱露出仕様	AM-MT	^
^	改良アスファルトシート防水層	トーチ防水工法	密着露出仕様	AT-MF	ALCパネルを下地とする場合，防水層が疲労破断するおそれがあるため，接合部の両側に幅 100mm 程度の増張り用シートで補強する必要がある。
^	^	^	断熱露出仕様	AT-MT	^
^	^	常温粘着防水工法	絶縁露出仕様	AS-MS	^
^	^	^	断熱露出仕様	AS-MT	^
^	合成高分子系シート防水層	加硫ゴム系シート防水工法	接着仕様	S-RF	ALCパネルの目地処理は短辺接合部の動きが大きいと予測されるため，幅 50mm 程度の絶縁用テープを用いて処理する。
^	^	^	断熱接着仕様	S-RFT	^
^	^	塩化ビニル樹脂系シート防水工法	接着仕様	S-PF	プライマーは，なじみがよいニトリルゴム系またはエポキシ樹脂系の接着剤を用いるため，ALCパネル下地のみに使用する。
^	^	^	断熱接着仕様	S-PFT	^
^	塗膜防水層	ウレタンゴム系高伸長形塗膜防水工法	絶縁仕様	L-USS	
^	^	ウレタンゴム系高強度形塗膜防水工法	絶縁仕様	L-USH	
葺屋根工法		金属板平形屋根スレート		－	垂木と野地板で下地を組み，その上に金属板や平形屋根用スレートなどを葺く工法で勾配屋根やALCパネル下面が密閉となる仕上げに適する。
^		シングル		－	アスファルトシングルおよび特殊合成樹脂と無機質充填材で構成される不燃性シングルなどを防水層の上に化粧材的に葺く工法で，勾配屋根や斜め外壁の防水に適している。

3.4.11 ALC の床仕上げ

設計上の留意点
① ALCパネル表面の摩耗，汚れなどを防止するために，床には仕上げを行う。
② ALCパネルへの衝撃および集中荷重を分散させるために必ず下地を設ける。下地は，根太組下地，モルタル塗り下地，セルフレベリング材下地などがあり，仕上げ材の種類に合せて選定する。なお，モルタルやセルフレベリング材にはALCに不適なものがあるため，適合性を確認されたものを使用する。また，せっこう系セルフレベリング材は耐水性が劣るので，水かかりとなる箇所や湿気の多い箇所での使用は避ける。
③ ベランダなど，雨がかりとなる箇所では，屋根に準じた防水処理をする。

④ 根太組下地では，根太の浮き上がりを防止するため接着剤と金物を併用する。また，根太および大引きは ALC パネル長辺方向に対して直角に置く。

⑤ モルタル塗り下地では，ALC パネルや梁のたわみおよびモルタルの乾燥収縮によるひび割れを防止するため溶接金網（ワイヤメッシュ）を固定しながら全面に敷き込む。また。大梁上部のモルタルには必ず伸縮目地を設ける。

⑥ 床下地の選定の目安を，表 3.4-7 に示す。

表 3.4-7　床仕上げの種類と選択の目安表

種類		適合性	備考
根太組下地	転ばし根太組	◎	衝撃や集中荷重に対して安全性が高い。
	大引き根太組	◎	衝撃や集中荷重に対して安全性が高く，配管等のスペースに使用可能。
モルタル塗り下地	ALC 用モルタル	◎	既調合タイプで，普通モルタルに比べ低強度，低収縮である。塗厚は 15mm 以下とする。
	普通モルタル	○	保水剤を混入した貧配合モルタル，塗厚は 15mm 以下とする。軽量骨材を用いる場合には，ALC パネルに不適なものがあるので，注意を要する。
セルフレベリング材下地	セメント系 SL 材	○	耐水性，面精度に優れ住宅等の小面積に適する。塗厚は 15mm 以下とする。ALC パネルへの適合性が確認された仕様とする。
	せっこう系 SL 材	○	耐水性が劣るため，水がかりや湿気の多い場所には使用しない。ALC パネルへの適合性が確認された仕様とする。塗厚は 15mm 以下とする。
下地なし		−	表面仕上げ材の劣化や剥離などのおそれがあり，好ましくない。

［記号］　◎：適している　　○：備考欄記載内容など注意のうえ使用する　　−：適用外

3.5 外　壁

3.5.1　縦壁ロッキング構法

●一般部の詳細●

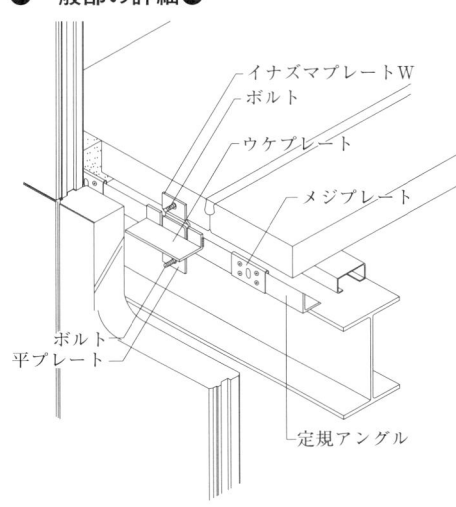

縦壁ロッキング構法は，建築物の躯体の層間変形に対し，ALCパネルが1枚ごとに微少回転して面内方向に追従する機構でありALCパネル内部に設置されたアンカーと取付け金物により躯体に取り付けることを特徴とした取付け構法である。

ALCパネルは一般的に，正の風圧力に対して$2\,000\mathrm{N/m^2}$，負の風圧力に対して$1\,600\mathrm{N/m^2}$までの部分に取付けが可能である。パラペットなどALCパネルをはね出して使用する場合，はね出し部分に作用する正および負の風圧力が$3\,300\mathrm{N/m^2}$までの部分に取り付けることができる。ただし，はね出し長さは厚さの6倍以下とする。

●基礎部の詳細●

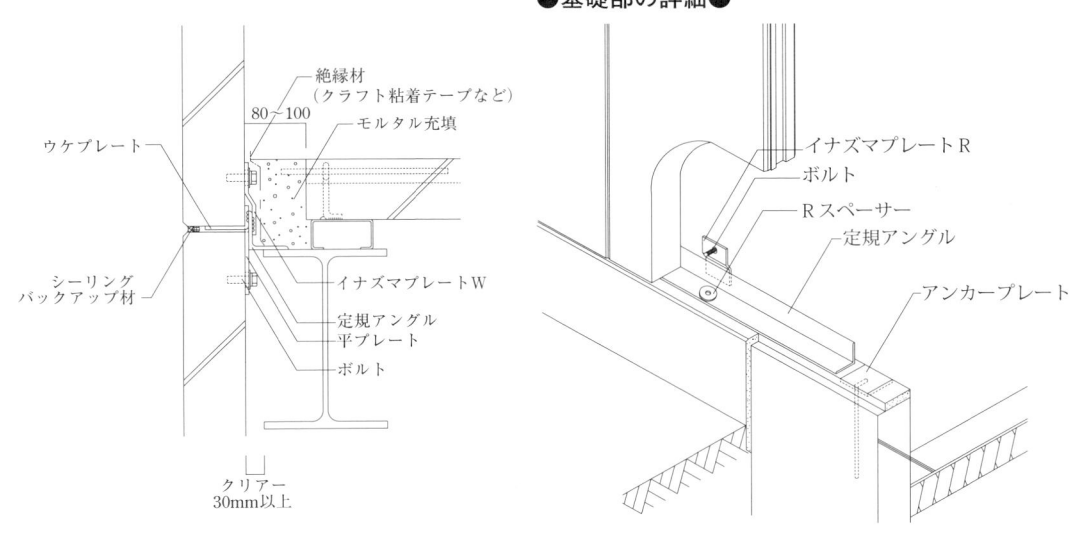

72 ●第3章— ALC

●下がり壁の詳細●

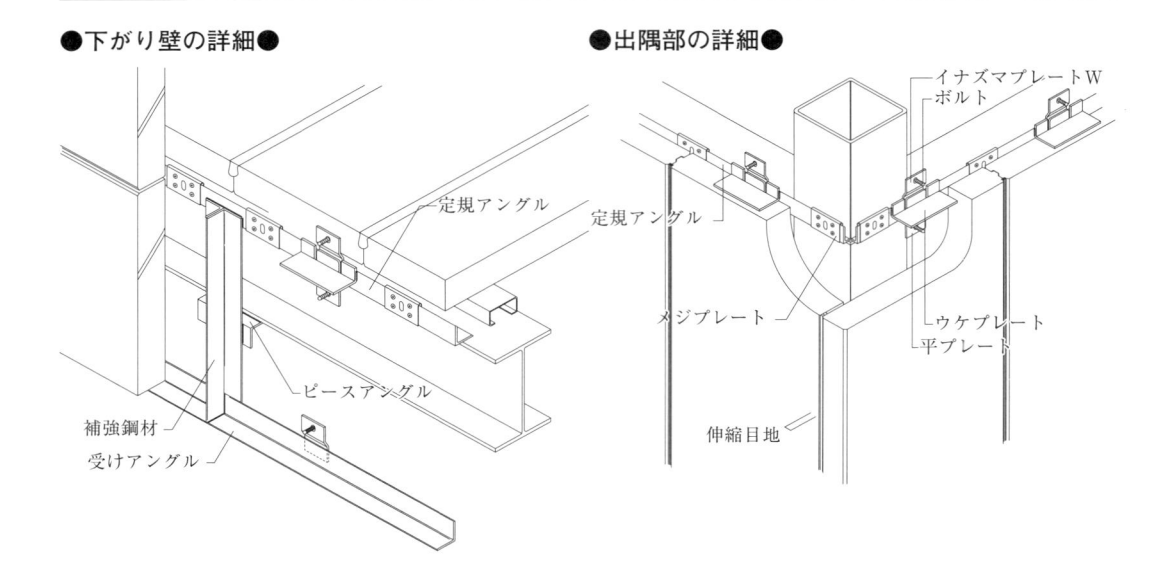

- 定規アングル
- ピースアングル
- 補強鋼材
- 受けアングル

●出隅部の詳細●

- イナズマプレートW
- ボルト
- 定規アングル
- メジプレート
- ウケプレート
- 平プレート
- 伸縮目地

●開口部の詳細●

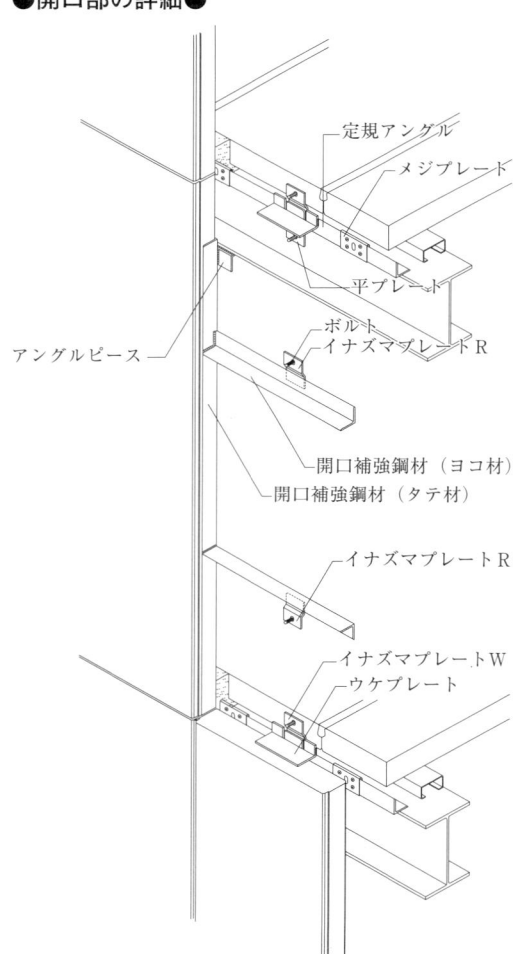

- 定規アングル
- メジプレート
- 平プレート
- ボルト
- イナズマプレートR
- アングルピース
- 開口補強鋼材（ヨコ材）
- 開口補強鋼材（タテ材）
- イナズマプレートR
- イナズマプレートW
- ウケプレート

●パラペット部の詳細●

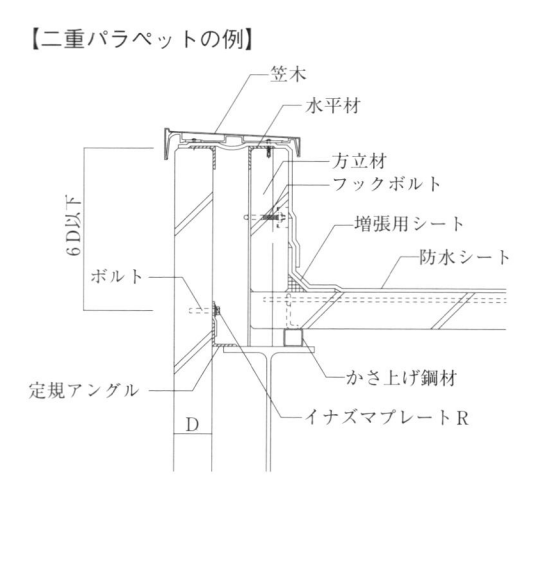

【二重パラペットの例】

- 笠木
- 水平材
- 方立材
- フックボルト
- 増張用シート
- 防水シート
- 6D以下
- ボルト
- 定規アングル
- かさ上げ鋼材
- イナズマプレートR
- D

●その他の詳細●

【ALC用サッシの取付け例】

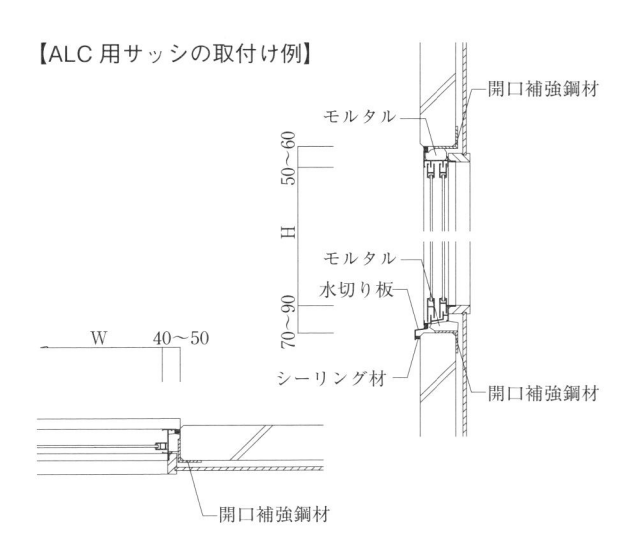

モルタル／開口補強鋼材／水切り板／シーリング材／開口補強鋼材

3.5.2 横壁アンカー構法

　横壁アンカー構法は，建築物の躯体の層間変形に対し上下段のALCパネル相互が水平方向にずれて追従する機構でありALCパネル内部に設置されたアンカーと取付け金物により躯体に取り付けることを特徴した取付け構法である。

　ALCパネルは一般的に，正の風圧力に対して$2\,000\mathrm{N/m^2}$，負の風圧力に対して$1\,600\mathrm{N/m^2}$までの部分に取付け可能である。

●一般部の詳細●

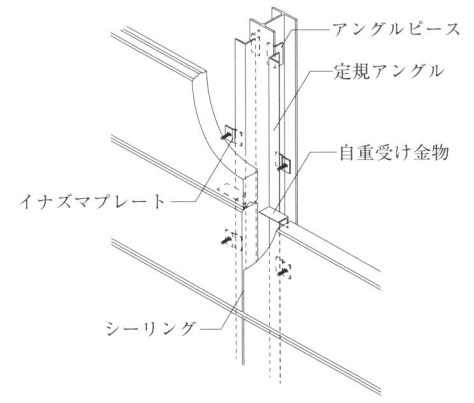

アングルピース／定規アングル／自重受け金物／イナズマプレート／シーリング

●躯体とのクリアランスの詳細●

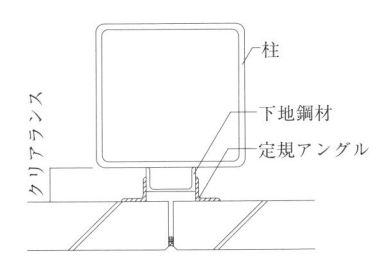

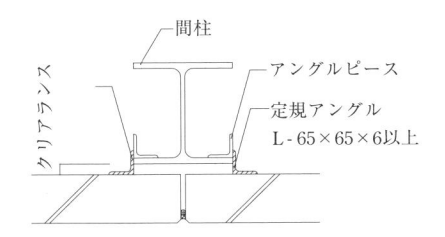

柱／下地鋼材／定規アングル／間柱／アングルピース／定規アングル L-65×65×6以上

　躯体の建て方誤差の吸収や柱周りのダイアフラムなどの突起物を回避するため，定規アングルなどの下地鋼材を設けて調整代としてのクリアランスを確保する。このようなことを前提に，柱とALCパネル裏面とのクリアランスは70mm以上，間柱とALCパネル裏面とのクリアランスは25mm以上を標準とする。

●開口部の詳細●

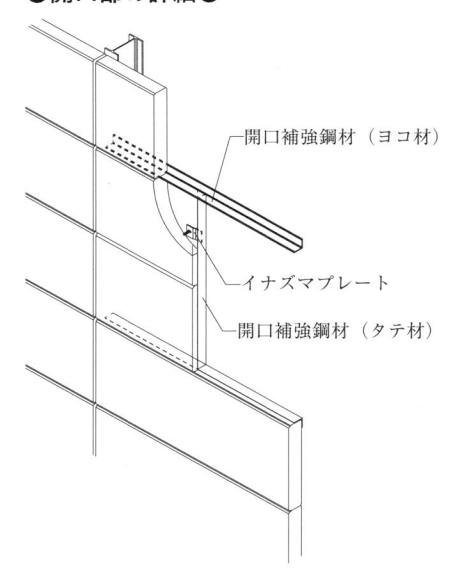

- 開口補強鋼材（ヨコ材）
- イナズマプレート
- 開口補強鋼材（タテ材）

●下がり壁の詳細●

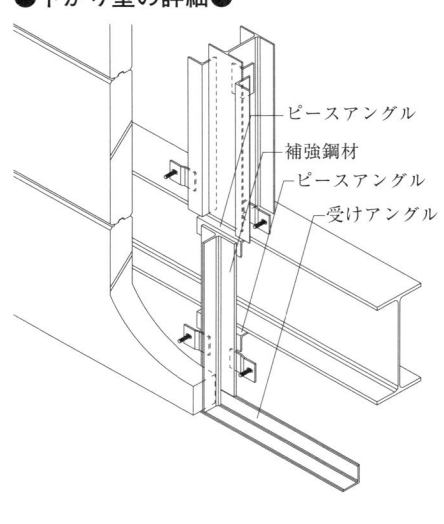

- ピースアングル
- 補強鋼材
- ピースアングル
- 受けアングル

3.6 間仕切壁

3.6.1 間仕切壁ロッキング構法

　間仕切壁ロッキング構法は，建築物の躯体の層間変形に対し，ALCパネル下部をRFプレート，上部はALCパネル内部に設置されたアンカーなどと取付け金物により躯体に取り付け，ロッキングして追従する構法である。

●上部の詳細●

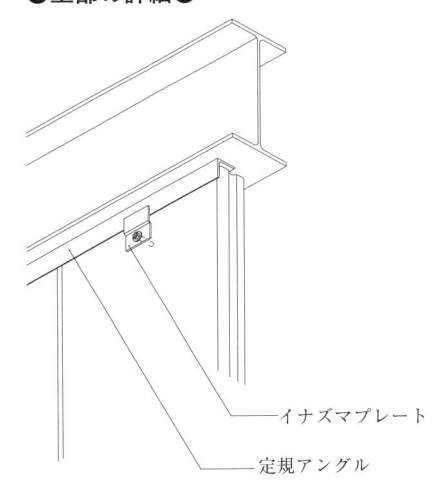

　　イナズマプレート
　　定規アングル

●一般部の詳細●

　　イナズマプレート
　　定規アングル
　　RFプレート
　　あと施工アンカーまたは打込みピン

●下部の詳細●

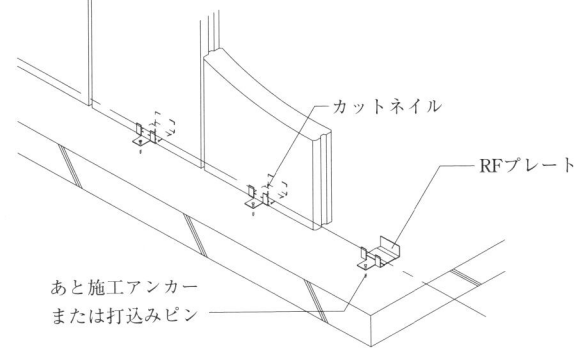

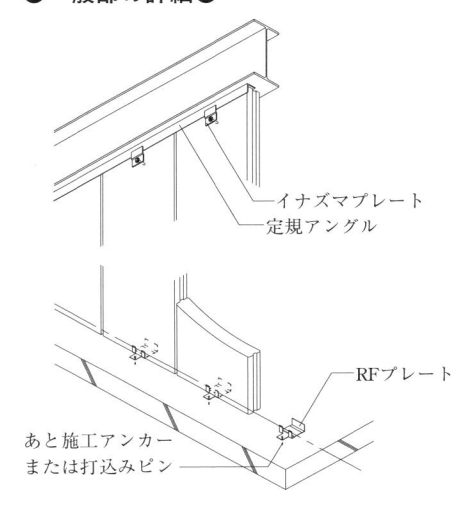

　　カットネイル
　　RFプレート
　　あと施工アンカーまたは打込みピン

●出隅・入隅部の詳細●

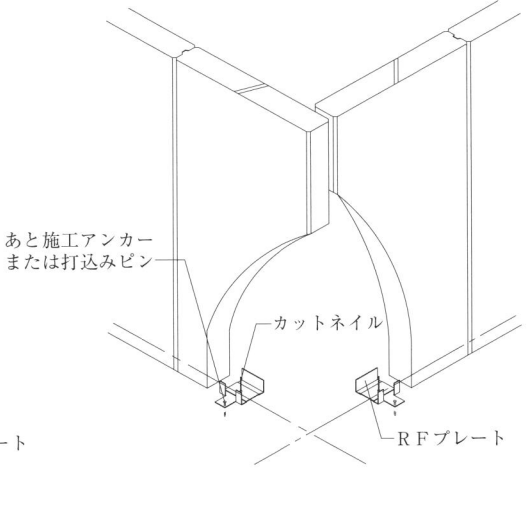

　　あと施工アンカーまたは打込みピン
　　カットネイル
　　ＲＦプレート

3.6.2 フットプレート構法

　フットプレート構法は，建築物の躯体の層間変形に対し，ALCパネル上部がスライドして追従する構法で，パネルの下部をフットプレートにより躯体に固定することを特徴とした取付け構法である。

●一般部の詳細●

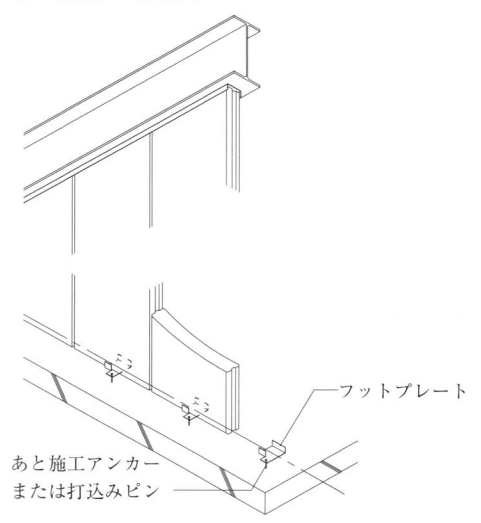

フットプレート
あと施工アンカーまたは打込みピン

●上部の詳細●

【間仕切チャンネルを用いる例】【間仕切L形金物を用いる例】【定規アングルとボルトを用いる例】

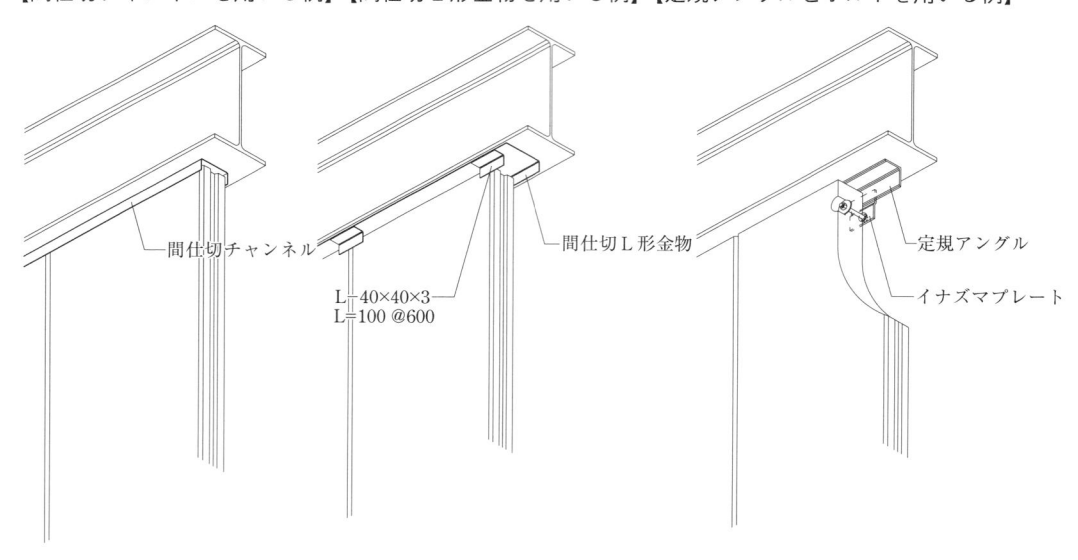

間仕切チャンネル

間仕切L形金物
L-40×40×3
L=100 @600

定規アングル
イナズマプレート

3.6 — 間仕切壁 ● 77

● 下部の詳細 ●

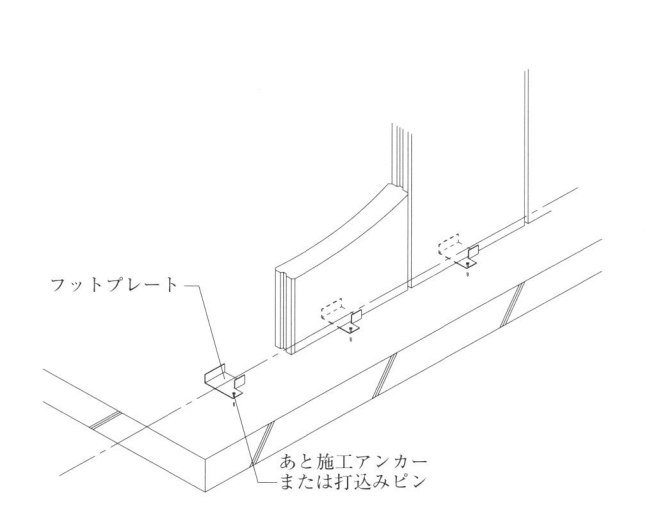

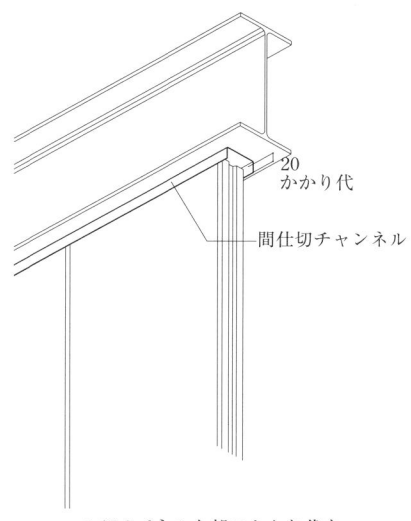

フットプレート

あと施工アンカー
または打込みピン

20
かかり代

間仕切チャンネル

＊ALCパネル上部のかかり代を
　10〜20mm程度確保する。

● 出隅・入隅部の詳細 ●

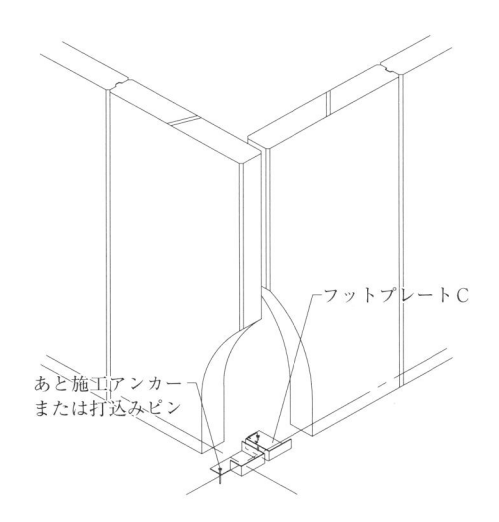

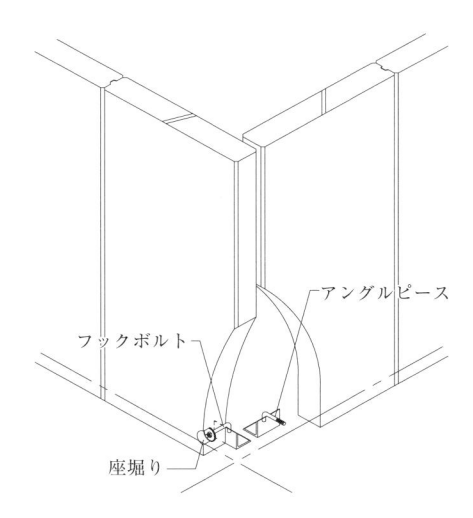

フットプレートC

あと施工アンカー
または打込みピン

アングルピース

フックボルト

座堀り

●その他の詳細●

【デッキプレートへの下地鋼材取付け例】

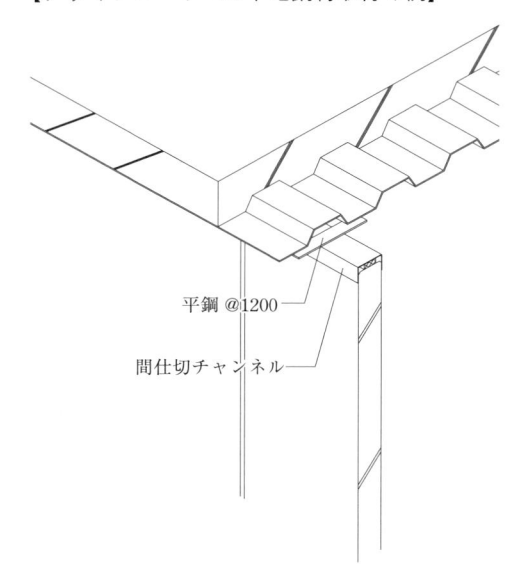

平鋼 @1200
間仕切チャンネル

【梁の周辺のクリアランスの例】

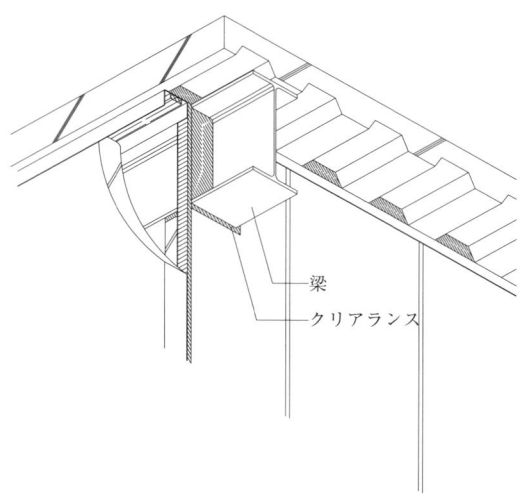

梁
クリアランス

＊ALCパネルを貫通する梁や設備配管の取合い部には，20mm程度のクリアランスを設ける。また，ALCパネルとの隙間には耐火目地材を充填する。

3.7 屋根・床

3.7.1 敷設筋構法

　敷設筋構法は，ALCパネルをスラブプレート・目地鉄筋などにより，建築物の躯体に固定することを特徴とした取付け構法である。

　屋根用ALCパネルは閉鎖形建築物の勾配が10°未満の屋根版に使用することを想定しているため，正の風圧力は除外している。その場合の負の風圧力を最大3 000N/m²とした。

　なお，閉鎖形建築物で勾配が10°以上場合や開放形建築物などについては，別途検討が必要である。

●一般部の詳細●

【短辺目地部】

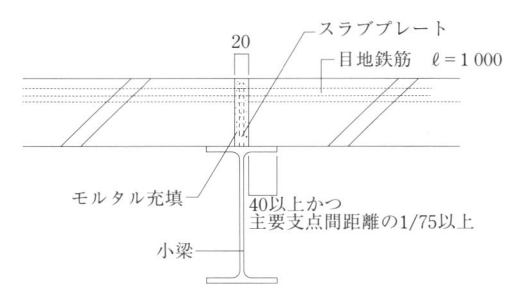

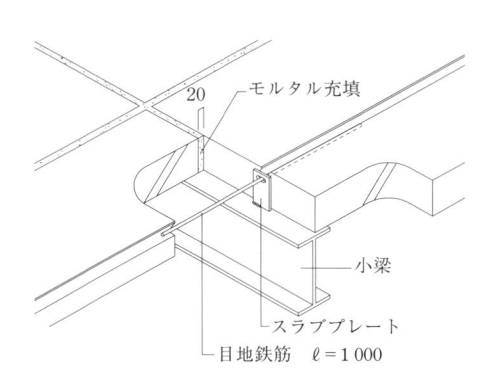

【大梁かさ上げ部】

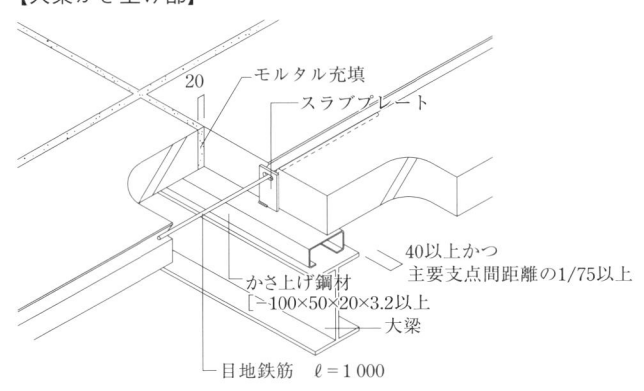

●周辺部・パラペットまわりの詳細●

【パネル短辺納まり（スラブプレート使用）】

- モルタル充填
- 絶縁材
- 50
- スラブプレート
- 目地鉄筋 ℓ=500

- 絶縁材
- スラブプレート
- 50以上
- 目地鉄筋 ℓ=500
- かさ上げ鋼材 [−100×50×20×3.2以上]
- モルタル充填

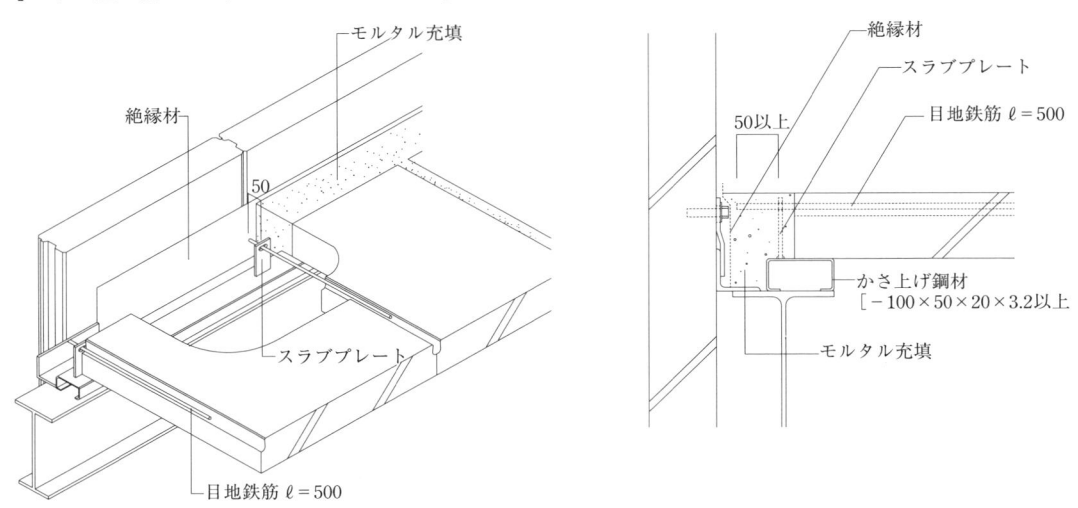

【パネル短辺納まり（マルカン使用）】

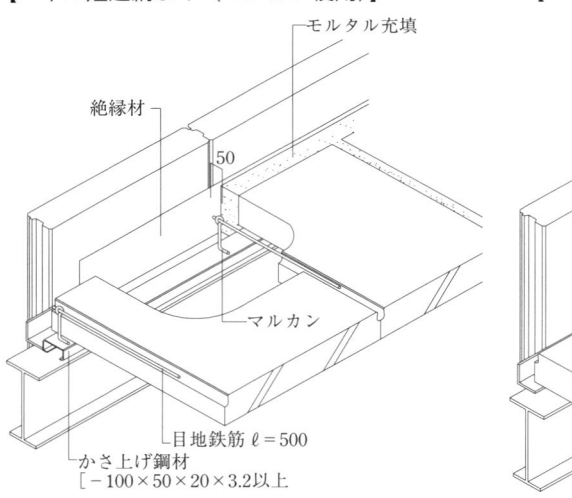

- モルタル充填
- 絶縁材
- 50
- マルカン
- 目地鉄筋 ℓ=500
- かさ上げ鋼材 [−100×50×20×3.2以上]

【パネル長辺納まり（スラブプレート使用）】

- モルタル充填
- 絶縁材
- スラブプレート
- 目地鉄筋 ℓ=1000
- かさ上げ鋼材 [−100×50×20×3.2以上]

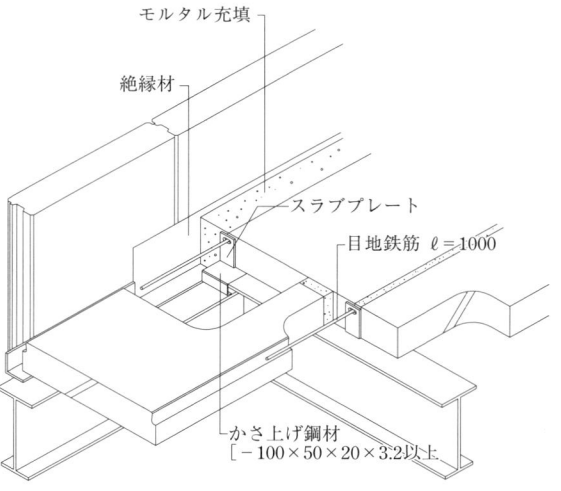

3.7—屋根・床 81

【パネル長辺納まり（フックボルト使用）】

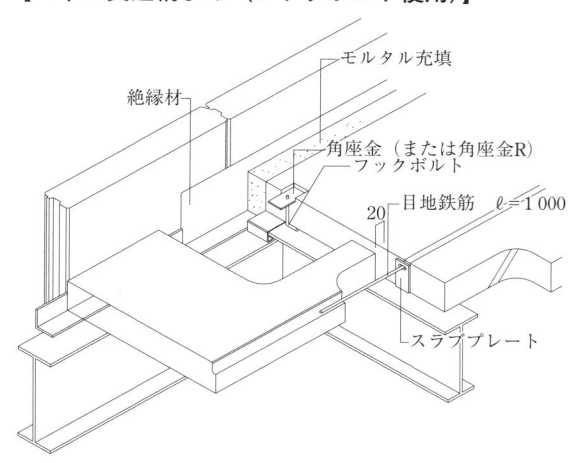

- 絶縁材
- モルタル充填
- 角座金（または角座金R）
- フックボルト
- 目地鉄筋 $\ell=1000$
- 20
- スラブプレート

●出隅部の詳細●

【床出隅部】

- モルタル充填
- 絶縁材
- 丸座金
- 床パネル受け鋼材
- フックボルト

【屋根出隅部】

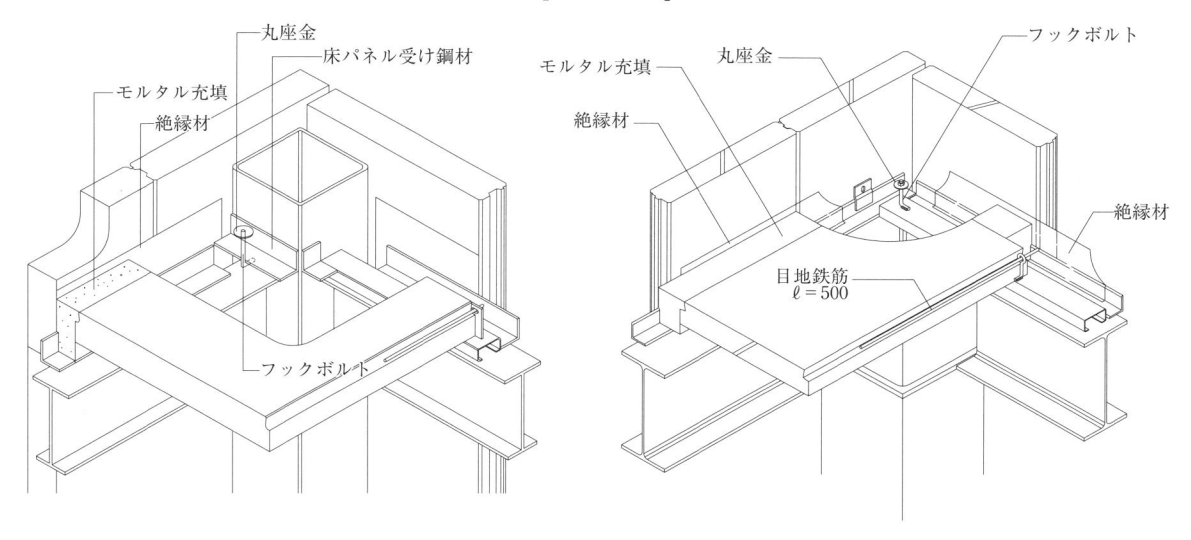

- モルタル充填
- 絶縁材
- 丸座金
- フックボルト
- 絶縁材
- 目地鉄筋 $\ell=500$

82 ●第 3 章— ALC

●軒部の詳細●

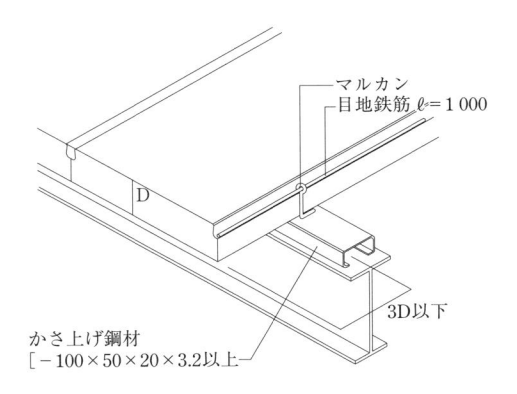

マルカン
目地鉄筋 $\ell=1\,000$
D
3D以下
かさ上げ鋼材
[－100×50×20×3.2以上

●その他の詳細●

【高架水槽などの柱脚の取付け例】

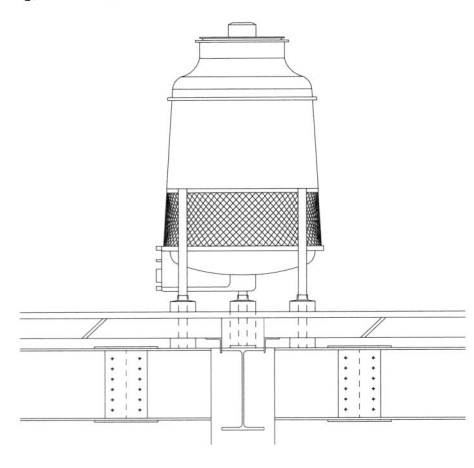

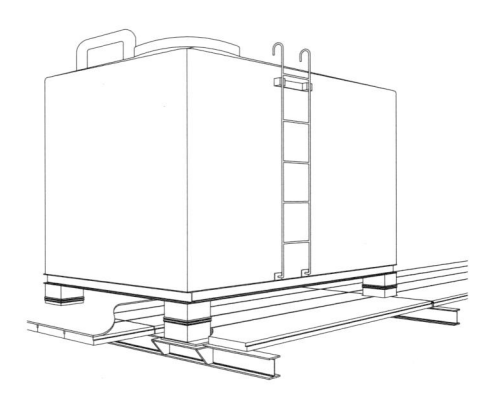

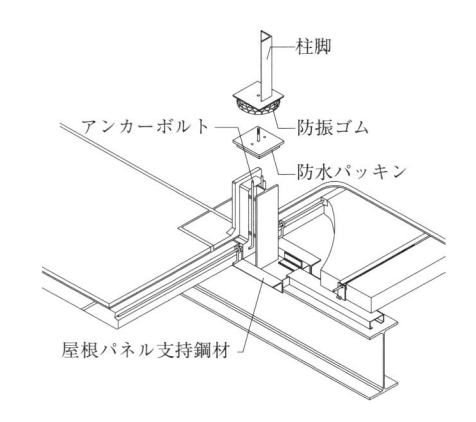

柱脚
アンカーボルト
防振ゴム
防水パッキン
屋根パネル支持鋼材

3.7—屋根・床 ● 83

【浴槽等重量物のアングルによる補強例】

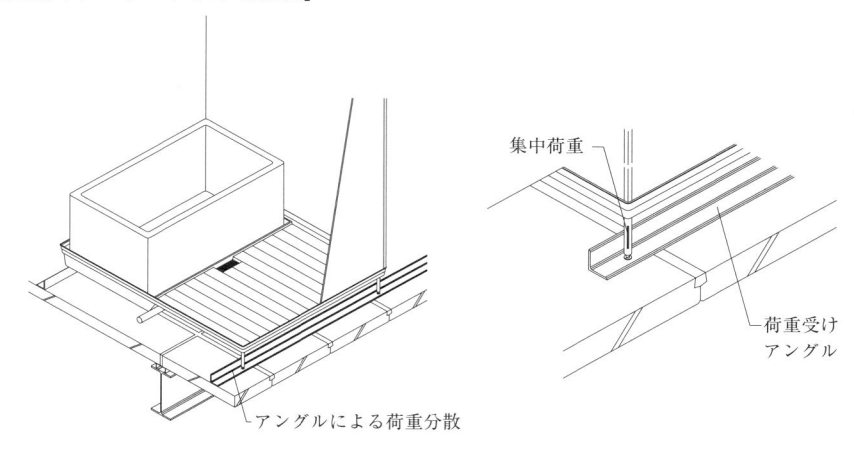

- アングルによる荷重分散
- 集中荷重
- 荷重受けアングル

【エキスパンションジョイント部の取付け例】

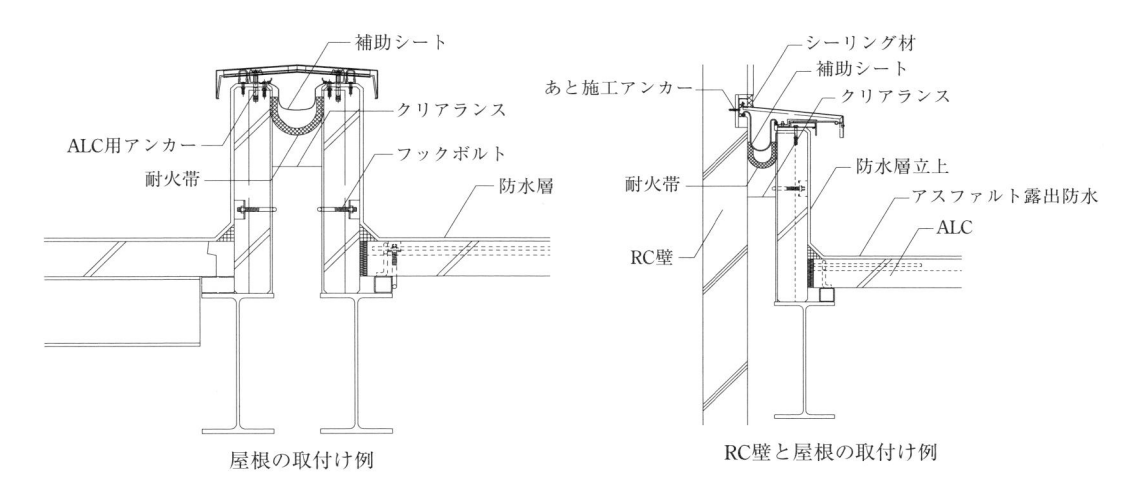

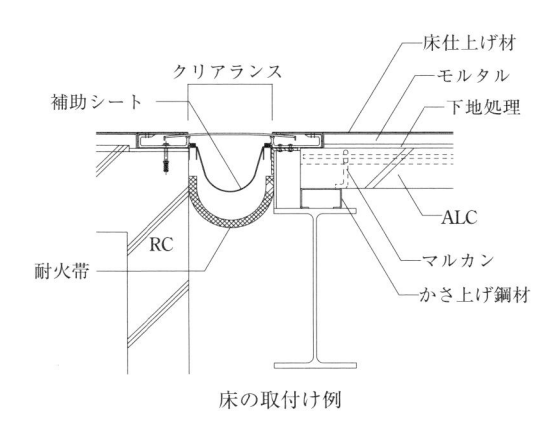

屋根の取付け例
- 補助シート
- クリアランス
- ALC用アンカー
- 耐火帯
- フックボルト
- 防水層

RC壁と屋根の取付け例
- シーリング材
- 補助シート
- あと施工アンカー
- クリアランス
- 耐火帯
- 防水層立上
- RC壁
- アスファルト露出防水
- ALC

床の取付け例
- クリアランス
- 補助シート
- 床仕上げ材
- モルタル
- 下地処理
- RC
- 耐火帯
- ALC
- マルカン
- かさ上げ鋼材

3.8　その他

【空調用ダクトの梁からの取付け例】

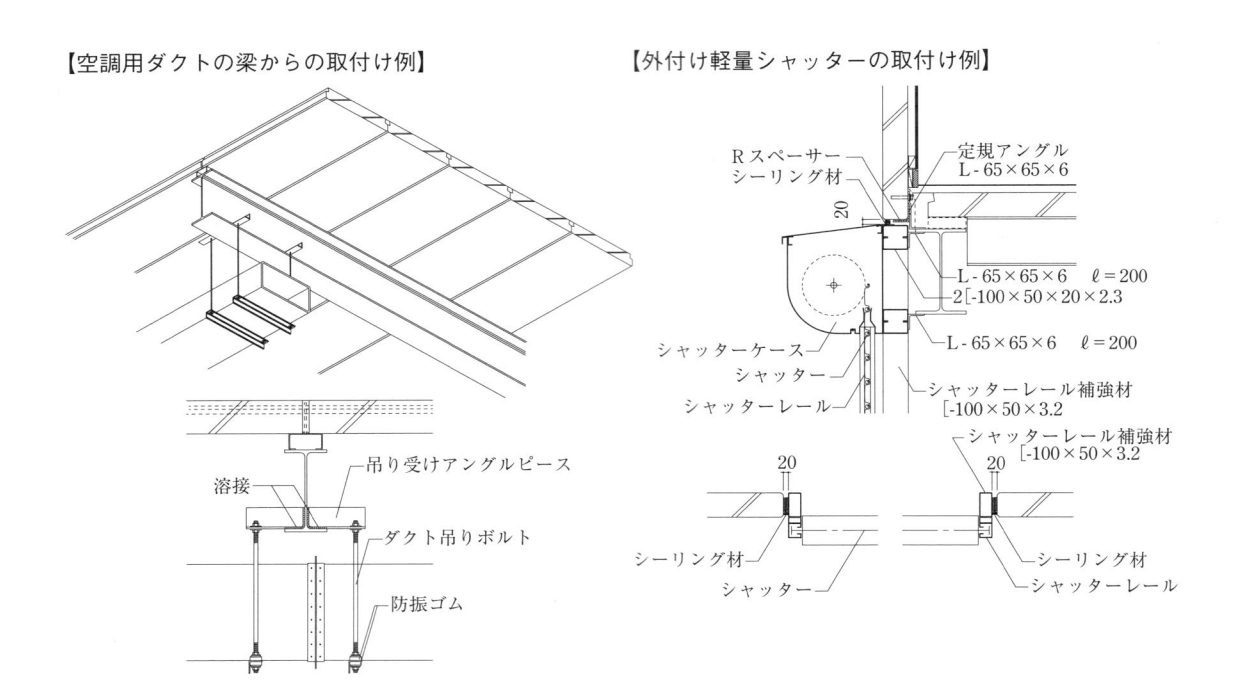

溶接
吊り受けアングルピース
ダクト吊りボルト
防振ゴム

【外付け軽量シャッターの取付け例】

Rスペーサー
シーリング材
定規アングル
L-65×65×6
L-65×65×6　ℓ=200
2[-100×50×20×2.3
L-65×65×6　ℓ=200
シャッターケース
シャッター
シャッターレール
シャッターレール補強材
[-100×50×3.2

シャッターレール補強材
[-100×50×3.2
シーリング材
シャッター
シーリング材
シャッターレール

【内付けシャッターの取付け例】

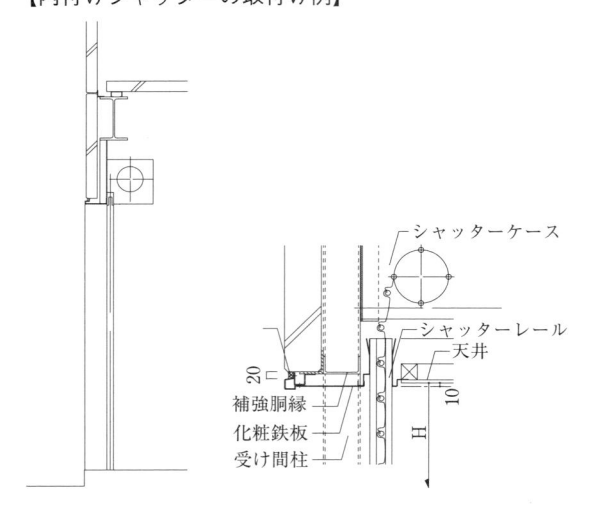

シャッターケース
シャッターレール
天井
補強胴縁
化粧鉄板
受け間柱

【看板の取付け例】

[-150×75×4.5
L-50×50×6
看板
ボルト
クリアランス
柱
クリアランス
シーリング材
耐火目地材
ALC

L-50×50×6
[-150×75×4.5
柱
ボルト
看板
シーリング材
耐火目地材

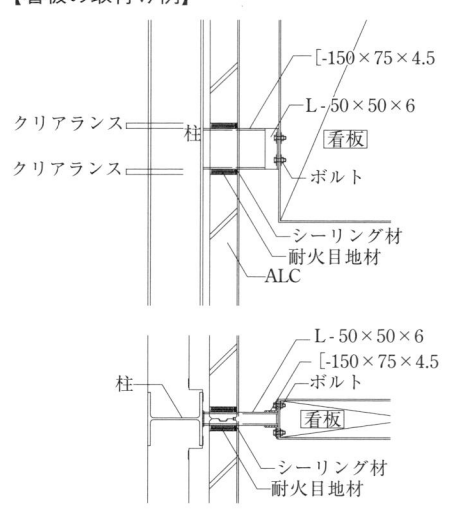

3.8—その他

【樋の取付け例（貫通プレートによる取付け）】

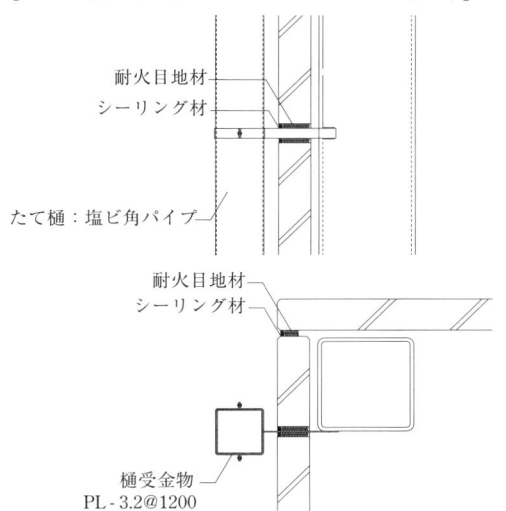

- 耐火目地材
- シーリング材
- たて樋：塩ビ角パイプ
- 耐火目地材
- シーリング材
- 樋受金物 PL-3.2@1200

【樋の取付け例（アンカーによる取付け）】

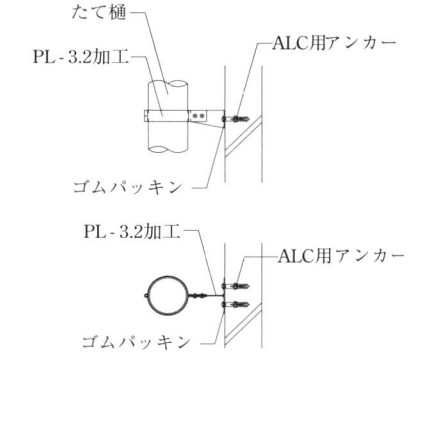

- たて樋
- PL-3.2加工
- ALC用アンカー
- ゴムパッキン
- PL-3.2加工
- ALC用アンカー
- ゴムパッキン

【ALC用ドレインの取付け例（独立したパラペットの例）】

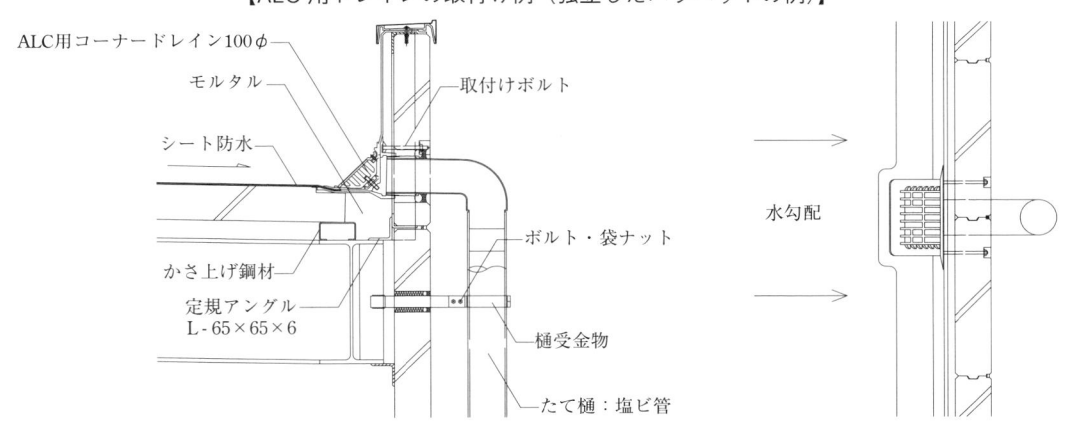

- ALC用コーナードレイン100φ
- モルタル
- シート防水
- かさ上げ鋼材
- 定規アングル L-65×65×6
- 取付けボルト
- ボルト・袋ナット
- 樋受金物
- たて樋：塩ビ管
- 水勾配

【縦引きドレインのデッキによる取付け例（縦壁ロッキング構法の例）】

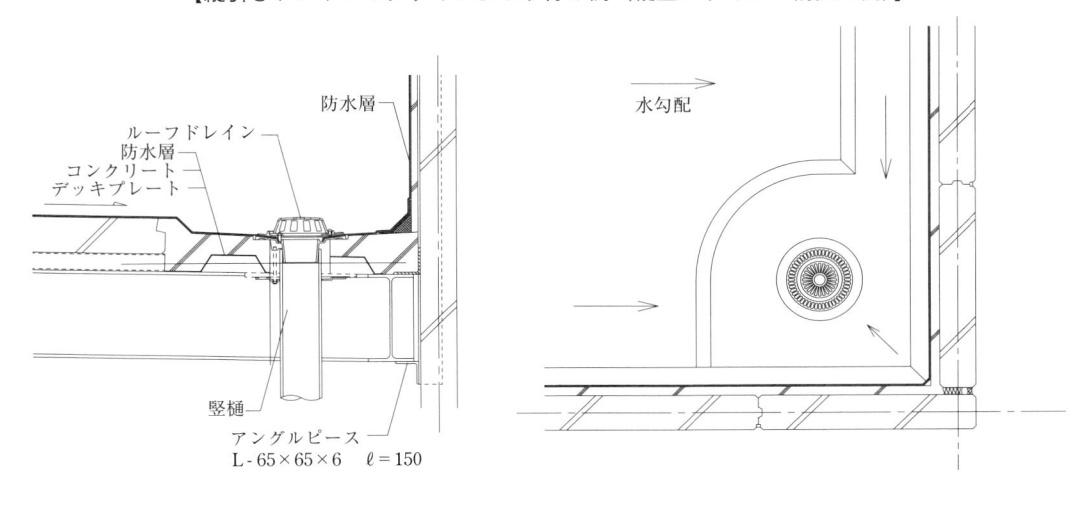

- 防水層
- ルーフドレイン
- 防水層
- コンクリート
- デッキプレート
- 竪樋
- アングルピース L-65×65×6　ℓ=150
- 水勾配

【勾配屋根と垂直壁の水切りの取付け例】

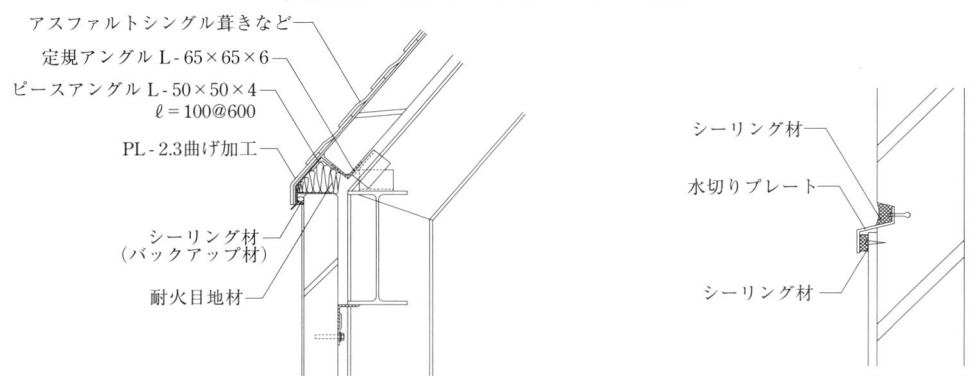

- アスファルトシングル葺きなど
- 定規アングル L-65×65×6
- ピースアングル L-50×50×4　ℓ=100@600
- PL-2.3曲げ加工
- シーリング材（バックアップ材）
- 耐火目地材

- シーリング材
- 水切りプレート
- シーリング材

【構造躯体から天井を吊る取付け例】

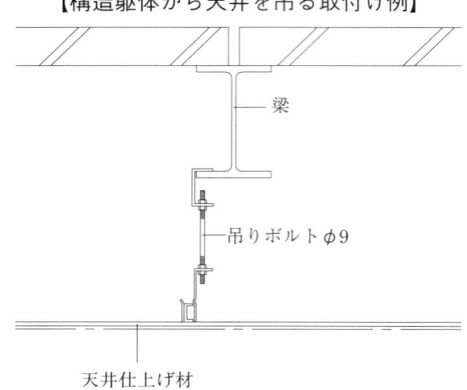

- 梁
- 吊りボルトφ9
- 天井仕上げ材

第4章……押出成形セメント板

4.1　歴史と製法

　押出成形セメント板（Extruded Cement Panel，略称：ECP）は，主に建築物の外壁および間仕切壁に用いられる材料で，セメント，ケイ酸質原料および繊維質原料を用いて，中空を有する板状に押出成形し，オートクレーブ養生したパネルである。原材料の繊維質原料として，発売当初は石綿（クリソタイル）を使用していたが，2004（平成16）年の法改正により，これ以降はすべて無石綿（パルプなど）に切り替えている。

　押出成形セメント板の起源は定かではないが，約50年前にはヨーロッパ・アメリカで窓額縁のような小断面の製品が存在しており，日本では1970年代前半（昭和40年代後半）に（株）ノザワ（アスロック）と三菱セメント建材（株）（現アイカテック建材（株））（メース）が大断面の製品開発を行い，製造・販売を開始している。1990年代前半には，昭和電工建材（株）（ラムダ55／65），ニッテツアスク（株）（バンビ），旭化成建材（株）（ハイプリート），浅野サイネックス（株）（サイネックス）が参入したが，その後相次いで撤退し，現在国内では（株）ノザワとアイカテック建材（株）の2社が製造・販売を続けており，海外ではアジア圏で数社が製造・販売している。

　押出成形セメント板は，押出成形機の出口にある口金形状を変えることにより，比較的自由な形状のパネルをつくることができる（図4.1-1）。なお，押出成形セメント板には「薄物」と呼ばれる厚さが35mm未満の製品も存するが，ここでは「JIS A 5441：2003（押出成形セメント板）」に規定する「厚物」と呼ばれる厚さが35mm以上の製品のみ紹介する。

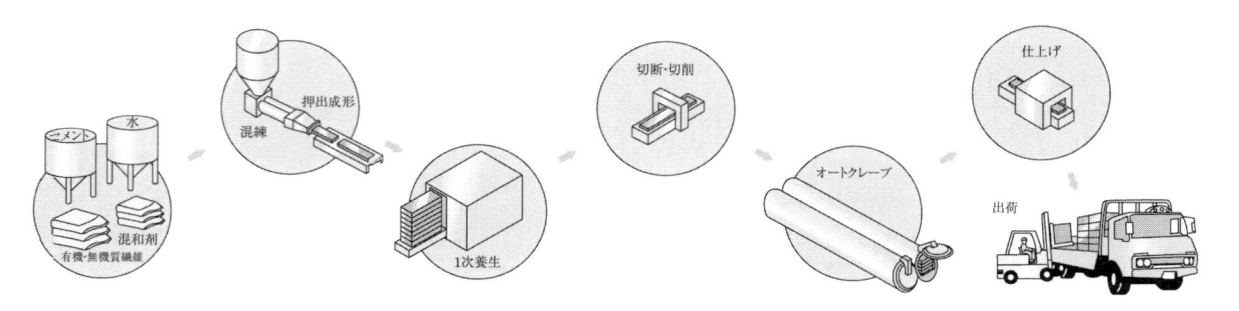

図4.1-1　ECPの製造工程

4.2 製品と性能

パネルは，JIS A 5441「押出成形セメント板（ECP）」に適合するものとする。

4.2.1 製品規格

パネルの種類，形状，寸法は，次のように規定されている。

表 4.2-1 製品規格

（単位：mm）

表面形状による種類	形状例	厚さ	働き幅	長さ
フラットパネル （表面を平滑にしたパネル）		60 75	450, 500, 600 900, 1 000, 1 200	5 000 以下
		50 100	450, 500, 600	
デザインパネル （表面にリブおよび エンボスを施したパネル）		50 60	600	
タイルベースパネル （表面にタイル張付け用 あり溝形状を施したパネル）		60	605 以下	

4.2.2 性能規格

パネルの性能は，次のように規定されている。

表 4.2-2 性能規格

素材比重	曲げ強度 N/mm^2	耐衝撃性	含水率 %	吸水率 %	吸水による 長さ変化率 %	耐凍結融解性能	難燃性
1.7 以上	17.6 以上	割れ，貫通するき裂があってはならない	8 以下	18 以下	0.07 以下	著しい割れ，膨れ剥離がなく，かつ，質量変化率が 5% 以下	難燃 1 級

4.3 設計上の注意

4.3.1 風圧力に対する検討

　外壁パネルの支持スパンは，耐風圧にて算出し決定する。風圧力は，建築基準法施行令第82条の5，平成12年建告第1458号，『建築物荷重指針・同解説』（日本建築学会），『実務者のための建築物外装材耐風設計マニュアル』（日本建築学会）に基づき算定することを標準とする。風圧力は，地域，地表面粗度区分，建物高さなどにより異なる。実験などにより風圧力が確認されたものは，それに従うものとする。

　外壁パネルの支持スパンは，パネルの設計許容曲げ応力度とたわみ基準および取付け耐力により規制される。たわみ基準は，支持スパンの1/200以下かつ2cm以下とする。

　ECPの支持スパンの計算に用いる設計許容曲げ応力度は，下表による。

表 4.3-1　設計許容曲げ応力度

パネル種類	表面仕上げ	正風圧力による設計許容曲げ応力度	負風圧力による設計許容曲げ応力度
フラットパネル	塗装（素地）	$\dfrac{F_b}{2}$	$\dfrac{F_b}{2}$
	タイル	$\dfrac{F_b}{2}$	$\dfrac{F_b}{3}$
デザインパネル	塗装（素地）	$\dfrac{F_b}{2}$	$\dfrac{F_b}{2}$
タイルベースパネル	タイル	$\dfrac{F_b}{2}$	$\dfrac{F_b}{3}$

（注）F_b：JIS規格の曲げ強度を示す。

　支持スパンの判定に用いる標準式を次に示す。

表 4.3-2　標準計算式

	標準計算式	備　考
曲げ強度算定式	$\dfrac{M}{\sigma Z \times 10^2} \leq 1$ $\begin{cases} M = \dfrac{\omega \ell^2}{8} \\ \omega = W \times b \times 10^{-4} \end{cases}$	σ：パネルの設計許容曲げ応力度（N/mm²） Z：使用するパネルの断面係数（cm³） M：パネルに生じる最大曲げモーメント（N・cm） ω：風圧力によりパネルに作用する単位荷重（N/cm） ℓ：パネルの支持スパン（cm） W：風圧力（N/m²） b：パネルの幅（cm）
たわみ計算式	$\delta = \dfrac{5\omega \ell^4}{384 E I \times 10^2} \leq \dfrac{\ell}{200}$ かつ 2 cm	δ：パネルのたわみ量（cm） I：使用するパネルの断面二次モーメント（cm⁴） E：パネルのヤング係数（N/mm²）

建物および使用部位によっては，負風圧力が大きくなるためパネルの取付け耐力の検討を行う必要がある。許容取付け耐力は，Ｚクリップ1か所当たり 1.5kN とする。取付け耐力を試験にて確認した場合はその数値に安全率を乗じた値を用いる。取付け耐力が不足した場合は，取付け金物の種類を変えるか，支持スパンを短くするなどの対応を行う。

なお，標準フラットパネルの風圧と指示スパンの関係（例）を図 4.3-1 に示す。

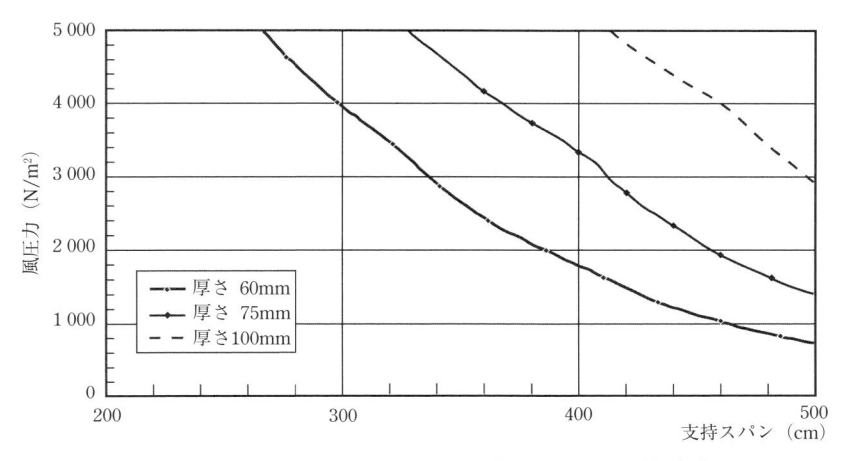

図 4.3-1　標準フラットパネルの風圧と指示スパンの関係（例）

4.3.2　層間変位に対する検討

ECP 標準工法は，パネル基材強度と工法の特性から層間変位性に優れている。協会会員各社にて，動的層間変位試験において，縦張り工法，横張り工法とも 1/100 まで有害な損傷がないことが確認されている。

詳しくは，『非構造部材の耐震設計施工指針・同解説および耐震設計施工要領』（日本建築学会）を参照のこと。

4.3.3　そのほかの基準

外壁に使用されるパネルのそのほかの設計基準について以下に示す。
① 使用されるパネルの最小幅は 300mm 以上
　パネルは，規格寸法パネルを使用し割り付けることが重要であるが，やむを得ずカットされたパネルを使用する場合は最小幅を 300mm とする。
② パネルのはね出し寸法は 600mm 以下
　パネルの上部などにおいて，納まり上長手方向にパネルをはね出す場合は，その寸法を 600mm 以下とする。

③ Ｚクリップのパネル端部からの取付け距離は 80mm 以上

　Ｚクリップを取り付けるボルトは，パネル長手方向で端部から 80mm 以上を確保する。幅方向の取付けは，原則として幅側端部より 1 または 2 穴目とする。

　耐火構造は，個別の耐火構造認定を受けているが，その認定番号は製造業者によって異なるので各社の仕様による。

　標準工法以外の取付けを行う場合は，性能を確認したうえで特記による。

4.4 外 壁

4.4.1 工法の概要

ECPは，カーテンウォールとして用いるパネルであり，面内せん断力を負担するような部分での使用は避ける。

外壁パネルの取付けは，「Zクリップ工法」を標準工法とする。

Zクリップ工法は，耐震性能に優れた，完全乾式工法である。外壁パネルの取付け方法は，「縦張り工法」および「横張り工法」がある。

表 4.4-1，図 4.4-1，図 4.4-2 に外壁パネルの取付け工法の概要を示す。

表 4.4-1 外壁パネルの取付け工法

種 別	取付け工法
縦張り工法 （A種）	（パネル縦使いロッキング） (1) パネルは，各段ごとに構造体に固定した下地鋼材で受ける。 (2) 取付け金物は，パネル上下端部に，ロッキングできるように取り付ける。
横張り工法 （B種）	（パネル横使いスライド） (1) パネルは，パネルの積み上げ枚数3枚以下ごとに構造体に固定された下地鋼材で受ける。 (2) 取付け金物は，パネル左右端部に，スライドできるように取り付ける。

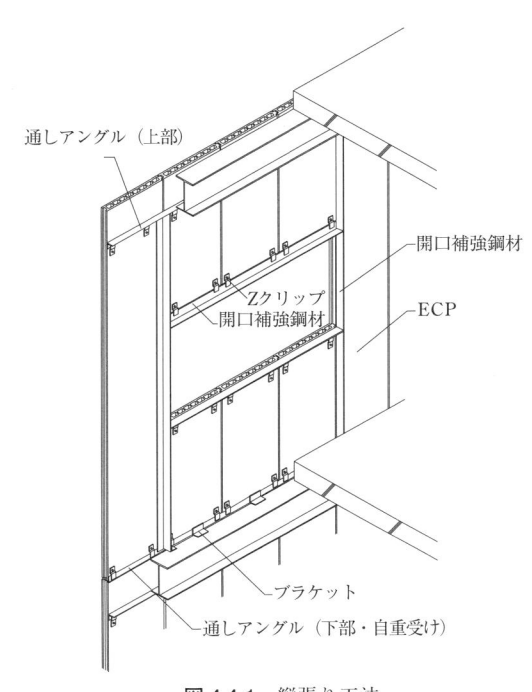

図 4.4-1 縦張り工法

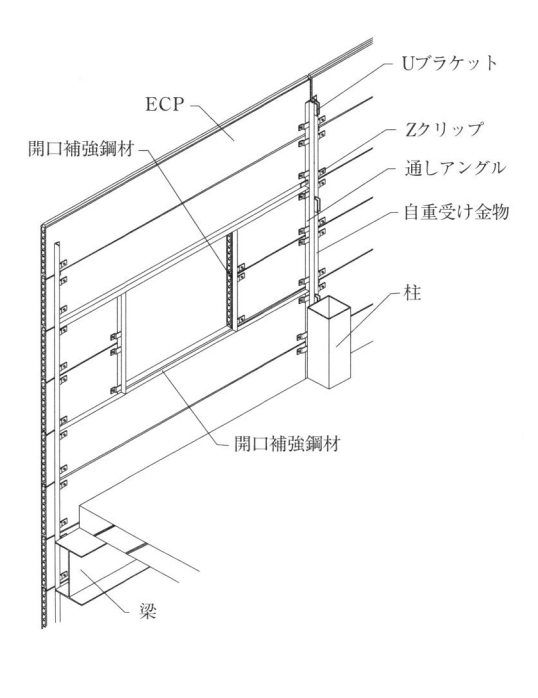

図 4.4-2 横張り工法

4.4.2 施工上の注意

(1) パネルの表裏確認
パネルの表裏確認方法は，パネル小口面に表裏が記載されているので，それにより確認する。強度上，表裏の違いはないが，表面は製造業者で仕上げ面として表面処理や検査が行われている。

(2) パネル留付け金物
パネルの取付けに用いる留付け金物（Ｚクリップ）は，構造体にパネルを確実に取り付けるためのものであり，必要な強度（規格値 3kN 以上）が十分確保できるものを用いる。

留付け金物にはルーズホールが設けてあり，この中をボルトが移動することにより地震時の変

表 4.4-2　留付け金物の施工品質

	基　準	悪い例
ボルト位置	センターに位置すること／両側ルーズホールが見えることが目安	端部に寄っている
傾き（面内）	ECPに対し直角に付ける　傾きは 1/10 以下	傾いている
傾き（面外）	ECPと下地に密着すること	浮いている
溶接長	15mm 以上	15mm 未満　点溶接は不可
掛り代	30mm 以上	30mm 未満
トルク値	15～20N・m を目安とする（スプリングワッシャーがつぶれる程度）	
孔位置	端から 1～2 つ目の中空　小口から 80mm 以上離す	左記以外中空で留める場合は強度検討が必要

形に追従する。そのため，ボルトはルーズホールの中央に位置するように取り付ける。ボルトの締め付けトルク値は，15～20N・m程度とする。

　留付け金物の施工品質は，ECP壁面の品質に大きく影響するため，**表4.4-2**の注意事項を遵守する。

(3) 工事現場でのパネル切断および孔あけ

　工事現場でのパネルの切断は，専用のダイヤモンドブレードを装着した丸のこを用いる。また，留付け金物用の孔あけは，ECP専用キリを用いて回転ドリルで行う。振動ドリルは，パネルを破損させる原因になるので，用いてはならない。

(4) 切り欠き・孔あけ

　パネルの切り欠き・孔あけは，原則行わない。パネル割り付けの際には，切り欠きがないよう考慮する。設備開口などでやむを得ず孔あけを行う場合は，欠損部分を考慮した強度計算を行い，安全を確認する。（**図 4.4-3**）

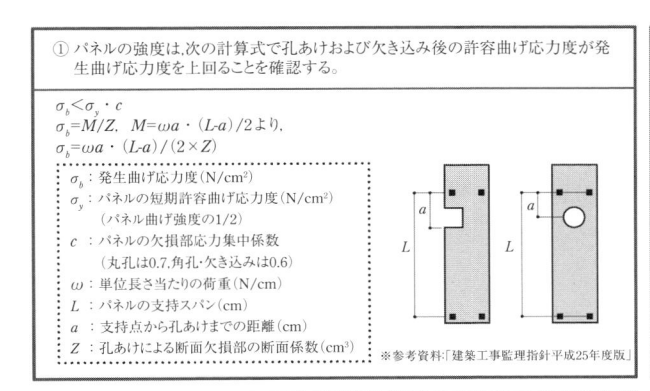

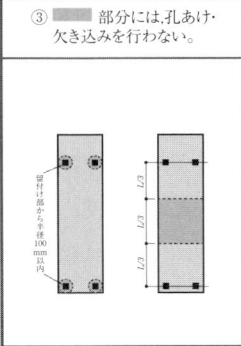

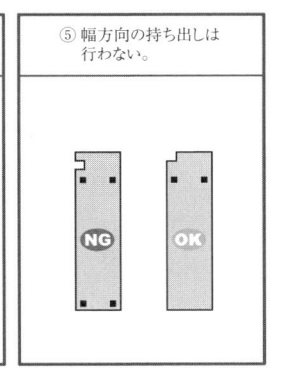

① パネルの強度は，次の計算式で孔あけおよび欠き込み後の許容曲げ応力度が発生曲げ応力度を上回ることを確認する。

$\sigma_b < \sigma_y \cdot c$
$\sigma_b = M/Z,\ M = \omega a \cdot (L-a)/2$ より，
$\sigma_b = \omega a \cdot (L-a)/(2 \times Z)$

σ_b：発生曲げ応力度（N/cm²）
σ_y：パネルの短期許容曲げ応力度（N/cm²）
　　（パネル曲げ強度の1/2）
c：パネルの欠損部応力集中係数
　　（丸孔は0.7，角孔・欠き込みは0.6）
ω：単位長さ当たりの荷重（N/cm）
L：パネルの支持スパン（cm）
a：支持点から孔あけまでの距離（cm）
Z：孔あけによる断面欠損部の断面係数（cm³）

※参考資料：「建築工事監理指針平成25年度版」

② 孔あけおよび欠き込みの限度は，下表の数値以下とする。

パネルの孔あけおよび欠き込みの限度

		孔あけおよび欠き込みの大きさ	切断後のパネルの残り部分の幅
パネルに孔あけを設ける場合	短辺	パネル幅の1/2以下，かつ300 mm以下	150 mm以上
	長辺	500 mm以下	300 mm以上
パネルに欠き込みを設ける場合	短辺	パネル幅の1/2以下，かつ300 mm以下	300 mm以上
	長辺	500 mm以下	300 mm以上

（注）孔あけおよび欠き込みの限度は，一般的な寸法のパネルに適用する。
※参考資料：「建築工事監理指針平成25年度版」

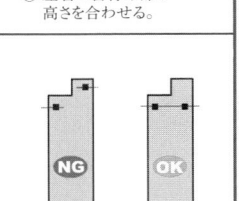

③ ■■■部分には，孔あけ・欠き込みを行わない。

④ 左右の留付け部の高さを合わせる。

⑤ 幅方向の持ち出しは行わない。

①～⑤の内容が全て満たされた場合に，孔あけおよび欠き込みが可とします。

図 4.4-3　切り欠き・孔あけ

(5) パネル相互の目地幅

パネル相互の目地幅は，縦張り工法および横張り工法ともに，建物の地震時の変形に対応する目地幅が必要であり，長辺が10mm，短辺が15～20mmを標準とする。

長辺の目地は，凹凸形状でかみ合わさった一定幅である。短辺の目地幅は，日常の温度変化によるパネル長さ変化に対してシーリング材の伸縮が許容範囲内に入るように設定する。

(6) 出隅および入隅のパネル目地幅

目地の動きは，建物部位によってさまざまであることから，部位ごとに変形量を考慮して目地幅を設定する必要がある。とくに出隅および入隅のパネル目地幅は大きくする必要があり，15mmを標準とする。また，開口部周囲の目地についても，同様の考慮が必要である。

(7) 目地に使用するシーリング材

ECPの目地には，一般的に変成シリコーン系を標準にしている。シーリング材の防水性能を発揮させるためには目地深さが重要で，バックアップ材の選択がポイントになる。一般的に，バックアップ材は丸断面のものが使用されるが，ECPには角断面のものを標準にしている。なお，ECPの縦張り工法において，内水切りを使用する2次シールを採用する場合は，内水切りの外側に透水性のバックアップ材を使用する必要がある。

(8) タイル張り時の注意事項

ECPにタイルを張る場合に使用する張り付け材料には，弾性接着剤とポリマーセメントモルタルがある。ECPがフラットパネルの場合は弾性接着剤，タイルベースパネルの場合はポリマーセメントモルタルを用いてタイル張りを行う。

タイルを張る際には，ECPの目地をまたいで張ってはならない。また，ポリマーセメントモルタルで張る場合は，ポリマーセメントモルタルも目地をまたがないようにする。

4.4.3 縦張り工法（A種）

●断面図●

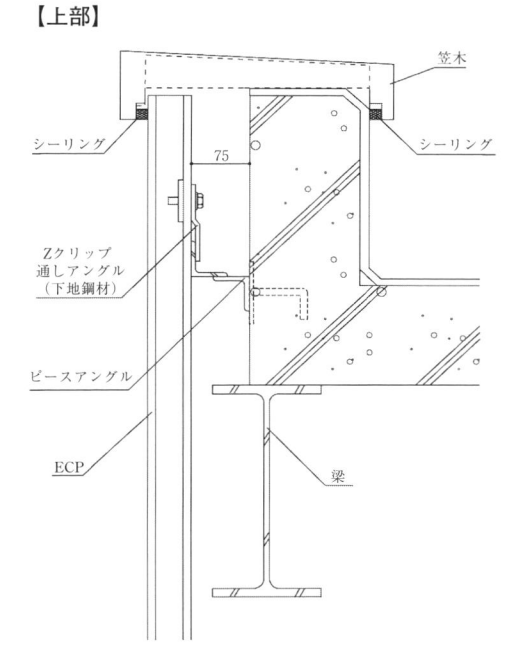

【上部】

笠木
シーリング
シーリング
75
Zクリップ
通しアングル
（下地鋼材）
ピースアングル
ECP
梁

【中間部】

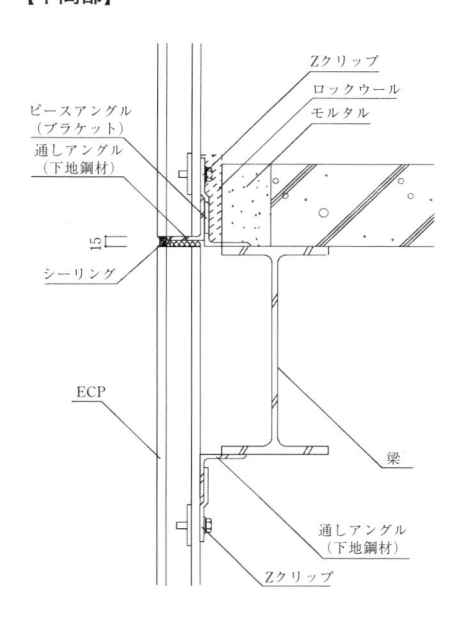

Zクリップ
ロックウール
ピースアングル
（ブラケット）
モルタル
通しアングル
（下地鋼材）
15
シーリング
ECP
梁
通しアングル
（下地鋼材）
Zクリップ

【下部】

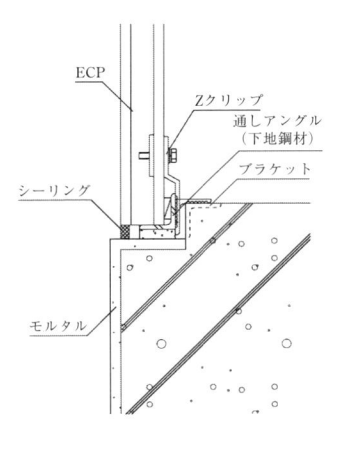

ECP
Zクリップ
通しアングル
（下地鋼材）
ブラケット
シーリング
モルタル

【平面部】

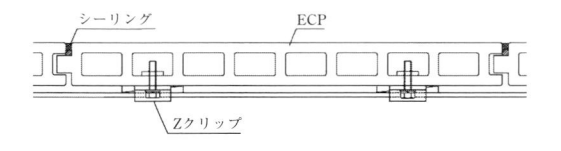

シーリング
ECP
Zクリップ

第4章―押出成形セメント板

【開口部縦断面】

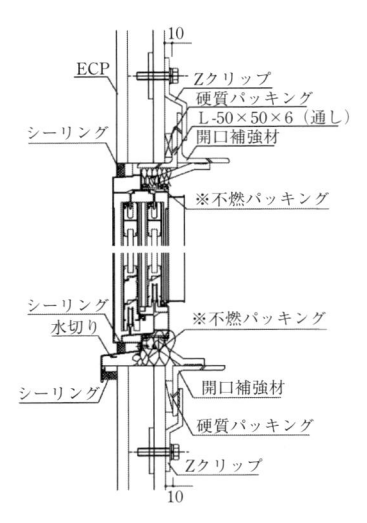

- ECP
- Zクリップ
- 硬質パッキング
- L-50×50×6（通し）
- 開口補強材
- シーリング
- ※不燃パッキング
- シーリング
- 水切り
- ※不燃パッキング
- シーリング
- 開口補強材
- 硬質パッキング
- Zクリップ

※サッシメーカーの耐火認定仕様による

【開口部横断面】

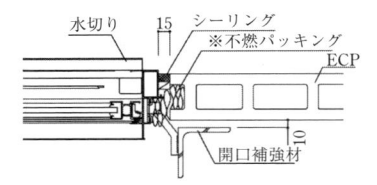

- 水切り
- シーリング
- ※不燃パッキング
- ECP
- 開口補強材

※サッシメーカーの耐火認定仕様による

【出隅面】

- ECP
- シーリング
- 不燃パッキング
- ECPコーナー
- Zクリップ
- L-50×50×6
- L-65×65×6　L＝100　@600
- L-50×50×6（通し）

【入隅面】

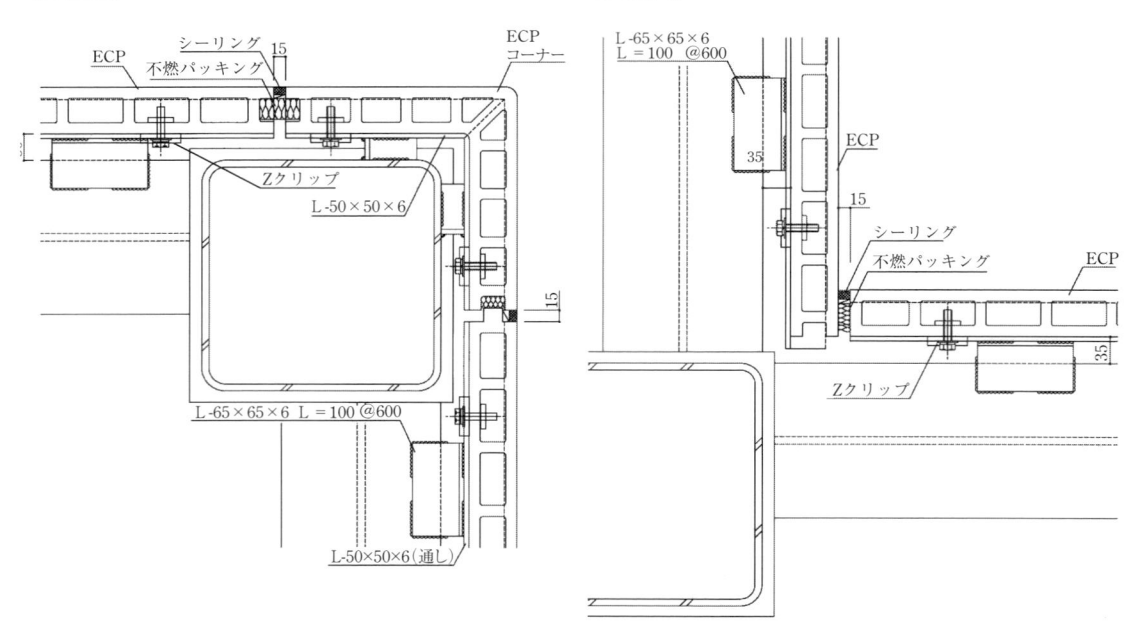

- L-65×65×6　L＝100　@600
- ECP
- シーリング
- 不燃パッキング
- ECP
- Zクリップ

4.4.4 横張り工法（B種）

●断面図●

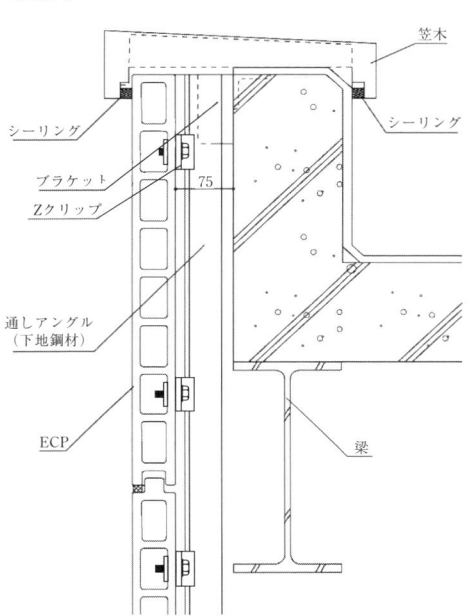

【上部】

【中間部】

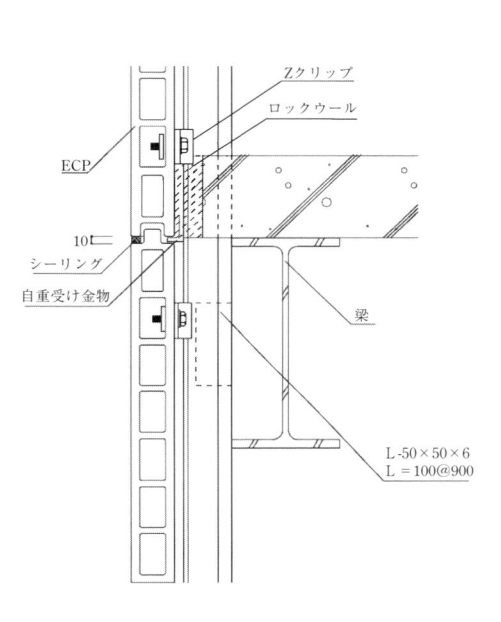

【下部】

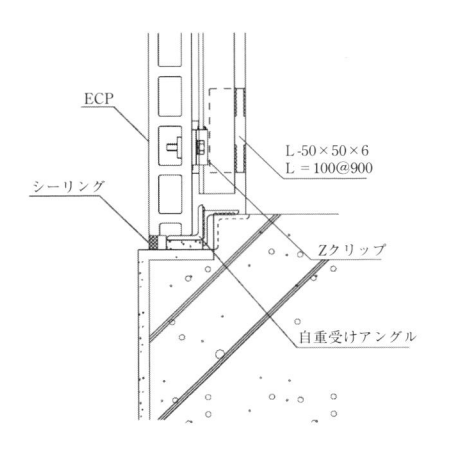

【平面部】

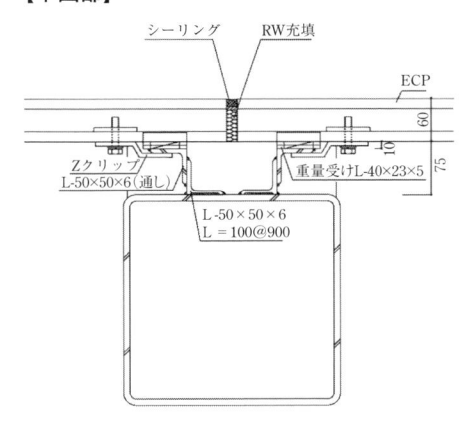

第4章―押出成形セメント板

【閉口部縦断面】

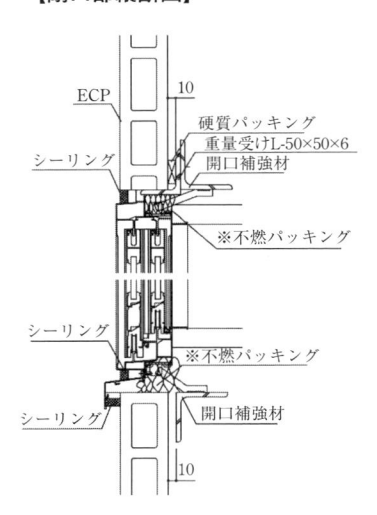

- ECP
- 硬質パッキング
- 重量受けL-50×50×6
- シーリング
- 開口補強材
- ※不燃パッキング
- シーリング
- ※不燃パッキング
- シーリング
- 開口補強材

※サッシメーカーの耐火認定仕様による

【開口部横断面】

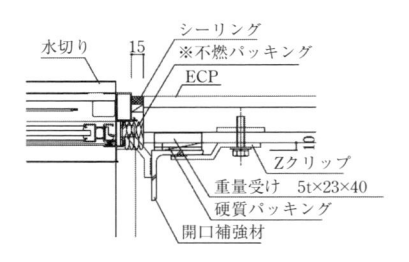

- 水切り
- シーリング
- ※不燃パッキング
- ECP
- Zクリップ
- 重量受け 5t×23×40
- 硬質パッキング
- 開口補強材

※サッシメーカーの耐火認定仕様による

【出隅面】

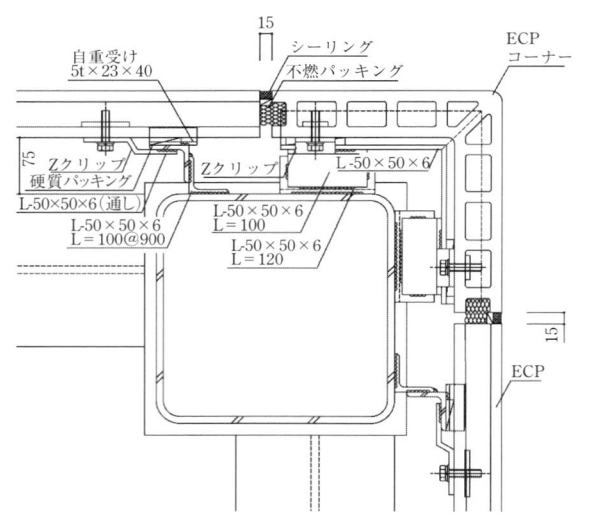

- 自重受け 5t×23×40
- シーリング
- 不燃パッキング
- ECPコーナー
- Zクリップ
- 硬質パッキング
- Zクリップ
- L-50×50×6
- L-50×50×6(通し)
- L-50×50×6 L=100
- L-50×50×6 L=100@900
- L-50×50×6 L=120
- ECP

【入隅面】

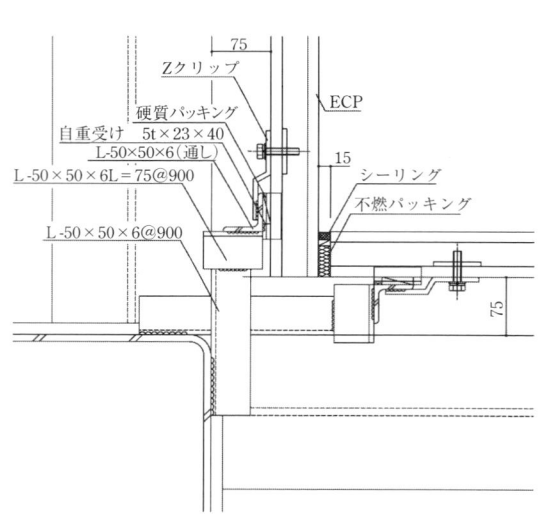

- Zクリップ
- ECP
- 自重受け
- 硬質パッキング 5t×23×40
- L-50×50×6(通し)
- L-50×50×6 L=75@900
- シーリング
- 不燃パッキング
- L-50×50×6@900

4.4.5 2次シール工法

(1) 縦張り工法の例
●断面図●

【中間部】

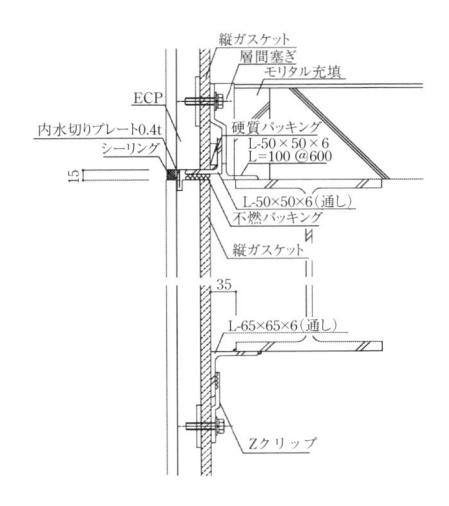

【平面部】

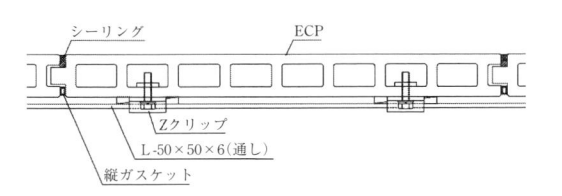

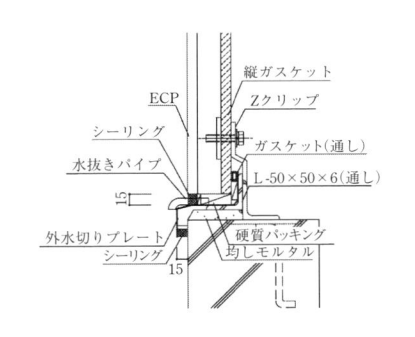

【開口部縦断面】

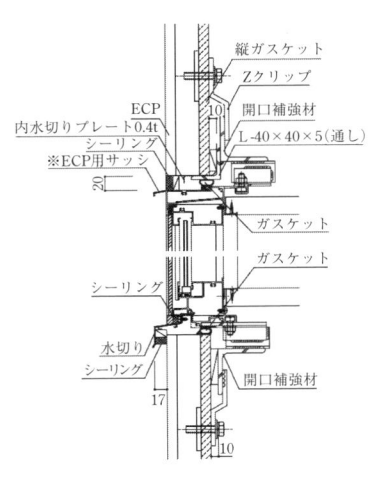

【下部】

【開口部横断面】

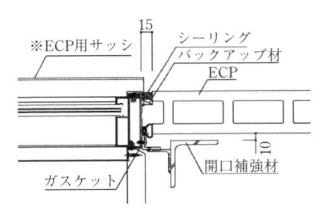

※ECP用専用サッシ（三協立山アルミ（株）製）

※ECP用専用サッシ（三協立山アルミ（株）製）

(2) 横張り工法の例

●断面図●

【中間部】

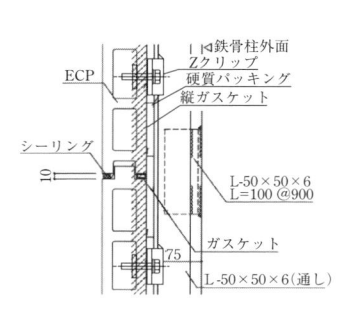

【平面部】

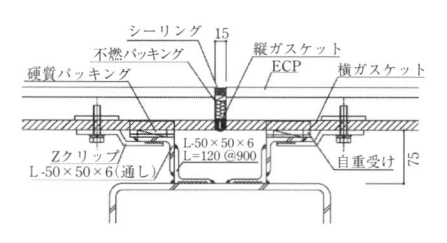

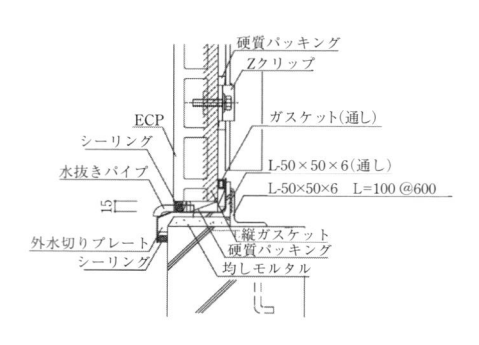

【開口部縦断面】

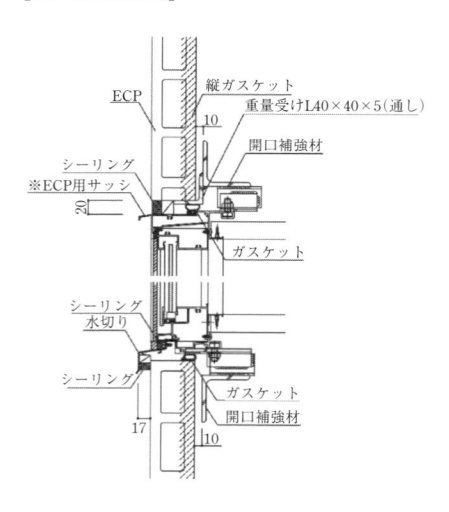

【下部】

【開口部横断面】

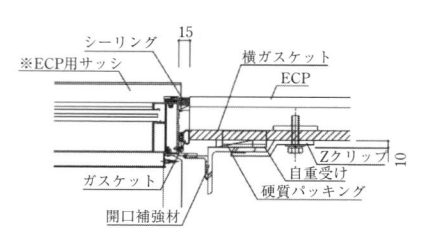

※ ECP用専用サッシ（三協立山アルミ（株）製）

※ ECP用専用サッシ（三協立山アルミ（株）製）

4.5 間仕切壁

4.5.1 工法の概要

　間仕切壁は風圧力が加わらないため，外壁に比べて簡易な取付けが可能だが，地震などによる層間変位が作用することから，外壁パネル工法の縦張り工法と横張り工法に準じて行うことを標準とする。

表 4.5-1　間仕切壁の取付け工法

種別	取付け工法
間仕切壁 （C種）	縦張り工法 （1）パネルの上端 　（i）山形鋼を通しに取り付け，Zクリップで取り付ける。 　（ii）溝形鋼を通しに取り付け，パネルを差し込む。 （2）パネルの下端 　（i）山形鋼を通しに取り付け，Zクリップで取り付ける。 　（ii）パネル荷重を負担する下地，または簡易なファスナーを用いる。

4.5.2 施工上の注意

（1）パネルの支持スパン

　地震などにより，支持スパンが決められる。計算方法については，設計図書などを参考にする。

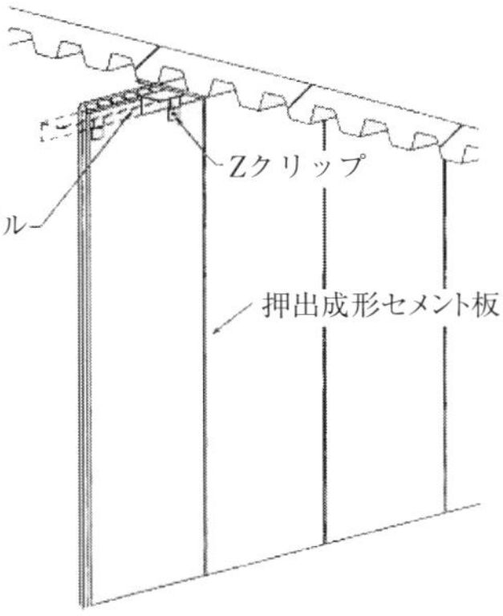

（2）パネル留付け金物
（3）工事現場でのパネル切断および孔あけ
（4）切り欠き・孔あけ
（5）パネル相互の目地幅
（6）出隅および入隅のパネル目地幅
（7）目地に使用するシーリング材
（8）タイル張り時の注意事項

　　（2）〜（8）は外壁の施工上の注意にならう。

図 4.5-1　姿図

（9）防火区画としての注意

　間仕切壁の耐火性能は，個別の耐火構造認定を受けているが，その認定番号は製造業者によって異なるので，各社の仕様による。パネル上部の取付け下地および留付け金物は，建築物の階に応じて所定の耐火性能を有する耐火被覆を行う。

なお，100mを超える竪穴区画やハロゲン化物消化設備などを設置する防護区画において，煙などの漏えい防止対策が必要な場合には，「乾式工法を用いた防火区画等における煙等の漏えい防止対策に係る指導基準」（東京消防庁通達）を参考にするとよい。

4.5.3 間仕切壁縦張り工法（C種）

●断面図●

【上部】

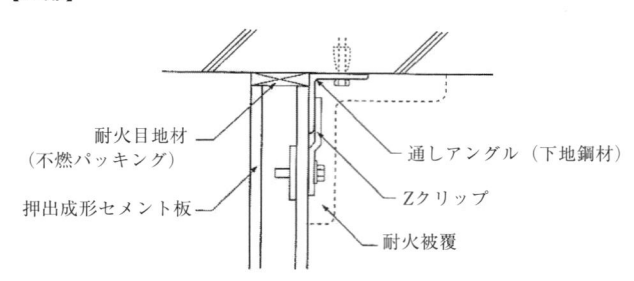

（注）耐火間仕切として使用する場合，取付け下地，金物には耐火被覆を施す。

【下部】

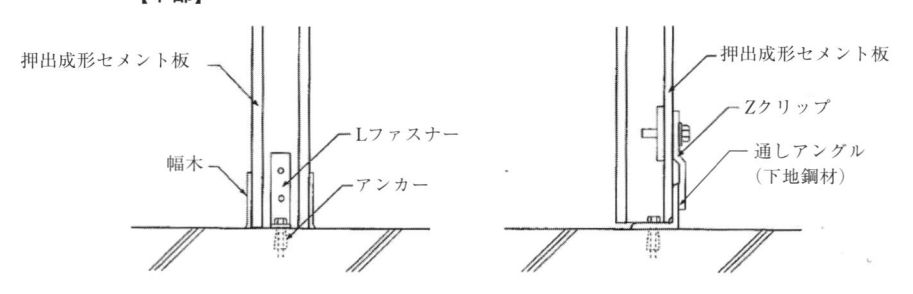

●平面図●

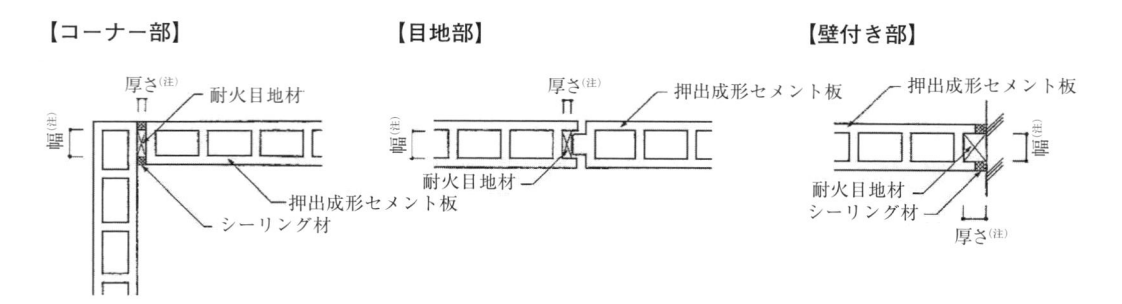

【コーナー部】　【目地部】　【壁付き部】

（注）耐火目地材の幅は30mm以上とし，厚さは隙間寸法の1.2倍程度とする。

4.6 仕上げとメンテナンス

4.6.1 塗装仕上げ

　押出成形セメント板は吸水性が少ないため，防水用の塗装を必要とせず，比較的自由に塗装を選ぶことができる。一般的には平滑な塗装が選ばれ，フッ素樹脂エナメル塗り，アクリルシリコン樹脂エナメル塗り，ポリウレタン樹脂エナメル塗りが多い。各ワニス塗り（クリア塗装）は，パネル表面の色調統一が難しいことから避けたほうがよい。

　現場塗装は，環境配慮やVOC対策から水系や弱溶剤系の塗料が主流になっているが，溶剤系に比べて耐候性が劣るため，溶剤系塗料を用いた工場塗装が望ましい。

4.6.2 無塗装仕上げ

　押出成形セメント板は，防水用の塗装を必要としないことから，仕上げを施さず素地で使用される場合がある。しかし，パネル表面の色調統一が難しいことから，素地を意匠として用いる場合は事前にメーカーと打ち合わせて対策を講じる。建物裏面などで竣工後に見えなくなる部分については，塗装仕上げを省略する方法は有効な手段である。

4.6.3 タイル仕上げ

　押出成形セメント板へのタイル張り工法には，弾性接着剤張り工法，ポリマーセメントモルタル張り工法，乾式張り工法の3種類があり，弾性接着剤張り工法にはフラットパネル，ポリマーセメントモルタル張り工法にはタイルベースパネル，乾式張り工法には専用パネルを使用する。

　弾性接着剤張り工法とポリマーセメントモルタル張り工法は工場張りも対応しており，接着力のばらつきが少ないことから工場張りが望ましい。乾式張り工法は現場専用の工法だが，建築基準法第10条に基づく定期点検義務の全面打診検査の対象から除外される利点がある。

　タイルの大きさや重量には制限があるので，採用にあたっては各メーカーに確認を行う。タイルの割付けは，パネル内に割り込むことが絶対条件であり，パネルの目地をまたいでタイルやポリマーセメントモルタルを施工してはならない。

4.6.4 そのほかの仕上げ

　各メーカーが独自に開発した工法により，石張り，アルミスパンドレル張り，不燃木材やアルミルーバーの取付け，壁面緑化パネルの取付けなどを可能にしている。

4.6.5　メンテナンス

　押出成形セメント板の素材は非常に緻密で高強度であるため，吸水性が少なく，仕上げを施さない素地での仕上げも可能であり，材質の変化も非常に少なく半永久的に使用可能といわれている。しかし，年月を経ると塗装仕上げ・無塗装仕上げともに意匠的には限界があるため，再塗装の検討が必要になる。

　また，パネル目地の止水材としてシーリング材を使用しているが，その耐用年数に応じて計画的にメンテナンスを行う必要がある。シーリング材の劣化により雨水が内部に浸入した場合，部屋内への漏水事故につながるほか，雨水がパネルの中空部にとどまり続けると，パネルに不具合が発生する場合がある。

《参考文献》

1）JIS A 5441　押出成形セメント板（ECP）
2）『公共建築工事標準仕様書（建築工事編）及び建築工事監理指針』公共建築協会，2013
3）『建築工事標準仕様書・同解説　JASS 27　乾式外壁工事　2011』日本建築学会，2011
4）『非構造部材の耐震設計施工指針・同解説および耐震設計施工要領』日本建築学会，2003
5）『ECP施工標準仕様書　2015年版（第5版）』押出成形セメント板協会，2015

第5章……繊維強化セメント板

5.1　歴史と製法

　繊維強化セメント板は，わが国で製造されてから90年以上の歴史を持つ建材である。JIS A 5430に規定するスレート，けい酸カルシウム板に大別され，その代表製品はスレート波板，スレートボード（フレキシブル板），けい酸カルシウム板である。いずれも国土交通大臣の不燃認定を取得し，またこれら繊維強化セメント板を主要構成材料とした多くの防火・準耐火・耐火構造や遮音構造認定を取得しており，建築物を火災から守り，尊い人命の安全確保や居住性の向上を実現する建築材料として広く使用されている。

スレート波板

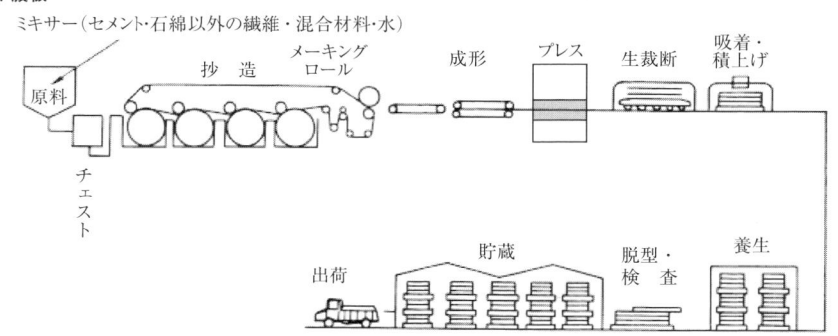

ミキサー（セメント・石綿以外の繊維・混合材料・水）
原料 → チェスト → 抄造 → メーキングロール → 成形 → プレス → 生裁断 → 吸着・積上げ → 養生 → 脱型・検査 → 貯蔵 → 出荷

スレートボード
けい酸カルシウム板

ミキサー（セメント・石綿以外の繊維・混和材料・水）※
原料 → チェスト → 抄造 → メーキングロール → 高圧プレス → 吸着・積上げ → （オートクレーブ養生） → （養生） → （脱型・検査） → （乾燥） → （裁断） → 検査 → （貯蔵） → （出荷）

※スレートボード（セメント・石綿以外の繊維・混和材料・水）
　けい酸カルシウム板タイプ2（けい酸質原料・石灰質原料・石綿以外の繊維・水）

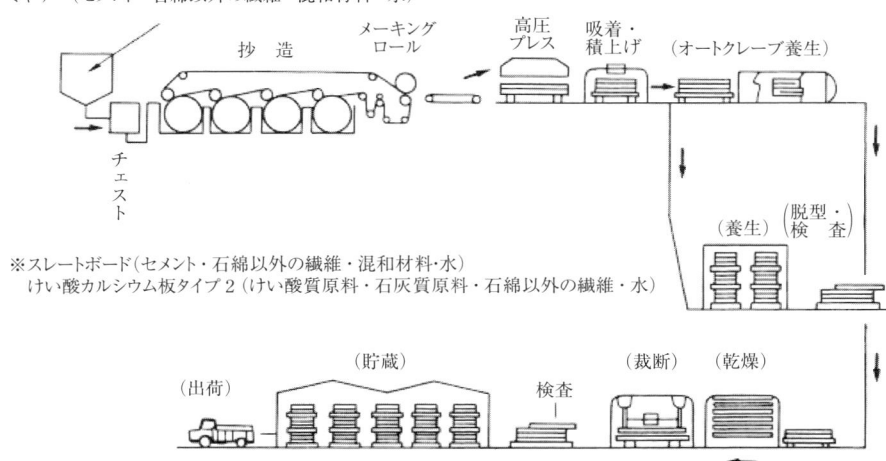

耐火被覆板（けい酸カルシウム板タイプ3）

原料 → 計量混合 → 水熱合成反応 → 補強繊維配合 → プレス成型 → 乾燥 → 裁断加工 → 検査 → 出荷

けい酸質原料と石灰質原料に水を加えてスラリーとし，撹拌機付オートクレーブに供給して高温高圧で水熱合成反応を行う．生成したけい酸カルシウム水和物スラリーに補強繊維を混入してプレスで成型し，乾燥後製品とする．

図 5.1-1　繊維強化セメント板の製法

5.2 製品と性能

5.2.1 種類

繊維強化セメント板の種類を以下に示す。

1) JIS A 5430

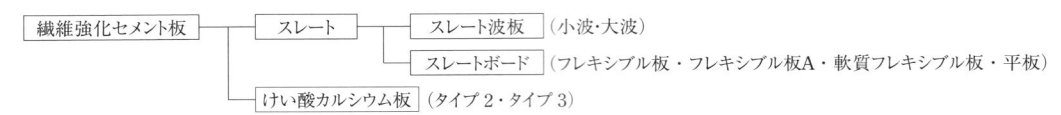

```
繊維強化セメント板 ─┬─ スレート ─┬─ スレート波板 （小波・大波）
                    │            └─ スレートボード （フレキシブル板・フレキシブル板A・軟質フレキシブル板・平板）
                    └─ けい酸カルシウム板 （タイプ2・タイプ3）
```

2) NM-8576（旧不燃（通）第1001号）：国土交通大臣認定の不燃認定番号

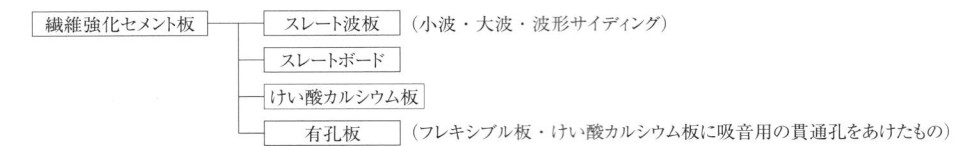

```
繊維強化セメント板 ─┬─ スレート波板 （小波・大波・波形サイディング）
                    ├─ スレートボード
                    ├─ けい酸カルシウム板
                    └─ 有孔板 （フレキシブル板・けい酸カルシウム板に吸音用の貫通孔をあけたもの）
```

3) NM-8577（旧不燃（通）第1002号）：国土交通大臣認定の不燃認定番号
   NM-8576（旧不燃（通）第1001号）に化粧を施したもの。
4) NM-8578（旧不燃（通）第1061号）：国土交通大臣認定の不燃認定番号
   繊維混入けい酸カルシウム板
   ＊繊維混入けい酸カルシウム板の認定書の中には「第一種，第二種」の区分表示がある。これは旧通則認定不燃（通）第1061号の区分を踏襲したもので，JIS A 5430と対比すると第一種は「けい酸カルシウム板タイプ2」，第二種は「けい酸カルシウム板タイプ3」に該当する。なお「けい酸カルシウム板タイプ1」は現在生産していない。
5) NM-8579（旧不燃（通）第1039号）：国土交通大臣認定の不燃認定番号
   NM-8578（旧不燃（通）第1061号）に化粧を施したもの。

5.2.2 特徴

（1）スレート波板

軽量で丈夫な施工性の良い屋根，外壁用の不燃材である。波の形状で大波，小波があり，工場，倉庫，駅舎，農業・畜産施設などに素材のまま使用されて低コストの建築材料として広く普及している。また建築物のデザイン性向上のために，あらかじめ工場塗装し品質の安定した化粧スレート波板が使用されている。

(2) スレートボード

1) フレキシブル板

高い強度と靱性を持ち耐衝撃性に優れ，建築用ボード類の中でも最高クラスの性能を持つスレートボードの代表的な不燃建材である。素材のまま，あるいは有機・無機塗料などによる化粧板としてビル・工場・駅舎などの内壁，外壁，天井などに使用される。板厚の厚いものは，その高い性能から，鉄道・道路の遮音壁に使用され，また無機質塗料化粧板によるトンネルの内装仕上げなどの土木の分野にも広い範囲で使用されている。

2) フレキシブル板A

フレキシブル板に比較して吸水率は若干高くなるが，吸水による長さ変化率を小さくした材料で，主に内装に使用される。

3) 軟質フレキシブル板

主にこれを基材として塗装，化粧シート，つき板などで化粧し，化粧不燃材として内装に使用されている。曲げ強さはフレキシブル板と同様であり，加工性，化粧性，可撓性に優れているが吸水率は若干高くなる。

4) 平板

フレキシブル板に次ぐ性能でスレートボードの普及品である。住宅の台所や軒天井などの内外装の防火用建材として古くから使用されている。

5) けい酸カルシウム板

品質安定性，加工性，耐火性や断熱性に優れた不燃材である。けい酸質原料，石灰質原料と補強繊維を主成分として高温高圧蒸気養生により結晶構造を形成し，経年変化や温度・湿度による変形・変質の少ない安定した品質を持っている。住宅からビル，工場，商業施設などあらゆる建築物の内壁，天井，軒天，耐火間仕切壁に素材および化粧板として，また建物を支える構造体を火災から保護する耐火被覆材として使用されている。

6) 有孔板

スレートボードおよびけい酸カルシウム板に吸音用の貫通孔をあけたもので，グラスウールやロックウールのようなほかの吸音材料と組み合わせて効果的な働きをする不燃吸音材料である。

5.2.3 形状および寸法

(1) スレート波板

スレート波板の形状および寸法を**図 5.2-1**，**表 5.2-1** に示す。

112 ●第5章─繊維強化セメント板

小波 (単位：mm)

ピッチ 63.5
15以上
6.3（厚さ）
635（働き幅）
720（全幅）

大波

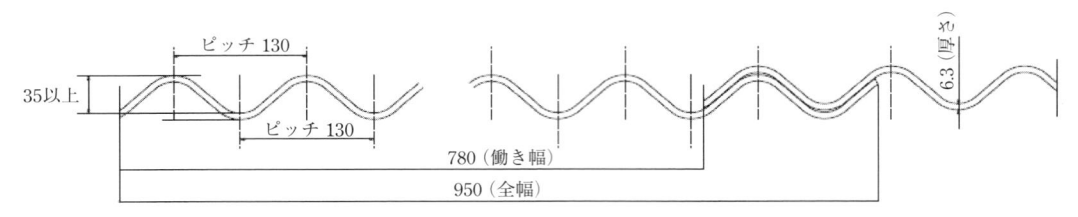

ピッチ 130
35以上
ピッチ 130
6.3（厚さ）
780（働き幅）
950（全幅）

役物の形状

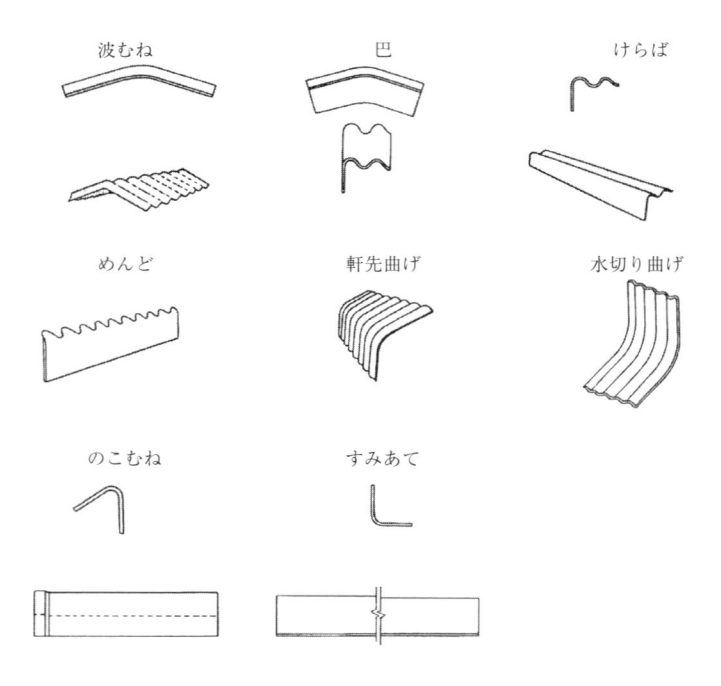

波むね　　巴　　けらば

めんど　　軒先曲げ　　水切り曲げ

のこむね　　すみあて

図 5.2-1　スレート波板の形状

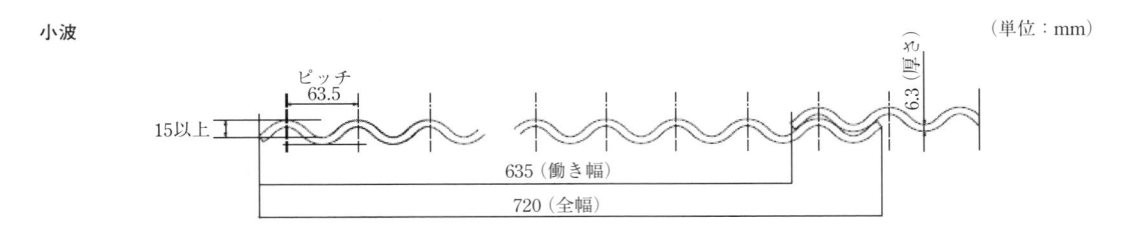

表 5.2-1　スレート波板の寸法

種類	長さ (mm)	幅 (mm)	厚さ (mm)	厚さの許容差 (mm)	重量 (kg/枚)	長さおよび幅の許容差 (mm)	山数	谷の深さ (mm)	ピッチ (mm)	ピッチの許容差 (mm)
小波	1 820 2 120 2 420	720	6.3	± 0.6	13～17 15～20 17～22	± 5	11.5	15 以上	63.5	両端を除いた8 ピッチ当たり 508 ± 2.0
大波	1 820 2 000 2 120 2 420	950	6.3	± 0.6	18～23 20～25 21～27 24～33	± 5	7.5	35 以上	130	両端を除いた5 ピッチ当たり 650 ± 2.0

(注) 1. 小波，大波は JIS 規格値
　　 2. 大波長さ 2 000 mm は特注品

(2) スレートボード・けい酸カルシウム板

スレートボードおよびけい酸カルシウム板の寸法を表 5.2-2 に示す。

表 5.2-2　スレートボードおよびけい酸カルシウム板の寸法

種　類		厚さ (mm)	幅×長さ (mm)
フレキシブル板 フレキシブル板A		3, 4, 5, 6, 8	910×1 820　910×2 420 1 000×2 000　1 210×2 420
軟質フレキシブル板		3, 4, 5, 6	
平板		5, 6	910×1 820　1 000×2 000
タイプ 2	0.8 けい酸カルシウム板	5, 6, 8, 9, 10, 12	910×910　910×1 820 910×2 420　910×2 730 1 000×2 000　1 210×2 420
	1.0 けい酸カルシウム板	4, 6, 8	
タイプ 3	0.5 けい酸カルシウム板	12 以上	610×1 000　1 000×1 525
	0.2 けい酸カルシウム板	20 以上	610×1 000　1 000×1 525

5.2.4　一般性能

(1) スレート波板

スレート波板の一般性能を表 5.2-3 に示す。

表 5.2-3　スレート波板の一般性能

種　類	曲げ破壊荷重 (N)	吸水率 (%)	透水性	規　格	(参考) 耐衝撃性	
					高さ (mm)	判定
小　波	1 470 以上	30 以下	注水 24 時間後裏面に水滴が生じてはならない	JIS A 5430	1 200	貫通孔，亀裂および割れのないものとする
大　波	3 920 以上					

(注) 試験方法は下図による。

1. 曲げ破壊試験方法　　2. 透水性試験方法　　3. 衝撃試験方法

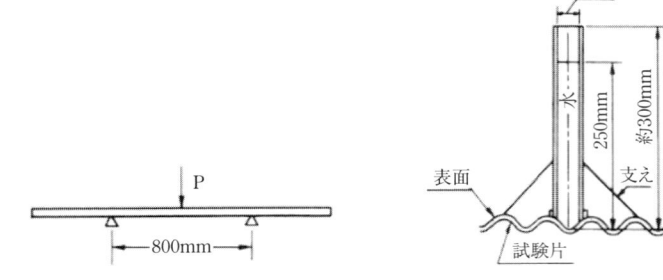

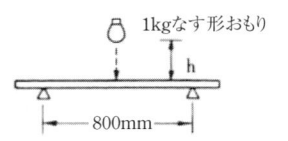

(2) スレートボード・けい酸カルシウム板

スレートボードおよびけい酸カルシウム板の一般性能を**表 5.2-4**に示す。

表5.2-4　スレートボードおよびけい酸カルシウム板の一般性能

種類	かさ密度 (g/cm³) (参考値)	曲げ強さ (N/mm²)	吸水率 (%)	透水性	吸水による長さ変化率 (%)	難燃性または発熱性
フレキシブル板	約1.6	28.0以上	24以下	裏面に水滴が生じてはならない	0.20以下	難燃1級または発熱性1級
フレキシブル板A	約1.6	28.0以上	28以下		0.15以下	
軟質フレキシブル板	約1.6	28.0以上	28以下		0.25以下	
平板	約1.5	18.0以上	28以下		0.25以下	

種類		かさ密度 (g/cm³)	曲げ強さ (N/mm²)	吸水による長さ変化率 (%)	熱伝導率 (W/m・K)	難燃性または発熱性
タイプ2	0.8けい酸カルシウム板	0.60以上 0.90未満	10.0以上	0.15以下	0.18以下	難燃1級または発熱性1級
	1.0けい酸カルシウム板	0.90以上 1.20未満	13.0以上		0.24以下	
タイプ3	0.5けい酸カルシウム板	0.35以上 0.70未満	1.5以上	―	0.14以下※	
	0.2けい酸カルシウム板	0.15以上 0.35未満	0.39以上		0.10以下※	
試験方法		―	JIS A 5430	JIS A 5430	JIS A 5430	JIS A 5430

(注) 参考値：試験方法は，JIS A 1412-2

5.2.5　防火・耐火性能

(1) 防火構造

外壁防火構造（不燃下地）を**表 5.2-5**に示す。

(2) 準耐火構造

外壁（耐力壁・非耐力壁），軒天，間仕切壁（耐力壁），柱の準耐火構造を**表 5.2-6～9**に示す。屋根の準耐火告示仕様を**表 5.2-10**に示す。

(3) 耐火構造

外壁耐火構造（非耐力壁）告示仕様を**表 5.2-11** に示す。

外壁（非耐力壁），間仕切壁（非耐力壁），屋根の耐火構造を**表 5.2-12 ～ 14** に示す。

そのほか耐火被覆板（けい酸カルシウム板タイプ 3）関連を**表 5.2-15** に示す。

表 5.2-5　外壁防火構造（不燃下地）

新（旧）認定番号	品目名	構造	ジョイント仕様	下地間隔（mm）	備考
PC030NE-9083（防火第98号）	繊維強化セメント板・せっこうボード張／鉄骨造外壁	①繊維強化セメント板 4mm 以上 ②せっこうボード 9.5mm 以上 ③（屋内）せっこうボード 9.5mm 以上	金属製ジョイナ	610 以下	※1
PC030NE-9084（防火第99号）	繊維強化セメント板・木毛セメント板張／鉄骨造外壁	①繊維強化セメント板 4mm 以上 ②木毛セメント板 18mm 以上 ③（屋内）せっこうボード 9.5mm 以上	金属製ジョイナ	910 以下	※1
PC030NE-9086（防火第101号）	繊維強化セメント板・ロックウール保温板張／鉄骨造外壁	①繊維強化セメント板 4mm 以上 ②ロックウール保温板 25mm 以上	金属製ジョイナ	910 以下	
PC030NE-9089（防火第209号）	亜鉛鉄板・繊維強化セメント板重張／繊維強化セメント板裏張／不燃下地外壁	①亜鉛鉄板（平）0.3mm 以上 ②繊維強化セメント板 6mm 以上 ③（充填）ロックウール ④繊維強化セメント板 3mm 以上	金属製ジョイナ	610 以下	
PC030NE-9090（防火第210号）	亜鉛鉄板・繊維強化セメント板重張／せっこうボード裏張／不燃下地外壁	①亜鉛鉄板（平）0.3mm 以上 ②繊維強化セメント板 5mm 以上 ③（充填）ロックウール ④せっこうボード 9.5mm 以上	金属製ジョイナシーリング		
PC030NE-9091（防火第211号）	繊維強化セメント板重張／繊維強化セメント板裏張／不燃下地外壁	①繊維強化セメント板 3mm 以上 ②繊維強化セメント板 5mm 以上 ③（充填）ロックウール ④繊維強化セメント板 4mm 以上	金属製ジョイナシーリング		
PC030NE-9092（防火第212号）	繊維強化セメント板重張／せっこうボード裏張／不燃下地外壁	①繊維強化セメント板 3mm 以上 ②繊維強化セメント板 5mm 以上 ③（充填）ロックウール ④せっこうボード 9.5mm 以上	金属製ジョイナシーリング		
PC030NE-9093（防火第214号）	繊維強化セメント板張／繊維強化セメント板裏張／不燃下地外壁	①繊維強化セメント板 8mm 以上 ②（充填）ロックウール ③繊維強化セメント板 3mm 以上	金属製ジョイナ突き付けシーリング	450～1 220	
PC030NE-9094（防火第215号）	繊維強化セメント板・木毛セメント板重張／せっこうボード裏張／不燃下地外壁	①繊維強化セメント板 5mm 以上 ②木毛セメント板 15mm 以上 ③（充填）ロックウール ④せっこうボード 9.5mm 以上	金属製ジョイナ	610 以下	
PC030NE-9095（防火第224号）	繊維強化セメント板重張／不燃下地外壁	①繊維強化セメント板総厚 10mm 以上 ②（充填）グラスウール 75mm ③（屋内）せっこうボード 9.5mm 以上	金属製ジョイナシーリング突き付け	450～1 220	※2

新（旧）認定番号	品目名	構造	ジョイント仕様	下地間隔（mm）	備考
PC030NE-9096（防火第226号）	けい酸カルシウム板張／不燃下地外壁	①けい酸カルシウム板10mm以上 ②（充填）グラスウール75mm ③（屋内）せっこうボード9.5mm以上	金属製ジョイナ突き付けシーリング	450～1 010	※2
PC030NE-9097（防火第1387号）	繊維混入けい酸カルシウム板・せっこうボード重張／不燃下地外壁	①けい酸カルシウム板5mm以上 ②せっこうボード9.5mm以上 ③（屋内）せっこうボード9.5mm以上	金属製ジョイナ突き付けシーリング	610以下	※1
PC030NE-9099（防火第1389号）	亜鉛鉄板・繊維混入けい酸カルシウム板重表張／せっこうボード裏張／不燃下地外壁	①亜鉛鉄板（平）0.3mm以上 ②けい酸カルシウム板5mm以上 ③（充填）ロックウール ④せっこうボード9.5mm以上	金属製ジョイナ突き付けシーリング	610以下	
PC030NE-9100（防火第1390号）	繊維混入けい酸カルシウム板・木毛セメント板重表張／せっこうボード裏張／不燃下地外壁	①けい酸カルシウム板5mm以上 ②木毛セメント板15mm以上 ③せっこうボード9.5mm以上	金属製ジョイナ突き付けシーリング	610以下	
PC030NE-9101（防火第1391号）	繊維混入けい酸カルシウム板表張／せっこうボード裏張／不燃下地外壁	①けい酸カルシウム板総厚10mm以上 ②（充填）グラスウール75mm ③（屋内）せっこうボード9.5mm以上	金属製ジョイナ突き付けシーリング	1 010以下	※2

（注）1. 表記中の繊維強化セメント板は，JIS A 5430（繊維強化セメント板）およびNM-8576またはNM-8577ならびにNM-8578一種または，NM-8579に該当するもの。
2. ※1印の構造で屋内側被覆材としてせっこうボードのほかにグラスウール75mmを充填のうえ，厚さが4mm以上の合板，構造用パネル，パーティクルボード，または木材が使用可。
3. ※2印の構造で屋内側被覆材として断熱材とせっこうボードの組合せのほかにロックウール75mmを充填のうえ，厚4mm以上の合板，構造用パネル，パーティクルボード，または木材が使用。
4. 表記中のけい酸カルシウム板は，JIS A 5430（繊維強化セメント板）およびNM-8576またはNM-8577ならびにNM-8578一種またはNM-8579に該当するもの。

表5.2-6　外壁準耐火構造（耐力壁・非耐力壁）

耐火時間	新（旧）認定番号	品目名	構造
45分準耐火	QF045BE-9215（準耐火（通）Wb1015）耐力壁	両面繊維強化セメント板・木毛セメント板張／木造・鉄骨造外壁	①繊維強化セメント板4mm以上 ②木毛セメント板20mm以上 ③屋内側被覆：せっこうボード15mm以上など
	QF045BE-9216（準耐火（通）Wb1016）耐力壁	両面繊維強化セメント板張／断熱材充填木造・鉄骨造外壁	①繊維強化セメント板総厚8mm ②グラスウール10Kまたはロックウール40K，50mm以上 ③屋内側被覆：せっこうボード15mm以上など
	QF045BE-9217（準耐火（通）Wb1017）耐力壁	両面繊維強化セメント板張／木造・鉄骨造外壁	①繊維強化セメント板総厚12mm以上 ②屋内側被覆：せっこうボード15mm以上など

耐火時間	新（旧）認定番号	品目名	構造
45分準耐火	QF045BE-9220 (準耐火（通）Wb1020) 耐力壁	両面繊維強化セメント板・せっこうボード張／鉄骨造外壁	①繊維強化セメント板 4mm 以上 ②せっこうボード 9.5mm 以上 ③屋内側被覆：せっこうボード 15mm 以上など
45分準耐火	QF045BE-9221 (準耐火（通）Wb1021) 耐力壁	両面金属板・繊維強化セメント板張／断熱材充填木造・鉄骨造外壁	①金属板 0.27mm 以上 ②繊維強化セメント板 5mm 以上 ③グラスウール 10K またはロックウール 40K，50mm 以上 ④屋内側被覆：せっこうボード 15mm 以上など
一時間準耐火	QF060BE-9222 (準耐火（通）Wb2009) 耐力壁	両面繊維強化セメント板張／断熱材充填木造・鉄骨造外壁	①繊維強化セメント板総厚 12mm 以上 ②グラスウール 7K またはロックウール 40K，50mm 以上 ③屋内側被覆：強化せっこうボード 16mm 以上など
一時間準耐火	QF060BE-9223 (準耐火（通）Wb2010) 耐力壁	両面繊維強化セメント板・せっこうボード張／断熱材充填木造・鉄骨造外壁	①繊維強化セメント板総厚 6mm 以上 ②せっこうボード 9.5mm 以上 ③グラスウール 7K またはロックウール 40K，50mm 以上 ④屋内側被覆：強化せっこうボード 16mm 以上など
一時間準耐火	QF060BE-9224 (準耐火（通）Wb2008) 耐力壁	両面繊維混入けい酸カルシウム板張／木造・鉄骨造外壁	①けい酸カルシウム板 16mm 以上（単板または積層） ②屋内側被覆：強化せっこうボード 16mm 以上など

(注) 1. 表記中の繊維強化セメント板は，JIS A 5430（繊維強化セメント板）および NM-8576 または NM-8577 ならびに NM-8578 一種または NM-8579 に該当するもの。
2. 屋内側被覆材は外壁 45 分および 1 時間準耐火構造の屋内側被覆例を参照。

表 5.2-7　軒天準耐火構造

耐火時間	新（旧）認定番号	品目名	構造
45分準耐火	QF045RS-9111 (準耐火（通）Re1003)	繊維強化セメント板・木毛セメント板重張／木造・鉄骨造軒裏	①繊維強化セメント板 4mm 以上 ②木毛セメント板 20mm 以上
45分準耐火	QF045RS-9112 (準耐火（通）Re1004)	繊維強化セメント板張／断熱材充填木造・鉄骨造軒裏	①繊維強化セメント板総厚 8mm 以上 ②グラスウール板 10K またはロックウール 40K，50mm 以上
45分準耐火	QF045RS-9113 (準耐火（通）Re1005)	繊維強化セメント板張／木造・鉄骨造軒裏	①繊維強化セメント板総厚 12mm 以上
45分準耐火	QF045RS-9116 (準耐火（通）Re1008)	繊維強化セメント板・せっこうボード張／鉄骨造軒裏	①繊維強化セメント板 4mm 以上 ②せっこうボード 9.5mm 以上
45分準耐火	QF045RS-9117 (準耐火（通）Re1009)	金属板・繊維強化セメント板重張／断熱材充填木造・鉄骨造軒裏	①金属板 0.27mm 以上 ②繊維強化セメント板 5mm 以上 ③グラスウール 10K またはロックウール 40K，50mm 以上

耐火時間	新（旧）認定番号	品目名	構造	
一時間準耐火	QF060RS-9118 （準耐火（通）Re2003）	繊維強化セメント板張／断熱材充填木造・鉄骨造軒裏		①繊維強化セメント板総厚 12mm 以上 ②グラスウール 7K またはロックウール 40K, 50mm 以上
	QF060RS-9119 （準耐火（通）Re2004）	繊維強化セメント板・せっこうボード張／断熱材充填木造・鉄骨造軒裏		①繊維強化セメント板 6mm 以上 ②せっこうボード 9.5mm 以上 ③グラスウール 7K またはロックウール 40K, 50mm 以上
	QF060RS-9120 （準耐火（通）Re2005）	繊維混入けい酸カルシウム板張／木造・鉄骨造軒裏		①けい酸カルシウム板 16mm 以上（単板または積層）

（注）1. 表記中の繊維強化セメント板は，JIS A 5430（繊維強化セメント板）および NM-8576 または NM-8577 ならびに NM-8578 一種または NM-8579 に該当するもの。
2. 表記中のけい酸カルシウム板は，JIS A 5430（繊維強化セメント板）および NM-8576 または NM-8577 ならびに NM-8578 一種または NM-8579 に該当するもの。
3. 屋内側被覆材は外壁 45 分および 1 時間準耐火構造の屋内側被覆例を参照。

表 5.2-8　間仕切壁準耐火構造（耐力壁）

耐火時間	新（旧）認定番号	品目名	構造	
45分準耐火	QF045BP-9061 （準耐火（通）W1009）	両面繊維強化セメント板・木毛セメント板張／木造・鉄骨造間仕切壁		①繊維強化セメント板 4mm 以上 ②木毛セメント板 20mm 以上 ③片面材
	QF045BP-9062 （準耐火（通）W1010）	両面繊維強化セメント板張／断熱材充填木造・鉄骨造間仕切壁		①繊維強化セメント板総厚 8mm 以上 ②グラスウール 10K またはロックウール 40K, 50mm 以上 ③片面材
	QF045BP-9063 （準耐火（通）W1011）	両面繊維強化セメント板張／木造・鉄骨造間仕切壁		①繊維強化セメント板総厚 12mm 以上 ②片面材
	QF045BP-9064 （準耐火（通）W1012）	両面繊維強化セメント板・せっこうボード張／鉄骨造間仕切壁		①繊維強化セメント板 4mm 以上 ②せっこうボード 9.5mm 以上 ③片面材
	QF045BP-9065 （準耐火（通）W1013）	両面金属板繊維強化セメント板張／断熱材充填木造・鉄骨造間仕切壁		①金属板 0.27mm 以上 ②繊維強化セメント板 5mm 以上 ③グラスウール 10K またはロックウール 40K, 50mm 以上 ④片面材
一時間準耐火	QF060BP-9066 （準耐火（通）W2007）	両面せっこうボード・繊維強化セメント板張／断熱材充填木造・鉄骨造間仕切壁		①せっこうボード 9.5mm 以上 ②繊維強化セメント板 6mm 以上 ③グラスウール 7K またはロックウール 40K, 50mm 以上 ④片面材
	QF060BP-9067 （準耐火（通）W2008）	両面繊維強化セメント板張／断熱材充填木造・鉄骨造間仕切壁		①繊維強化セメント板総厚 12mm 以上 ②グラスウール 7K またはロックウール 40K, 50mm 以上 ③片面材

耐火時間	新（旧）認定番号	品目名	構造	
	QF060BP-9068 (準耐火（通）W2006)	両面繊維混入けい酸カルシウム板張／木造・鉄骨造間仕切壁		①けい酸カルシウム板 16mm 以上（単板または積層） ②片面材

(注) 1. 表記中の繊維強化セメント板は，JIS A 5430（繊維強化セメント板）および NM-8576 または NM-8577 ならびに NM-8578 一種または NM-8579 に該当するもの。
　　 2. 表記中のけい酸カルシウム板は，JIS A 5430（繊維強化セメント板）および NM-8576 または NM-8577 ならびに NM-8578 一種または NM-8579 に該当するもの。
　　 3. 片面打は間仕切壁 45 分および 1 時間準耐火構造の片面材例を参照。

表 5.2-9　柱準耐火構造

耐火時間	新（旧）認定番号	品目名	構造	
45分準耐火	QF045CN-9024 (準耐火（通）C1009)	繊維強化セメント板・木毛セメント板張／木造・鉄骨造被覆柱		①繊維強化セメント板 4mm 以上 ②木毛セメント板 20mm 以上
	QF045CN-9025 (準耐火（通）C1010)	繊維強化セメント板張／断熱材充填木造・鉄骨造被覆柱		①繊維強化セメント板総厚 8mm 以上 ②グラスウール 10K またはロックウール 40K，50mm 以上
	QF045CN-9026 (準耐火（通）C1011)	繊維強化セメント板張／木造・鉄骨造被覆柱		①繊維強化セメント板総厚 12mm 以上
	QF045CN-9027 (準耐火（通）C1012)	繊維強化セメント板・せっこうボード張／鉄骨造被覆柱		①繊維強化セメント板厚 4mm 以上 ②せっこうボード 9.5mm 以上
	QF045CN-9028 (準耐火（通）C1013)	金属板・繊維強化セメント板張／断熱材充填木造・鉄骨造被覆柱		①金属板 0.27mm 以上 ②繊維強化セメント板 5mm 以上 ③グラスウール 10K またはロックウール 40K，50mm 以上
一時間準耐火	QF060CN-9029 (準耐火（通）C2009)	繊維強化セメント板張／断熱材充填木造・鉄骨造被覆柱		①繊維強化セメント板総厚 12mm 以上 ②グラスウール 7K またはロックウール 40K，50mm 以上
	QF060CN-9030 (準耐火（通）C2010)	繊維強化セメント板・せっこうボード張／断熱材充填木造・鉄骨造被覆柱		①繊維強化セメント板厚 6mm 以上 ②せっこうボード 9.5mm 以上 ②グラスウール 7K またはロックウール 40K，50mm 以上

(注) 1. 表記中の繊維強化セメント板は，JIS A 5430（繊維強化セメント板）および NM-8576 または NM-8577 ならびに NM-8578 一種または NM-8579 に該当するもの。

表 5.2-10 屋根準耐火告示仕様

告示番号	
平成 12 年建設省告示 第 1367 号 第一第二号イ	4mm 以上のスレート波板およびスレートボードで葺いたもの （野地板および垂木が準不燃材料で造られている場合または軒裏が防火構造である場合にかぎる）

(注) 準耐火構造の外壁：屋内被覆例，間仕切壁：片面材例を下記の構造とする。ただし，認定書別添に記載されている構造のうち，現行の建築基準法に準拠したものを抽出している。

○外壁準耐火構造の屋内被覆材例
◆外壁 45 分準耐火構造の屋内側被覆は次の (1) から (6) までの仕様のいずれかとする。
◆外壁一時間準耐火構造の屋内側被覆は次の (1) から (3) および (6) の仕様のいずれかとする。
(1) 間仕切壁耐火構造（両面対称間仕切壁）の認定のいずれかの片面材とする。
(2) 間柱および下地を木材または鉄材で造った場合，1) から 5) までのいずれかに該当するもの
　1) 厚さが 12mm 以上のせっこうボード（強化せっこうボードを含む。以下同じ。）の上に厚さが 12mm 以上のせっこうボードを張ったもの
　2) 厚さが 8mm 以上のスラグせっこう系セメント板の上に厚さが 12mm 以上のせっこうボードを張ったもの
　3) 厚さが 16mm 以上の強化せっこうボード
　4) 厚さが 12mm 以上の強化せっこうボードの上に厚さが 9mm 以上のせっこうボードまたは難燃合板を張ったもの
　5) 厚さが 9mm 以上のせっこうボードまたは難燃合板の上に厚さが 12mm 以上の強化せっこうボードを張ったもの
(3) 以下（両面対称間仕切壁）の認定（旧認定番号）のいずれかの片面材とする。
　　準耐火（通）W2001，準耐火（通）W2006 〜準耐火（通）W2009，準耐火 W2008，準耐火 W2011
　　※現行の認定番号は以下の通り
　　QF060BP-9072，QF060BP-9066 〜 9069，QF060BP-9007，QF060BP-9016
(4) 次の 1) から 3) までのいずれかに該当するもの
　1) 間柱および下地を木材または鉄材で造った場合
　（Ⅰ）厚さが 15mm 以上のせっこうボード（強化せっこうボードを含む。以下同じ。）
　（Ⅱ）厚さが 12mm 以上のせっこうボードの上に厚さが 9mm 以上のせっこうボードまたは難燃材料を張ったもの
　（Ⅲ）厚さが 9mm 以上のせっこうボードまたは難燃合板の上に厚さが 12mm 以上のせっこうボードを張ったもの
　（Ⅳ）厚さが 7mm 以上のせっこうラスボードの上に厚さ 8mm 以上のせっこうプラスターを塗ったもの
　2) 間柱および下地を不燃材料で造った場合
　（Ⅰ）鉄鋼モルタル塗で塗厚が 15mm 以上のもの
　（Ⅱ）木毛セメント板張またはせっこうボード張の上に厚さ 10mm 以上モルタルまたはしっくいを塗ったもの
　（Ⅲ）木毛セメント板の上にモルタルまたはしっくいを塗り，その上に金属板を張ったもの
　3) 間柱もしくは下地を不燃材料以外の材料で造った場合
　（Ⅰ）鉄鋼モルタル塗または木ずりしっくい塗で塗厚が 20mm 以上のもの
　（Ⅱ）木毛セメント板張またはせっこうボード張の上に厚さ 15mm 以上モルタルまたはしっくいを塗ったもの
　（Ⅲ）モルタル塗の上にタイルを張ったものでその厚さの合計が 25mm 以上のもの
　（Ⅳ）セメント板張または瓦張りの上にモルタルを塗ったものでその厚さの合計が 25mm 以上のもの
　（Ⅴ）土蔵造
　（Ⅵ）土蔵真壁造で裏返塗をしたもの
　（Ⅶ）厚さが 12mm 以上のせっこうボード張の上に亜鉛鉄板を張ったもの
　（Ⅷ）厚さが 25mm 以上の岩綿保温板張の上に亜鉛鉄板を張ったもの
(5) 以下（両面対称間仕切壁）の認定（旧認定番号）のいずれかの片面材とする。
　　準耐火（通）W1001，準耐火（通）W1009 〜準耐火（通）W1014，準耐火 W1001 〜準耐火 W1003
　　※現行の認定番号は以下の通り
　　QF045BP-9071，QF045BP-9061 〜 9065、9070，QF045BP-9004、9009、9010
(6) 本認定の屋外側被覆材

○間仕切壁準耐火構造の片面材例
◆間仕切壁 45 分準耐火構造の片面材は次の (1) から (6) までの仕様のいずれかとする。
◆間仕切壁一時間準耐火構造の片面材は次の (1) から (3) および (6) の仕様のいずれかとする。
(1) 間仕切壁耐火構造（両面対称間仕切壁）の認定のいずれかの片面材とする。
(2) 間柱および下地を木材または鉄材で造った場合，1) から 5) までのいずれかに該当するもの
　1) 厚さが 12mm 以上のせっこうボード（強化せっこうボードを含む。以下同じ。）の上に厚さが 12mm 以上のせっこうボードを張ったもの
　2) 厚さが 8mm 以上のスラグせっこう系セメント板の上に厚さが 12mm 以上のせっこうボードを張ったもの
　3) 厚さが 16mm 以上の強化せっこうボード
　4) 厚さが 12mm 以上の強化せっこうボードの上に厚さが 9mm 以上のせっこうボードまたは難燃合板を張ったもの
　5) 厚さが 9mm 以上のせっこうボードまたは難燃合板の上に厚さが 12mm 以上の強化せっこうボードを張ったもの
(3) 以下（両面対称間仕切壁）の認定（旧認定番号）のいずれかの片面材とする。

準耐火（通）W2001，準耐火（通）W2006〜準耐火（通）W2009，準耐火 W2008，準耐火 W2011
※現行の認定番号は以下の通り
QF060BP-9072，QF060BP-9066〜9069，QF060BP-9007，QF060BP-9016

(4) 次の1)から3)までのいずれかに該当するもの
1) 間柱および下地を木材または鉄材で造った場合
（Ⅰ）厚さが 15mm 以上のせっこうボード（強化せっこうボードを含む。以下同じ。）
（Ⅱ）厚さが 12mm 以上のせっこうボードの上に厚さが 9mm 以上のせっこうボードまたは難燃材料を張ったもの
（Ⅲ）厚さが 9mm 以上のせっこうボードまたは難燃合板の上に厚さが 12mm 以上のせっこうボードを張ったもの
（Ⅳ）厚さが 7mm 以上のせっこうラスボードの上に厚さ 8mm 以上のせっこうプラスターを塗ったもの
2) 間柱および下地を不燃材料で造った場合
（Ⅰ）鉄鋼モルタル塗で塗厚が 15mm 以上のもの
（Ⅱ）木毛セメント板張またはせっこうボード張の上に厚さ 10mm 以上モルタルまたはしっくいを塗ったもの
（Ⅲ）木毛セメント板の上にモルタルまたはしっくいを塗り，その上に金属板を張ったもの
3) 間柱もしくは下地を不燃材料以外の材料で造った場合
（Ⅰ）鉄鋼モルタル塗または木ずりしっくい塗で塗厚さが 20mm 以上のもの
（Ⅱ）木毛セメント板張またはせっこうボード張の上に厚さ 15mm 以上モルタルまたはしっくいを塗ったもの
（Ⅲ）モルタル塗の上にタイルを張ったものでその厚さの合計が 25mm 以上のもの
（Ⅳ）セメント板張または瓦張りの上にモルタルを塗ったものでその厚さの合計が 25mm 以上のもの
（Ⅴ）土蔵造
（Ⅵ）土蔵真壁造で裏返塗りをしたもの
（Ⅶ）厚さが 12mm 以上のせっこうボード張の上に亜鉛鉄板を張ったもの
（Ⅷ）厚さが 25mm 以上の岩綿保温板張の上に亜鉛鉄板を張ったもの
(5) 以下（両面対称間仕切壁）の認定（旧認定番号）のいずれかの片面材とする。
準耐火（通）W1001，準耐火（通）W1009〜準耐火（通）W1014，準耐火 W1001〜準耐火 W1003
※現行の認定番号は以下の通り
QF045BP-9071，QF045BP-9061〜9065，9070，QF045BP-9004，9009，9010
(6) 本認定の片面材

表 5.2-11　外壁耐火構造（非耐力壁）告示仕様

耐火時間	告示番号	品目名	構　造	
一時間耐火	平成 12 年建設省告示第 1399 号	繊維混入けい酸カルシウム板の両面に厚さ 6mm 以上の繊維混入けい酸カルシウム板を張ったもので，厚さの合計が 3.5cm 以上のもの	－① －② －③	①繊維混入けい酸カルシウム板 6mm ②繊維混入けい酸カルシウム板

表 5.2-12　外壁耐火構造（非耐力壁）

耐火時間	新（旧）認定番号	品目名	構　造	
30 分耐火	FP030NE-9298 （耐火（通）Wn0001）	けい酸カルシウム板重張外壁		けい酸カルシウム板 10mm　2 層
30 分耐火	FP030NE-9301 （耐火（通）Wn0002）	繊維混入けい酸カルシウム板積層張外壁		けい酸カルシウム板積層 （総厚 20mm 以上）
一時間耐火	FP060NE-9302 （耐火（通）Wn1002）	繊維混入けい酸カルシウム板積層張外壁		けい酸カルシウム板総厚 33mm

表 5.2-13 間仕切壁耐火構造（非耐力壁）

耐火時間	新（旧）認定番号	品目名	構造	
一時間耐火	FP060NP-9361 （耐火（通）W2103）	けい酸カルシウム板両面張／中空鉄骨間仕切壁		①けい酸カルシウム板積層 24mm 以上（両面中空壁）
	FP060NP-9364 （耐火（通）W2001）	繊維混入けい酸カルシウム板両面張／中空鉄骨間仕切壁		①けい酸カルシウム板積層 24mm 以上（両面中空壁）

（注）表記中のけい酸カルシウム板は，JIS A 5430（繊維強化セメント板）および NM-8576 または NM-8577 ならびに NM-8578 一種または NM-8579 に該当するもの。

表 5.2-14 屋根耐火構造

新（旧）認定番号	品目名	構造	
FP030RF-9323 （耐火（通）R0311）	繊維強化セメント板下張／繊維強化セメント板屋根		①繊維強化セメント板（波板）6.3mm 以上 ②繊維強化セメント板（波板またはスレートボード）4mm 以上

（注）表記中の繊維強化セメント板は，JIS A 5430（繊維強化セメント板）および NM-8576 または NM-8577 に該当するもの。

表 5.2-15 耐火被覆板（けい酸カルシウム板タイプ 3）耐火構造認定番号

品目名	部位	厚(mm)	1時間	厚(mm)	2時間	厚(mm)	3時間
けい酸カルシウム板タイプ3 1号	柱	20	FP060CN-9445 (C1111)	35	FP120CN-9452 (C2111)	55	FP180CN-9455 (C3111)
	梁	20	FP060BM-9393 (G1111)	35	FP120BM-9400 (G2111)	50	FP180BM-9403 (G3111)
けい酸カルシウム板タイプ3 2号	柱	25	FP060CN-9446 (C1112)	45	FP120CN-9453 (C2112)	60	FP180CN-9456 (C3112)
	梁	25	FP060BM-9394 (G1112)	40	FP120BM-9401 (G2112)	55	FP180BM-9404 (G3112)
けい酸カルシウム板タイプ3 1号 けい酸カルシウム板タイプ3 2号 合成被覆	柱	20 25	FP060CN-9447 (C1113)	35 45	FP120CN-9454 (C2113)	55 60	FP180CN-9457 (C3113)
	梁	20 25	FP060BM-9395 (G1113)	35 40	FP120BM-9402 (G2113)	50 55	FP180BM-9405 (G3113)
ALC パネル／ けい酸カルシウム板タイプ3 1号 合成被覆	柱	20	FP060CN-9414 (C1011)	35	FP120CN-9415 (C2011)		
	梁	20	FP060BM-9362 (G1011)	35	FP120BM-9363 (G2011)		
ALC パネル／ けい酸カルシウム板タイプ3 2号 合成被覆	柱	25	FP060CN-9416 (C1012)	45	FP120CN-9417 (C2012)		
	梁	25	FP060BM-9364 (G1012)	40	FP120BM-9365 (G2012)		

（注）表記中のけい酸カルシウム板は，JIS A 5430 のけい酸カルシウム板に適合するもので，NM-8578 に該当するもの。

5.2.6 音響性能

(1) 遮音性能

遮音性能の構造一覧を**表 5.2-16** に示す。

表 5.2-16　遮音性能

スレート波板（参考値）

No.	構造	材料構成	音響透過損失（dB） 125Hz	250	500	1 000	2 000	4 000	測定場所	備考
1		小波 6.3mm	16	20	25	27	23	28	大成建設㈱技術研究所	
2		小波 6.3mm フレキシブル板 4mm	17	29	38	44	40	49	(財) 小林理学研究所	
3		小波 6.3mm スレート・木毛セメント合成板 25mm	26	33	39	39	41	49	大成建設㈱技術研究所	防火構造（不燃下地）(PC030NE-9088)

（参考）材料の遮音性能比較表

No.	構造	材料構成	音響透過損失（dB） 125Hz	250	500	1 000	2 000	4 000	測定場所	備考
1	小波 6.3mm	ノンアスベスト品	25	23	27	28	30	38	(財) 小林理学研究所	
		石綿含有品	25	23	26	27	30	38		

スレートボード（参考値）

	構造	音響透過損失（dB） 125Hz	250	500	1 000	2 000	4 000	備考
片面張り	フレキシブル板 4mm ＋ 平板 6mm	19	24	27	28	36	39	
	フレキシブル板 4mm ＋ せっこうボード 9.5mm	17	24	28	28	34	37	
	フレキシブル板 4mm ＋ 木毛セメント板 18mm	12	16	21	24	29	35	
単板	フレキシブル板 6mm（石綿含有品）	22	24	27	32	35	28	
	フレキシブル板 6mm（無石綿品）	23	24	27	32	36	27	

（注）測定場所：(財) 小林理学研究所
片面張りで使用したフレキシブル板は，石綿含有品である。
フレキシブル板の石綿含有品と無石綿品を単体で同厚さ・同条件で測定したところ，音響透過損失に大差のない結果となった。このことから，ほかの石綿含有品でのほかの測定値は，無石綿製品に換えた場合でも同程度の数値が得られるものと考える。

(2) 吸音性能

吸音性能の構造一覧を**表 5.2-17** に示す。

(3) 遮音構造

遮音構造の構造概要を**表 5.2-18** に示す。

表 5.2-17　吸音性能（スレートボード参考値）

種類	フレキシブル板有孔板 4mm		残響室法吸音率					
孔-ピッチ	空気層	ほかの吸音材	125Hz	250	500	1 000	2 000	4 000
φ 5 - 15mm	45mm	なし	0.03	0.05	0.12	0.32	0.25	0.21
	300mm	なし	0.27	0.33	0.21	0.26	0.26	0.37
	300mm	グラスウール 25mm	0.85	0.71	0.53	0.58	0.43	0.30
φ 8 - 20mm	45mm	なし	0.02	0.03	0.10	0.28	0.18	0.28
	150mm	なし	0.07	0.26	0.27	0.21	0.16	0.22
	300mm	なし	0.26	0.32	0.27	0.24	0.19	0.20
φ 8 - 25mm	45mm	なし	0.02	0.05	0.13	0.27	0.22	0.28
	300mm	なし	0.28	0.30	0.21	0.24	0.24	0.35
	300mm	グラスウール 25mm	0.65	0.75	0.57	0.58	0.48	0.58

構造図：
空気層／スラブ／野ぶち／板野ぶち／フレキシブル板有孔板
空気層／スラブ／野ぶち／グラスウール／板野ぶち／フレキシブル板有孔板

野ぶち：45 × 30@455mm
板野ぶち：13 × 90@455mm
釘間隔：@150mm
グラスウール：10K

（注）測定場所：（財）小林理学研究所
　　　フレキシブル板有孔板は，石綿含有品である。

表 5.2-18　遮音構造

耐火時間	認定番号	品目名	構造	遮音性能（参考）
一時間耐火	SOI-9280	両面繊維混入けい酸カルシウム板・三重張／グラスウールまたはロックウール挿入／軽量鉄骨下地中空間仕切壁	①けい酸カルシウム板 24mm（8mm × 3 層）（両面中空壁）②ロックウール 50mm またはグラスウール 50mm	TL$_D$-44

（注）表記中のけい酸カルシウム板は，JIS A 5430（繊維強化セメント板）のけい酸カルシウム板に適合するもので，NM-8578 第一種および NM-8579 ならびに NM-8576 および NM-8577 に該当するもの。

5.2.7　断熱性能

　スレート波板・スレートボードおよび他材料の熱伝導率を表 5.2-19 にスレート波板・スレートボードおよび他材料との組合せによる部位別熱貫流率と熱伝達率を表 5.2-20 〜 22 にそれぞれ示す。

5.2 — 製品と性能

表 5.2-19 スレート波板・スレートボードおよび他材料の熱伝導率

種類		熱伝導率 W/m・K (kcal/m・h・℃)	他材料	熱伝導率 W/m・K (kcal/m・h・℃)
スレート波板		0.35 (0.3)	断熱木毛セメント板	0.10 (0.09)
フレキシブル板		0.35 (0.3)	高性能グラスウール 24K	0.036 (0.031)
けいカル板	比重 0.8	0.18 (0.15)	合板	0.16 (0.14)
	比重 1.0	0.24 (0.21)	硬質ウレタンフォーム 3 号	0.026 (0.022)

（注）他材料の熱伝導率は住宅金融普及協会監修の住宅工事共通仕様書による。

表 5.2-20 熱貫流率（屋根）

No.	構造	材料構成	熱貫流率 W/m・K (kcal/m²・h・℃)	備考
1	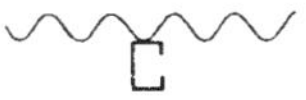	スレート波板 6.3mm	6.79 (5.85)	
2	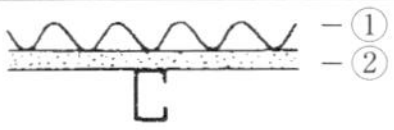	①スレート波板 6.3mm ②けいカル板（比重 0.8）10mm	4.28 (3.69)	耐火構造認定 FP030RF-9323
3	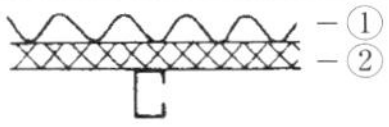	①スレート波板 6.3mm ②木毛セメント板 25mm	3.76 (3.24)	

表 5.2-21 熱貫流率（外壁）

No.	構造	材料構成	熱貫流率 W/m・K (kcal/m²・h・℃)	備考
1	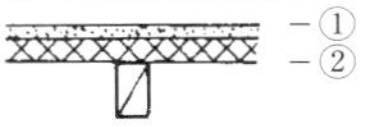	①フレキシブル板 6mm ②木毛セメント板 25mm	2.44 (2.10)	防火構造認定 PC030NE-9085
2	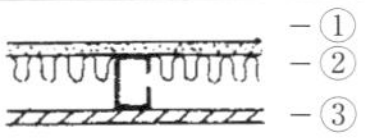	①フレキシブル板 6mm ②グラスウール 25mm（24K） ③合板 6mm	1.14 (0.98)	

（注）1. 熱貫流率の計算は次の式のとおり
　　　$K = 1/(1/a_1 + d_1/\lambda_1 + Rca + d_2/\lambda_2 + 1/a_0)$
　　　K：熱貫流率　a_1：室内側熱伝達率　a_0：外気側熱伝達率　$\lambda_1 \cdot \lambda_2$：屋根・壁を構成している各材料の熱伝達率
　　　$d_1 \cdot d_2$：屋根・壁を構成している各材料の厚さ　Rca：中空層の熱抵抗（垂直，水平とも半密閉とする）
　　2. 熱貫流率計算条件
　　　・屋根，天井において木毛セメント板，グラスウールが室内側に直接表しとなる場合はその厚さを 1/2 として計算する。
　　　・中空層の熱抵抗は，垂直，水平とも半密閉をとり 0.05（m²・h・℃/kcal）とする。
　　　・各部位の熱伝達率は次の数値をとる。

表 5.2-22 各部位の熱伝達率

部位の表面の位置			熱伝達率 W/m・K (kcal/m²・h・℃)	熱伝達抵抗 m・K/W (m²・h・℃/kcal)	備考
外壁	内側		9.3 (8)	0.108 (0.125)	風速 3m/sec
	外側		23.2 (20)	0.043 (0.05)	
屋根	上側	（上向熱流）	23.2 (20)	0.043 (0.05)	風速 3m/sec
	下側	（ 〃 ）	11.6 (10)	0.086 (0.1)	
床	上側	（下向熱流）	7.0 (6)	0.144 (0.167)	
	下側	（ 〃 ）	7.0 (6)	0.144 (0.167)	
天井	上側	（上向熱流）	11.6 (10)	0.086 (0.1)	
	下側	（ 〃 ）	11.6 (10)	0.086 (0.1)	

各部位の熱伝達率（W/m・K）

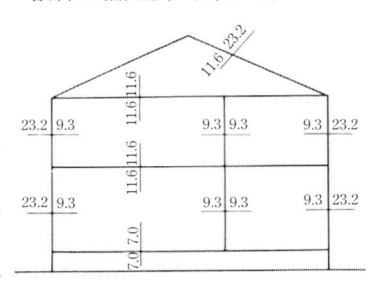

5.2.8 耐風圧・積雪性能

屋根および外壁の最大等分布荷重を**表 5.2-23 ～ 25** に示す。

表 5.2-23　屋根最大等分布荷重（大波計算値）

もやの本数	部材の長さ (mm)	重ね寸法 (mm)	もや間隔 (mm)	等分布荷重 N/m² (kgf/m²)	備考
中 1 本	1 820	150	835	9 410（960）	それぞれの数値は，最大積載荷重であり，強度計算に際しては安全率を考慮する。
	2 000	180	910	7 940（810）	
	2 120	150	985	6 760（690）	
中 2 本	1 820	150	556	26 660（2 720）	
	2 000	180	606	22 440（2 290）	
	2 120	150	656	19 110（1 950）	
	2 420	150	756	14 410（1 470）	

（注）大波の曲げ破壊荷重は，3 920N（400kgf）で計算した。

表 5.2-24　外壁最大等分布荷重（小波計算値）

部材の長さ (mm)	重ね寸法 (mm)	中胴縁 1 本 胴縁間隔 (mm)	中胴縁 1 本 等分布荷重 N/m² (kgf/m²)	中胴縁 2 本 胴縁間隔 (mm)	中胴縁 2 本 等分布荷重 N/m² (kgf/m²)	備考
1 820	90	865	4 310（440）	577	12 250（1 250）	それぞれの数値は，最大荷重であり，強度計算に際しては安全率を考慮する。
2 120		1 015	3 310（320）	677	8 820（900）	
2 420		1 165	2 350（240）	777	6 760（690）	

（注）小波の曲げ破壊荷重は，1 470N（150kgf）で計算した。

表 5.2-25　外壁最大等分布荷重（フレキシブル板計算値）

部材の長さ (mm)	胴縁間隔 (mm)	等分布荷重 (N/m²) 6mm	等分布荷重 (N/m²) 8mm	備考
1 820	455（中胴縁 3 本）	6 490	11 540	それぞれの数値は，曲げ強さを 28N/mm² で計算した最大積載荷重であり，強度計算に際しては安全率を考慮する。
	606（中胴縁 2 本）	3 650	6 500	
2 000	500（中胴縁 3 本）	5 370	9 550	
	667（中胴縁 2 本）	3 020	5 370	
2 420	403（中胴縁 5 本）	8 270	14 710	
	484（中胴縁 4 本）	5 730	10 190	
	605（中胴縁 3 本）	3 670	6 520	

5.3 設計上の注意

5.3.1 屋 根

(1) スレート波板

屋根材には大波が使用される。一般的な大波の屋根工法は1山半重ねとし，葺き重ねの際，波板の隅の上下左右が4枚重ねとならぬよう，中に挟まれた2枚の隅を斜めに切り落とし突き付けとする，隅切葺きが原則である。

葺き始めは，その地域の風向きを考慮し，風下を基点として割付けを決める。施工はまず軒の出を決め，妻側の出は，けらば板の取付けを考えてなるべくもやの出に合わせる。軒先どおりに水糸を張って軒先の出を一定になるようにし，横1段と葺き始め側の流れ1列とを葺き並べ，仮留めしながら逐次棟際に葺き上げる。

大波葺で横重ね1山半の場合は，横働き寸法は6山すなわち780mm，また縦重ね寸法は勾配3/10以上は約150mm，勾配3/10未満は重ね目にシール材を使うのが標準である。

表 5.3-1 留付け金物

(単位：mm)

品名	形状	下地	規格・寸法 小波	規格・寸法 大波
フックボルト	5.3φ 6.0φ		$L = l_2 + 45 \sim 55$	$L = l_2 + 65 \sim 80$
スレートテクス			$L = 90$ 以上	$L = 105$ 以上
ナット		−	M6	M6
座金		−	25ϕ $t = 1.6$	30ϕ $t = 1.6$
パッキン		−	23ϕ $t = 5.0$ 以上	28ϕ $t = 5.0$ 以上

(注) 1. ボルトの長さ L は，下葺材がある場合はその厚さを加算する。
   2. 金物類の材質は，亜鉛めっき鉄製とし，その他のものは特記によるものとする。
   3. パッキンの材質は，アスファルト含浸フェルト類とする。

また，風向きや建物の種類，その他長尺流れの場合など，その条件によって重ねを調整し，シール材の併用を考慮する。

波板の施工に使用する留付け金物は**表 5.3-1**（前頁），**図 5.3-1** とし，取付け位置は**図 5.3-2** のとおりとする。また，一般部の留付け金物は波板1枚につき，もや1列あたり2本留めであるが，強風地域および軒先，棟，けらば周辺部（斜線部分）は3本留め以上を推奨する。（**図 5.3-3** 参照）

軒や軒先，けらば部分には各種の専用役物（**図 5.2-1** 参照）を使用する。なお特殊屋根の場合はその形状に合せた特殊役物を用いて納める場合もある。

フックボルト仕様

フックボルト仕様　　　　　スレートテクス仕様

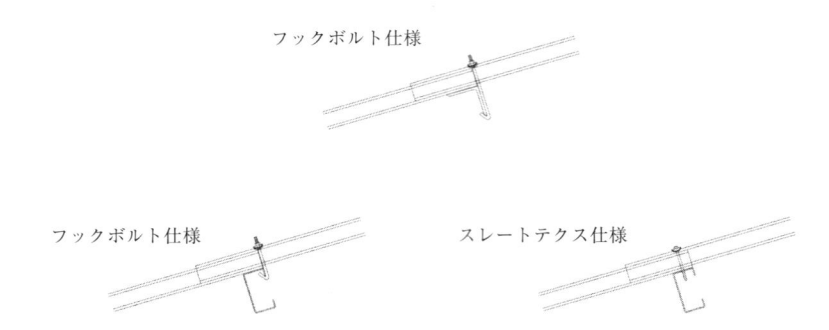

図 5.3-1　留付け金物仕様

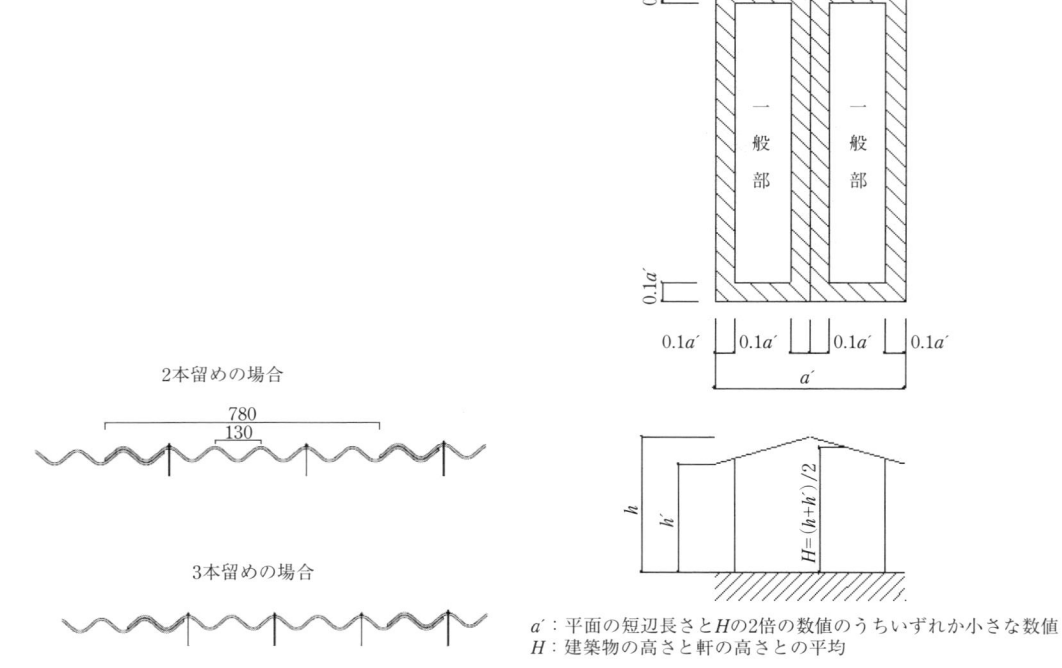

2本留めの場合

3本留めの場合

図 5.3-2　留付け金物位置

a'：平面の短辺長さとHの2倍の数値のうちいずれか小さな数値
H：建築物の高さと軒の高さとの平均

$H = (h + h')/2$

図 5.3-3　軒先，棟，けらば周辺部（斜線部分）

5.3.2 外壁

(1) スレート波板

外壁に使用されるスレート波板は，一般的に小波であるが，建物のデザイン上，大波も使用される。その施工法は，概ね屋根の工法に準ずる。ただし，縦重ねの標準は90mm以上とする。建物のコーナーは，波板の縦重ねの上にさらにすみあてを被せる納めとなるため，長めの留付け金物を用いて納めるのが一般的である。

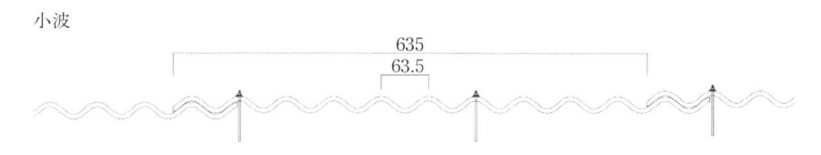

図 5.3-4 外壁取付け仕様

(2) スレートボード

フレキシブル板による外壁張り工法は内壁と異なり，風雨などの条件に耐えるよう施工しなければならない。外壁に使用する場合，耐風圧性能は板厚および胴縁間隔に依存している。板の最大等分布荷重に対し一般に安全率を2～3倍として取り扱う必要がある。

表 5.3-2 留付け間隔および下地間隔の標準仕様
(単位：mm)

種　類		フレキシブル板
板　厚		6，8
下地幅	A	90 以上
	B	45 以上
留付け間隔	C	25 以上
	D	25～35 以上
	E	300 以下
	F	300 以下
下地間隔	G	600 以下
	H	450 以下

(注) 耐風圧性を考慮した取付け方法とする。

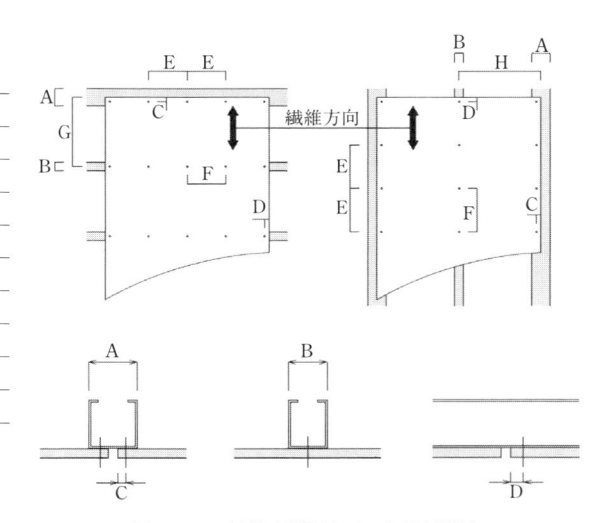

図 5.3-5 留付け間隔および下地間隔

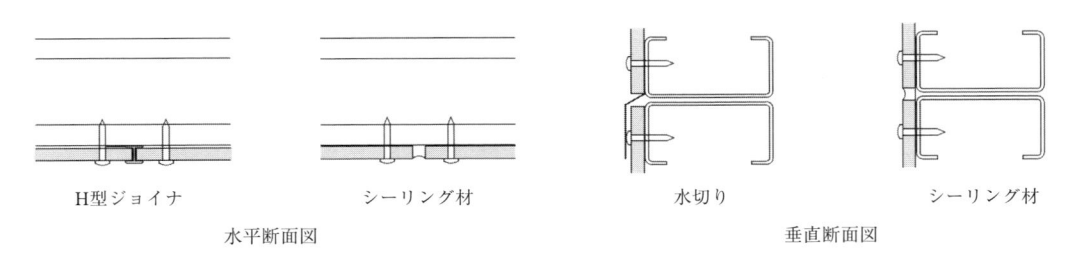

図 5.3-6　目地部の処理方法

5.3.3　内壁・天井

内壁・天井に使用するスレートボードの下地の寸法，間隔および留付け金具の間隔は表 5.3-3〜5 による。

表 5.3-3　留付け間隔および下地間隔の標準仕様（スレートボード：内壁）

（単位：mm）

種　類		フレキシブル板，フレキシブル板A，軟質フレキシブル板	平　板
板　厚		5，6	6
下地幅	A	45 以上	45 以上
	B	45 以上	45 以上
留付け間隔	C	15 以上	15 以上
	D	25～35	25～35
	E	300 以下	300 以下
	F	300 以下	300 以下
下地間隔	G	600 以下	600 以下
	H	450 以下	450 以下

（注）目透かし目地の場合，Aは 60 以上とする。

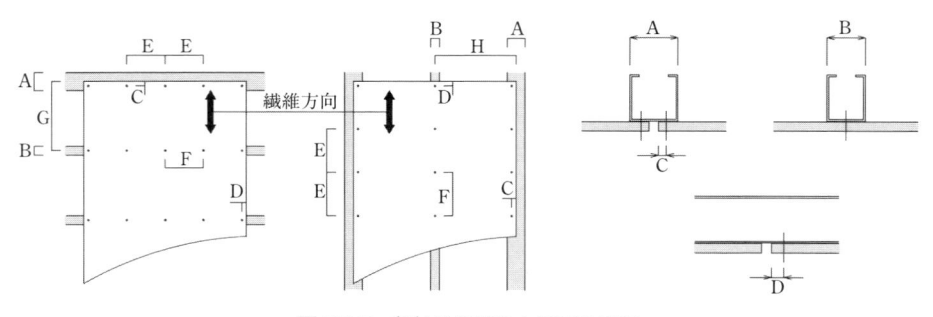

図 5.3-7　留付け間隔および下地間隔

面取り突き付け　　H型ジョイナ

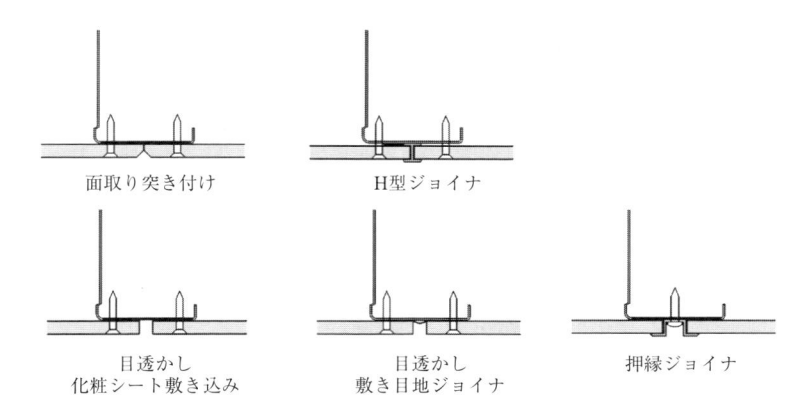

目透かし　　　　　目透かし　　　　　押縁ジョイナ
化粧シート敷き込み　敷き目地ジョイナ

図 5.3-8　目地部の処理方法

表 5.3-4　留付け間隔および下地間隔の標準仕様（スレートボード：天井）

（単位：mm）

種類		フレキシブル板，フレキシブル板A，軟質フレキシブル板
板厚		4，5，6
下地幅	A	50 以上
	B	25 以上
留付け間隔	C	15 以上
	D	25 ～ 35
	E	200 以下
	F	300 以下
下地間隔	G	225 以下

（注）1. 下地の通り方向に対し，板の繊維方向が直角になるよう張り上げる。
　　 2. 皿頭タッピンねじ，木ねじの場合はCを20mm以上とする。
　　 3. 厚さが5mm以下の板を使用する場合には，皿頭タッピンねじの使用を避ける。

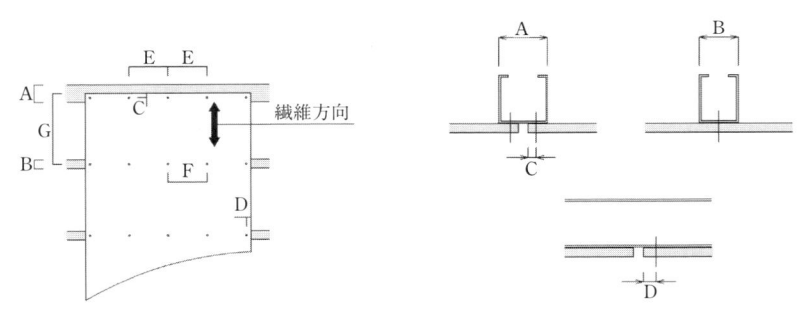

図 5.3-9　留付け間隔および下地間隔

面取り突き付け　　H型ジョイナ

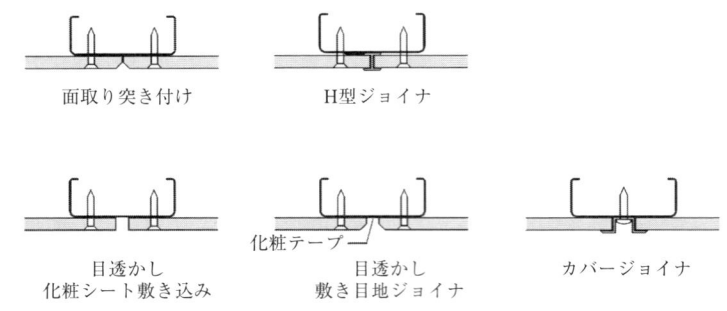

目透かし　　　　　化粧テープ
化粧シート敷き込み　目透かし　　　　カバージョイナ
　　　　　　　　　敷き目地ジョイナ

図 5.3-10　目地部の処理方法

表 5.3-5　留付け間隔および下地間隔の標準仕様（けい酸カルシウム板）
（単位：mm）

部位		天井	内壁	
		A	B	C
板　厚		5, 6, 8	6, 8	8, 10, 12
下地幅	A	45 以上	45 以上	45 以上
	B	25 以上	25 以上	40 以上
留付け間隔	C	15 以上	15 以上	30 以上
	D	15 以上	15 以上	15 以上
	E	150〜200 以下	150〜200 以下	300 以下
	F	300 以下	300 以下	300 以下
下地間隔	G	300 以下	300 以下	300〜600 以下

（注）1. 屋外の軒天井に使用する場合は，耐風圧性を考慮した取付け方法とする。
　　　2. 厚さが 5mm 以下の板を使用する場合には，皿頭タッピンねじの使用を避ける。

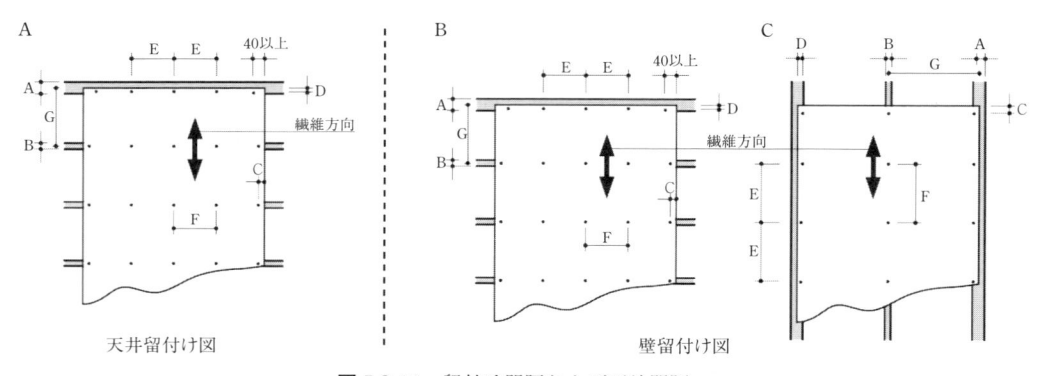

A　天井留付け図　　B　壁留付け図　　C

図 5.3-11　留付け間隔および下地間隔

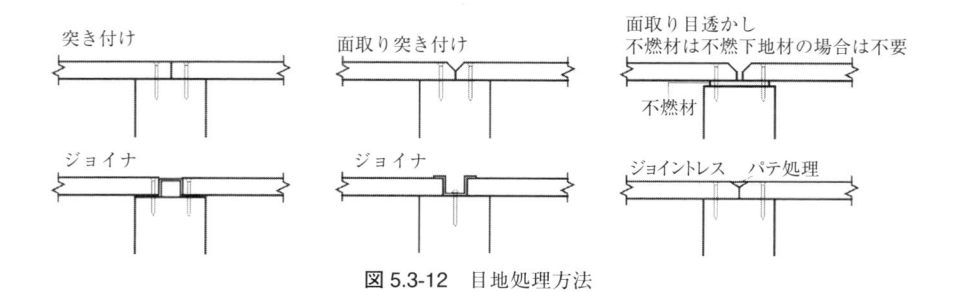

突き付け　　　面取り突き付け　　面取り目透かし
　　　　　　　　　　　　　　　　不燃材は不燃下地材の場合は不要

　　　　　　　　　　　　　　　　不燃材

ジョイナ　　　　ジョイナ　　　　ジョイントレス　パテ処理

図 5.3-12　目地処理方法

5.3.4 耐火被覆板（けい酸カルシウム板タイプ3：柱，梁）

① 防・耐火認定を使用する場合は，認定仕様に準拠する。
② 鉄骨面：施工に先立ち鉄骨面は取付けに支障のないように清掃する。
③ 切断・加工：割り付け寸法に従い，けい酸カルシウム板の切断を行う。切断作業は事前に工場で行うか，現場で実際の寸法を測定しながら行う。
④ 取付け：

・固定：取付けは，釘，またはタッピンねじを用いて固定する。補強ピースおよび捨張板の取付けは耐火接着剤を用いる。
・異種部材との取合い：ALCパネルなど異種部材との取合いは，耐火上支障となる隙間を生じさせないように固定する。

5.4 屋 根

5.4.1 スレート波板（大波）

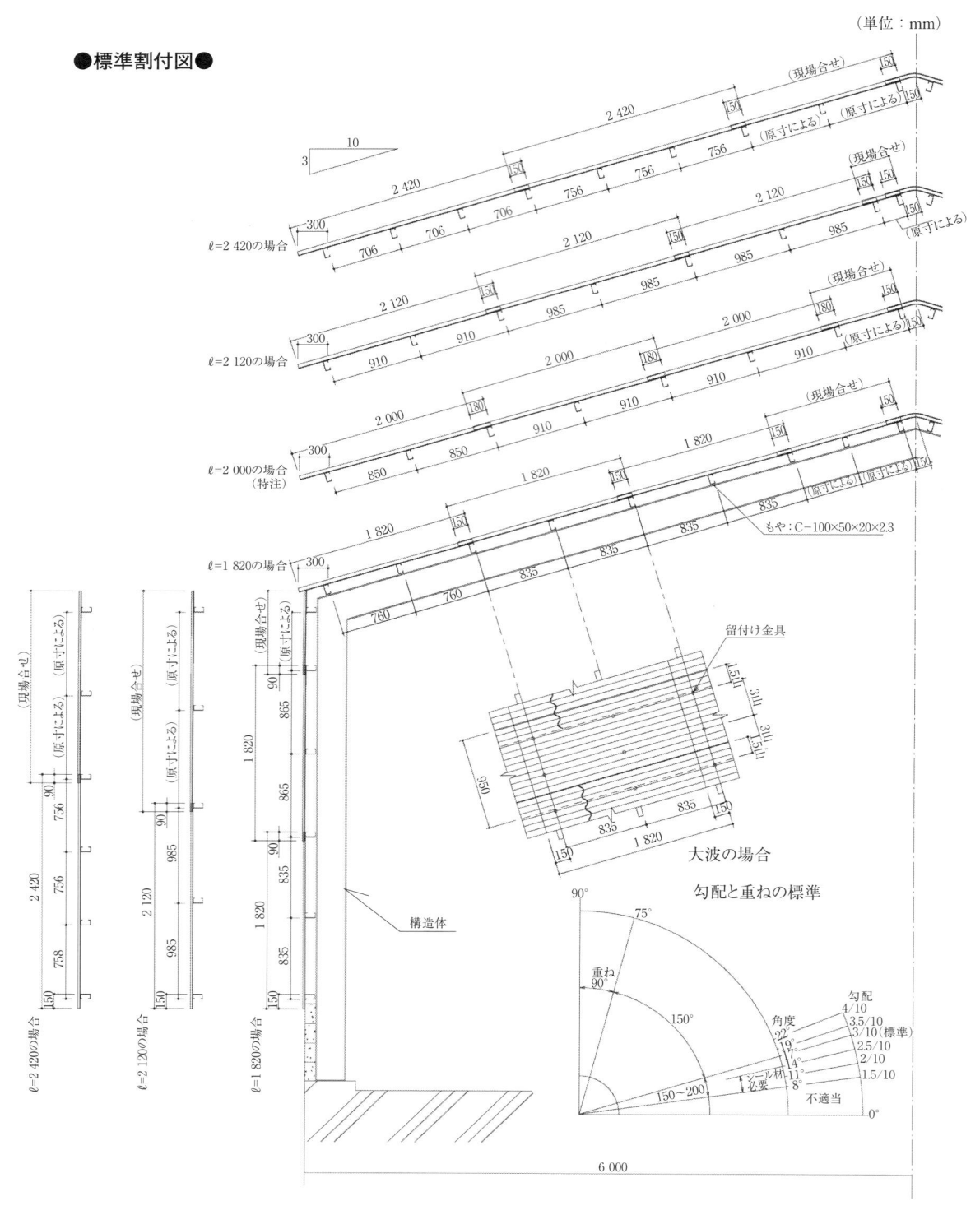

●標準割付図●

(単位：mm)

5.4 — 屋　根 ● 135

● 一般部の詳細 ●

（単位：mm）

【縦重ね】

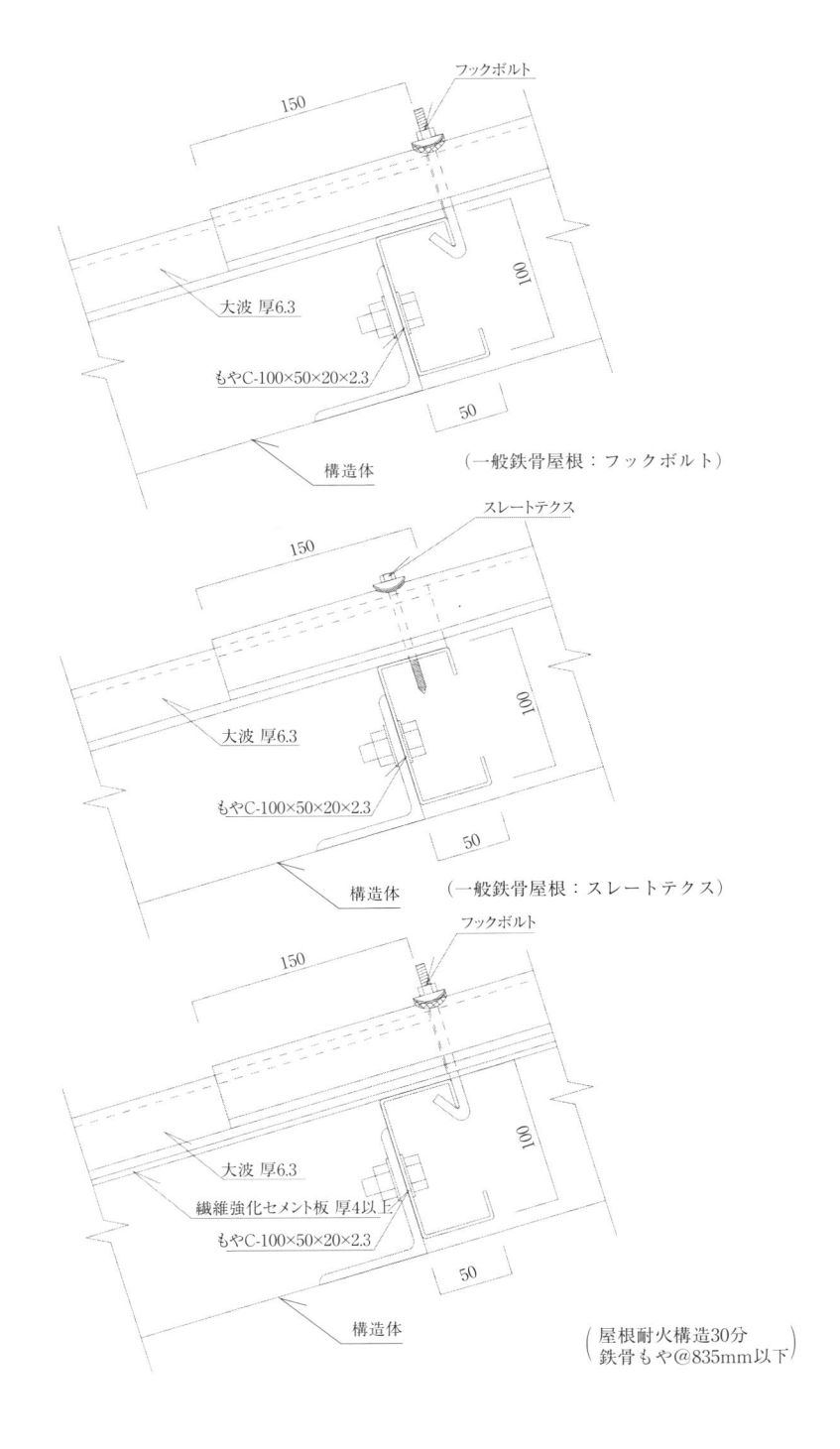

フックボルト
150
100
大波 厚6.3
もやC-100×50×20×2.3
50
構造体
（一般鉄骨屋根：フックボルト）

スレートテクス
150
100
大波 厚6.3
もやC-100×50×20×2.3
50
構造体
（一般鉄骨屋根：スレートテクス）

フックボルト
150
100
大波 厚6.3
繊維強化セメント板 厚4以上
もやC-100×50×20×2.3
50
構造体
（屋根耐火構造30分
　鉄骨もや@835mm以下）

●棟部・けらば・軒先の詳細●

(単位：mm)

【棟部（鋸棟）】

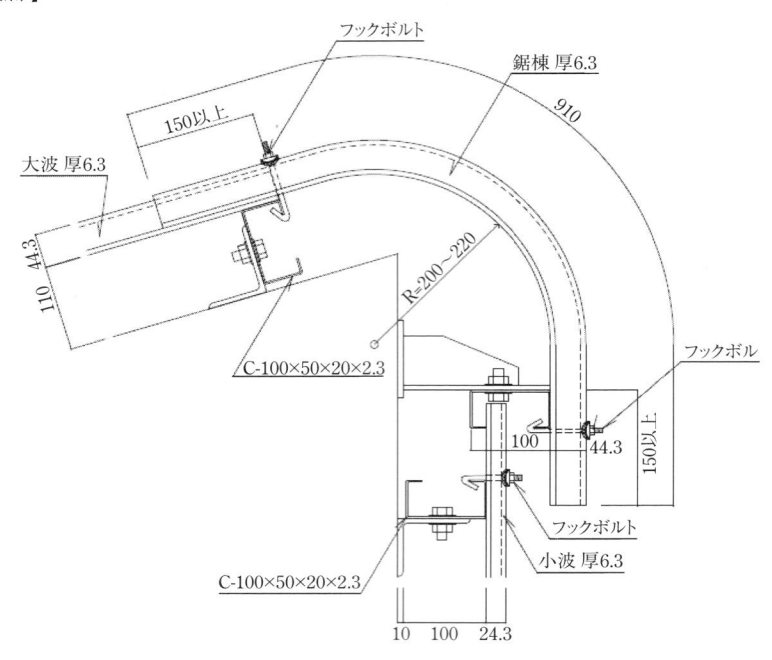

【軒先部】

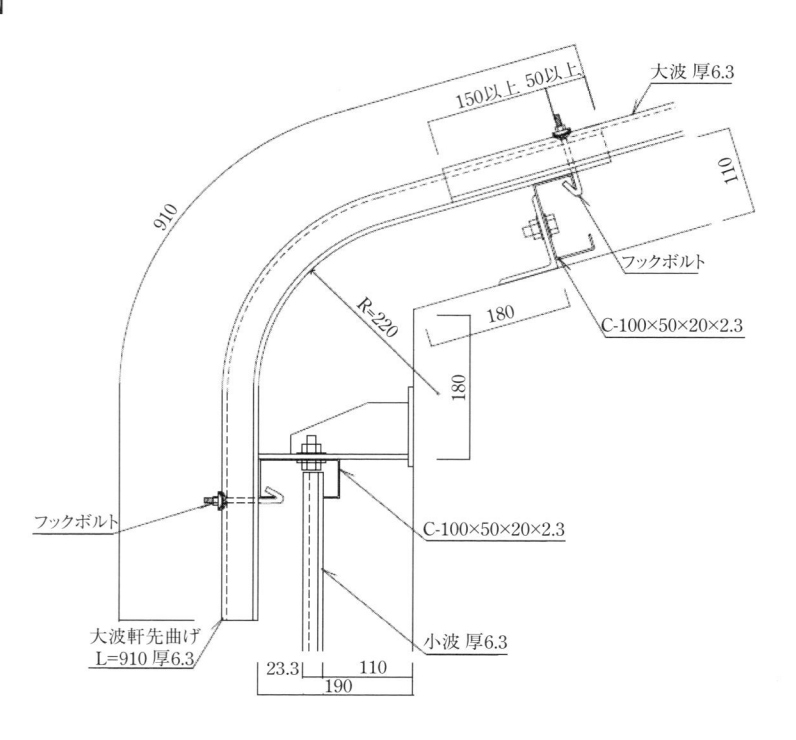

5.4—屋　根

(単位：mm)

【棟部（曲げ棟）】

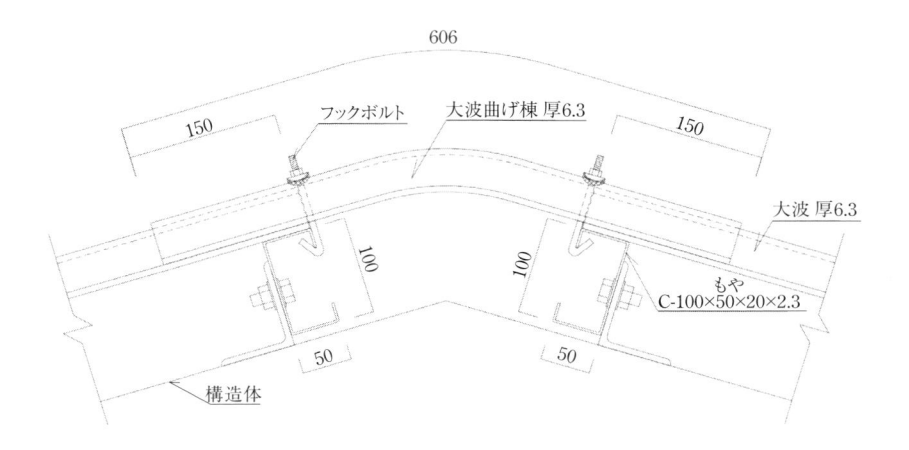

【軒先部】

【けらば部】

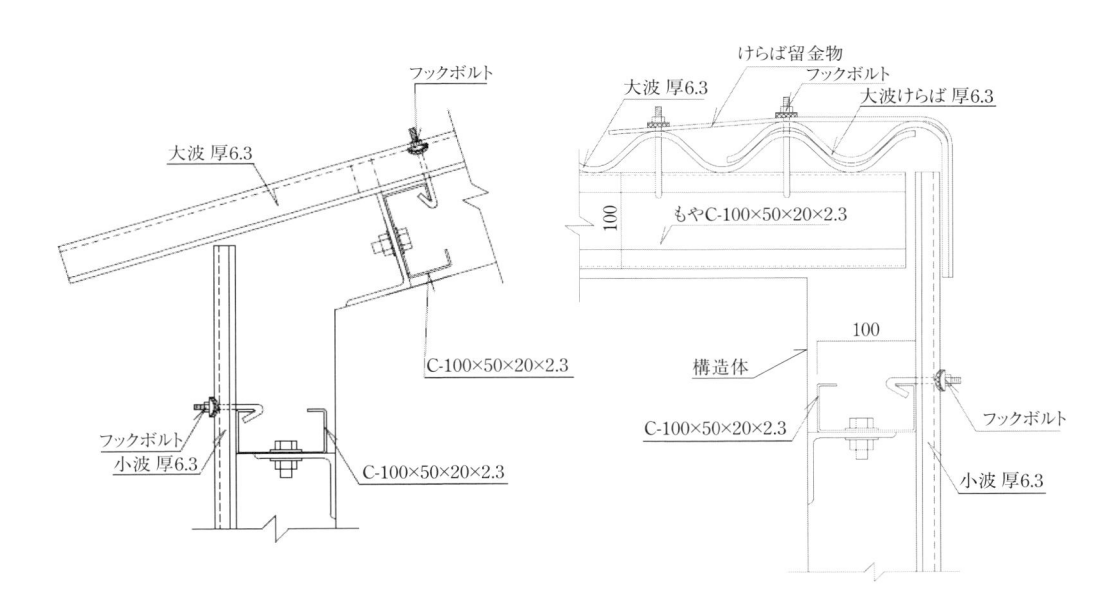

5.5 外壁

5.5.1 スレート波板（小波）

●一般部の詳細●

(単位：mm)

よこ重ね図

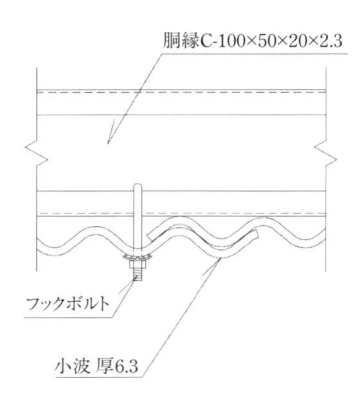

- 胴縁C-100×50×20×2.3
- フックボルト
- 小波 厚6.3

たて重ね図

- 小波 厚6.3
- フックボルト
- 構造体
- 90
- 胴縁C-100×50×20×2.3

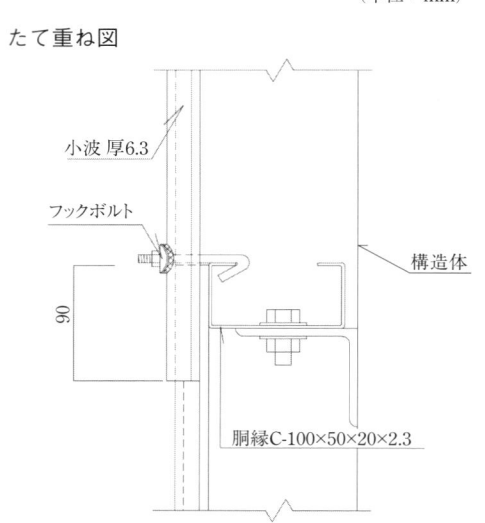

よこ重ね図（スレートテクス）

- 胴縁C-100×50×20×2.3
- スレートテクス
- 小波 厚6.3

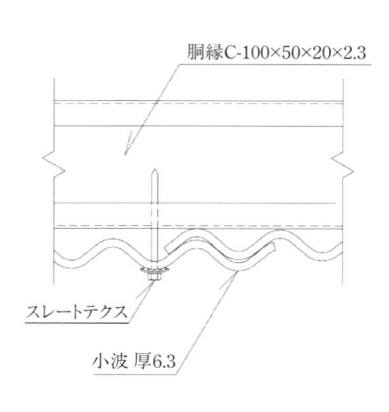

たて重ね図（スレートテクス）

- 小波 厚6.3
- スレートテクス
- 構造体
- 90
- 胴縁C-100×50×20×2.3

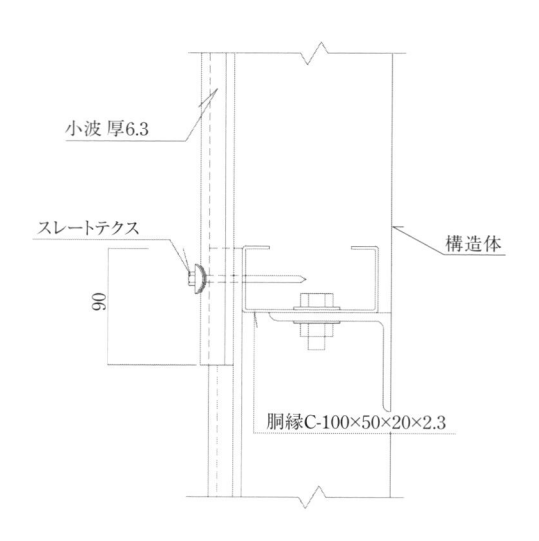

●出隅・入隅部の詳細●

(単位：mm)

【出隅部】

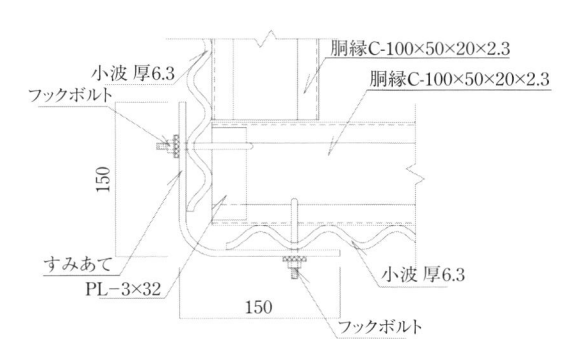

小波 厚6.3
フックボルト
胴縁C-100×50×20×2.3
胴縁C-100×50×20×2.3
150
すみあて
PL-3×32
150
小波 厚6.3
フックボルト

【入隅部】

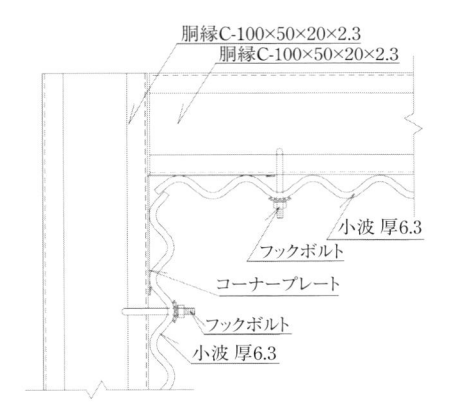

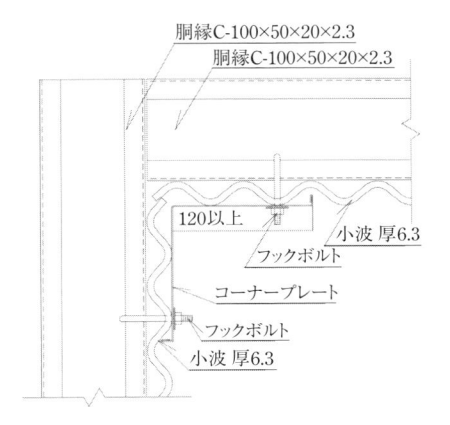

胴縁C-100×50×20×2.3
胴縁C-100×50×20×2.3
小波 厚6.3
フックボルト
コーナープレート
フックボルト
小波 厚6.3

胴縁C-100×50×20×2.3
胴縁C-100×50×20×2.3
120以上
小波 厚6.3
フックボルト
コーナープレート
フックボルト
小波 厚6.3

●**基礎との取合い部の詳細**●　　　　　　　　　　　　　　　　　　　　　　　　　　　（単位：mm）

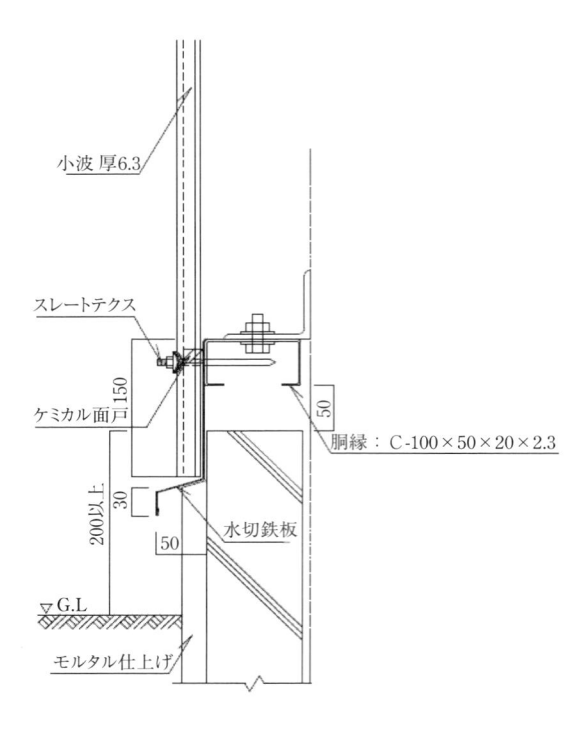

- 小波 厚6.3
- スレートテクス
- ケミカル面戸
- 150
- 50
- 胴縁：C-100×50×20×2.3
- 200以上
- 30
- 50
- 水切鉄板
- ▽G.L
- モルタル仕上げ

●**開口部の詳細**●

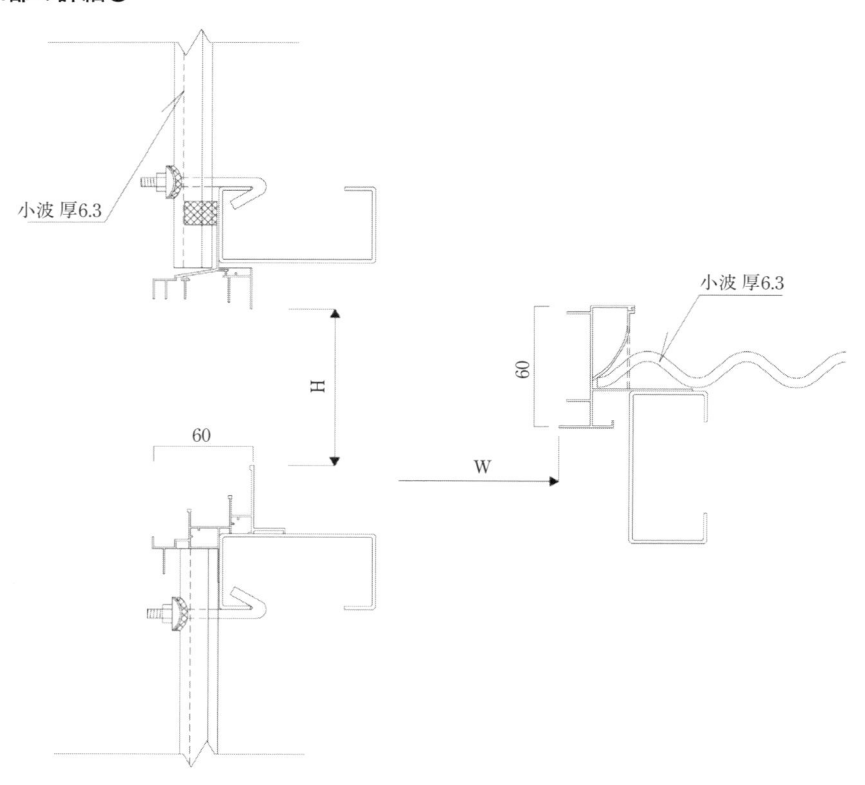

- 小波 厚6.3
- 60
- H
- 60
- W
- 小波 厚6.3

5.5.2 スレートボード（フレキシブル板）

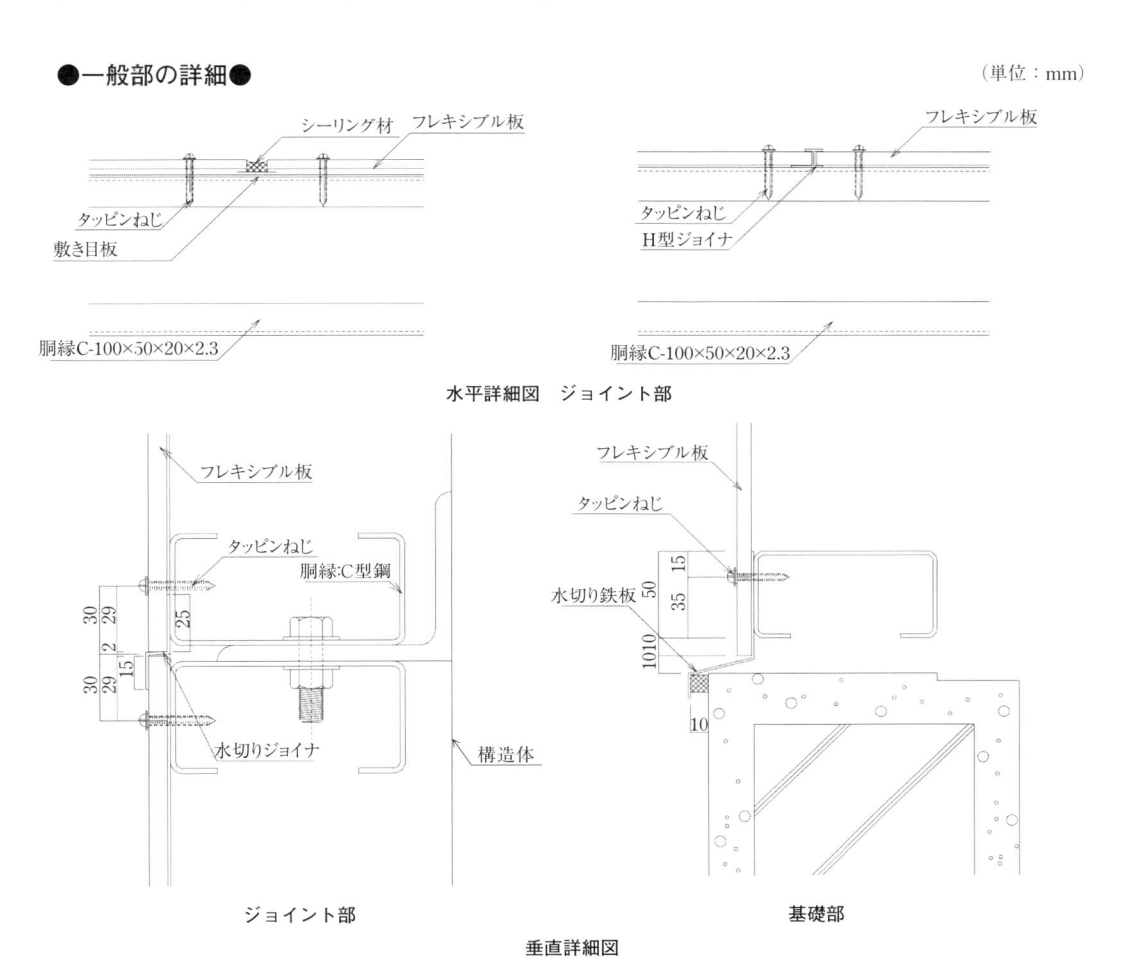

●一般部の詳細●

(単位：mm)

水平詳細図　ジョイント部

ジョイント部　　　　　　　　基礎部

垂直詳細図

●出隅・入隅部の詳細●

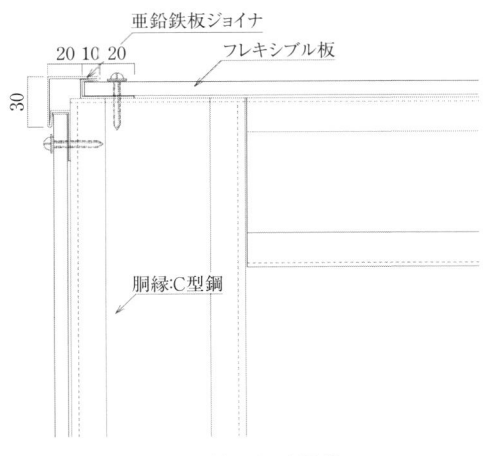

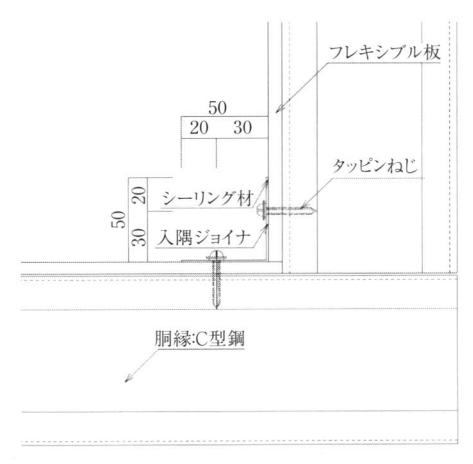

水平断面図　出隅部　　　　　水平断面図　入隅部

●開口部の詳細●

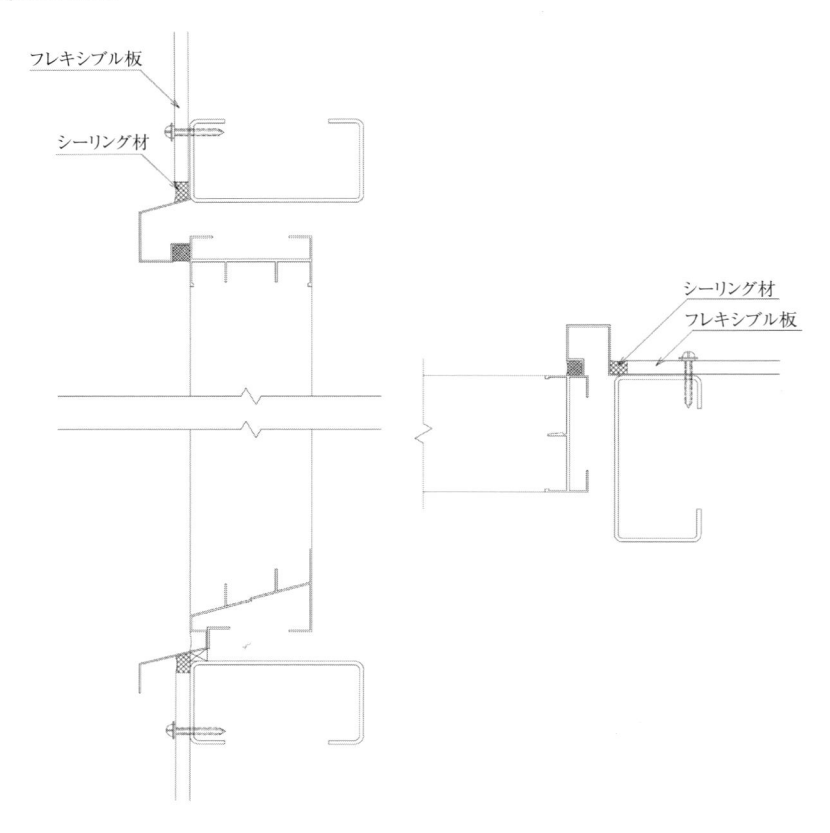

5.6 内 壁

5.6.1 けい酸カルシウム板（けい酸カルシウム板タイプ2）

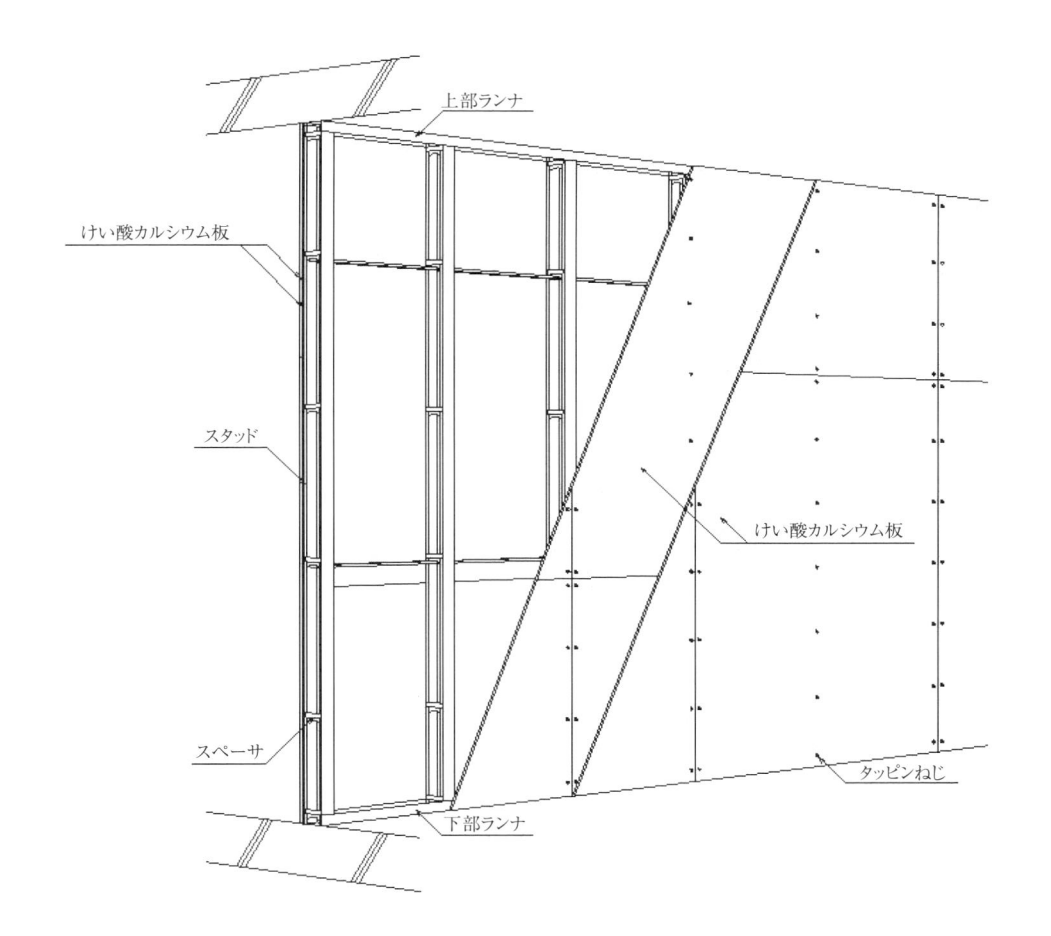

5.7 耐火被覆板

5.7.1 耐火被覆板（けい酸カルシウム板タイプ3）

(1) 柱

●標準ディテール●

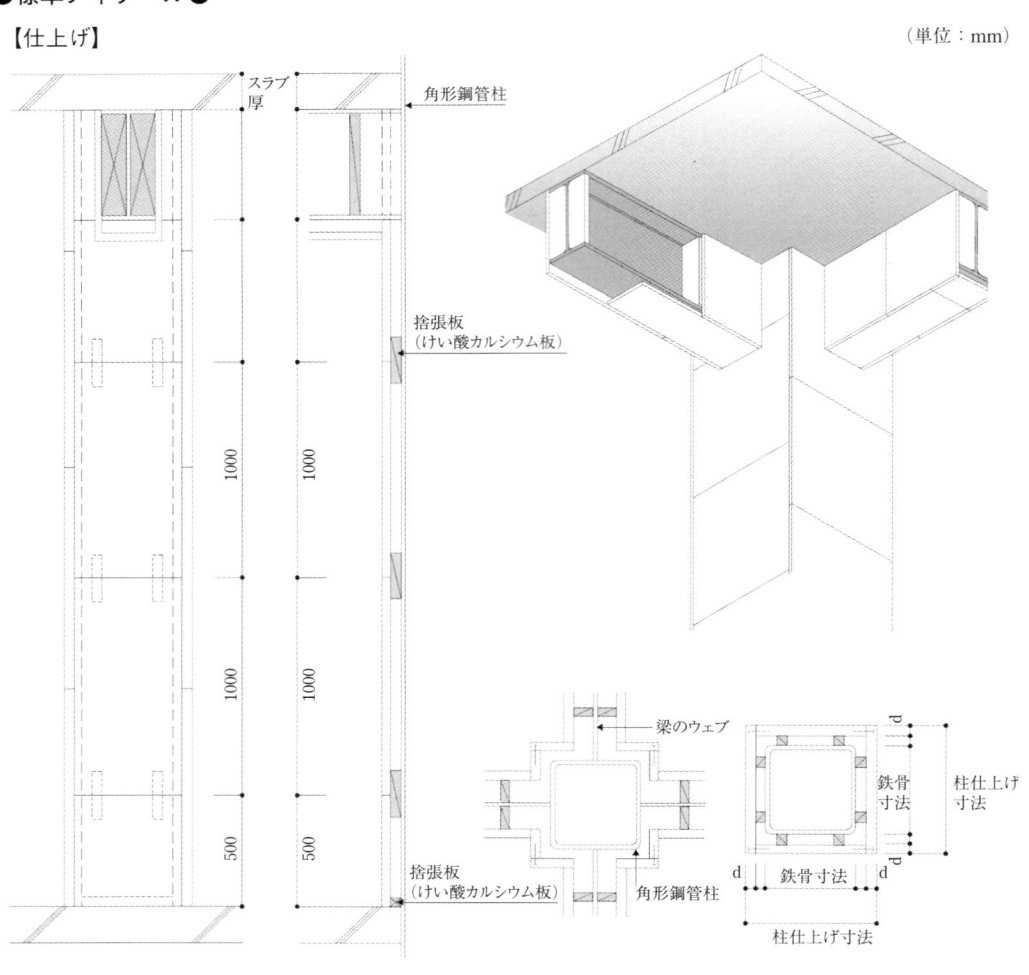

【仕上げ】

（単位：mm）

【見え隠れ】

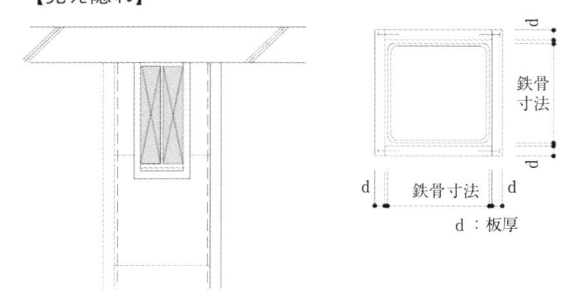

d：板厚

●各種断面●

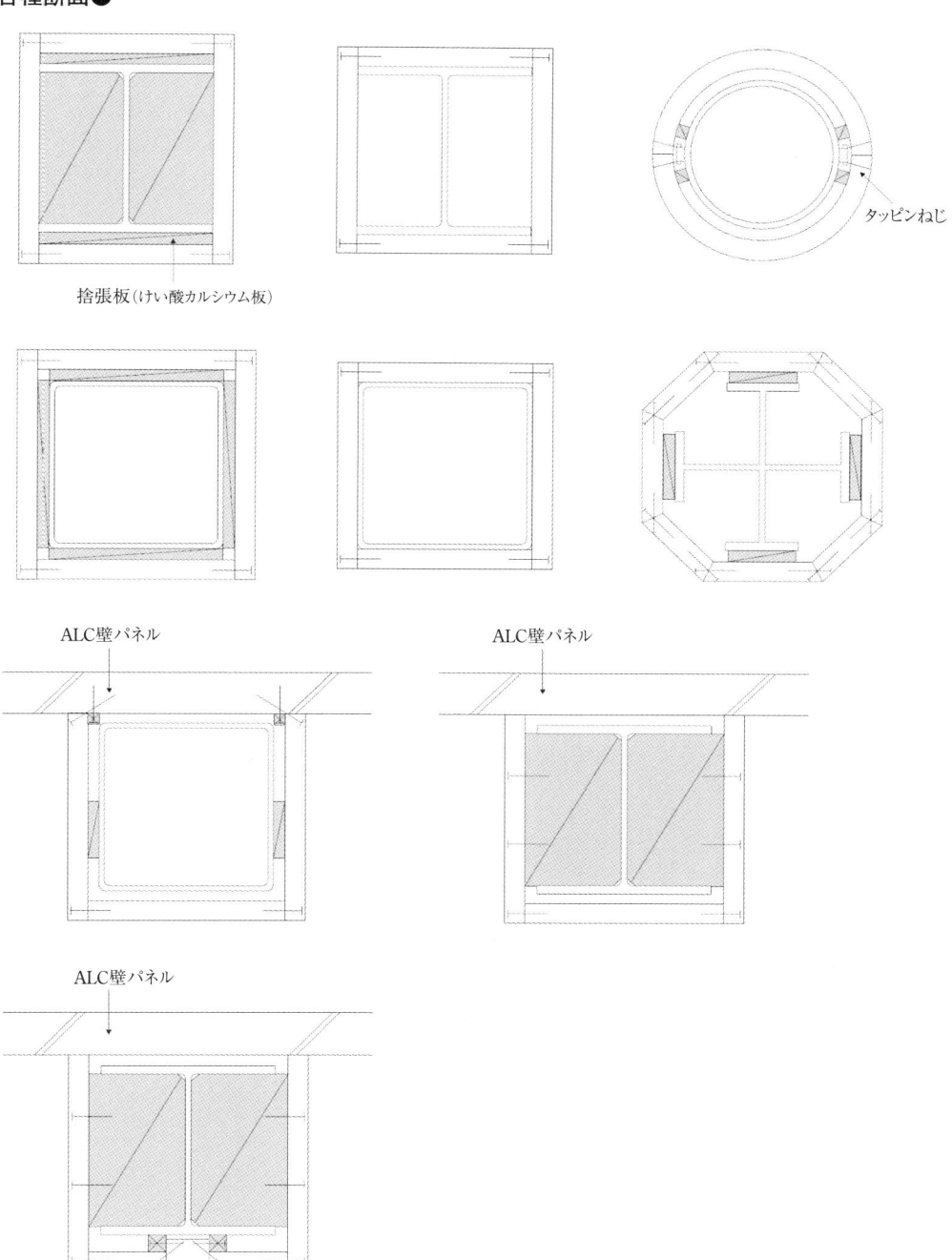

捨張板(けい酸カルシウム板)

タッピンねじ

ALC壁パネル

ALC壁パネル

ALC壁パネル

ALC壁パネル

(2) 梁

●標準ディテール●

【仕上げ】

(単位：mm)

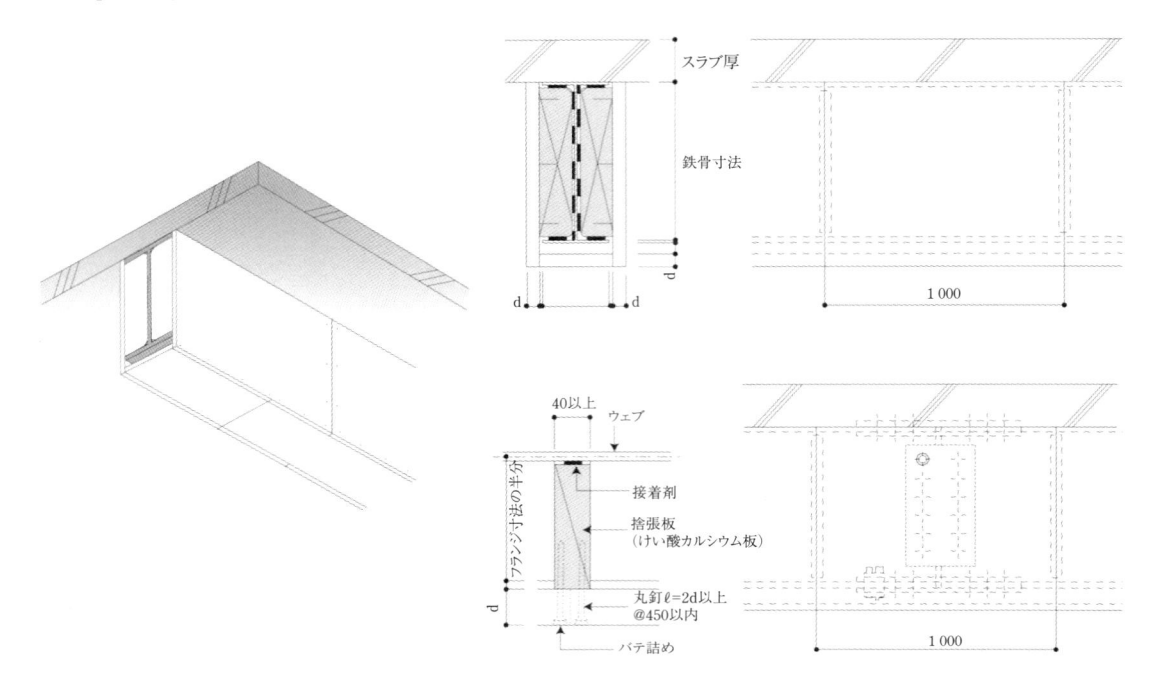

- スラブ厚
- 鉄骨寸法
- d
- 40以上
- ウェブ
- 接着剤
- 捨張板（けい酸カルシウム板）
- 丸釘ℓ=2d以上 @450以内
- パテ詰め
- フランジ寸法の半分
- 1 000

【見え隠れ】

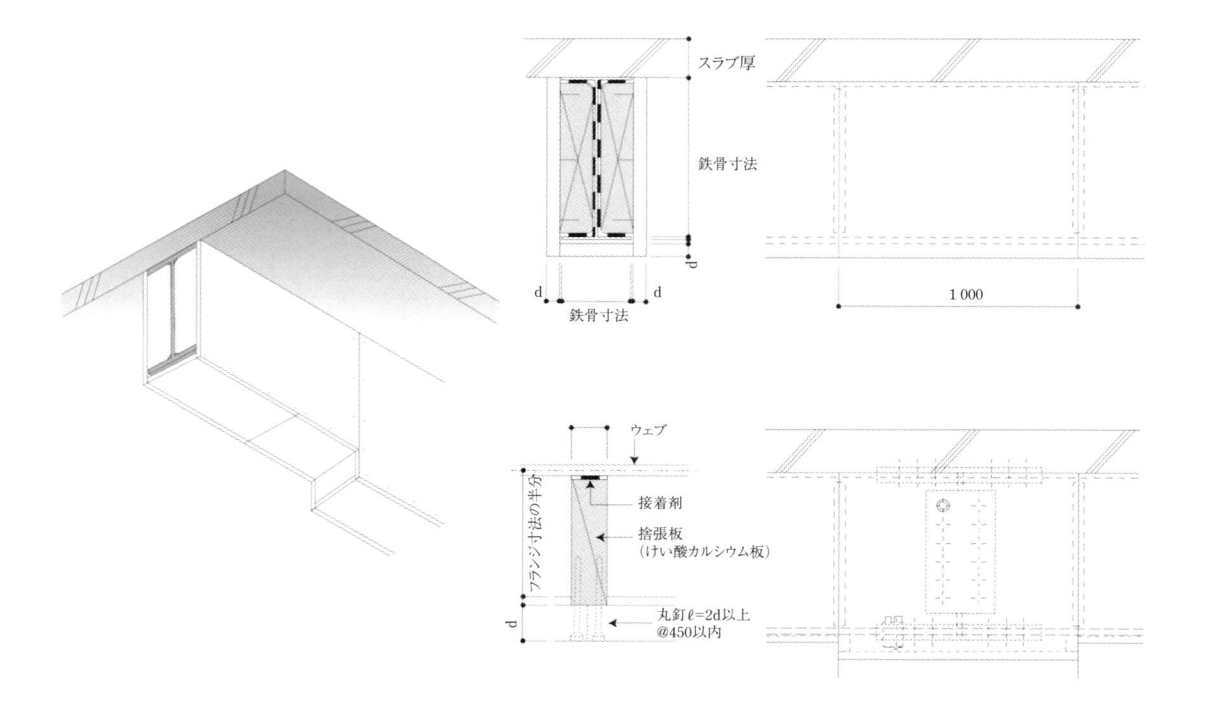

- スラブ厚
- 鉄骨寸法
- d
- 鉄骨寸法
- ウェブ
- 接着剤
- 捨張板（けい酸カルシウム板）
- 丸釘ℓ=2d以上 @450以内
- フランジ寸法の半分
- 1 000

5.7 ─耐火被覆板 ● 147

●各種断面●

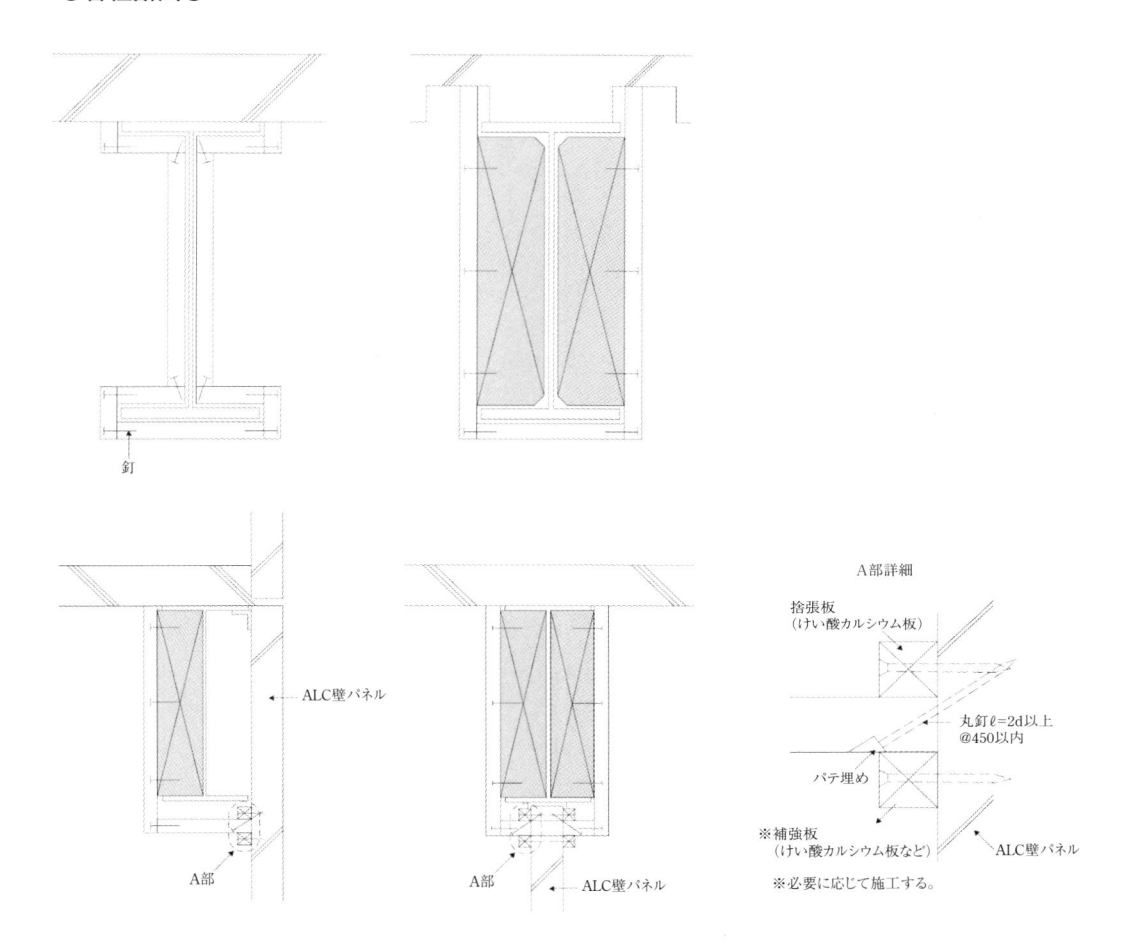

釘

ALC壁パネル

A部

A部　ALC壁パネル

A部詳細

捨張板
(けい酸カルシウム板)

丸釘ℓ=2d以上
@450以内

パテ埋め

※補強板
(けい酸カルシウム板など)

ALC壁パネル

※必要に応じて施工する。

第6章……屋根用スレート

6.1 歴史と製法

6.1.1 歴史と概要

屋根用スレートは，セメントおよび繊維質を主原料とし，主に野地板下地に施工する屋根材である。

種類は平形屋根用スレートと波形屋根用スレートに区分されるが，現状，平形屋根用スレートが主として新築用に使用されており，平形屋根用スレートのほとんどをカラーベストが占めていることから，本章では屋根用スレートとして平形屋根用スレート（カラーベスト）について記載する。

カラーベストは，1937（昭和12）年に米国マンビル社から市販され急速にその需要度を増し，22年後の1959（昭和34）年には米国の石綿セメント板の総生産高の約3割を占めるに至った。

わが国では，1960（昭和35）年に久保田鉄工（株）（現：（株）クボタ）が米国マンビル社から技術導入して生産を開始し，現在では屋根用スレートの一般名称として使われるほどに普及している。

屋根用スレートはJIS A 5423（住宅屋根用化粧スレート）に適合するものであり，日本建築学会が編集する屋根工事の標準仕様書である「JASS 12 屋根工事」には1990（平成2）年改定版より住宅用屋根スレート葺が独立の節として掲載された。

健康問題となっていた石綿使用については，2004（平成16）年10月1日の「労働安全衛生法施行令」改正施行による石綿使用禁止に先駆け，カラーベストは2001（平成13）年12月に全シリーズ完全無石綿化を行い現在に至っている。

リサイクルについては，現在製造，販売している屋根材の残材を回収し，原料の一部として再利用する取組みが行われている。

6.1.2 製　法

平形屋根用スレート（カラーベスト）は，セメント，補強繊維（パルプ）などの原料を混合した材料をベルト上に均一に供給し，複数の加圧ロールにより順次加圧成形して製板を行う。化粧層成形と表面模様付けも同一の製板工程にて行われる。

自然養生した後にパンチ工程にて製品形状に打抜きを行い，下塗り塗装→オートクレーブ養生（高温・高圧蒸気養生）→仕上げ塗装→梱包の各工程を経て出荷される。

製造工程を**図 6.1-1** に示す。

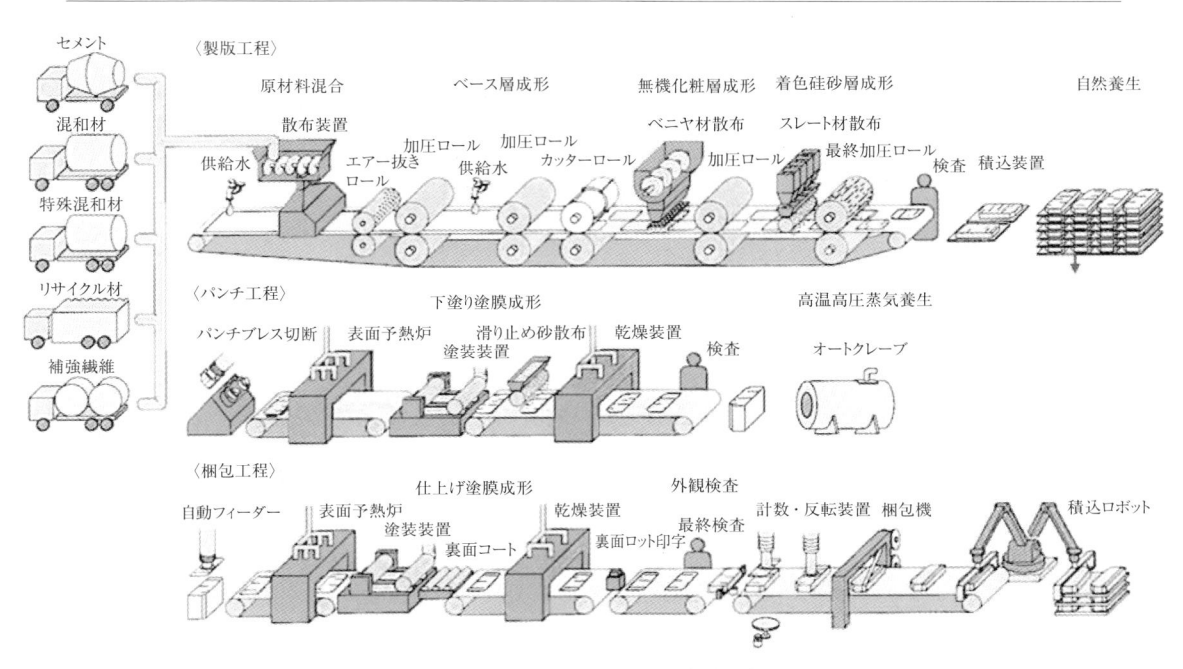

図 6.1-1 屋根用スレートの製造工程

6.2 製品と性能

6.2.1 特　長

屋根用スレートは JIS A 5423（住宅屋根用化粧スレート）に適合するもので，平板状の形状で，表面に小さな凹凸の表面柄が付けられている製品である。

主に野地板の上に葺く屋根材料である。

6.2.2 形状および寸法

屋根用スレートの形状を**図 6.2-1** に，寸法および許容差を**表 6.2-1** にそれぞれ示す。

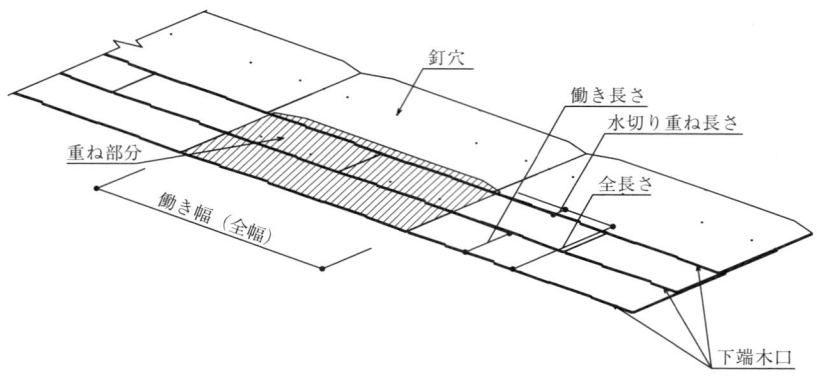

図 6.2-1　屋根用スレートの形状（JIS A 5423：2013 より）

表 6.2-1　屋根用スレートの寸法および許容差　（JIS A 5423：2013 より）

（単位：mm）

全長さ		全幅（各働き幅に対する）		厚さ		水切り重ね長さ	
寸法	許容差	寸法	許容差	寸法	許容差	施工寸法	
						縦	横
300～500	±3	600～910	±3	5以上6未満	±0.5	50以上	—
				6以上7未満	±0.6		
				7以上8未満	±0.7		
				8以上9以下	±0.8		

側面は，通常，表面にほぼ直角でなければならない。ただし，特殊な目的をもって側面を加工したものは，この限りでない。

6.2.3 一般性能

屋根用スレートの性能を**表 6.2-2**に示す。

表 6.2-2 屋根用スレートの性能（JIS A 5423：2013 より）

曲げ破壊加重（N）	吸水率（％）	吸水による反り（mm）	透水性	耐衝撃性	耐摩耗性	耐候性	耐凍結融解性	規格
245 以上	28 以下	4 以下	裏面に著しいぬれまたは水滴が生じない。	化粧層の剥がれおよび裏面の膨れ・亀裂が生じない。	基板が露出しない。	化粧層のひび割れ・剥がれがなく，かつ，著しい変退色がない。	外観に著しい変化および層間剥離がない。	JIS A 5423

6.2.4 防耐火性能

耐火構造の場合，屋根は階数に関係なく 30 分耐火が要求されている。これら 30 分耐火の屋根として**表 6.2-3**のような構造が指定されている。

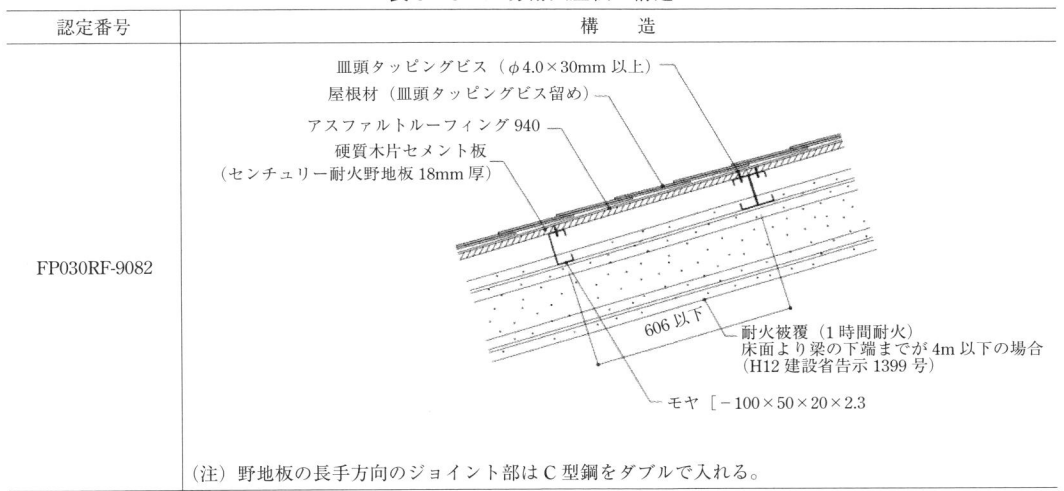

表 6.2-3 30 分耐火屋根の構造

認定番号	構造
FP030RF-9082	皿頭タッピングビス（φ4.0×30mm 以上） 屋根材（皿頭タッピングビス留め） アスファルトルーフィング 940 硬質木片セメント板 （センチュリー耐火野地板 18mm 厚） 606 以下 耐火被覆（1 時間耐火） 床面より梁の下端までが 4m 以下の場合 （H12 建設省告示 1399 号） モヤ［－100×50×20×2.3］ （注）野地板の長手方向のジョイント部は C 型鋼をダブルで入れる。

6.2.5 断熱性能

屋根用スレート材料の熱伝導率を**表 6.2-4**に示す。

表 6.2-4 屋根用スレート材料の熱伝導率

屋根材	熱伝導率 W/m・k ｛kcal/m・h・℃｝
屋根用スレート	0.3　｛0.26｝

6.2.6 耐風圧性能

屋根用スレートの耐風圧性能は形状，寸法，働き長さなどにより異なるため各製造者に確認が必要である。本章ではカラーベスト屋根材の耐風圧性能について記載する。

カラーベスト屋根材の耐風圧性能は2002（平成14）年11月にNPO法人住宅外装テクニカルセンター（JTC）が発行した『住宅屋根用化粧スレート葺き　屋根耐風性能設計施工ガイドライン』に定められた試験を行い求めたものである。

屋根用スレートは正圧によって構造耐力上支障のある損傷が生じるおそれがないことから，負圧の耐風圧性能について**表6.2-5**に示す。耐風圧性能は建築物の高さに応じて安全率を考慮し3つの工法を設けているが，設計に際しては立地条件などにより安全率を考慮する必要がある。

表 6.2-5　カラーベスト屋根材の耐風圧性能

（単位：N/m²）

建築物の高さ	標準施工 （補強なし工法）	補強工法〈A〉 2本ビス（釘）留め工法	補強工法〈B〉 接着剤併用工法
10 m 以下	－2 250	－5 900	－5 800
10 m を超え 13 m 以下	－1 950	－5 100	適用せず
13 m を超え 25 m 以下	－1 550	－4 150	適用せず

（注）補強工法〈B〉は低層用（屋根高さ10 m以下）工法とする

補強工法〈A〉，補強工法〈B〉の概要を**図6.2-2**および**図6.2-3**に示す。

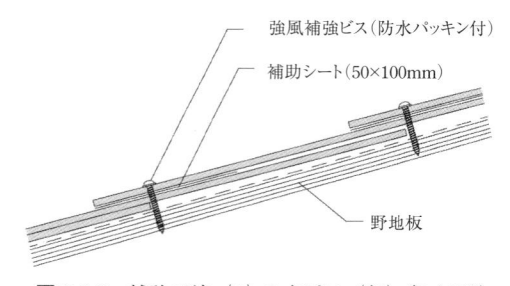

図 6.2-2　補強工法〈A〉2本ビス（釘）留め工法

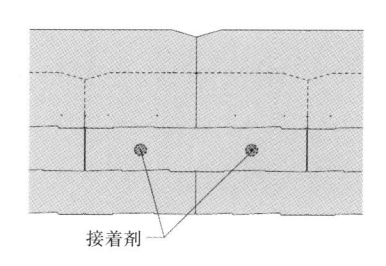

図 6.2-3　補強工法〈B〉接着剤併用工法

6.3 設計・施工上の注意

6.3.1 下地

① 屋根支持材（母屋）の標準間隔を606mmとし，屋根耐火の場合，母屋には1時間耐火被覆を施す。ただし，平成12年建設省告示第1399号第四第三号ニの規定に該当する場合には，耐火被覆をしなくてもよい。
② 垂木の上に硬質木片セメント板（厚さ18mm以上）を敷き並べ，皿頭タッピンねじ（φ4.0×30mm以上）で留め付ける。（硬質木片セメント板のジョイント部には，亜鉛鉄板製ジョイナーを使用する場合もある。）

6.3.2 下葺

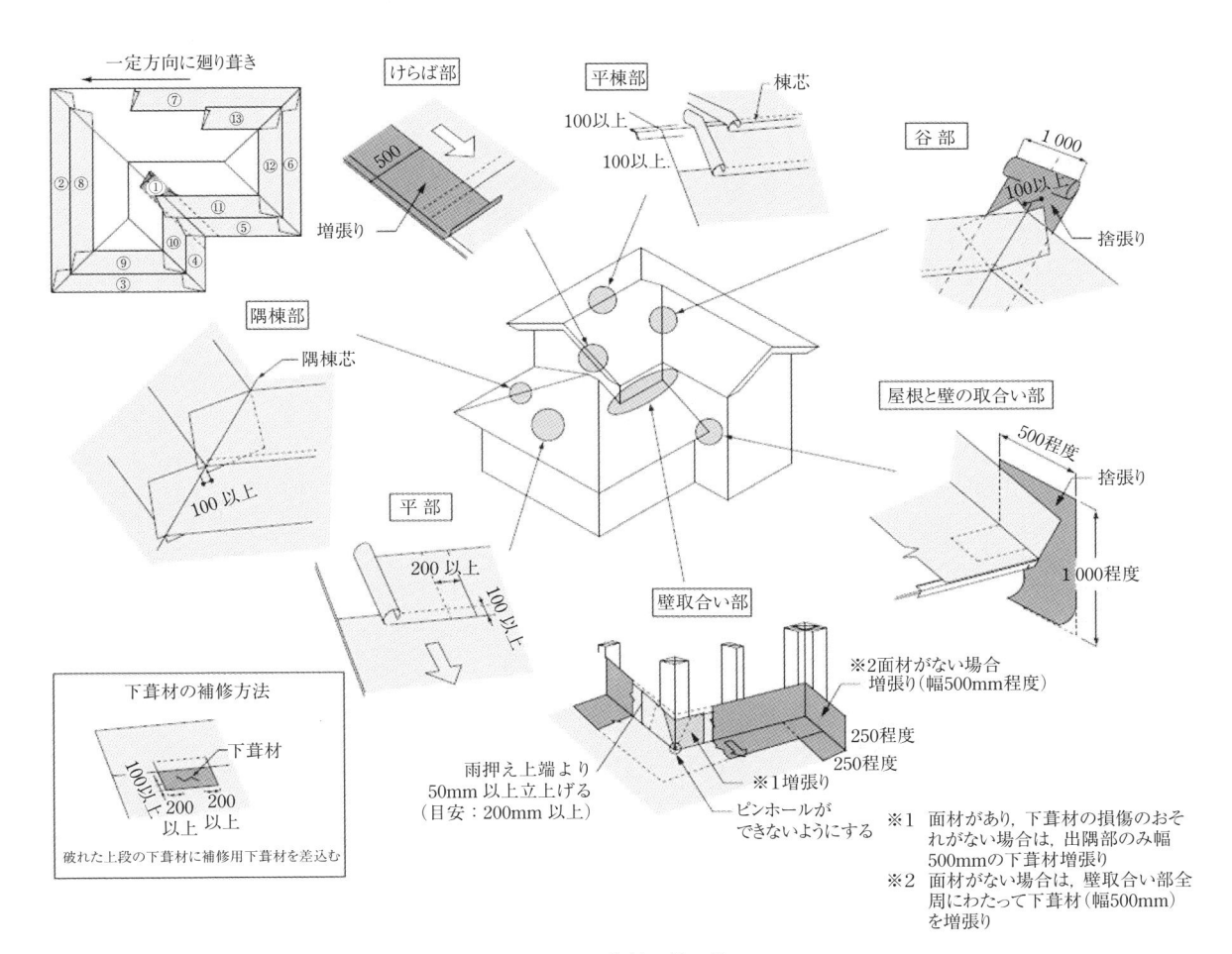

図6.3-1 下葺材の施工法

① 下葺は，硬質木片セメント板の上にJIS A 6005（アスファルトルーフィングフェルト）に適合するアスファルトルーフィング940またはこれと同等以上の防水性能を有するものを葺き，防水する。
② 下葺は横張りを原則とし，上下（流れ方向）は100mm以上，左右は200mm以上重ね合わせることとする。
③ 谷，けらば，壁との取合いなどの納まり部の要所は捨て張り，増し張りを行う。
④ それぞれの納まり部の施工については，各製造所の仕様による。

下葺材の施工法を図6.3-1（前頁）に示す。

6.3.3 屋根材

① 屋根材の葺き足は働き長さ以下とし，水切り重ね長さは縮めない。働き長さは図6.2-1に示した。
② 屋根材を所定の本数で固定しない場合，耐風圧性能が低下するので，確実に所定の本数のタッピングビスで留め付ける。
③ けらば部や隅棟部などで切断されて小幅になったものや，捨て水切り上でビス留めできないものなどについては接着剤を使用して固定する。
④ 各部の納まりは，防水性や耐風性などの屋根性能に支障がないものとし，各製造所の仕様による。

6.4 屋　根

6.4.1 基本構成図

【平形屋根用スレート】

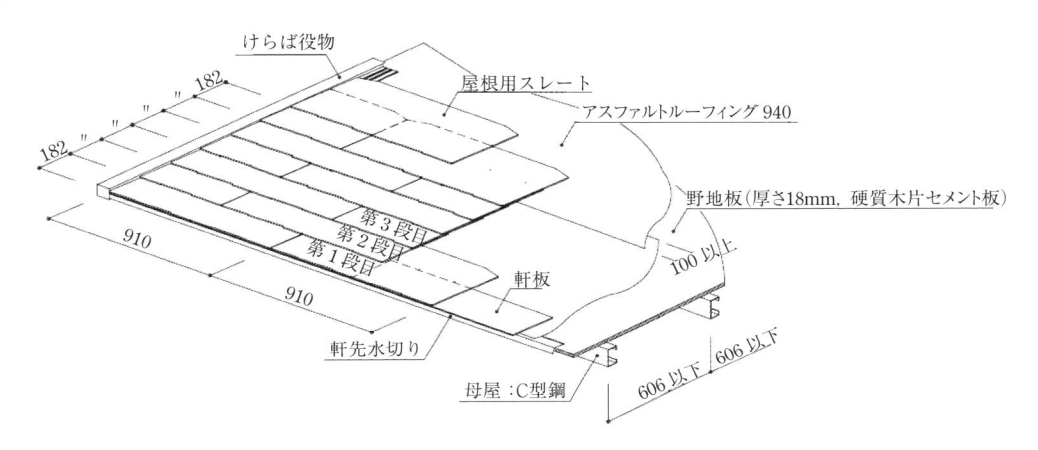

表 6.4-1　屋根材と留付けビス

種　類	屋根材形状	屋根材寸法（mm） 全長	屋根材寸法（mm） 全幅	屋根材寸法（mm） 厚さ	留付け用ビス
本体①	910 × 414	414	910	5.2	ステンレス皿頭 タッピングビス　4.0 φ × 30L 4本／1枚
本体②	910 × 414	414	910	6.0	ステンレス皿頭 タッピングビス　4.0 φ × 35L 4本／1枚
本体①, ②用 軒板（スターター）	910 × 232	232	910	5.2	本体留付け用ビスを使用 4本／1枚
本体③	606 × 424	424	606	6.0	ステンレス皿頭 タッピングビス　4.0 φ × 35L 2本／1枚
本体③用 軒板（スターター）	606 × 242	242	606	5.2	本体留付け用ビスを使用 2本／1枚

（注）屋根材以外の留付け用ビス・釘は，各製造所の仕様による。

6.4.2 詳細図

●一般部の詳細（参考例）●

【一般部】

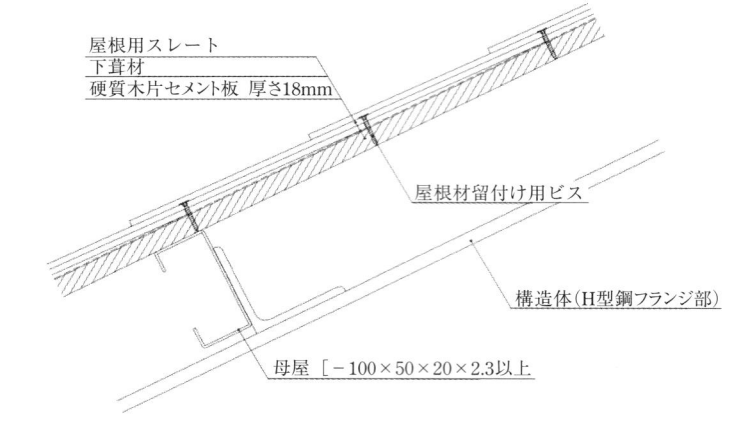

- 屋根用スレート
- 下葺材
- 硬質木片セメント板　厚さ18mm
- 屋根材留付け用ビス
- 構造体（H型鋼フランジ部）
- 母屋 ［－100×50×20×2.3以上

●棟部・軒先部・けらば部・隅棟部・谷部・壁取合い部の詳細（参考例）●

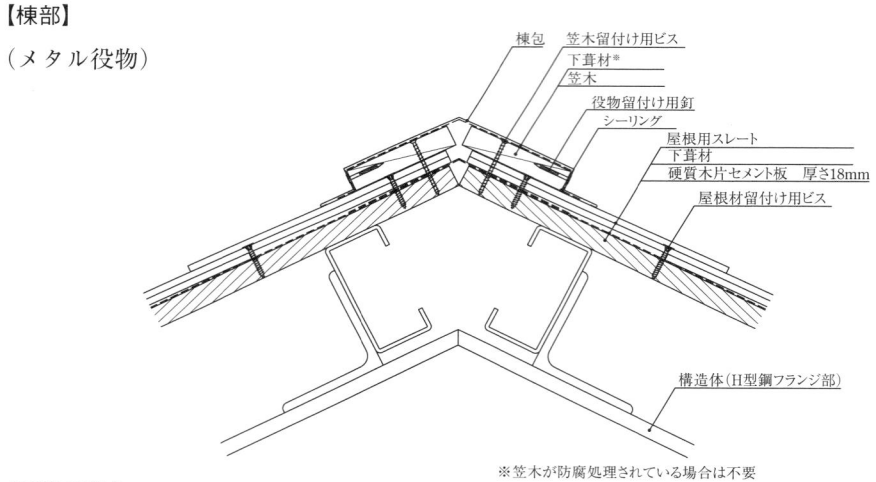

【棟部】

（メタル役物）

- 棟包
- 笠木留付け用ビス
- 下葺材※
- 笠木
- 役物留付け用釘
- シーリング
- 屋根用スレート
- 下葺材
- 硬質木片セメント板　厚さ18mm
- 屋根材留付け用ビス
- 構造体（H型鋼フランジ部）

※笠木が防腐処理されている場合は不要

（同質役物）

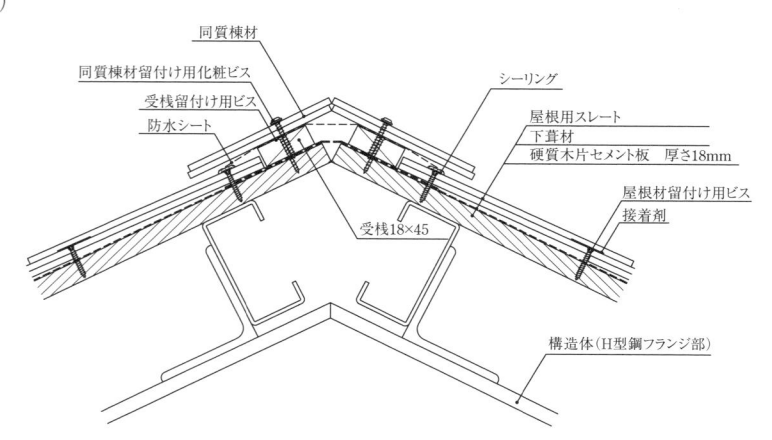

- 同質棟材
- 同質棟材留付け用化粧ビス
- 受桟留付け用ビス
- 防水シート
- シーリング
- 屋根用スレート
- 下葺材
- 硬質木片セメント板　厚さ18mm
- 受桟18×45
- 屋根材留付け用ビス
- 接着剤
- 構造体（H型鋼フランジ部）

6.4 — 屋 根　159

【軒先部】

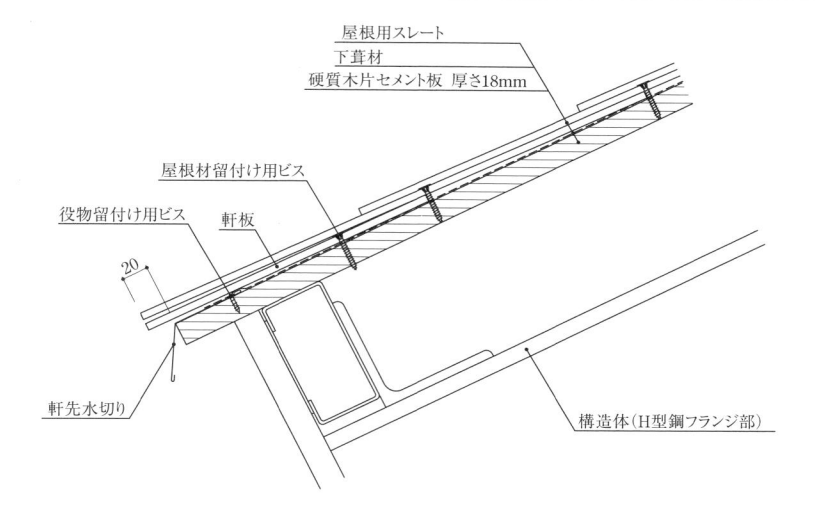

- 屋根用スレート
- 下葺材
- 硬質木片セメント板　厚さ18mm
- 屋根材留付け用ビス
- 役物留付け用ビス
- 軒板
- 軒先水切り
- 構造体(H型鋼フランジ部)
- 20

【けらば部】

（メタル役物）

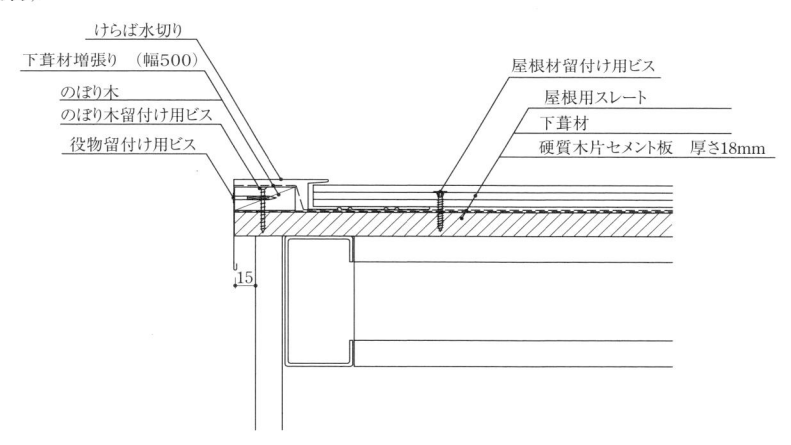

- けらば水切り
- 下葺材増張り（幅500）
- のぼり木
- のぼり木留付け用ビス
- 役物留付け用ビス
- 屋根材留付け用ビス
- 屋根用スレート
- 下葺材
- 硬質木片セメント板　厚さ18mm
- 15

（同質役物）

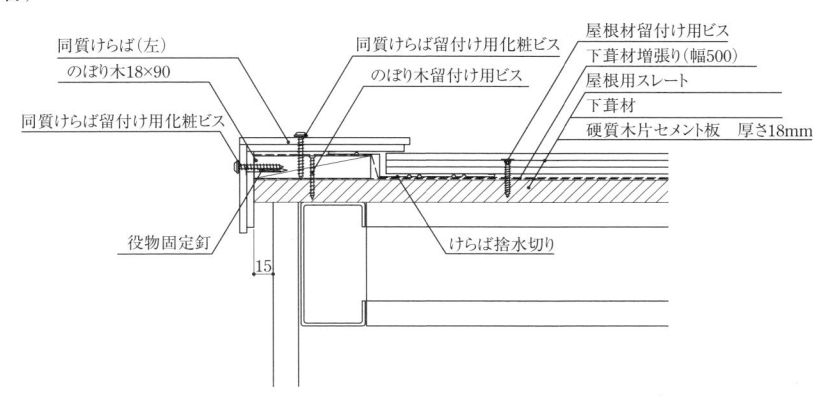

- 同質けらば（左）
- のぼり木18×90
- 同質けらば留付け用化粧ビス
- 同質けらば留付け用化粧ビス
- のぼり木留付け用ビス
- 屋根材留付け用ビス
- 下葺材増張り（幅500）
- 屋根用スレート
- 下葺材
- 硬質木片セメント板　厚さ18mm
- 役物固定釘
- けらば捨水切り
- 15

【隅棟部】

(メタル役物棟包)

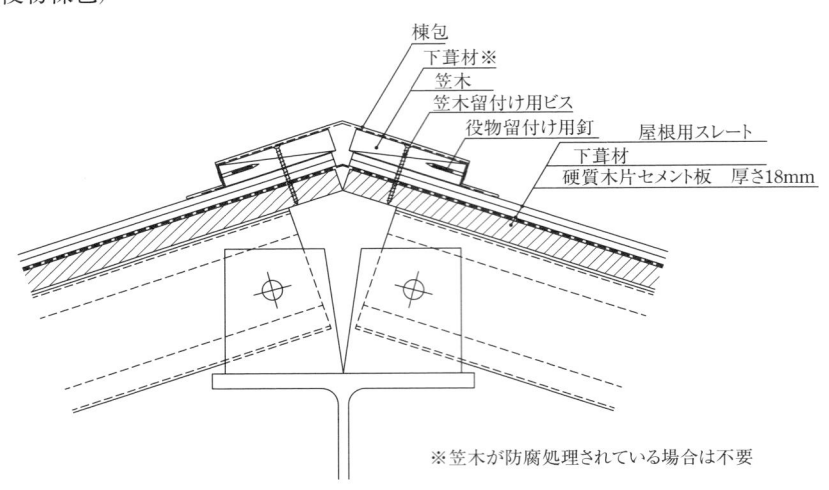

棟包
下葺材※
笠木
笠木留付け用ビス
役物留付け用釘
屋根用スレート
下葺材
硬質木片セメント板　厚さ18mm

※笠木が防腐処理されている場合は不要

(メタル役物棟コーナー)

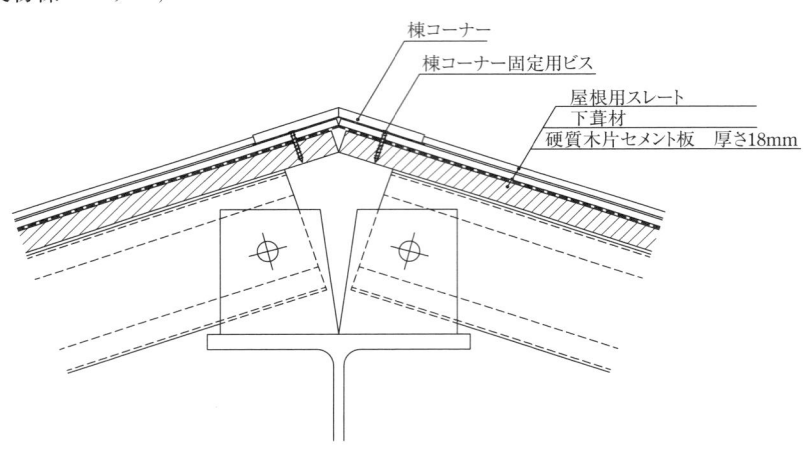

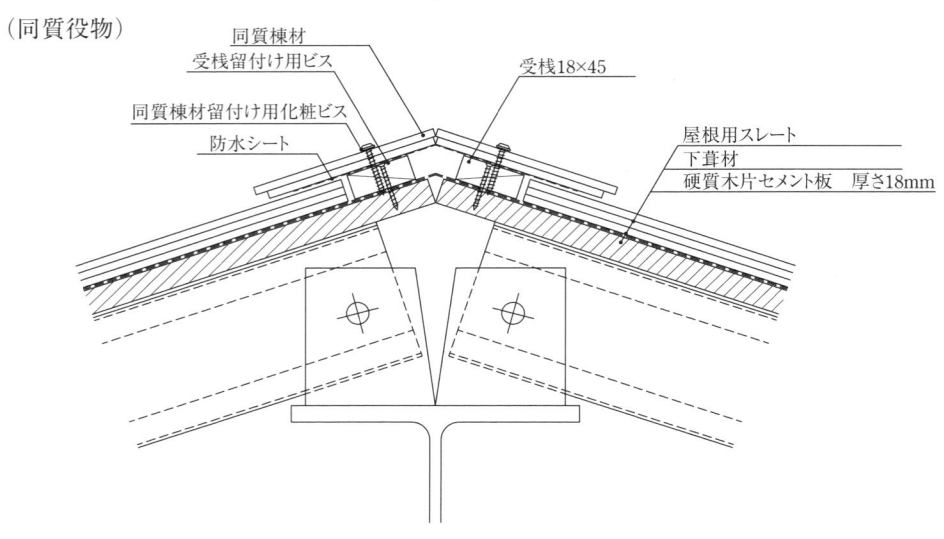

棟コーナー
棟コーナー固定用ビス
屋根用スレート
下葺材
硬質木片セメント板　厚さ18mm

(同質役物)

同質棟材
受桟留付け用ビス
同質棟材留付け用化粧ビス
防水シート
受桟18×45
屋根用スレート
下葺材
硬質木片セメント板　厚さ18mm

6.4 ― 屋　根

【谷部】

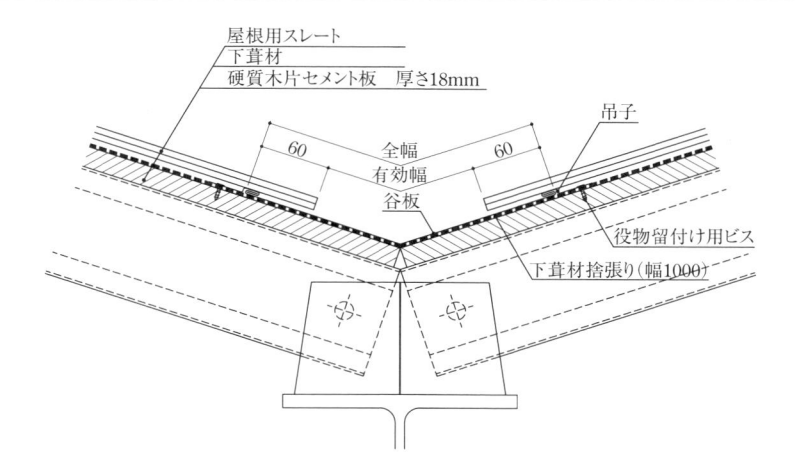

- 屋根用スレート
- 下葺材
- 硬質木片セメント板　厚さ18mm
- 吊子
- 全幅
- 有効幅
- 谷板
- 60
- 60
- 役物留付け用ビス
- 下葺材捨張り（幅1000）

【壁取合い部】

（桁行方向）

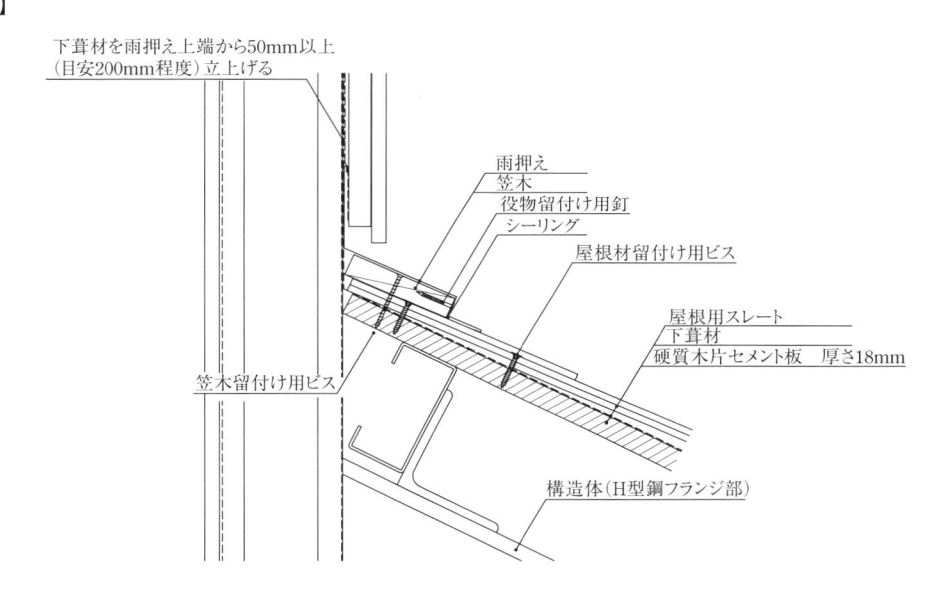

- 下葺材を雨押え上端から50mm以上（目安200mm程度）立上げる
- 雨押え
- 笠木
- 役物留付け用釘
- シーリング
- 屋根材留付け用ビス
- 屋根用スレート
- 下葺材
- 硬質木片セメント板　厚さ18mm
- 笠木留付け用ビス
- 構造体（H型鋼フランジ部）

（流れ方向）

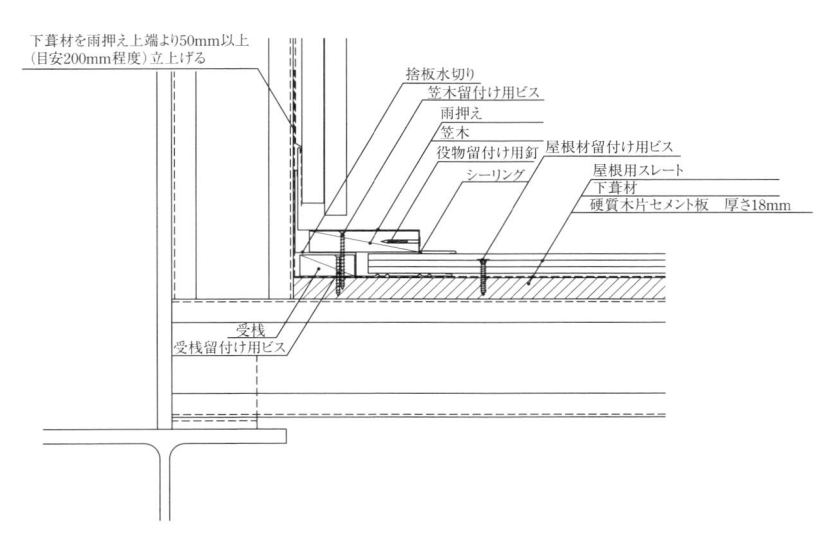

- 下葺材を雨押え上端より50mm以上（目安200mm程度）立上げる
- 捨板水切り
- 笠木留付け用ビス
- 雨押え
- 笠木
- 役物留付け用釘
- シーリング
- 屋根材留付け用ビス
- 屋根用スレート
- 下葺材
- 硬質木片セメント板　厚さ18mm
- 受桟
- 受桟留付け用ビス

6.5 メンテナンス

日ごろから紫外線や風雨にさらされ過酷な条件下にある屋根の機能・性能を維持するためには，定期的な点検と適切なメンテナンスを行うことが必要である。

メンテナンス計画については，各製造所による。

標準的なメンテナンス項目を表 6.5-1 に示す。

表 6.5-1　メンテナンス項目

項　目		点検項目	メンテナンス内容
屋根材	化粧	表面状態の確認	・美観上問題があれば専用塗料で再塗装
	基材	割れ・欠けなどの破損の有無を確認	・割れ・欠けなどの破損がある場合は，接着・差し替えなどの補修工事
		ズレなどの有無を確認	・ズレなどが認められる場合，接着剤などで補修
野地板		小屋裏から野地板の状況を確認	・雨漏れが認められた場合は，補修工事の実施 ・結露による腐朽などの不具合が認められた場合は，原因究明のうえ，対処
屋根役物 換気役物 （メタル）	表面	表面状態の確認	・専用塗料で再塗装
	基材	腐食の有無を確認	・赤さびなどの腐食が認められる場合は除去した後，再塗装 ・穴あきなどの腐食が認められる場合は交換
	納まり	浮き・ズレなどの有無を確認	・浮きやズレがある場合，取付け直し，もしくは交換
役物固定釘		抜け・腐食の有無を確認	・問題が認められる場合，打ち締めもしくは増し打ち
木材（笠木）		棟包を一部はずして腐朽の有無を確認	・腐朽が認められる場合，交換
シーリング		表面（三つ又）の亀裂の有無を確認	・亀裂がある場合，再施工

《参考文献》

1) JIS A 5423：2013　住宅屋根用化粧スレート
2) 『建築工事標準仕様書・同解説　JASS 12 屋根工事（第 2 版）』日本建築学会，2004

第7章……せっこうボード

7.1 歴史と製法

7.1.1 歴史

　せっこうボードは，19世紀末米国人オーガスチン・サケットによって発明されたサケットボードを基礎にして，その後，各種の改良が加えられ，1902（明治35）年に現在のせっこうボードの原形がつくられた。

　わが国においては，1921（大正10）年に米国の製品と製造方法を参考にして手工業的に生産が開始された。その製品は，帝国ホテル旧館（通称ライト館）に大量に使用され，竣工式の準備中に発生した関東大震災に被害が軽微であったことから，せっこうボードの耐火性，耐震性が社会の注目を集めたことが，その後の旧丸ビル，都内各地の復興小学校など当時の先進建築に普及していく遠因となった。

　第2次世界大戦を経て，せっこうボードは，高度成長期の住環境の変化に対応して，また，その防耐火性をはじめとする諸性能が社会に認められ，大きく生産量を伸ばした。その端緒となったのは，1949（昭和24）年都営戸山ハイツの火事であった。戸境壁にせっこうボードが採用されていたため，出火源の1戸を全焼しただけで，延焼を免れ，せっこうボードの耐火性に対する認識が急速に高まった。

　その後，石油ショックでは国を挙げて各種エネルギーの有効利用の議論があり，各種施策が打ち出されるなかにあって，せっこうボード業界では，製品の製造面，輸送を含む販売面に徹底した合理化を図り，いち早く対応した。

　また，1986（昭和61）年，政府の内需拡大のなかで住宅関連は大きな柱として位置づけられ，乾式耐火遮音壁工法の積極的な採用により，せっこうボードは建築物の高層化などに必要な不燃化に不可欠なものとして需要が増大し，現在に至っている。

　また，2014（平成26）年12月22日付でせっこうボードの日本工業規格（JIS A 6901 せっこうボード製品）が改正された。この改正では，製品厚さの許容差が，呼称厚さに対して，従来±0.5mmであったのが，+0.5mm（マイナスを認めない）となった。また，質量および比重について，これまでの参考質量の規定を発展解消した形で正式に規格として導入した。従来から防火材料規定での重量下限値の規制はあったが，今回JISとしても厚さ，質量および比重の規定を設けることで，せっこうボードの品質，とくに防耐火性能が厳格に管理されていることを社会に示すこととした。

　現在せっこうボード製品の製造メーカーは，10社21工場であり，2014（平成26）年度の生産量は5億2000万m^2に達している。

7.1.2 製 法

せっこうボードの製造設備には，せっこうの焼成，成形したボードの乾燥からなるせっこうボード本体の製造設備およびそのせっこうボードに裁断，表面化粧などを行う加工設備などがある。

このうち本体の製造設備は，せっこう原料の受入れからせっこうボード製品の製造まで，完全に合理化された連続生産方式が採られている（図7.1-1）。

受け入れたせっこう原料は，焼成装置で焼せっこうとなり，粒度を調整して，サイロに貯蔵される。その焼せっこうをサイロから引き出し，添加剤，混和材料が水とともに自動供給装置によりミキサーに送り込まれて，せっこうスラリーが生成される。これを連続的に供給されるせっこうボード用原紙の表紙および裏紙の間に流し込み，原紙に挟まれた板状の形態に成形される。

成形されたボードは，コンベヤによって運ばれるうちに硬化し，その終点において粗切断され，硬化終了時間を待って乾燥機に搬送される。乾燥機は，成形，硬化したせっこうボードを自動的，連続的に乾燥する方式である。乾燥後は，所定の長さに切断し，倉庫に格納する。

せっこうボードの加工設備は，加工用として製造されたせっこうボードを，化粧せっこうボードとするために，洋風天井板用に裁断，型押し，ペイント塗装，梱包する設備，および，和風天井用に木目印刷紙をラミネートし，裏桟を取り付け，梱包する設備などである。

また，せっこう原料のうち，建築物の新築現場からの回収せっこうが，数量を伸ばしており，全使用量の5％を超えている。

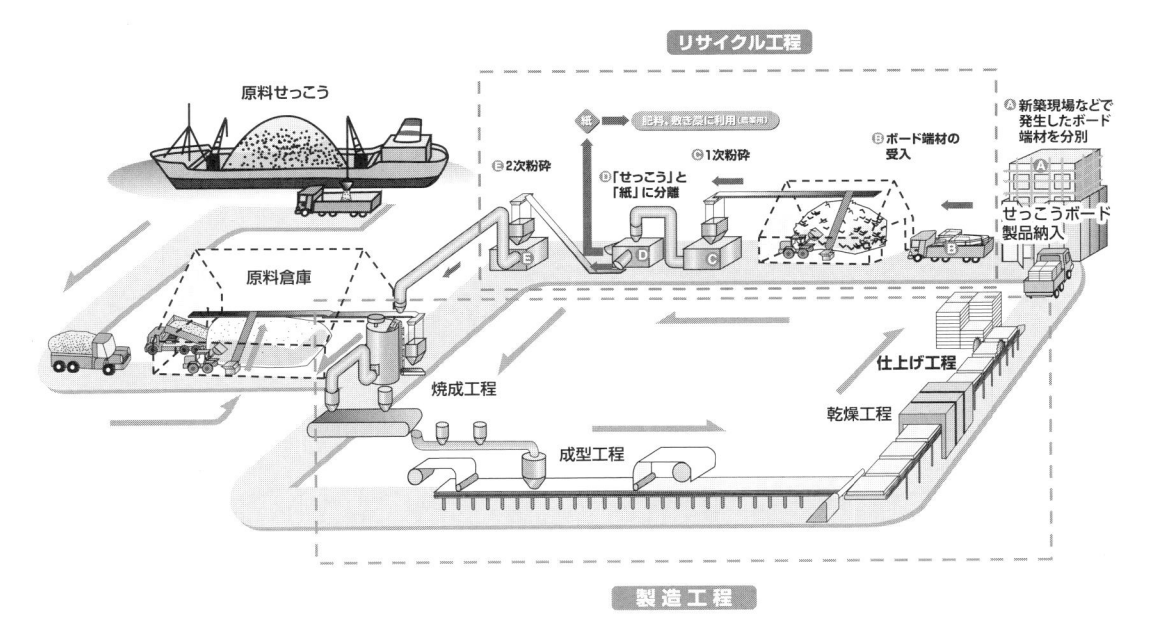

図7.1-1 せっこうボードの製造，リサイクルの概念図

7.2 製品と性能

7.2.1 製品の種類

製品の種類を表 7.2-1 に示す。

表 7.2-1　せっこうボード製品の種類と概要

種類 記号	厚さ (mm)	建築基準法の防火材料 認定番号	重量など	概要・特徴	主な使用部位・用途
せっこうボード GB-R	12.5 15.0	NM-8919	重量 8.1kg/㎡以上 比重 0.65 以上	せっこうを芯として，その両面および長さ方向の側面をボード用原紙で被覆成型したもの	壁・天井下地防火・準耐火遮音構造の構成材
		NM-8912	重量 9.6kg/㎡以上 比重 0.8 以上		
	9.5	QM-9828	重量 6.1kg/㎡以上 比重 0.65 以上		
	9.5	NM-8618	重量 6.3kg/㎡以上，比重 0.7 以上，有機質充填材 1 % 以下のボードにせっこうプラスターを 3mm 以上塗ったもの		せっこうプラスター塗装の下地材
シージング せっこうボード GB-S	9.5 12.5 15.0 16.0	QM-9826	重量 7.2kg/㎡以上，比重 0.8 以上，有機質充填材 2% 以下	両面のせっこうボード用原紙および芯のせっこうに防水処理を施したもので，GB-R に比較して吸水時の強度低下が生じにくいもの	台所，浴室など屋内の壁，天井および外壁の下地材
	12.5 15.0 16.0	QM-0493	*		
	12.5 15.0 16.0	NM-9639 NM-9346	*		
強化せっこうボード GB-F	12.5 15.0 16.0 18.0 21.0 25.0	NM-8615	重量 9.0kg/㎡以上，比重 0.75 以上，有機質充填材を混入	GB-R の芯に無機質繊維などを混入し，耐火性，耐衝撃性の向上を図ったもの	壁および天井の下地材，準耐火・耐火・遮音性構造の構成材
せっこうラスボード GB-L	9.5	NM-8617	厚さ 7mm 以上，重量 4.6～5.3kg/㎡，比重 0.7 の GB-L にせっこうプラスターを 8mm 以上塗ったもの	GB-R の表面に長方形のくぼみをつけたもの	せっこうプラスター塗装の下地材
化粧せっこうボード GB-D	12.5	NM-0127 NM-0128 NM-1734	*	GB-R の表面を化粧加工したもの	壁および天井の仕上げ材
	9.5	QM-9824	重量 6.3kg/㎡以上，比重 0.7 以上，有機質充填材 1 % 以下		
		QM-0524 QM-9072	*		
不燃積層 せっこうボード GB-NC	9.5	NM-1864 NM-0441 NM-2816 NM-2817	*	GB-R の表面紙を不燃性せっこうボード用原紙にしたもの	壁および天井の下地材
普通硬質 せっこうボード GB-R-H	9.5 12.5 15.0	NM-9645 NM-9692 NM-1908 NM-1139	*	耐衝撃性が GB-F の約 1.2 倍以上，曲げ破壊荷重が GB-R の約 1.3 倍以上硬質なもの	間仕切，通路，廊下などの壁，腰壁および防耐火遮音各種構造材の下地材

7.2 — 製品と性能

名称	厚さ	認定番号	条件	概要	用途
シージング硬質せっこうボード GB-S-H	9.5 12.0 15.0 16.0	NM-9364 NM-1139	*	GB-R-Hの性能を保持したまま，防水処理を施したもの	屋内の壁，天井および外壁の下地材
化粧硬質せっこうボード GB-D-H	12.5 15.0	NM-8614	重量9.6kg/m²以上，比重0.8以上，有機質充填材混入せず	GB-R-Hの性能を保持したまま，表面化粧を施したもの	壁および天井の仕上げ材
	12.5 15.0	NM-1139	*		
	9.5	QM-9824	重量6.3kg/m²以上，比重0.7以上，有機質充填材1%以下		
	9.5	NM-1139	*		
構造用せっこうボード A種	12.5 15.0	NM-8615	重量9.0kg/m²以上，比重0.75以上，有機質充填材を混入	GB-Fの性能を保持したまま，釘側面抵抗を750N以上にしたもの	耐力壁用の面材
構造用せっこうボード B種	12.5 15.0 16.0 18.0 21.0 25.0			GB-Fの性能を保持したまま，釘側面抵抗を500N以上にしたもの	
吸放湿せっこうボード GB-R-Hc	12.5 15.0	NM-0530 NM-9417	*	GB-R, GB-Sなどの性能を保持したまま，吸放湿性能を約3倍に高めたもの	吸放湿性能によって室内の湿度を一定範囲内に保つ壁，天井の下地材および仕上げ
	9.5	QM-0172 QM-9071	*		
GB-S-Hc	12.5 15.0 16.0	NM-0530	*		
	9.5	QM-0172	*		
GB-D-Hc	12.5 15.0	QM-0530 NM-9455	*		
	9.5	QM-0172 NM-9086	*		
GB-S-Hc GB-F-Hc その他	9.5 12.5 15.0 16.0 18.0 21.0 25.0		各品種（不燃，準不燃）の認定番号		
吸音用あなあきせっこうボード		QM-9827	重量6.0kg/m²以上，不燃性シートを裏打ちしたもの	GB-Rに吸音用に貫通した穴（φ6mm）を22mmピッチに均等に加工し不燃性シートなどで裏張りしたもの	
		—	重量6.0kg/m²以上，クラフト紙を裏打ちしたもの		
化粧せっこう吸音ボード	9.5 12.5	QM-9822	重量6.0kg/m²以上，不燃性シートを裏打ちしたもの	GB-Rに吸音用に貫通した穴（φ10mm以内）をランダムにまたは等間隔に加工し，不燃性シートなどで裏張りしたもので，表面を化粧加工したもの。	天井の仕上げ材
		—	重量6.0kg/m²以上，クラフト紙を裏打ちしたもの		
特殊せっこう吸音ボード		QM-9825	重量5.0kg/m²以上，施工時に右記の充填材料を裏張りしたもの	GB-Rに吸音用に貫通した穴（φ13.4mm）を24.0mmピッチに均等に加工したもので，裏面にロックウールフェルトまたはグラスウール保温材を施工時に裏張りしたもの。	
		—	重量5.0kg/m²以上，充填材料なし		

（注）＊：各社個別認定製品のため認定条件は省略。

7.2.2 製品の性能など

主な製品の性能などを図 7.2-1 および表 7.2-2 〜 10 に示す。

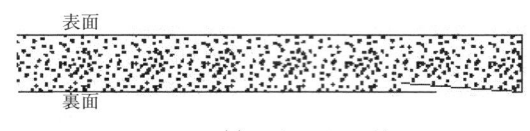

(a) スクェアエッジ

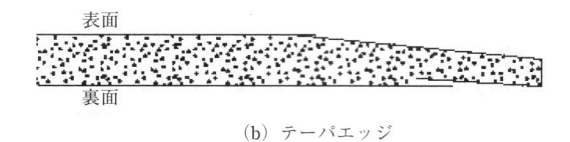

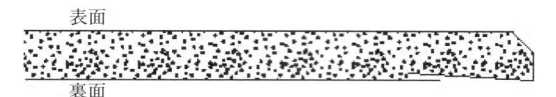

(b) テーパエッジ

(c) ベベルエッジ

図 7.2-1 せっこうボードの代表的な側面加工形状

表 7.2-2 せっこうボード（GB - R）の性能

性能項目		厚さ mm		
		9.5	12.5	15.0
単位面積当たりの質量　kg/m²		6.2 〜 9.0	8.1 〜 11.7	9.8 〜 14.0
比重		0.65 〜 0.90	0.65 〜 0.90	0.65 〜 0.90
含水率　%		3 以下		
曲げ破壊荷重 N	長さ方向	360 以上	500 以上	650 以上
	幅方向	140 以上	180 以上	220 以上
難燃性または発熱性		難燃2級または発熱性2級以上	難燃1級または発熱性1級	難燃1級または発熱性1級
熱抵抗　m²・K/W		0.043 以上	0.057 以上	0.068 以上

表7.2-3 シージングせっこうボード (GB-S) の性能

性能項目		厚さ mm			
		9.5	12.5	15.0	16.0
単位面積当たりの質量　kg/m²		6.2～9.0	8.1～11.7	9.8～14.0	10.4～14.9
比重		0.65～0.90	0.65～0.90	0.65～0.90	0.65～0.90
含水率　%		3以下			
曲げ破壊荷重[注1]　N	乾燥時	360以上	500以上	650以上	700以上
	湿潤時	220以上	300以上	390以上	420以上
吸水時耐剥離性		芯のせっこうと原紙とが剥離してはならない。			
吸水性	全吸水率　%	10以下			
	表面吸水量　g	2以下			
難燃性または発熱性		難燃2級または発熱性2級以上			
熱抵抗　m²・K/W		0.040以上	0.052以上	0.063以上	0.067以上

(注) 1. 曲げ破壊荷重は，長さ方向に載荷した場合の値とする。

表7.2-4 強化せっこうボード (GB-F) の性能

性能項目		厚さ mm					
		12.5	15.0	16.0	18.0	21.0	25.0
単位面積当たりの質量　kg/m²		9.4～12.4	11.3～14.7	12.0～15.7	13.5～17.6	15.8～20.4	18.8～24.2
比重		0.75～0.95	0.75～0.95	0.75～0.95	0.75～0.95	0.75～0.95	0.75～0.95
含水率　%		3以下					
曲げ破壊荷重　N	長さ方向	500以上	650以上	680以上	750以上	850以上	1 000以上
	幅方向	180以上	220以上	230以上	270以上	320以上	380以上
耐衝撃性		くぼみの直径が25 mm以下で，かつ，亀裂が貫通してはならない。					
耐火炎性		破断して落下しない。					
難燃性または発熱性		難燃1級または発熱性1級					
熱抵抗　m²・K/W		0.052以上	0.063以上	0.067以上	0.075以上	0.088以上	0.104以上

表7.2-5 せっこうラスボード (GB-L) の性能

性能項目		厚さ mm	
		9.5	12.5
単位面積当たりの質量　kg/m²		6.2～9.0	8.1～11.7
比重		0.65～0.90	0.65～0.90
含水率　%		3以下	
曲げ破壊荷重　N	長さ方向	180以上	250以上
	幅方向	125以上	160以上

表 7.2-6　化粧せっこうボード（GB - D）の性能

性能項目		厚さ　mm		
		9.5	12.5	15.0
単位面積当たりの質量　kg/m²		6.2 〜 9.0	8.1 〜 11.7	9.8 〜 14.0
比重		0.65 〜 0.90	0.65 〜 0.90	0.65 〜 0.90
含水率　%		3 以下		
曲げ破壊荷重[注1]　N	長さ方向	360 以上	500 以上	650 以上
	幅方向	140 以上	180 以上	220 以上
耐変退色性		変色は，変退色用グレースケール 3 号以上を合格とする。また，表面に割れ，膨れ，しわなどを生じてはならない。		
耐衝撃性[注2]		くぼみの直径が 25 mm 以下で，かつ，亀裂が貫通してはならない。		
難燃性または発熱性		難燃 2 級または発熱性 2 級以上	難燃 1 級または発熱性 1 級	難燃 1 級または発熱性 1 級
熱抵抗　m²・K/W		0.043 以上	0.057 以上	0.068 以上

（注）1. 表面に型押し加工した場合の曲げ破壊荷重は，この表の値の 75 % 以上とする。
　　　2. 表面に型押し加工したものには，適用しない。

表 7.2-7　不燃積層せっこうボード（GB - NC）の性能

性能項目		厚さ　mm
		9.5
単位面積当たりの質量　kg/m²		6.2 〜 9.0
比重		0.65 〜 0.90
含水率　%		3 以下
曲げ破壊荷重[注1]　N	長さ方向	360 以上
	幅方向	140 以上
耐変退色性[注2]		変色は，変退色用グレースケール 3 号以上を合格とする。また，表面に割れ，膨れ，しわなどを生じてはならない。
耐衝撃性[注3]		くぼみの直径が 25 mm 以下で，かつ，亀裂が貫通してはならない。
難燃性または発熱性		難燃 1 級または発熱性 1 級
熱抵抗　m²・K/W		0.043 以上

（注）1. 表面に型押し加工した場合の曲げ破壊荷重は，この表の値の 75 % 以上とする。
　　　2. 表面化粧なしのものには，適用しない。
　　　3. 表面化粧を施したものに適用するが，表面に型押し加工したものには，適用しない。

表 7.2-8　普通硬質せっこうボード（GB - R - H）の性能

性能項目		厚さ　mm		
		9.5	12.5	15.0
単位面積当たりの質量　kg/m²		8.6 〜 14.5	11.3 〜 18.9	13.5 〜 22.5
比重		0.90 〜 1.45	0.90 〜 1.45	0.90 〜 1.45
含水率　%		3 以下		
曲げ破壊荷重　N	長さ方向	500 以上	700 以上	910 以上
	幅方向	200 以上	250 以上	310 以上
耐衝撃性		くぼみの直径が 20 mm 以下で，かつ，亀裂が貫通してはならない。		
難燃性または発熱性		難燃 2 級または発熱性 2 級以上	難燃 1 級または発熱性 1 級	難燃 1 級または発熱性 1 級
熱抵抗　m²・K/W		0.026 以上	0.035 以上	0.042 以上

表 7.2-9　吸音用あなあきせっこうボードの品質および寸法

(単位：mm)

種類	種類の記号	種類の細分	厚さ 呼び厚さ	厚さ 許容差	吸音性能	幅 基準寸法	幅 許容差	長さ 基準寸法	長さ 許容差	曲げ破壊荷重[a] (N)	含水率 (%)
吸音用あなあきせっこうボード	GB-P	φ 6-22	9.5	+0.5 0	0.3S 0.3U	455 910	0 -3	910	+3 0	110 以上	3.0 以下
						910		1820			
			12.5			455 910		910		130 以上	
						910		1820			
		φ 13.4-24	9.5		0.3S	910		910		40 以上	
			12.5							55 以上	
		ランダム	9.5		0.3S 0.3U 0.5U	455 910		910		—	
						910		1820			
			12.5			455 910		910			
						910		1820			

(注) 幅および長さについて，この表に規定する以外の寸法は，受渡当事者間の協議によって定めてもよい。ただし，その許容差は，この表による。
注[a] 曲げ破壊荷重は，成形時の流れ方向に直角に載荷した場合の値とする。

表 7.2-10　吸音用あなあきせっこうボードの孔径・ピッチ

(単位：mm)

種類	種類の記号	種類の細分	孔径 基準寸法	孔径 許容差	ピッチ 基準寸法	ピッチ 許容差	基準開口率[a] (%)	(参考)	孔の数および材料寸法 孔の数	孔の数および材料寸法 幅×長さ
吸音用あなあきせっこうボード	GB-P	φ 6-22	6	±0.5	22	±0.5	5.2～6.4		20×40	455×910
									40×40	910×910
									40×80	910×1 820
		φ 13.4-24	13.4		24		22.0～27.0		32×36	910×910
		ランダム	—		—		—			

(注) ランダムとは，孔径・ピッチが φ 6-22 および φ 13.4-24 以外のもので，孔径（孔形状を含む），ピッチ，基準開口率および孔の数と材料寸法は，受渡当事者間の協議によって定めてもよい。寸法を受渡当事者間の協議によって定める場合は，その寸法に対する許容差についても受渡当事者間の協議によって定める。
注[a] 基準開口率は，標準的孔あけ部分（周辺部および帯を除いた部分）について計算した値とする。

7.2.3　製品の寸法

製品の寸法は，JIS に規定されている。その概要は以下のとおりである。
① 製品厚さは，品種ごとにその性能および用途に合わせて決められている（**表 7.2-2 ～ 10**）。
② 製品幅および長さは，各品種とも幅 910mm，長さ 1 820mm のものを標準として，品種ごとに決められている。
③ 全品種について，製品寸法の許容差は，呼称寸法に対して，厚さは＋0.5mm，長さ＋3mm，幅 − 3mm と規定されている。

7.2.4 防耐火性能

せっこうボードは，優れた防耐火性能を有する材料であり，防火や耐火性能の高いレベルが要求される多くの建築物の壁や天井などの内装材料および間仕切壁などに多く用いられている。

日本工業規格で規定するせっこうボードは，すべて準不燃材料以上に適合し，厚さ 12.5 mm 以上のものは，シージングせっこうボードを除いて不燃材料に該当する。

また，せっこうボードの多層張り，他材料との積層および複合化により，間仕切壁および外壁などの区画構成部材として用いられ，室内火災の拡大や延焼を阻止するとともに，建築構造部材を火災から効果的に保護する主要な防耐火材料である。

(1) 耐火構造

耐火構造とは，壁，柱，床その他の建築物の部分の構造のうち，耐火性能（通常の火災が終了するまでの間当該火災による建築物の倒壊および延焼を防止するために当該建築物の部分に必要とされる性能をいう）に関して政令で定める技術的基準に適合する鉄筋コンクリート造，れんが造その他の構造で，国土交通大臣が定めた構造方法を用いるものまたは国土交通大臣の認定を受けたものをいう。

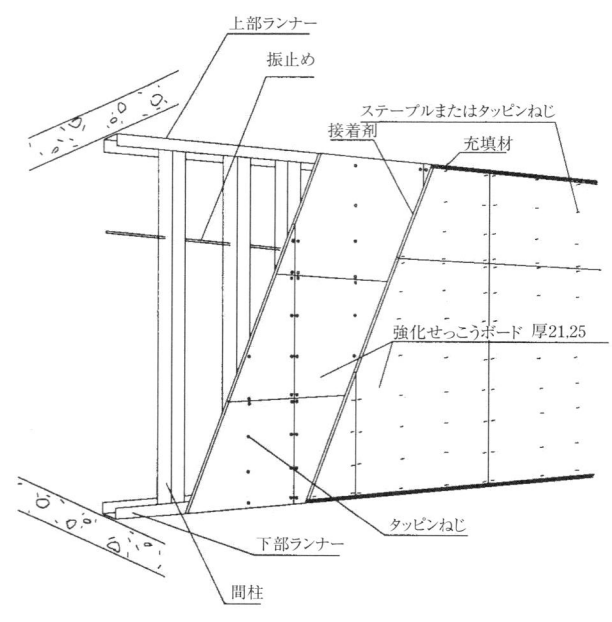

図 7.2-2 耐火 1 時間（間仕切壁）の例

(2) 準耐火構造

準耐火構造とは，壁，床，柱などの建築物の部分の構造のうち，準耐火性能の基準に適合する

構造で，国土交通大臣が定めたものまたは国土交通大臣の認定を受けたものをいう。その構造例を図 7.2-3 および図 7.2-4 に示す。

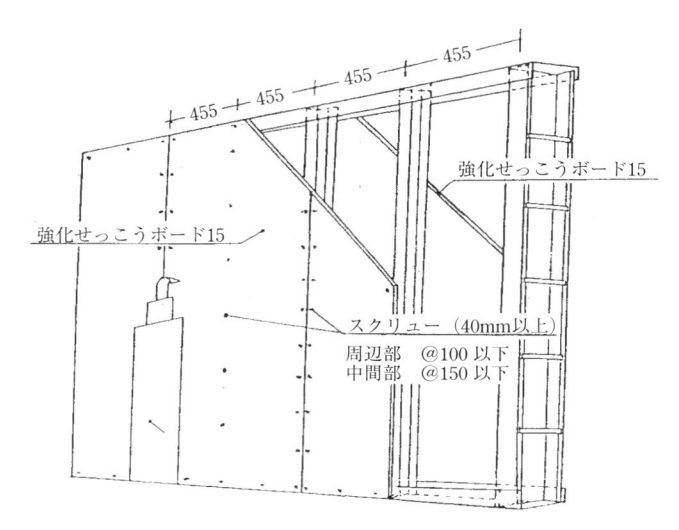

図 7.2-3　間仕切壁（耐力）準耐火構造例
（QF060BP-9072　石膏ボード工業会）

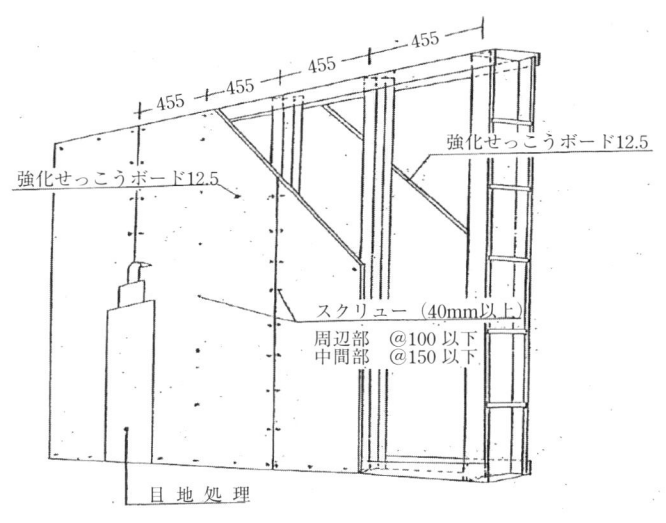

図 7.2-4　間仕切壁（耐力）準耐火構造例
（QF045BP-9071　石膏ボード工業会）

(3) 防火構造

防火構造とは，建物の外壁や軒裏について，建物の周囲で火災が発生した場合に，外壁や軒裏が延焼を抑制するために一定の防火性能を持つような構造のことである。

具体的には，防火構造の詳しい内容は告示（平成 12 年建設省告示 1359 号）で規定されている。たとえば木造建築物の場合には，その外壁において屋外側を鉄網モルタル塗り，屋内側をせっこ

うボード張りとすることにより，防火構造とすることができる。

7.2.5 遮音性能

快適な住空間をつくるためには，遮音が重要であることは言を待たない。せっこうボード製品が住居その他各種建築物に使用され，年々その居住性，用途に応じた要求が高まるにつれ，せっこうボードメーカーもその要求に応えるべく，たゆまぬ開発を続けてきた。

遮音性能についても，せっこうボードは乾式間仕切壁としてその性能を発揮し，現在では高層，超高層のみならず中低層のマンション，ホテルなどの界壁にも多く用いられるようになっている。

2003（平成15）年の石膏ボード工業会主催講演会の内容から，**表7.2-11**にRC壁と乾式戸境壁の比較の一例を示す。乾式戸境壁と同じ壁厚のRC壁の遮音性能は9dB低く，また，乾式戸境壁と同等の遮音性能を得るためには，RC壁はその厚さを2倍程度にしなければならないことがわかる。

表7.2-11　せっこうボードを用いた高性能遮音構造の例

	(A)	(B)	(C)
戸境壁の種類	せっこうボードを用いた乾式戸境壁	RC壁	
壁厚	136mm		260mm
水平断面図	硬質せっこうボード厚9.5mm／グラスウール24kg 50mm／強化せっこうボード厚21mm／スタッド（千鳥配置）　壁厚136mm	鉄筋コンクリート（比質2.4）　壁厚135mm	鉄筋コンクリート（比質2.4）　壁厚260mm
壁単体の遮音性能	TL_D-56	約 TL_D-47	約 TL_D-55
壁の重量（壁 $1m^2$ 当たり）	約62kg	約365kg	約624kg

7.2.6 吸音性能

せっこうボードの音響性質についてもうひとつ吸音特性が挙げられる。吸音とは，室内で発生する音あるいは室内に侵入してきた音を吸収，調整する性能である。

せっこうボードには，吸音性能を高めた吸音用あなあきせっこうボード（GB-P）がある。これは，共鳴原理を応用したもので，共鳴箱内における空気振動により音のエネルギーを減衰させる材料である。この原理によれば，気密につくった容器に短い管を付けた共鳴箱を多数並べたものが吸音用せっこうボードであるといえる。

一般的にあなあき吸音板では，孔のサイズ，空気層の厚さなどで吸音領域が変わる。したがっ

多孔質吸音材料下地吸音用あなあきせっこうボード

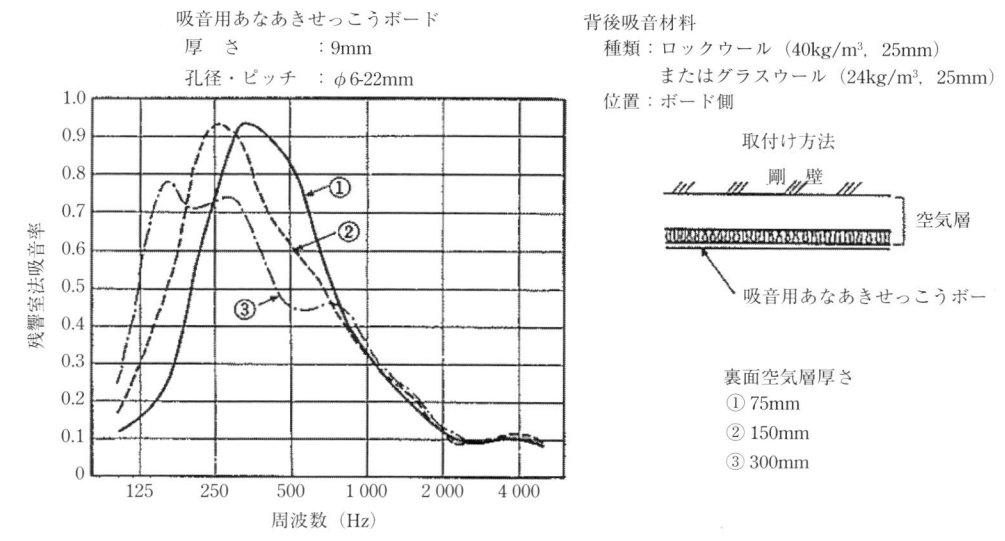

図7.2-5 吸音用あなあきせっこうボードの吸音特性（出典：騒音・振動対策ハンドブック）

て，低・中・高音の各音域にわたって吸収するが，とくに吸音用あなあきせっこうボードの場合は，軟質通気性材料では比較的困難とされている低温および人の話し声などを十分に吸収させる目的で600～700Hz付近に吸音率のピークが来るようになっている。

吸音用あなあきせっこうボードの吸音特性の例を**図7.2-5**に示す。

7.2.7　熱抵抗

住宅の断熱性は，その居住性の中で重要な位置を占めており，その認識および顧客の認識は年々高まっている。具体的には，住宅の壁や屋根などの断熱性を高めて快適な室内環境をつくり上げることである。

壁および天井に数多く使用されている各種せっこうボードには，せっこうボードの品種の比重により定まる熱伝導率から製品厚さごとに算出された熱抵抗値が規格化されている（**表7.2-2～8**）。

7.3 設計上の注意

① 内装下地仕上げ材の下地として使用する場合のうち，地下室，浴室，屋内プール，サウナ室など「常に湿気が著しい」「結露が絶えない」「漏水が回り込むおそれがある」のいずれかに該当する条件の部屋への施工は避けること。

② 外壁や屋根の下地として使用する場合，「屋内側の湿気が常に著しい」「結露が絶えない」「漏水が回り込むおそれがある」のいずれかに該当する条件の場所への施工は避けること。

③ 湿度が高くなるとかびが発生するおそれがあるので，十分に換気または除湿を行うこと。

④ 漏水・雨漏りなどにより水に濡れて吸水した場合には，剥落や落下のおそれがあるので，必ず張替えを行うこと。

⑤ せっこうボードの長期曝露耐熱温度の上限，すなわち，常時または長期間の雰囲気曝露温度の上限は約50℃である。このような雰囲気温度に長期間さらされると，せっこう（二水せっこう）の結晶水が徐々に減少するので，せっこうボードとしての強度が低下するとともに防火性能も低下するので，このような雰囲気温度が想定される場所への施工は避けること。

⑥ 照明器具，冷暖房器具，換気扇，棚板などは，必ず，これらの荷重に耐えうる下地や補強板を使って施工すること。

⑦ アンカー，フックなどの取付け金具は，カタログやパッケージに記載されている制限重量を厳守すること。重量超過の場合には落下のおそれがある。

⑧ 製品の切断，加工，施工に際しては，粉塵が発生する場合があるので，粉塵が目，鼻，口に入らないように，安全メガネ，防塵マスク（国家検定に合格したもの）を着用すること。

⑨ 建築物に，地震などによる変形が予想される場合には，その変形に応じた隙間寸法および下地組みの補強など，設計面での配慮が必要である。

7.4 下地材および副構成材料

7.4.1 鋼製下地の材料

（1）壁

1）スタッド，ランナー，振れ止めおよびスペーサー

JIS A 6517（建築用鋼製下地材（壁・天井））を標準とする。

表 7.4-1 鋼製下地材の種類（JIS A 6517 より）

（単位：mm）

部材 種類	スタッド 記号	スタッド 寸法	ランナー 記号	ランナー 寸法	振れ止め 記号	振れ止め 寸法	スタッドの高さによる区分
50 形	WS-50	50×45×0.8	WR-50	52×45×0.8	WB-90	19×10×1.2	2.7m 以下
65 形	WS-65	65×45×0.8	WR-65	67×45×0.8			2.7m 以下
75 形	WS-75	75×45×0.8	WR-75	77×45×0.8			4.0 m 以下
90 形	WS-90	90×45×0.8	WR-90	92×45×0.8	WB-25	25×10×1.2	4.0m を超え 4.5m 以下
100 形	WS-100	100×45×0.8	WR-100	102×45×0.8			4.5 m を超え 5.0m 以下

図 7.4-1 鋼製壁下地材

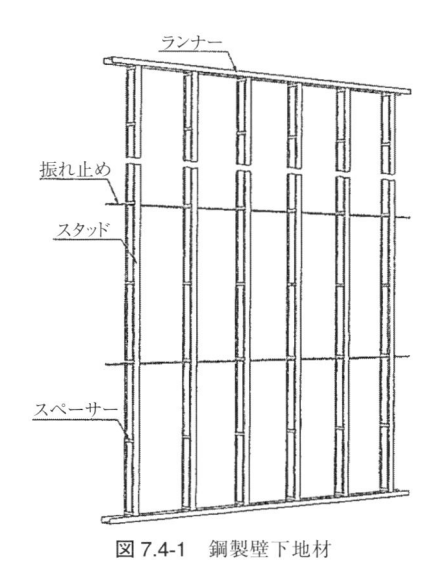

2）開口部の補強材

① 出入り口およびこれに類する開口部の補強材と，その取付け用金物の種類は，**表 7.4-2** を標準とする。

表7.4-2　出入り口およびこれに準ずる開口部の補強材

(単位：mm)

部材 種類	開口部の補強材	開口部補強材取付け用金物
65形	[－60×30×10×2.3	L-30×30×3
75形		
90形	[－75×45×15×2.3	L-50×50×4
100形	2[－75×45×15×2.3	

② 65形・75形で補強材の長さが4.0mを超える場合は，2本抱き合わせ上下端部および間隔を600mm程度に溶接して組み立てたものを用いる。

③ ダクト類の小規模な開口部の補強材は，開口部のある壁に使用したスタッドまたはランナーと同材とする。

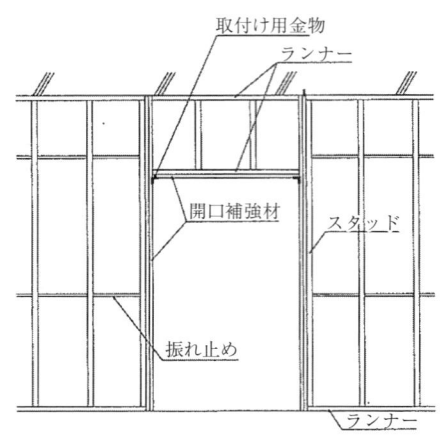

図7.4-2　開口補強材

3) 補強材などの防錆

① 開口部補強材およびその取付け用金物は，さび止め塗装または亜鉛めっきを行ったものとする。

② 組立ておよび取付け用の打込み・ピン・タッピンねじ・ボルトなどは，亜鉛めっきを行ったものとする。

(2) 天　井

1) 野縁および野縁受け

野縁および野縁受けは，JIS A 6517（建築用鋼製下地材（壁・天井用））を標準とする。

2) 附属金物

ハンガー，クリップ，野縁ジョイント，野縁受けジョイントおよびナットは，JIS A 6517を標準とする。

表7.4-3　鋼製下地材の種類（JIS A 6917 より）

(単位：mm)

種類＼部材	シングル野縁		ダブル野縁		野縁受け	
	記号	寸法	記号	寸法	記号	寸法
19形	CS-19	25×19×0.5	CW-19	50×19×0.5	CC-19	38×12×1.2
25形	CS-25	25×25×0.5	CW-25	50×25×0.5	CC-25	38×12×1.6

表7.4-4　天井下地材附属金物の種類

(単位：mm)

付属金物＼部材	19形	25形
ハンガー	板厚 2.0 以上	
クリップ	板厚 0.6 以上	板厚 0.8 以上
野縁ジョイント	板厚 0.5 以上	
野縁受けジョイント	板厚 1.0 以上	
吊りボルト	転造ねじ，ねじ山 9.0（円筒部径 8.1 以上）	
ナット	高さ 8.0 以上	

（注）野縁受けジョイントのバックアップ材の厚さは，0.8mm 以上とする。

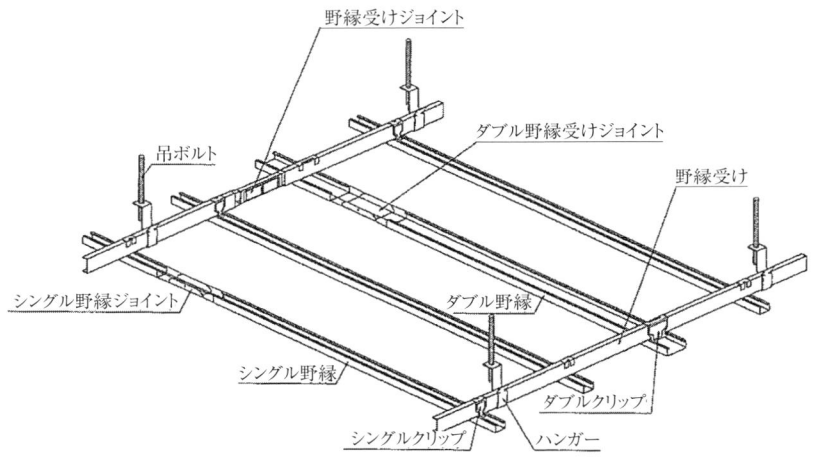

図7.4-3　天井下地材および天井下地付属金物

3) インサート

　インサートは，鋼製とし，防錆処理を行ったものとする。

4) 振れ止め

　① 吊りボルトの振れ止めは，吊りボルトと同材または溝形鋼（L-19×10×1.2mm）と同等以上とする。いずれの振れ止め材も，亜鉛めっきまたはさび止め塗装を施したものとする。

　② 天井に段違いがある場合の振れ止めは，山形鋼（L-30×30×3mm）と同等以上とする。

5) 開口部の補強材

　① 照明器具・ダクト吹出し口などの補強材は，野縁または野縁受けと同材とする。

② 天井点検口の補強材は，野縁受けと同材とする。

7.4.2 副構成材料

(1) 取付け用金物

① せっこうボードの取付けに使用する金物は，下地の種類，引抜耐力，せっこうボードの厚さなどに応じ，適切な取付け用金物を選定する。

② せっこうボードを壁・天井の木製下地または鋼製下地に取り付ける場合は，以下の取付け用金物を標準とし，下地の種類との関係は，**表 7.4-5** による。

なお，せっこうボードを重ね張りする場合も同様とする。

　　JIS A 5508（くぎ）に規定されるせっこうボード用釘，ステンレス釘
　　JIS B 1112（十字穴付き木ねじ）
　　JIS B 1125（ドリリングタッピンねじ）
　　JIS A 5556（ステープル）

表 7.4-5　取付け用金物

下地	取付け用金物
木製	せっこうボード用釘 ステンレス鋼釘 十字穴付き木ねじ
鋼製	ドリリングタッピンねじ
せっこうボード（重ね張り）	ステープル（接着剤併用） 十字穴付き木ねじ（木製下地） ドリリングタッピンねじ（鋼製下地）

③ 仕上げとなるせっこうボードに使用する釘などは，専用の化粧せっこうボード用釘および化粧ドリリングタッピンねじなど，防錆処理を施したものである。

④ 使用環境によって取付け用金物の腐食が予想される場合は，亜鉛めっきまたは亜鉛めっきにクロメート処理を施したもののほか，ステンレス鋼・黄銅製，もしくは塗装を施したものを使用する。

(2) 接着剤

1) 壁施工の場合

接着剤は JIS A 5538（壁・天井ボード用接着剤）を標準とし，その種類を**表 7.4-6** に示す。ホルムアルデヒド放散量については，F☆☆☆☆とする。

2) 天井施工の場合

接着剤は，JIS A 5538（壁・天井ボード用接着剤）を標準とし，その種類を**表 7.4-7** に示す。ホルムアルデヒド放散量については，F☆☆☆☆とする。

ただし，せっこうボードを重ね張りするときは，せっこうボードメーカーが指定する防耐火性

表 7.4-6　壁施工用接着剤の種類（JASS 26 より）

下　地	接着剤	備　考
木製単板積層材	酢酸ビニル（片面塗布） 合成ゴム（両面塗布）	エマルション形，溶剤形（仮押えを要す） 溶剤形
鋼製	酢酸ビニル（片面塗布） 合成ゴム（両面塗布）	溶剤形（釘，小ねじ併用） 溶剤形
せっこうボード（重ね張り）	酢酸ビニル（片面塗布） 合成ゴム（両面塗布）	エマルション形，溶剤形（釘，ねじ併用） 溶剤形（釘，ねじ併用）

（注）1．湿気のおそれのある場合は，シージングせっこうボードを用いる。
　　　2．ただし，せっこうボードを重ね張りするときは，せっこうボードメーカーが指定する防耐火性能に優れる無機質系接着剤を使用する場合がある。

表 7.4-7　天井施工用接着剤の種類（JASS 26 より）

下　地	接着剤	備　考
木製	酢酸ビニル（片面塗布） 合成ゴム（両面塗布）	エマルション形，溶剤形（釘，ねじ併用） 溶剤形（釘，ねじ併用）
鋼製	合成ゴム（両面塗布）	溶剤形（ドリリングタッピンねじ併用）
せっこうボード（重ね張り）	酢酸ビニル（片面塗布） 合成ゴム（両面塗布）	エマルション形，溶剤形（釘，ねじ併用） 溶剤形（釘，ねじ併用）

能に優れる無機質系接着剤を使用する場合がある。

(3) 継目処理材

せっこうボードの継目処理材は，JIS A 6914（せっこうボード用目地処理材）を標準とする。

表 7.4-8　継目処理材

継目処理材の名称	材質・タイプ		用途・部位	備　考
ジョイントコンパウンド	粉末状	反応硬化型	主として下塗用	継　目 入　隅 出　隅	JIS A 6914 （せっこうボード用目地処理材）
		乾燥硬化型	下，中，上塗兼用		
	ペースト状	乾燥硬化型	下，中，上塗兼用		
ジョイントテープ	紙　製 ガラス繊維製		継　目 入　隅	－

(4) 隙間充填材

せっこうボード張りの四周部あるいは設備器具との取合い部などに生じた隙間に用いる隙間充填材は，目的に応じて**表 7.4-9**により使い分ける。

表 7.4-9　隙間充填材

材質	隙間充填材の名称	用　途	備　考
無機系	せっこうボード用目地処理材	仕上げ，防火・準耐火・耐火	比較的狭い隙間
	せっこう系充填材	遮音用，防火・準耐火・耐火	取合い部の比較的大きな隙間
	岩綿モルタル	耐火用	比較的大きな隙間
	ロックウール保温材	耐火・層間変位追従用	比較的狭い隙間
有機系	建築用シーリング材	遮音・層間変位追従用	柔軟性を要求される隙間

7.5 施 工

7.5.1 鋼製下地の施工

(1) 壁

① スタッドの間隔は，表7.5-1および図7.5-1を標準とする。

表7.5-1 スタッドの間隔

（単位：mm）

ボード張りの枚数	スタッドの間隔
ボード2枚張りの場合	450程度
ボード1枚張りの場合	300程度

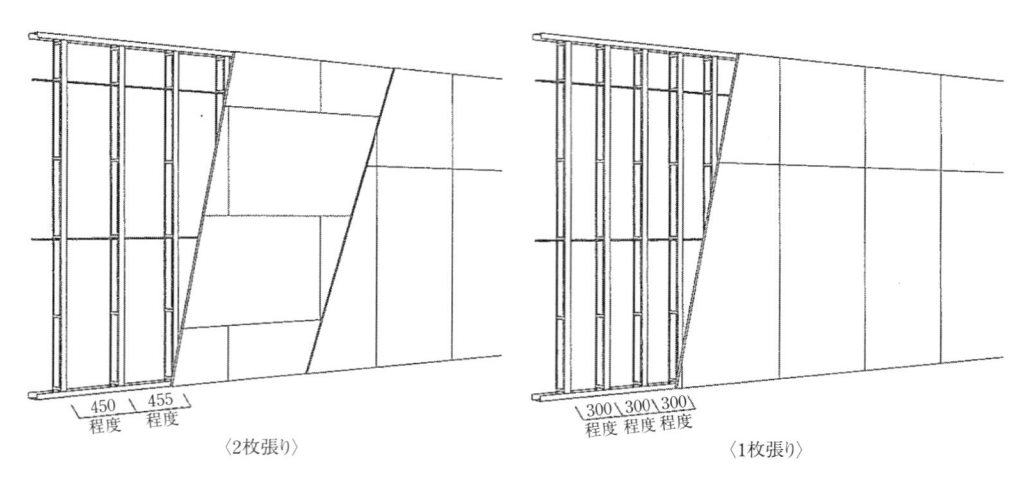

〈2枚張り〉　〈1枚張り〉

図7.5-1 スタッドの間隔

② 出入口およびこれに準ずる開口部の補強は，図 7.5-2 のように別途補強する。

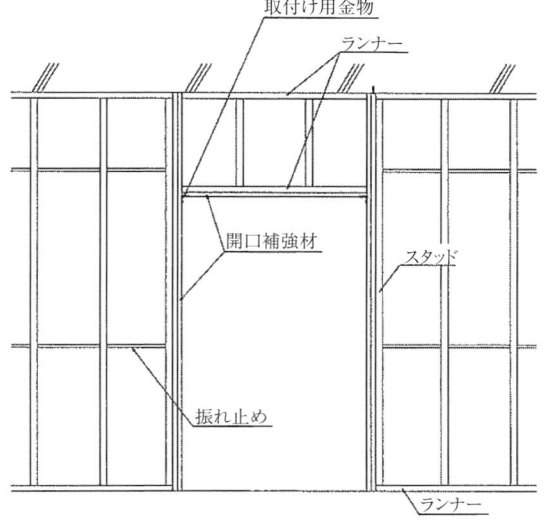

図 7.5-2 開口部の補強

(2) 天井

① 吊りボルト値，野縁，野縁受けの間隔は，表 7.5-2 および図 7.5-3 ～ 4 を標準とする。

表 7.5-2 吊りボルト，野縁，野縁受けの間隔

(単位：mm)

		間　隔	
吊りボルト		900 程度	
野縁受け		900 程度	
		シングル野縁	ダブル野縁
野縁	ボード寸法 910 × 1 820 程度　2 枚張りの場合	360 程度	1 800 程度
	ボード寸法 910 × 1 820 程度　2 枚張りの場合	300 程度	1 800 程度
	ボード寸法 910 × 910 程度　1 枚張りの場合	300 程度	900 程度
	ボード寸法 455 × 910 程度　1 枚張りの場合	225 程度以下	450 程度以下

下張り　せっこうボード
上張り　せっこうボードまたは岩綿吸音板

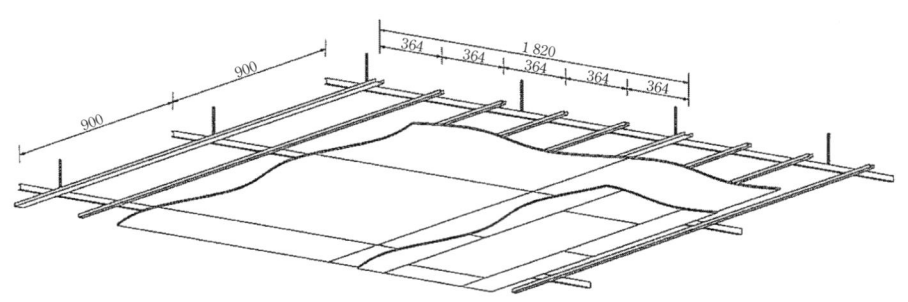

〈ボード寸法910×1 820程度　2枚張りの場合　野縁@360程度〉

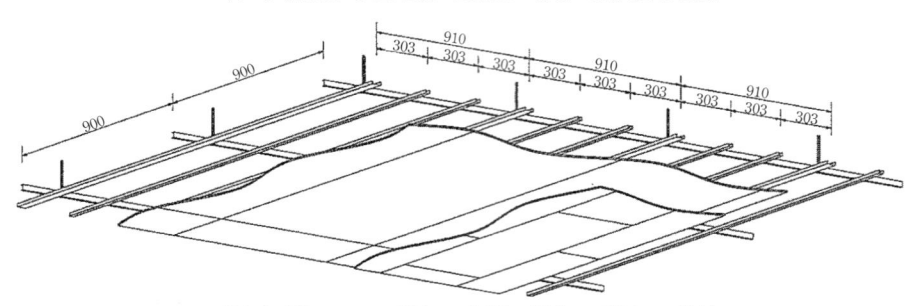

〈ボード寸法910×1 820程度　2枚張りの場合　野縁@300程度〉

図7.5-3　吊りボルト，野縁，野縁受けの間隔（2枚張りの場合）

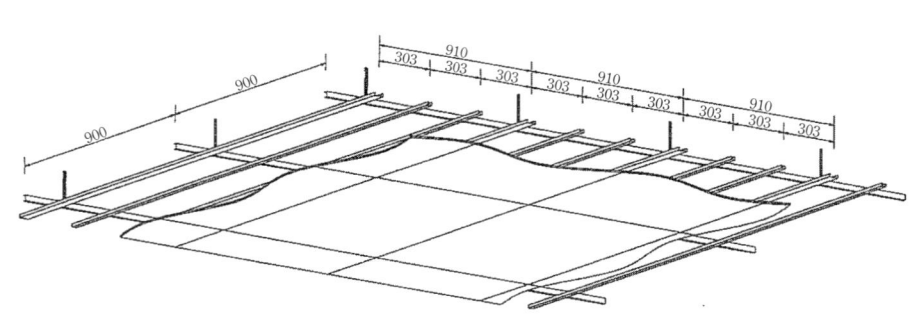

〈ボード寸法910×910程度　1枚張りの場合　野縁@300程度〉

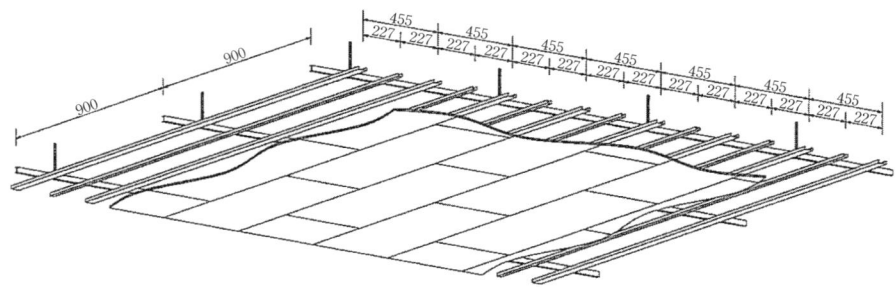

〈ボード寸法455×910程度　1枚張りの場合　野縁@225以下〉

図7.5-4　吊りボルト，野縁，野縁受けの間隔（1枚張りの場合）

7.5.2 せっこうボード張り

(1) 壁

① せっこうボードの取付け方法は，**表 7.5-3** を標準とする。

表 7.5-3 取付け方法（壁）

(単位：mm)

工 法		留付け具	留付け間隔※	
			周辺部	一般部
在来軸組工法	一般壁	釘，ねじ	200 以下	300 以下
	耐力壁（告示仕様）	釘	150 以下	150 以下
	省令準耐火仕様	釘，ねじ	1枚目：150 以下 2枚目：200 以下	1枚目：150 以下 2枚目：200 以下
枠組壁工法		釘，ねじ	100 以下	200 以下
鋼製下地		ねじ	200 以下	300 以下

※印は塗付けた接着剤の中心間距離を示す。

② せっこうボード周辺部は，端部から 10mm 程度内側で留め付ける。

③ 鋼製下地に留め付ける場合は，鋼製下地の裏面に 10mm 以上の余長が得られる長さのドリリングタッピンねじを用い，頭がせっこうボードの表面から少しへこむように確実に締め込む。このときせっこうボードの表面紙を破損しないように注意する。

④ 重ね張りを行う場合，上張りと下張りのジョイントが同位置にならないようにする。下張りせっこうボードへの上張りせっこうボードの取付けは，下地に，釘，ねじ，または接着剤を用いて下張りせっこうボードにステープルなどを併用して張り付ける。

⑤ 下張りせっこうボードに上張りせっこうボードを取り付ける場合に接着剤を使用するときは，無機質系または酢酸ビニル樹脂系の接着剤を 100～300mm 間隔で点付けする。およそ 100～200g/m^2 の塗布量である。接着剤が乾くまでステープルなどで仮留めしておく必要がある。

⑥ 継目などの位置は正しく，いずれも不陸・目違いのないように取り付ける。

(2) 天 井

① せっこうボードの取付け方法は，**表 7.5-4** を標準とする。

表 7.5-4　取付け方法（天井）

(単位：mm)

工法			留付け具	留付け間隔	
				周辺部	一般部
在来軸組工法	一般		釘，ねじ	150以下	200以下
	省令準耐火仕様		釘，ねじ	1枚目：300以下 2枚目：150以下	1枚目：300以下 2枚目：200以下
枠組壁工法	一般		釘，ねじ	150以下	200以下
	省令準耐火仕様	1枚張	釘，ねじ	下地に直交：150以下 下地に平行：100以下	下地に直交：200以下 下地に平行：200以下
		2枚張	釘，ねじ	1枚目：300以下 2枚目：下地に直交：150以下 　　　　下地に平行：100以下	1枚目：300以下 2枚目：下地に直交：200以下 　　　　下地に平行：200以下
鋼製下地			ねじ	150以下	200以下

② せっこうボード周辺部は，端部から10mm程度内側で留め付ける。

③ 鋼製下地に留め付ける場合は，鋼製下地の裏面に10mm以上の余長が得られる長さのドリリングタッピンねじを用い，頭がせっこうボードの表面から少しへこむように確実に締め込む。このときせっこうボードの表面紙を破損しないように注意する。

④ 天井の中央部分から張りはじめ，順次周囲に向けて張り上げる。

⑤ 重ね張りを行う場合，上張りと下張りのジョイントが同位置にならないようにする。下張りせっこうボードへの上張りせっこうボードの取付けは，下地に，釘，ねじを使用して張り付ける。

⑤ 下張りせっこうボードに上張りせっこうボードを取り付ける場合に接着剤を使用するときは，無機質系または酢酸ビニル樹脂系の接着剤を100〜300mm間隔で点付けする。およそ100〜200g/m^{2}の塗布量である。

⑥ 継目などの位置は正しく，いずれも不陸・目違いのないように取り付ける。

(3) 継目処理工法

継目処理工法とは，せっこうボードのテーパエッジ，ベベルエッジまたはスクエアエッジボードを使用して継目処理を行い，目地なしの面をつくる工法である。

テーパエッジボードは，継目処理用として製造され，平滑な目地なしの面をつくるのに適している。また，ベベルエッジおよびスクエアエッジボードの継目処理は，テーパエッジよりも簡単であるので，施工場所によりよく行われている。

1) テーパエッジボードの場合

一般的な工法は，**図 7.5-5** に示すとおりである。

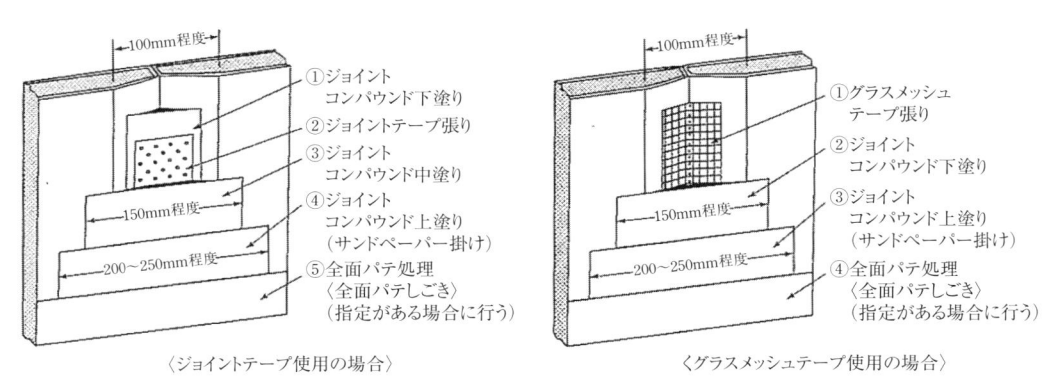

図 7.5-5　テーパエッジボードの継目処理

〈ジョイントテープ使用の場合〉
① ジョイントコンパウンド下塗り
② ジョイントテープ張り
③ ジョイントコンパウンド中塗り
④ ジョイントコンパウンド上塗り（サンドペーパー掛け）
⑤ 全面パテ処理〈全面パテしごき〉（指定がある場合に行う）

〈グラスメッシュテープ使用の場合〉
① グラスメッシュテープ張り
② ジョイントコンパウンド下塗り
③ ジョイントコンパウンド上塗り（サンドペーパー掛け）
④ 全面パテ処理〈全面パテしごき〉（指定がある場合に行う）

2) ベベルエッジボードの場合

一般的な工法は，図 7.5-6 に示すとおりである。

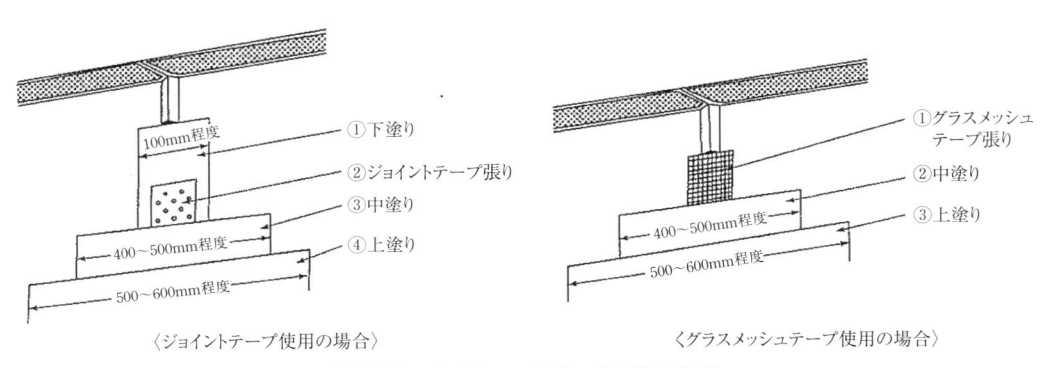

〈ジョイントテープ使用の場合〉
① 下塗り
② ジョイントテープ張り
③ 中塗り
④ 上塗り

〈グラスメッシュテープ使用の場合〉
① グラスメッシュテープ張り
② 中塗り
③ 上塗り

図 7.5-6　ベベルエッジボードの継目処理

3) スクエアエッジボードの場合

一般的な工法は，図 7.5-7 に示すとおりである。

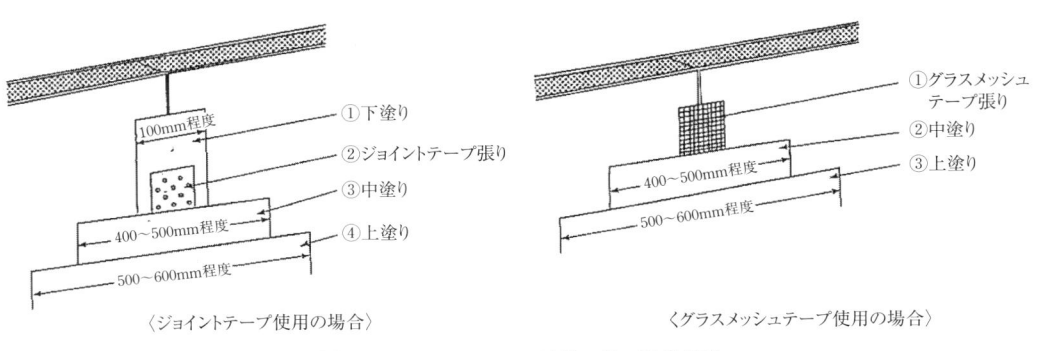

〈ジョイントテープ使用の場合〉
① 下塗り
② ジョイントテープ張り
③ 中塗り
④ 上塗り

〈グラスメッシュテープ使用の場合〉
① グラスメッシュテープ張り
② 中塗り
③ 上塗り

図 7.5-7　スクエアエッジボードの継目処理

4) 出隅，入隅部の処理

一般的な工法は，図 7.5-8 に示すとおりである。

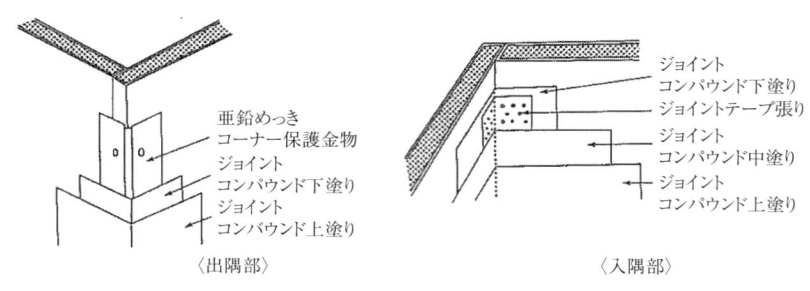

図 7.5-8　出隅，入隅部の処理

(4) そのほかの工法

1) 突付け工法

せっこうボードの長手方向の側面同士または切断面同士を突付け，せっこうボード張りのみで仕上げを行わない場合の工法である。

切断面同士の場合は，切断面の凹凸をカッターナイフ，やすりなどで削り，平滑にしたうえで突き付ける。

2) 目透かし工法

目地を美しく見せるために意匠的な意味でベベルエッジまたはスクエアエッジボード接合部を突付けとせず，多少の隙間をあけて底目地を取り，せっこうボードを張る方法である。

目透かし工法に用いるせっこうボードは，スクエアエッジボード，ベベルエッジボードが一般的である。

3) 釘や小ねじなどの頭のくぼみの処理

塗装や薄手の壁紙張などの仕上げを行う場合，下地のせっこうボードの調整が仕上げ精度に直接影響することから，留付け材の頭のくぼんだ部分は，ジョイントコンパウンドで表面を平滑に仕上げることが必要である。

図 7.5-9 のように，留付け材の頭が目地処理材に埋まり，かつ，せっこうボードの留付け材の打込みによる損傷を最小にとどめるようにする。

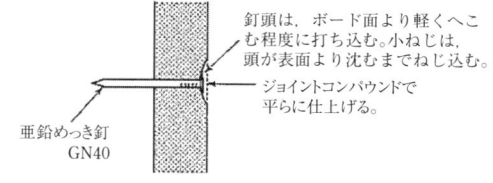

図 7.5-9　釘および小ねじ頭の処理

7.6　施工上の注意

7.6.1　せっこうボード全体について

　割付寸法に応じて切断し，スクリュー留めまたは接着剤との併用により下地に確実に緊結する必要がある。片面使用の場合もあるが，通常1枚ないし2枚以上，太鼓張りにするのが一般的である。各種性能を阻害するボード周辺部や取合い部，開口部回りなどの隙間は，必ず要求性能に応じた隙間充填材を用いてきちんと処理する。

　工期の短縮と防耐火性，遮音性（各種の耐火構造，準耐火構造，防火構造，遮音構造がある。）の特性を生かし，高層建築などの軽量化を図るための用途も多い。

　設計に際して，建築物の各部位に要求される性能を満たすように製品の種類，寸法（厚さ，幅，長さ），ボード側面の形状などを選択する必要がある。

　また，せっこうボードの施工にあたっては，大判，長尺のボードを用いて，開口部などをまたぐようにすることにより，継目の発生をできるだけ少なくなるように割り付ける。

　ボードを重ね張りするときには，継目が重ならないように下張りと上張りのボードの継目をずらす必要がある。

　さらに，ボードの留付けには，専用の留付け材により，所定の間隔で，留付け材の頭がボード表面より少し沈むように下地に確実に留め付ける。

7.6.2　ボード面の処理

　せっこうボード面の処理は，仕上げ精度に直接大きな影響を及ぼすことから，継目部やスクリュービス頭のへこみ箇所などを専用の材料や工具を用いて，正しく補強処理し，平滑に仕上げる。

7.6.3　出隅部の処理

　スチール製コーナービード，アルミニウム製コーナービードなどを使用し，取り付けたコーナービードの箇所を継目処理同様，ジョイントコンパウンドを塗付け，乾燥後，サンディングを行って平滑に仕上げる工法が一般的である。コーナービードがわずかに壁面より出っ張る場合が多いが，テーパボードを使用するときれいに仕上げることができる。

　アルミニウム製コーナービードを使用する場合は，その肉厚を考慮した収まりが必要である。

7.6.4 入隅部の処理

入隅部は，ジョイントテープあるいはコーナーテープを入隅部に沿ってジョイントコンパウンドを塗りつけて圧着補強する工法が一般的である。乾燥後は，継目処理と同様にサンディング処理を行って，平滑に仕上げる。

7.6.5 開口部の補強

開口部の補強は，補強アングル（C60×30×2.3mm 程度）を躯体に固定して開口部を補強する。従来多く用いられてきた木製のものは，工法上は無難であるが，防火の観点から鋼製のものに移行しつつある。

メーカーによっては，大壁用のスチールサッシを生産しているところもある。天井高，要求構造強度，要求遮音性能などにより壁厚が異なるために，額縁とボード面の納まりには注意が必要である。

また，額縁とボード面の隙間は，防耐火の面からも，遮音の面からも弱点となりやすいので，無機質の隙間充填材を用いて入念に処理をする。せっこうボード張りの四周，取合い部に生じた隙間などの処理の使用について，図 7.6-1 〜 3 に示す。

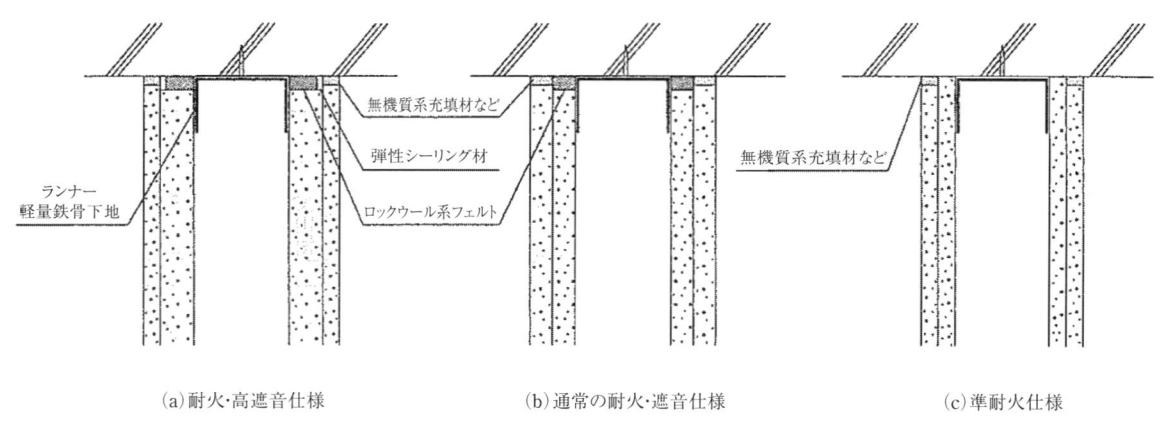

(a) 耐火・高遮音仕様　　(b) 通常の耐火・遮音仕様　　(c) 準耐火仕様

図 7.6-1　四周処理の仕様

(a) T形取合い

(b) L形取合い

(c) 壁取合い

(単位：mm)

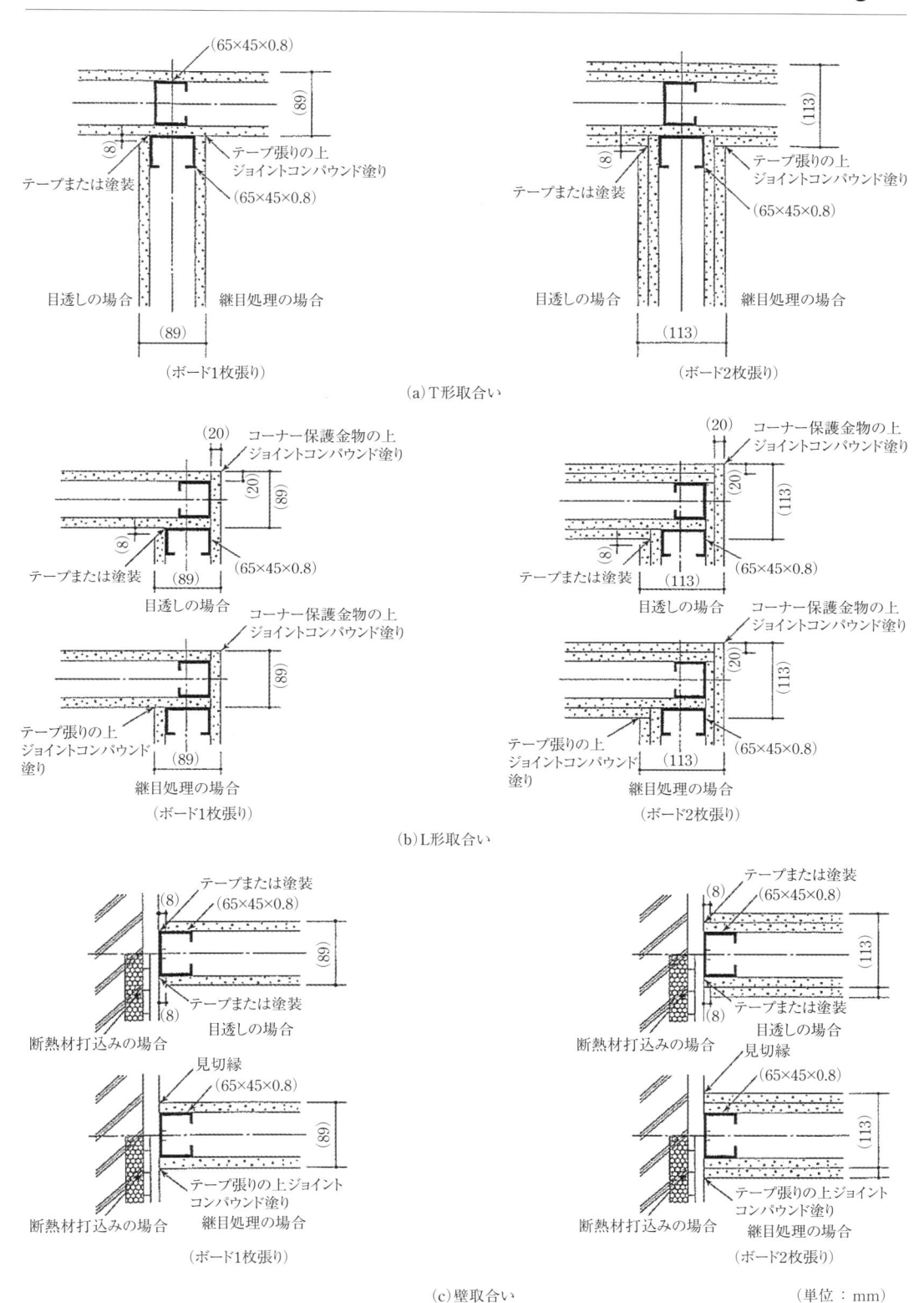

図 7.6-2　壁下地材の標準施工例（端部および取合い部の納まり）

192 ●第7章—せっこうボード

(a) 一般壁の場合

(b) 遮音壁の場合

(単位：mm)

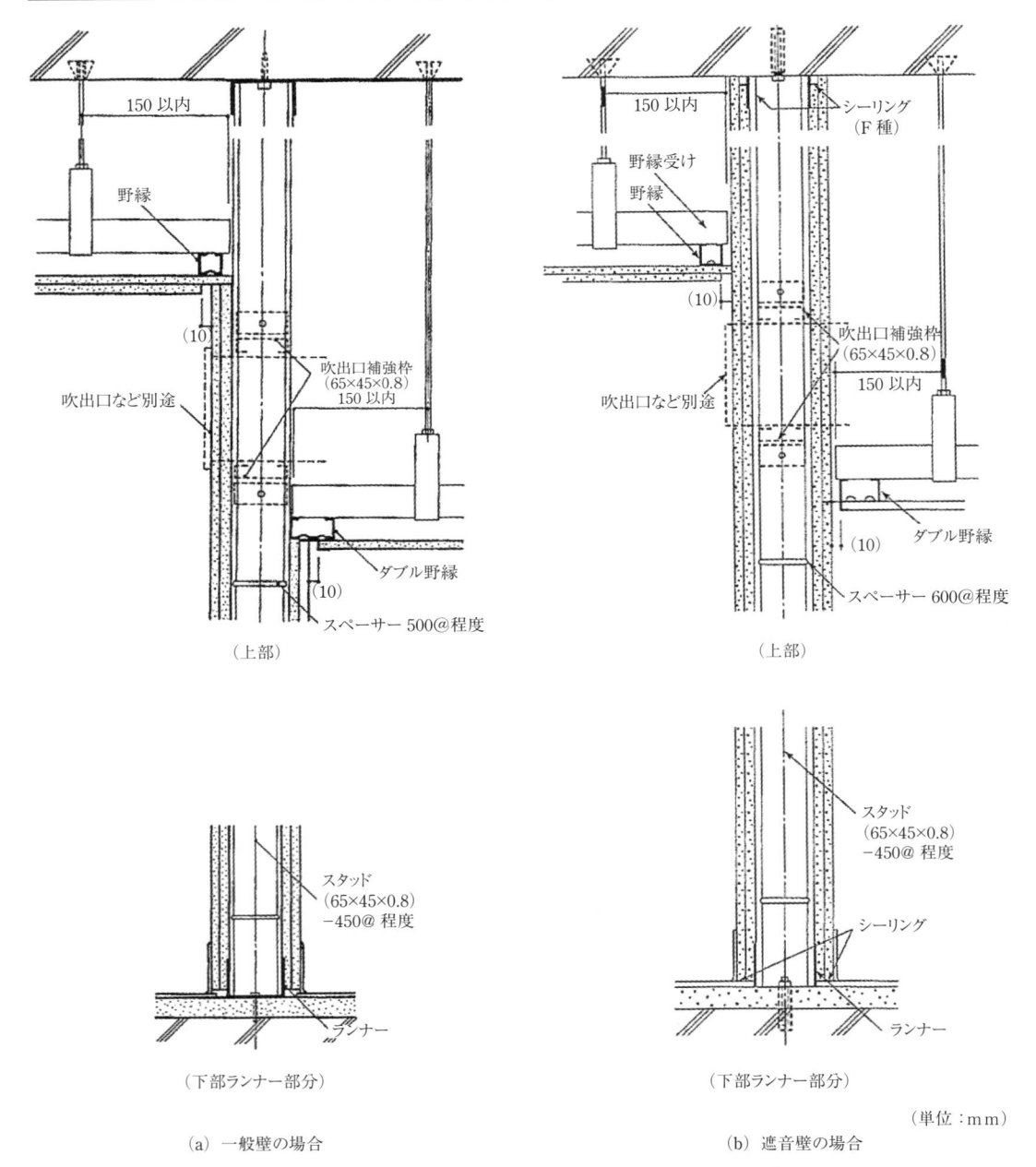

図 7.6-3　壁下地材の標準施工例（鋼製天井下地材との納まり）

7.6.6 鉄骨梁との取合い

　耐火被覆を行う前に，先行ピースを鉄骨梁に溶接し（耐火被覆厚に合わせる），ランナーを溶接またはビスで留め付ける。ボルトを鉄骨梁に溶接しておく工法もある。ランナーの孔は寸法のずれを考慮してボルトよりも大きくあけられているので，必ずワッシャーを挟みこんで固定する。また，壁の増設などの場合のように，すでに耐火被覆がなされている場合は，当然，一部の耐火被覆が欠落するので，この修復には，施工管理の面で十分注意する必要がある。

　また，2011（平成23）年3月の東日本大震災の際，各地で発生した大空間建築物における天井落下を受けて，天井下地組における壁，天井のクリアランスについて平成25年国土交通省告示第771号が公布，施行された。

　一定規模の天井を「特殊天井」として大臣が定める技術基準に従って脱落防止対策を講ずべきことが定められた。詳細は，同告示およびその解説を参照されたい。

第7章—せっこうボード

■施工事例■

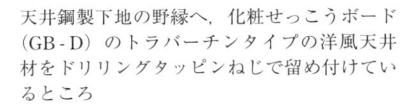

天井鋼製下地の野縁へ，化粧せっこうボード（GB-D）のトラバーチンタイプの洋風天井材をドリリングタッピンねじで留め付けているところ

強化せっこうボード（GB-F）厚21mm　3枚重ね張り1時間耐火構造パイプスペースの床ランナーへの取付け

強化せっこうボード（GB-F）厚21mm　3枚重ね張り1時間耐火構造の出隅部分

強化せっこうボード（GB-F）厚21mmを3枚重ね張りする1時間耐火構造

7.6—施工上の注意 ● 195

片側せっこうボード（GB-R）2枚張り防火構造または片側強化せっこうボード（GB-F）2枚張り耐火構造・遮音構造等の片面施工完了

せっこうボード（GB-R）張り防火構造または強化せっこうボード（GB-F）張り耐火構造・遮音構造の上張りボード継目部へ、テーピングツールによるドライウォール工法

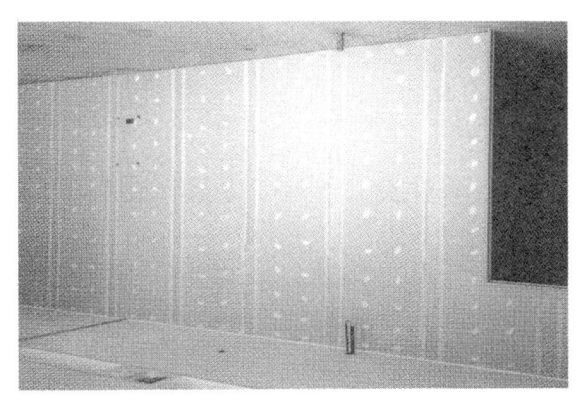

せっこうボードによる防火・耐火・遮音構造の継目処理完了

ドライウォール工法による防火・耐火・遮音構造へ最終ペイント仕上げ

《参考文献》

1) JIS A 6901：2014 せっこうボード製品
2) JIS A 6301：2015 吸音材料
3) 『石膏ボードハンドブック　平成24年版』石膏ボード工業会，2012
4) 『石膏ボードの歩み』石膏ボード工業会，1985
5) 日本音響材料協会編『騒音・振動対策ハンドブック』技報堂出版，1982
6) 「石膏ボード施工マニュアル―木製下地・鋼製下地編―」石膏ボード工業会，2013
7) せっこうボード製造各社カタログ，技術資料など

第8章……金属板

8.1 歴史と製法

　建築物には，屋根および内外壁などの仕上げ材や下地材として金属板が数多く使用されている。金属板は，軽量で強度，耐久性に優れた特性を持ち，古くから鉄板や銅板が建物の重要な部分に採用されてきた。

　近年，日本の精錬・加工技術の進歩はめざましく，建物に使用できる金属板の種類も鉄，アルミニウム，銅，ステンレスなど豊富になっている。また，これらの素材にめっき，塗装被覆，樹脂被覆，各種合金することにより，耐候性，美観性に優れる特殊な二次加工製品が建築材料として使用されている。これらのなかでも最もよく用いられる金属は，溶融亜鉛系めっき鋼板[*1]，塗装溶融亜鉛系めっき鋼板[*2]が多いことから，これらを主に述べる。

*1　この名称は以降，溶融亜鉛めっき鋼板（JIS G 3302），溶融亜鉛−5％アルミニウム合金めっき鋼板（JIS G 3317），溶融55％アルミニウム−亜鉛合金めっき鋼板（JIS G 3321），溶融亜鉛−アルミニウム−マグネシウム合金めっき鋼板（JIS G 3323）の総称として用いる。

*2　この名称は以降，塗装溶融亜鉛めっき鋼板（JIS G 3312），塗装溶融亜鉛−5％アルミニウム合金めっき鋼板（JIS G 3318），塗装溶融55％アルミニウム−亜鉛合金めっき鋼板（JIS G 3322）の総称として用いる。

8.1.1　溶融亜鉛めっき鋼板とその歴史

　有史以来，鉄は最も普及した金属として文明の基礎を築いてきたが，さびるという欠点があったため，その防食のために亜鉛が用いられるようになった。鉄板に亜鉛をめっきすることは，棒などへのめっきより遅れて，フランスの化学者ポール・ジャック・マルーインが1742年に発明したといわれている。これは1740年にイギリス人のジョン・チャンピオンとその弟ウイリアムスによって亜鉛精錬の量産化が成功し，亜鉛めっき工業の発達につながったといわれる。近代的な機械設備によって製造されるようになったのは，19世紀末期からのことで，溶融亜鉛めっき鋼板の需要が増大したのは第一次世界大戦直前のころからである。

　わが国での溶融亜鉛めっき鋼板の製造は，1906（明治39）年に官営八幡製鉄所（現・新日鐵住金（株）八幡製鉄所）に薄板圧延製造工場を建設し，この工場から生産された薄板を材料として，同年わが国で最初の溶融亜鉛めっき鋼板40トンを生産したのが始まりである。これを契機としてその後，民間においても国産化への気運が胎動しはじめた。

　溶融亜鉛めっき鋼板がわが国で広く普及するひとつのきっかけとなったのが，鉄道沿線の火災防止の見地から，沿線両側200m以内の建物はすべて不燃性の屋根材で葺くことを規定した大正初頭に施行された屋上制限令である。これが刺激となり，地方にも溶融亜鉛めっき鋼板の需要が広がっていった。

戦後，製品の品質，生産技術面などの発展は著しく，用途の拡大などで大きな質的変化を遂げた。1953（昭和28）年には八幡製鉄所でコイル状に巻かれた板から連続して亜鉛めっきする方法が導入され，1954（昭和29）年には，亜鉛めっき鋼板に合成樹脂塗料をロールにて塗布し焼付けされた塗装溶融亜鉛めっき鋼板が東京亜鉛鍍金（株）（現・JFE鋼板（株））から，ポリ塩化ビニル金属板が東洋鋼鈑（株）から製造・販売された。以来，建材用としては現在，耐食性の向上と美観性を考慮した塗覆装鋼板が主流になっている。

また近年，従来の亜鉛めっき鋼板より耐食性に優れた新しい溶融めっき鋼板として，「溶融亜鉛－5％アルミニウム合金めっき鋼板」や「溶融55％アルミニウム－亜鉛合金めっき鋼板」，さらにこれらにマグネシウムを添加した「溶融亜鉛－アルミニウム－マグネシウム合金めっき鋼板」など耐久性に優れたものが開発され，建材分野で幅広く利用されている。

8.1.2 製造方法

［溶融亜鉛めっき鋼板］

1950年代半ばまでは，原板には酸洗でさびを除去した定尺の切板を用い，原板の清浄化を高めるために塩化亜鉛などの溶融フラックスを通して亜鉛浴に導く，いわゆる湿式法による切板めっきが行われていた。この方式は設備が小型で経済的であるが，人手を要し高速のめっきも困難であるうえに，品質的には，鋼素地と亜鉛めっき層の間にできる鉄・亜鉛合金の厚さを制御することも難しい。また亜鉛付着量のバラツキが大きく，厳しい曲げ加工により，めっき層剥離が生じるなどの欠陥があった。

1950年代半ば以降，わが国にも連続式亜鉛めっき設備が導入され，現在では溶融亜鉛めっき鋼板の大部分が連続式亜鉛めっき設備によって生産されるようになった。

連続式亜鉛めっきは，1932（昭和7）年にアメリカのアームコ社で稼働したアームコ・ゼンジミア方式（図8.1-1）が最初であるが，ライン構成の組合せにより表8.1-1に示すような種々の方式がある。

連続式亜鉛めっきは，湿式めっき法に比べて大幅な生産性向上のほか，加工性，耐食性，表面外観などの品質が大幅に改善されたことから，製品適用範囲が拡大し，広範囲に使用されるようになった。

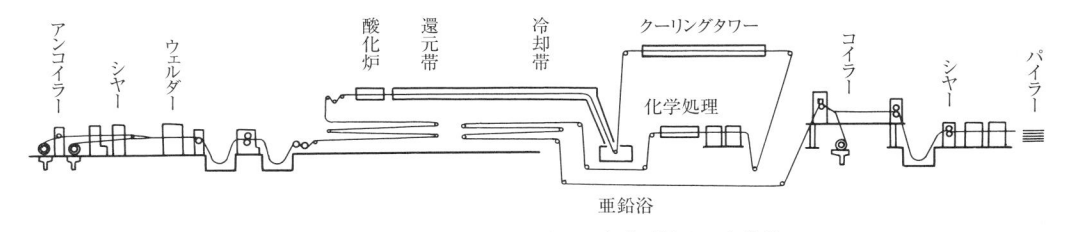

図8.1-1 アームコ・ゼンジミア方式亜鉛めっき設備

表 8.1-1　溶融亜鉛めっき製造法の種類

大分類	焼鈍	洗浄	めっき前処理	製造方式名
湿式	ライン外焼鈍	湿式洗浄	湿式フラックス	切板の場合，特に名前はない。「切板めっき」と呼ばれることもある。コイルの場合はエコノミー方式
	ライン内焼鈍	湿式洗浄	湿式フラックス	ガス・ビックル方式またはガス・フラックス方式またはシャロン方式
乾式	ライン外焼鈍	湿式洗浄	乾式フラックス	クック・ノートマン方式またはホイーリング方式
			ガスフラッシング	シーラス方式
	ライン内焼鈍	酸化ガス洗浄	ガスフラッシング	ゼンジミア方式（酸化炉）
		無酸化ガス洗浄	ガスフラッシング	ゼンジミア方式（無酸化炉）
		湿式洗浄	ガスフラッシング	U.S.スチール方式またはベスヘレム方式またはウェヤートン方式

［塗装溶融亜鉛系めっき鋼板］

　亜鉛めっきは，鋼板の保護防錆を主な目的として行われる表面処理であるが，これに色彩的な意匠を付与し，さらに大気腐食環境からめっき表面を隔離して耐久性をいっそう強化する目的で塗装が行われる。当初は1層の塗料を焼付け乾燥したもの（1コート・1ベーク）で，耐久性能は必ずしも十分でなかった。1967（昭和42）年に焼付け塗装法として溶融亜鉛めっき鋼板と塗膜の密着性や耐食性能は下塗り塗料に，耐候性や色彩効果は上塗りに役割分担させる製造方法（2コート・2ベーク）が開発されたことによって，総合的な塗膜性能は飛躍的に改善された。

　2コート・2ベークの製造工程は以下のとおり。

(1) 製造工程

① 前処理……塗布型クロメート処理（またはリン酸亜鉛処理）は，塗膜の密着性を高めるとともに，塗膜を浸透してくる水分に対し防食機能を増大させる効果がある。最近ではクロメート（6価クロム化合物）を含まない処理（クロメートフリー処理）が開発され実用化されている。

② 塗装……ゴムロールを用いて原板に塗料を塗布するロールコート方式が一般的で，原板の進行方向とロールの回転方向が同じのナチュラルコートと逆方向のリバースコートとがある。下塗りや裏面コートなど比較的薄膜の塗装にはナチュラルコートが，また，トップコートなど比較的厚い塗装を滑らかに仕上げる場合にはリバースコートが適している。

③ 焼付け乾燥……一般に熱風乾燥が行われる。これは高温に加熱された空気を高速で塗装面に吹き付けて塗料中の溶剤を蒸発させ，同時に樹脂を重合させて強固な連続塗膜を形成させるもので，常温で自然乾燥させた塗膜に比べ優れた耐久性を有する。

(2) 塗装溶融亜鉛系めっき鋼板用の塗料

　主流になっている2コート方式の場合，上塗り塗料には紫外線に耐久性がある合成樹脂系が要求性能に応じて使用される。また下塗り塗料には密着性が強固で水透過性の少ないエポキシ樹脂などが使用され，これに防錆顔料を加えて亜鉛の溶出，腐食の進行を抑制させることが基本と

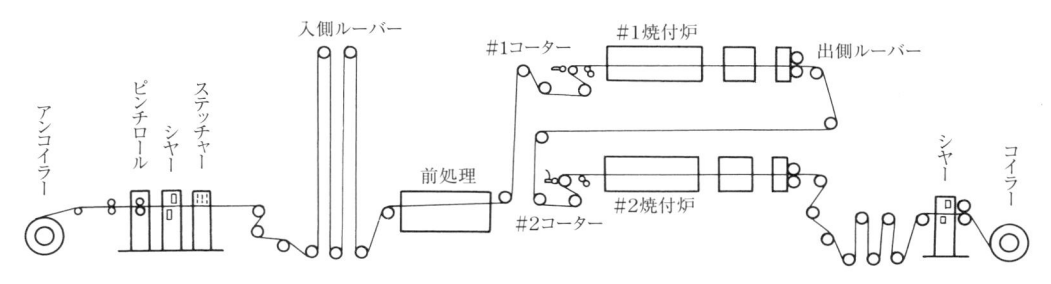

図 8.1-2 2コート・2ベークのライン例

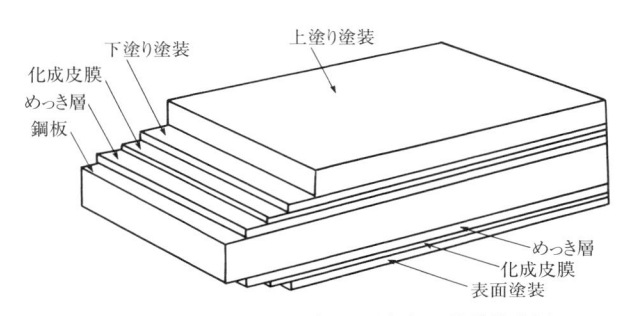

図 8.1-3 塗装溶融亜鉛系めっき鋼板の塗膜構成例

なっている。図 8.1-2 に2コート・2ベークのライン例，図 8.1-3 に塗装溶融亜鉛めっき鋼板の塗膜構成を示す。

以下，塗装溶融亜鉛系めっき鋼板に使用されている各種塗料について概要を紹介する。

1) 下塗り塗料
   ① エポキシ系……エポキシ系樹脂は，金属の接着剤に用いられているように金属との密着性が良好で，耐水性，耐食性も優れているので，防錆顔料を配合したものが下塗り塗料に広く使われている。エポキシ系塗料は紫外線に弱いので上塗り塗料には使用されていない。
   ② そのほかの樹脂系……エポキシ系樹脂以外では，要求性能によってはポリエステル樹脂なども使用されている。

2) 上塗り塗料
   ① ポリエステル樹脂系……塗膜硬度は高いが可撓性もよく，アクリル系よりも耐候性が優れているので，現在では2コートの上塗り塗料の主流を占めている。オイルフリーポリエステルは酸，アルコールの組合せにより種々の性能のものができるが，なかでもリニアポリエステルは可撓性に優れ，加工性の要求される家電用機器にも使用されており，建材用途でも注目されている。また最近では，メラミン架橋に代替しホルムアルデヒドを発散させないウレタン架橋によるものもある。
   ② 熱硬化アクリル樹脂系……熱硬化性アクリル系の特長は可撓性，保色性のよいことであり，外観の優れた塗膜を得ることができる。ポリエステル系が普及する以前は広く用いられていた。

③ シリコン樹脂系……シリコン樹脂は古くから耐熱塗料として知られていたが、耐候性のよいシリコン樹脂中間体が開発され、これを応用することによって耐候性の優れたシリコン変性アクリル塗料、シリコン変性ポリエステル塗料が現れた。これらはアクリル、ポリエステル樹脂の中に、ヒドロシル基（-OH）またはメトキシ基（-OCH$_2$）を持つシリコン樹脂中間体を導入したもので、耐候性が優れている。最近ポリエステル系塗料の品質が改善され耐候性も向上していることから、この系の使用実績は減少しつつある。

④ ポリ塩化ビニル樹脂系……ポリ塩化ビニル系は、溶剤型ビニル系と塩ビゾル系の2つに分類される。溶剤型ビニルは、高分子量の樹脂を溶剤に溶かしているので加熱残分が低く、作業性に難があるが、優れた加工性、耐薬品性を持っているので、高度の加工性を必要とする用途に適している。塩ビゾルは、溶剤を含まないので150〜300μmの厚膜の塗装ができ、しかも可撓性がよいので加工部の耐食性がよいなど、厚膜の効果と相まって長期の屋外耐久性を必要とする用途に用いられる。

⑤ フッ素樹脂系……フッ化ビニリデンおよびフッ化ビニル樹脂は、ともに化学的に安定な樹脂であり、抜群の耐候性、耐薬品性を持っている。フッ素樹脂鋼板用には、エチレンに2個のフッ素の付いたフッ化ビニリデンの微粉末を有機溶剤中に練り込んでアクリル樹脂に相溶させた分散型塗料として焼付けの過程で溶剤が蒸発し樹脂粒子が熱融着して塗膜が形成される。塗膜は可撓性があり、耐摩耗性に優れ、耐熱性、耐薬品性、耐候性がほかの塗料に比較して格段に優れている。表8.1-2に各樹脂系の特性を比較する。

表8.1-2 塗装溶融亜鉛系めっき鋼板用塗料の樹脂系別特性

塗料の樹脂系 \ 性能項目	塗膜の硬さ	密着性	加工性	耐傷付性	光沢度	経時劣化後の加工性	耐湿性	耐グリース・油性	耐薬品性	工場地帯の一般耐食性	屋外耐候性
ポリエステル樹脂	○	◎	○	○	◎	◎	◎	○	○	○	○
アクリル樹脂	◎	◎	○	◎	◎	○	○	○	○	○	○
シリコンポリエステル樹脂	○	○	○	○	◎	○	○	○	○	○	◎
ポリ塩化ビニル樹脂	△	○	◎	○	△	◎	◎	◎	◎	◎	○
フッ素樹脂	○	○	○	○	△	◎	◎	○	◎	◎	◎

（注）記号の特性：（柔らかい・やや劣・低い）△＜○＜◎（硬い・優・高い）

8.2　種類と性能

8.2.1　金属板の種類と用途

現在，建築用材料として使用できる金属板は先に述べたように，素材や表面処理の種類を組み合わせた場合，数えきれないほどの種類が各メーカーで製造されている。素材を分類すると鋼板系と非鉄金属板系とに分かれる。また，金属板の大半は耐久性や美観性を向上させるために，なんらかの表面処理が施された製品として使用されている。これらを表面仕上げ別に細分化したものを表 8.2-1 ～ 2 に示す。

［用途および形状による分類］

金属板の用途別に主な形状をあげると，次のようになる。

① 屋根 …… 瓦棒，波板，折板，金属成形瓦，横葺き
② 外壁 …… 波板，金属サイディング，金属成形壁パネル
③ 内壁 …… 金属成形壁パネル，軽量鉄骨壁下地
④ 床　 …… デッキプレート，縞鋼板，エキスパンドメタル
⑤ 天井 …… スパンドレル，金属成形天井パネル，軽量鉄骨天井下地

表 8.2-1　主な建築用表面処理鋼板の種類

	表面仕上げ分類	製品一般名	規格	不燃材料認定表示
鋼板	溶融亜鉛系めっき鋼板	溶融亜鉛めっき鋼板	JIS G 3302	NM-8697
		溶融亜鉛－5％アルミニウム合金めっき鋼板	JIS G 3317	
		溶融 55％アルミニウム－亜鉛合金めっき鋼板	JIS G 3321	
		溶融亜鉛－アルミニウム－マグネシウム合金めっき鋼板	JIS G 3323	
	その他めっき鋼板	溶融アルミニウムめっき鋼板	JIS G 3314	
		銅めっき鋼板（銅めっきステンレス鋼板）	メーカー規格	
	塗装溶融亜鉛系めっき鋼板	塗装亜鉛めっき鋼板	JIS G 3312	NM-8697
		塗装溶融亜鉛－5％アルミニウム合金めっき鋼板	JIS G 3318	
		塗装溶融 55％アルミニウム－亜鉛合金めっき鋼板	JIS G 3322	
		塗装溶融亜鉛－アルミニウム－マグネシウム合金めっき鋼板	メーカー規格	
	その他塗覆装鋼板	ポリ塩化ビニル被覆金属板	JIS K 6744	メーカー個別認定
	合金板	冷間圧延ステンレス鋼板	JIS G 4305	
		塗装ステンレス板	JIS G 3320	メーカー個別認定
		高耐候性圧延鋼板	JIS G 3125	
	被覆鋼板	耐酸被覆鋼板	メーカー規格	
		断熱亜鉛鉄板	メーカー規格	
		琺瑯鋼板	JIS A 6516 琺瑯鋼板壁パネル	
		制振鋼板	メーカー規格	

表8.2-2 主な建築用非鉄金属板の種類

非鉄金属	表面仕上げ分類	製品一般名	規格	不燃材料認定表示
	銅仕上げ板	銅板	JIS G 3100	
		塗装銅板		
	アルミニウム板	アルミニウム合金板	JIS H 4000	
		塗装アルミニウム合金板	JIS H 4001	
		陽極酸化被膜アルミニウム合金板	JIS H 8601 陽極酸化被膜処理	
		陽極酸化塗装アルミニウム合金板	JIS H 8602 陽極酸化塗装複合被膜	
	亜鉛・鉛仕上げ板	亜鉛合金板	JIS H 4321	
		鉛板		
	その他	チタニウム板	JIS H 4600	

8.2.2 主な塗装金属板の種類

① 塗装溶融亜鉛めっき鋼板（JIS G 3312）……溶融亜鉛めっき鋼板に各種の塗料を焼付け塗装したもので，耐久性，用途別に分類されている。

② 塗装溶融亜鉛−5％アルミニウム合金めっき鋼板（JIS G 3318）……亜鉛めっき鋼板の中で，亜鉛に約5％のアルミニウムとさらに微量のMgなど特殊元素を加えためっき浴で溶融めっきしたものが，溶融亜鉛−5％合金めっき鋼板で，亜鉛−アルミめっき層の優れた耐食性と加工性が特徴である。この溶融亜鉛−5％合金めっき鋼板を塗装原板として前処理を施し，焼付け塗装を行ったものが塗装溶融亜鉛−5％アルミニウム合金めっき鋼板である。

③ 塗装溶融55％アルミニウム−亜鉛合金めっき鋼板（JIS G 3322）……溶融亜鉛めっき鋼板に比べ，耐食性に優れた溶融55％アルミニウム−亜鉛合金めっき鋼板を原板に，合成樹脂塗料を焼付け塗装したものである。今までの塗装溶融亜鉛めっき鋼板と比べ，より優れた耐食性があり，表面からの腐食に対しても格段の耐久性を発揮する表面処理鋼板である。

④ 塗装アルミニウム（JIS H 4001）……純アルミ系（1100系）およびアルミニウム合金系（3000系，5000系）の上に熱硬化性の樹脂塗料を焼付け塗装したもの。塗装系は溶融亜鉛めっき鋼板とほぼ同一で，塗料はエポキシを下塗り塗装し，上塗りとしてアクリル，ポリエステル，フッ素樹脂などを焼付け塗装する2コート・2ベークである。

⑤ 塗装ステンレス鋼板（JIS G 3320）……素材としてはSUS304が大部分を占める。このほかにSUS430があるが，加工性，耐食性の点で劣り，建材用として使用されることは少ない。建材用のステンレスは裸使用では，もらいさびなど腐食する心配があるので，溶融亜鉛めっき鋼板とほぼ同一の塗装方法で塗装して使用している。

8.2.3 耐久性

［溶融亜鉛系めっき鋼板］

亜鉛そのものは，活性な金属で大気中に暴露すると，初期にかなり早く空気中の酸素，炭酸ガ

ス，水分と反応して酸化亜鉛や塩基性炭酸亜鉛の薄い膜が表面に形成される。これらの被膜は緻密で安定なので（不動態被膜），いったん不動態被膜が形成されると，下地鉄地を腐食環境から遮断し保護する。

表面キズや溶接部，切断面など鉄が露出している部分では，亜鉛は鉄よりもイオン化傾向が大きいので，亜鉛が犠牲溶解して酸化亜鉛となり鉄が腐食するのを防ぐ（犠牲防食作用）。

亜鉛めっき鋼板の耐食性（寿命）は使用環境とめっきの厚さ（付着量）によって大幅に変わるが，亜鉛付着量 Z27（両面 275g/m^2）の場合，素地がさびるまでの期間は田園地帯で 30 年以上と推定されるが，鋼板そのものの孔食まではさらに長い年月がかかる。

表 8.2-3 に溶融亜鉛めっき鋼板（JIS G 3302），溶融亜鉛 − 5％アルミニウム合金めっき鋼板（JIS G 3317），溶融 55％アルミニウム − 亜鉛合金めっき鋼板（JIS G 3321）の腐食減量より推定した寿命を示す。溶融 55％アルミニウム − 亜鉛合金めっき鋼板は，溶融亜鉛めっき鋼板の約 5 倍以上の寿命を示し，耐食性が大幅に向上している。

表 8.2-3　素地がさびるまでの期間

種　　類	田園	工業地域	厳しい海岸
溶融亜鉛めっき鋼板（JIS G 3302）	12 年	7 年	5 年
溶融亜鉛 − 5％アルミニウム合金めっき鋼板（JIS G 3317）	15 年	10 年	7 年
溶融 55％アルミニウム - 亜鉛合金めっき鋼板（JIS G 3321）	30 年以上	25 年以上	15 年

出典：日本防錆技術協会『防錆管理』2003.2

［塗装溶融亜鉛系めっき鋼板］

塗装溶融亜鉛系めっき鋼板を大気に暴露すると，経年により，太陽光線，雨，結露，気温の変化，飛来塩分などの影響および大気中に含まれる硫酸化合物，硝酸化合物などの環境因子が影響して塗膜の劣化が進み，下地の亜鉛めっき鋼板の防食性能も関係して寿命が決定される。そのため寿命は使用地域によって大いに異なる。塗装溶融亜鉛系めっき鋼板の劣化過程は以下のようになる。

塗膜起点：光沢低下 ⇒ 色調変化 ⇒ チョーキング（白亜化） ⇒ ふくれ
下地亜鉛めっき起点 ⇒ 白さび ⇒ 赤さび

図 8.2-1　塗装溶融亜鉛系めっき鋼板の劣化過程

［ポリ塩化ビニル金属板］

外装用ポリ塩化ビニル金属板は，溶融亜鉛めっき鋼板などの上に軟質で耐薬品性の優れたポリ塩化ビニル樹脂を厚く（200 〜 250μm，すなわち塗装溶融亜鉛めっき鋼板の塗膜の 10 倍程度）被覆することによって屋外耐久性の向上を図っている。

しかし，ポリ塩化ビニル金属板も有機質被覆で，屋根や外壁などに使用された場合は前述した種々の環境因子によって，**図 8.2-2** のような過程をとって変化する。

ポリ塩化ビニル金属板の被膜は，可塑剤の量も多く軟らかいため，塵埃が付着しやすく，短期

間（1～3年）で色相，光沢が相当変化することは避けられない。しかし，その後は被膜の損耗が遅いことと被膜が厚いことから，外観的変化は非常に緩慢となる。

ポリ塩化ビニル金属板の耐久性は，種々の要因が複雑にからみ，一概に耐用年数を決めることはできない。しかし，ひとつの目安として，被膜の劣化が進み，被膜に微細なクラックが入ったころに塗替えを行えば，寿命を大幅に伸ばすことができる。すなわち，被膜厚み200～250μmの屋外用ポリ塩化ビニル金属板の塗替え時期は8～12年目を目安と考えられている。

ポリ塩化ビニル金属板の特長として，苛酷な腐食環境であっても，塗替え塗装までの期間はあまり変わらないことがあげられる。したがって，とくに大気汚染の激しい工場地帯や塩害の甚だしい海岸地帯など，環境の悪い場所の外装材に好適な材料といえよう。下記に被膜の劣化過程を示す。

光沢変化，退色 ⇒ 被膜硬化 ⇒ 微細な被膜クラック ⇒ 被膜損耗，剥離 ⇒ さび発生

図 8.2-2　ポリ塩化ビニル金属板の劣化過程

表 8.2-4　塗膜の種類および記号

種類	記号	耐　久　性
1類	1	主に1コートのもので，耐久性は表8.2-5による。
4類	4	
2類	2	主に2コートのもので，耐久性は表8.2-5による。
5類	5	
3類	3	主に2コート以上のもので，耐久性は表8.2-5による。
6類	6	

（注）1. 表面および裏面の塗膜の耐久性の種類は，それぞれの面の耐久性の種類の記号を組み合わせて2桁の数字で表す。
　　　2. 両面塗装で表面だけ品質を保証する場合は，非保証面は0で表す。
　　　例：　　2　　　0
　　　　　　　　　　└── 裏面　非保証
　　　　　　　└────── 表面　2類

表 8.2-5　塗膜の耐久性試験時間

塗膜の種類	塩水噴霧試験時間	デューサイクル式促進耐候性試験時間
1類，4類	200時間	適用しない
2類，5類	500時間	適用しない
3類，6類	2 000時間	1 500時間

（備考）1. 屋根用で片面保証の場合の裏面塩水噴霧時間は，150時間とする。
　　　　2. 塗膜の耐久性の種類が3類の場合，塗装原板には，めっき付着量がZ27以上のものを適用する。

8.2.4　遮熱性

太陽光中の赤外線を反射する特性（日射反射率）に優れた塗装鋼板は都市部のヒートアイランド対策および建屋の温度調節による省エネルギーの観点から近年，屋根材などに広く用いられるようになった。メーカー各社ともに製品化したが，高日射反射率を持つ塗膜の定義や統一基準が

不明確であったことから，塗装めっき鋼板の規格に追加する要求が高まり JIS 改正を実施した。下記に対象 JIS を示す。

JIS 番号	名　称
JIS G 3312	塗装溶融亜鉛めっき鋼板及び鋼帯
JIS G 3318	塗装溶融亜鉛－5％アルミニウム合金めっき鋼板及び鋼帯
JIS G 3322	塗装溶融55％アルミニウム‐亜鉛合金めっき鋼板及び鋼帯

塗膜の日射反射率は JIS K 5602（塗膜の日射反射率の求め方）によって測定を行い，明度 L^* 値 40 以下の測定値で波長範囲が近赤外領域（780～2 500nm）における分光反射率が 40％以上の製品を高日射反射率製品と定義づけた。

8.2.5　環境適性

環境負荷物質低減の目的からヨーロッパでは，電機分野の RoHS 指令，自動車分野の ELV 規格などで使用材料のクロメート（6価クロム）フリー化がなされ，建材分野にも波及してきた。

建材分野では，とくに国土交通省の「公共工事標準仕様書」でクロメートフリー化の議論がなされ，国土交通省の指導もあり，亜鉛系めっき鋼板である JIS G 3302（溶融亜鉛めっき鋼板及び鋼帯），JIS G 3317（溶融亜鉛－5％アルミニウム合金めっき鋼板及び鋼帯），JIS G 3321（溶融55％アルミニウム‐亜鉛合金めっき鋼板及び鋼帯）について化成処理にクロメートフリー規格（記号）を新たに設け，2007（平成19）年5月に JIS 制定された。さらに塗装亜鉛系めっき鋼板については，下地化成処理，塗装下塗り（プライマーコート），塗装上塗り（トップコート）の3層についてクロメートフリー化を実現し，2013（平成25）年に JIS 制定された。対象規格は以下である。

JIS 番号	名　称
JIS G 3312	塗装溶融亜鉛めっき鋼板及び鋼帯
JIS G 3318	塗装溶融亜鉛－5％アルミニウム合金めっき鋼板及び鋼帯
JIS G 3322	塗装溶融55％アルミニウム‐亜鉛合金めっき鋼板及び鋼帯

8.2.6　発音性

溶融亜鉛系めっき鋼板，塗装溶融亜鉛系めっき鋼板の屋根は，大粒の降雨によってかなりの騒音を発することがある。これは，雨が鋼板にあたって出る音の大小と，屋根天井でこの音をいかに遮断または吸収するかで騒音レベルが異なる。溶融亜鉛系めっき鋼板，塗装溶融亜鉛系めっき鋼板屋根の発音特性として，一般に次のことがいえる。

① 単純鋼板葺きの場合は，かなりの騒音となる。

表 8.2-6　溶融亜鉛めっき鋼板・塗装溶融亜鉛めっき鋼板の発生音（PWL：パワーレベル，音源より出る音の出力レベル，NC 値：騒音の大きさを示す値）

No.	断面系列略称	断面図	PWL<95	PWL<90	PWL<85	PWL<80	PWL<75	PWL<70	PWL<65	PWL<60	記　　事	材料の実例（制振材）
1	単純鋼板葺き	亜鉛鉄板	▲▲▲▲ 鉄板厚さ 0.4mm 以上葺き方の影響は小		▲▲	▲						A：防音塗料　$t=1～2$ ゴムシート　$t=2$ グラスウール　$t=10$ B：吹付け石綿　$t=25$ 野地材 A：並野地相欠き　$t=9$ C：せっこうボード　$t=9.5$ 木毛セメント板　$t=15$ D：せっこうボード　$t=15$ 木毛セメント板　$t=25$ インシュレー ションボード　$t=12$
2	ダンピング材付鋼板葺き	ダンピング材		ダンピング材 A	ダンピング材 B							
3	野地上鋼板葺き	野地板		野地材 A		野地材 C	野地材 D					
4	並野地上挿入材付鋼板葺き	野地上挿入材			野地上挿入材 A	野地上挿入材 B	野地上挿入材 C	野地上挿入材 D				
5	単純鋼板葺きに天井付	天井板		天井材 A	天井材 B		天井材 D					野地上挿入材 A：細木毛セメント板　$t=10$ スチロール　$t=12$ B：スチロール　$t=25$ C：ウレタンフォーム　$t=5$ D：ウレタンフォーム　$t=10$ グラスウール　$t=25$
6	ダンピング材付鋼板葺きに天井付				ダンピング材 A 天井材 A	ダンピング材 A),B 天井材 B),A	ダンピング材 B 天井材 D	ダンピング材 B 天井材 D				
7	野地上鋼板葺きに天井付				野地材 A 天井材 A	野地材 A 天井材 B	野地材 C 天井材 A	野地材 D 天井材 B	野地材 D 天井材 D			天井材 A：合板　$t=3$ B：せっこうボード　$t=9.5$ インシュレー ションボード ($t=9$）の下貼付 D：せっこうボード（$t=12$） 岩綿吸音板 天井上吸音材 A
8	No.7 に天井上材料	天井上材				野地材 A 天井上吸音材 A	野地材 A 天井上吸音材 A	野地材 C 天井上吸音材 A	野地材 B 天井上吸音材 A			
9	No.7 に野地下材料	野地下材					野地材 A 天井下吸音材 A	野地材 A 天井下吸音材 A	野地材 A 天井下吸音材 A			
10	No.7 に野地下材料と天井上材料						野地材 A 天井上重量材 A 天井下吸音材 A	野地材 A 天井上重量材 A 天井下吸音材 A	野地材 A 天井上重量材 A 天井下吸音材 A			天井上重量材 A：グラスウール　$t=25$ 天井下吸音材 A：砂　$t=30$ 野地下吸音材 A：グラスウール　$t=25$ （単位：mm）
参考	対比用 パワーレベルと被害程度 （ただし，はげしい夏の夕立の場合について）のタ立の場合の騒音で比較したもの。		性能　不良	パワーレベルテレビ 1 台 1m で適正音量の場合と同等 室内騒音 NC80 会話可能距離 7cm 普通の声 14cm		← 現在の中級程度	パワーレベルテレビ 1 台と同等 室内騒音 NC60 会話可能距離 70cm 普通の声 140cm 大声		性能　良	パワーレベルピアノ 1 台と同等 室内騒音 会話可能距離 700cm 普通の声 1400cm 大声	（注）この表ははげしい夏の夕立（天井のない場合は屋根裏面）から床面積 3.3m²（1 坪）当たりに供給される騒音のパワーレベルによって断面別にグレード分けをしたものである。	

② 鋼板の厚さを増すことは，周波数全帯域にわたって効果があるが，これのみでは不十分である。
③ 鋼板を波形のものとすると，中音域以下では改良になるが，逆に高音域では騒音レベルが高まるおそれがある。
④ 鋼板の葺き方については，平葺き，芯木あり瓦棒葺きが安定しているが，ほかの大波葺きや芯木なし瓦棒葺きとの著しい差はみられない。
⑤ 単純鋼板葺きに対して次の3つの工法は同等の効果を持つ。
・並野地の使用
・薄天井の使用
・ダンピング材（B）の使用（**表 8.2-6** 参照）
⑥ 野地材は，軟らかく厚いものがよい。
⑦ 野地板の上に軟らかく厚いものを挿入すると効果があるが，硬いものや吸音力のない薄いものを挿入すると逆効果になるおそれもある。
⑧ ダンピング材も厚く，重く，吸音性のあるものがよい。
⑨ 天井材の効果は，ほぼその遮音性（透過損失）の値を反映する。重量が大きいこと，隙間のないことが必要であり，高音域ほど効果が大きい。
⑩ 天井裏挿入材として，吸音材料を用いると中音域以上で効果がある。天井が薄い場合には，挿入の位置として天井の上に乗せるほうが野地裏に張るより有効である。天井の上に乗せる場合は，吸音力とともに重量の大きいことが効果を上げる。

参考として，木造下地（野地，垂木，母屋，桁）での発音性のグレードに関する表を**表 8.2-6**に示す。鉄骨などでは，異なった序列となりうることに注意する必要がある。

8.2.7 断熱性能

① 溶融亜鉛めっき鋼板・塗装溶融亜鉛めっき鋼板……**表 8.2-7** に断熱性能のグレードを示す。
② 断熱溶融亜鉛めっき鋼板……熱貫流率を**表 8.2-8** に示す。

8.2.8 防火材料・耐火構造

溶融亜鉛めっき鋼板は，建築基準法第2条第9号に該当する不燃材料になるが，内装材として用いるときには，いろいろな有機材料を併用することになり，全体として不燃材料の性能を保持しているかが問題となる。

不燃材料として国土交通大臣認定を得ているものは，次のものがある。
① 塗装亜鉛めっき鋼板（不燃 NM-8697）
② 塩化ビニル樹脂金属積層板（不燃 NM-8674 ～ 8696）
③ 無機質断熱材張り金属板（不燃 NM-8673）

210 ●第8章—金属板

表 8.2-7 溶融亜鉛めっき鋼板・塗装溶融亜鉛めっき鋼板の断熱性

No.	断面系列略称	断面図	$R_t < 0.2$ $R_o + R_i$ $R_o = 0.10$ $R_i = 0.05$	$R_t < 0.4$ ▲▲▲	$R_t < 0.6$ ▲▲	$R_t < 0.8$ ▲	$R_t < 1.0$ ○	$R_t < 1.2$ ○○	$R_t < 1.4$ ○○○	$R_t < 1.6$ ○○○○	記　事
1	単純鋼板葺き	亜鉛鉄板									材料の実例 断熱材（天井上，並野地下を含む） A：グラスウール　$t=8$ 発泡樹脂　$t=8$ C：グラスウール　$t=25$ 発泡樹脂　$t=25$ 野地材 A：並野地　$t=9$ ルーフィング板 C：木毛セメント板　$t=50$ 挿入材 A：木毛セメント板　$t=30$ C：グラスウール　$t=15$ 発泡樹脂　$t=15$ 天井材 A：ベニヤ　$t=5$ C：岩綿保温板　$t=20$ （単位：mm）
2	断熱材付鋼板葺き	ダンピング材		断熱材 A	断熱材 C						
3	野地上鋼板葺き	野地板		野地材 A	野地材 A	野地材 C					
4	並野地上挿入材付鋼板葺き	野地上挿入材			挿入材 A		挿入材 C				
5	単純鋼板葺きに天井付	天井板		天井材 A		天井材 C					
6	断熱材付鋼板葺きに天井付				断熱材 A 天井材 A		断熱材 C) A 天井材 A) C		断熱材 C 天井材 C		
7	野地上鋼板葺きに天井付				野地材 A 天井材 A		野地材 A) C 天井材 C) A		野地材 C 天井材 C		
8	No.7に天井上断熱材	天井上材			野地材 A （天井上） 挿入材 A 天井材 A	野地材 A （天井上） 断熱材 A 天井材 A		野地材 A) C A （天井上） 断熱材 C A A 天井材 A) C		野地材 A) C C （天井上） 断熱材 C A C 天井材 A) C A	
9	No.7に並野地上挿入材				野地材 A 挿入材 A 天井材 A	野地材 A 挿入材 A 天井材 A		野地材 A) A 挿入材 C A 天井材 A) C		野地材 A 挿入材 A 天井材 A	

8.2―種類と性能

No.		性能 不良	←現在の中級程度	性能 良	
10	No.7に並野地下断熱材と天井上断熱材			野地材A(並野地下) 断熱材A(天井上) 断熱材A 天井材A	野地材A(並野地下) A 断熱材A(天井上) A 断熱材A C 天井材C A
参考	性能	$R_t = 0.35$ 屋根用の例 → (日本瓦葺き 並野地 天井付)	$R_t = 0.95$ 屋根用の例 → (かや葺き 70mm 天井なし)	$R_t = 1.55$ 屋根用の例 → (防水モルタル 20mm シンダー 60mm 防水層 30mm コンクリート 150mm 空気層 30mm 合板天井 5mm)	R_t：熱貫流抵抗 R_o：外気側表面熱伝達抵抗 R_i：室内側熱伝達抵抗（注）参照
	対比用 屋根・外壁 (ただし、R_t のみについて比較し、熱容量の影響などを無視した。)	$R_t = 0.35$ 外壁用の例 → (土壁 30mm 外面和風下見張)	$R_t = 0.95$ 外壁用の例 → (ラスモルタル 20mm 中空部 100mm グラスウール 25mm 入り 与面ベニヤ 5mm)	$R_t = 1.55$ 外壁用の例 → (防水モルタル 20mm 軽量ブロック 150mm 空気層 50mm グラスウール 25mm 入り 内装軟質セイン板 20mm)	

索引表に例示した材料を用いたときの無貫流抵抗の値は、

$$R_t = R_o + \Sigma \frac{d}{\lambda} + \Sigma R_a + R_i \quad (m^2 \cdot h \cdot ℃/kcal)$$

ここに、R_o：外気側表面熱伝達抵抗 ≒ 0.05
　　　R_i：室内側表面熱伝達抵抗 ≒ 0.10
　　　d/λ：熱伝導率 λ で厚さ d の材料のもつ熱伝導抵抗
　　　R_a：空気層の伝熱抵抗 ≒ 0.15

また、材料の熱伝導率として、次の値を用いた。
　発泡樹脂 : 0.04
　グラスウールおよび発泡樹脂 : 0.04
　木毛セメント板 : 0.15，岩綿保温板 : 0.045
　木材 : 0.14，　合板 : 0.13

したがって、λなどの既知なほかの材料に置き換え、または空間を理めることも可能である。

(注) 1. 索引表に例示した材料を用いたときの無貫流抵抗の値は、そのグレードの上限値から 0.05 減じたものに相当する。なお、No.5～10 において中空層の無抵抗は冬季暖房時の値を用いた。夏季には 0.07 程度安全側になる。
2. No.5～10 において天井裏にアルミ箔を隙間なく張った場合には、索引表のランクを1つ右へ移動することができる。
3. 本表の無貫流抵抗は、基本的には次の公式で計算され実験結果で補正されている。

表 8.2-8　溶融亜鉛めっき鋼板の熱貫流率

(単位：W/m²K)

断熱材の種類 \ 使用部位・断熱材の厚さ	側壁 なし	側壁 4mm	側壁 10mm	屋根 なし	屋根 4mm	屋根 10mm
ポリエチレンフォーム	6.64	3.61	2.13	7.76	3.90	2.23
軟質ポリウレタンフォーム		3.87	2.38		4.22	2.51
せっこうフォームシート		4.59	3.18		5.09	3.57

（注）熱貫流率＝$1/R_1$（R_1：熱貫流抵抗）

準不燃材としては，次のものがある。
① 無機質高充填フォームプラスチック張り金属板（準不燃 QM-9849）
② 塩化ビニル樹脂金属積層板（準不燃 QM-9830～9844）
③ 難燃化ポリエチレンフォーム張り金属板（準不燃 QM-9829）
また，難燃材としては，次のものがある。
① 塩化ビニル樹脂金属板（難燃 RM-9367～9373）
このほかに，化粧鋼板，複合材など個別に認定されている。

鋼板は，断熱力はほとんどないが，炎を防ぎ表面を保護するので，ほかのいろいろな燃えにくい材料と組み合わせることによって，防火構造ないし耐火構造とすることができる。

防火構造は，建築基準法施行令第108条を満たす構造とする必要がある。溶融亜鉛めっき鋼板を使用した一般指定の防火構造の一例を図8.2-3に示す。

令第108条を満たす構造以外ものは，すべて一定の試験や審査を経て国土交通大臣によって個別に認定されており，詳細については各メーカーに問い合わせていただきたい。

なお屋根の耐火構造において，母屋がある場合，その耐火被覆は，すべて耐火性能1時間の構造とするように定められている。

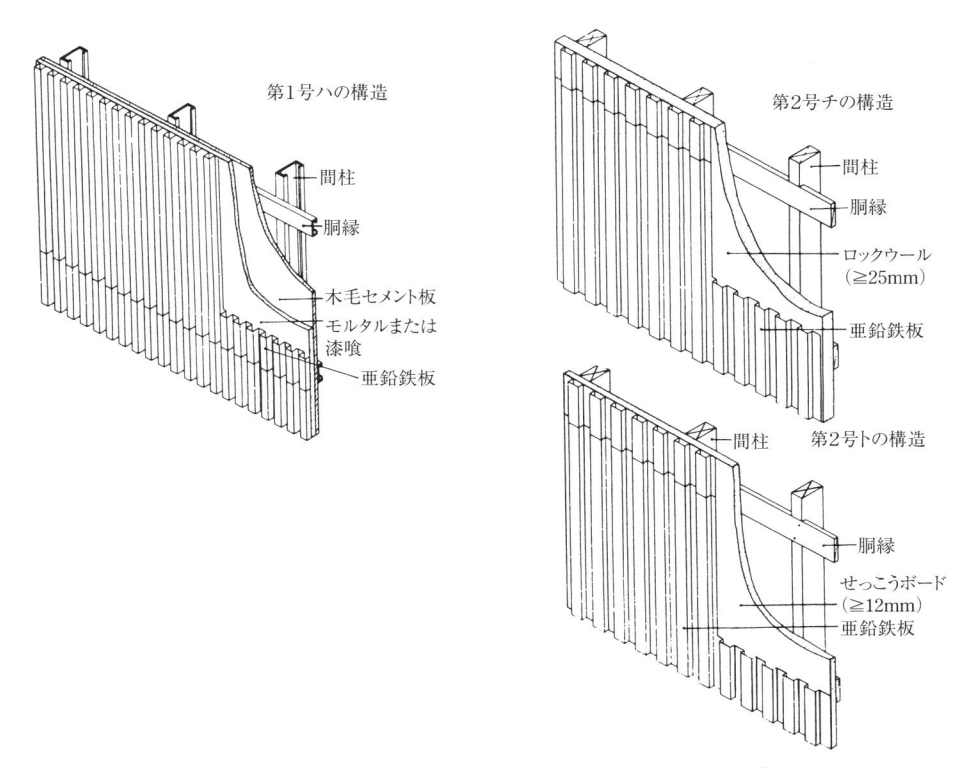

図 8.2-3　一般指定（建築基準法施行令第108条の防火構造例）

8.3　設計上の注意

8.3.1　耐食性が要求される場合

　建築外板用の溶融亜鉛めっき鋼板（JIS G 3302）では，めっき付着量はZ18以上と規定している。さらに耐食性が要求される場合は，めっき付着量がAZ120以上の溶融55％アルミ－亜鉛合金めっき鋼板（JIS G 3321）を使う。

　用途としてより高耐食性の求められる屋根用における溶融亜鉛めっき鋼板のめっき付着量はZ25以上，溶融55％アルミ－亜鉛合金めっき鋼板ではAZ150が規定されている。さらに塗膜について裏面塗装の耐食性にも配慮し，塩水噴霧試験性能，150時間以上の規定がある。

　塗装溶融亜鉛めっき鋼板で樋など両面の耐食性を必要とするものは，両面塗装されたものを使用するのがよい。建築外板用で非保証（サービスコート）の裏面を屋外側に使用することは避けたほうがよい。

　塩害地域など苛酷な環境下での屋根，サイディングには，ポリ塩化ビニル金属板，さらにフッ素樹脂鋼板などの高耐久性塗覆装鋼板などの使用が好ましい。

8.3.2　塗装性が要求される場合

　溶融亜鉛系めっき鋼板には通常一次防錆処理が施してあり，後塗料が密着しにくいものがあるので適正な後塗料を選択する必要がある。加工後塗装する場合には，ウォッシュプライマー→合成樹脂系鉛酸カルシウムさび止めペイント（または合成樹脂系ジンククロメートさび止めペイント）→合成樹脂系上塗り塗料の組合せがよい。合金化薄目付溶融亜鉛めっき鋼板は，亜鉛付着量は少ないが塗装性は良好である。

8.3.3　加工性が要求される場合

　塗装溶融亜鉛めっき鋼板の一般上市品は，屋根および外壁を対象する場合，曲げ，ロール成形などの加工を行うことができるように配慮して製品設計されているので問題は発生しない。ビニル層に2号を使用したポリ塩化ビニル金属板は，より苛酷な加工に適している。

8.3.4　溶接性が要求される場合

　溶融亜鉛めっき鋼板を抵抗溶接する場合，スポット溶接，シーム溶接ともに冷延鋼板に比べると亜鉛スプラッシュなどにより溶接強度が低化する。スポット溶接の場合は，溶接電流を多くし，

電極の適正材質の選択，電極の手入れ回数を増すなどの注意が必要である．シーム溶接では，溶接電流の増加が必要である．さらに溶接速度を増すためには，亜鉛層の除去が必要となる．また塗装溶融亜鉛系めっき鋼板の溶接は，電気抵抗が高く塗膜を剥離剤で除去する必要がある．

8.3.5 防音性能の確保

表 8.2-6 を参考に下記の点に留意して設計を行うとよい．
① ダンピング材や野地材では厚さや重さを増すことが有効である．
② 野地材はさらに内部損失（吸音性）も大きいほうがよい．
③ 野地上挿入材では，厚さとともに軟らかさや吸音性に優れているものがよい．
④ 天井材は重く厚い材料がよい．
⑤ 天井上材料は吸音性と重量の両方を考慮して選ぶ．
⑥ 野地下材料は吸音性の優れたものがよい．
⑦ 発生騒音の大きさの面から能率のよい設計をしようとする場合には，それぞれの材料による騒音の減少が高音域で生ずるか，低音域に効果があるか，など材料の特性を考える必要がある．

8.3.6 断熱性能の確保

冬季（とくに寒冷地）においては，暖房時の熱損失と屋根裏の結露防止，夏季（とくに酷暑地）においては，天井面（屋根裏面）の温度上昇による熱輻射の防止について考える必要がある．その対策として次のような方法がある．
① 屋根裏断熱材は吸湿性や透湿性の小さいものとする．
② 天井材は吸湿性の小さいものとする．
③ 天井裏の換気を図る．
④ 屋根面を輻射線の吸収しにくい白色の輝いた仕上げとする．
⑤ 屋根裏や天井上に輻射線を遮断するアルミ箔などを入れる．
なお，表 8.2-7 を参考にするとよい．

8.3.7 用途に適した材料選択

溶融亜鉛系めっき鋼板，塗装溶融亜鉛系めっき鋼板は用途に応じて使いやすいように製品が細分化されているので，その適用に際しては耐久性，経済性を考慮して適切な製品を選択することが大切である．

8.3.8 屋根の設計について

次の諸点を考慮して行うとよい。
① 結合用部品は葺材とバランスのとれたものを選定する。
② 雨水の落口は原則として軒の根元に設けてはならない。
③ 材の固定はできるだけ均等な間隔で行う。
④ けらばをはね出す場合には，原則として下面に梁または母屋を設ける。
⑤ 風の負圧を考慮して母屋の設計を行う。とくにリップ溝形鋼の母屋に対して波板をフックボルトで固定した場合には，変形が大きくなるので注意が必要である。
⑥ 壁面の取合い部の面押えは，流れ方向の水上部分では120〜150mm以上，流れ直角方向では150mm以上立ち上げて胴縁に固定する。

8.3.9 谷樋の設計について

屋根面の降水を十分に排出できる断面積と勾配を設定する。また，適切な間隔で分水点を設け，温度伸縮を考えてエキスパンションを設けることが必要である。図8.3-1を参照のこと。

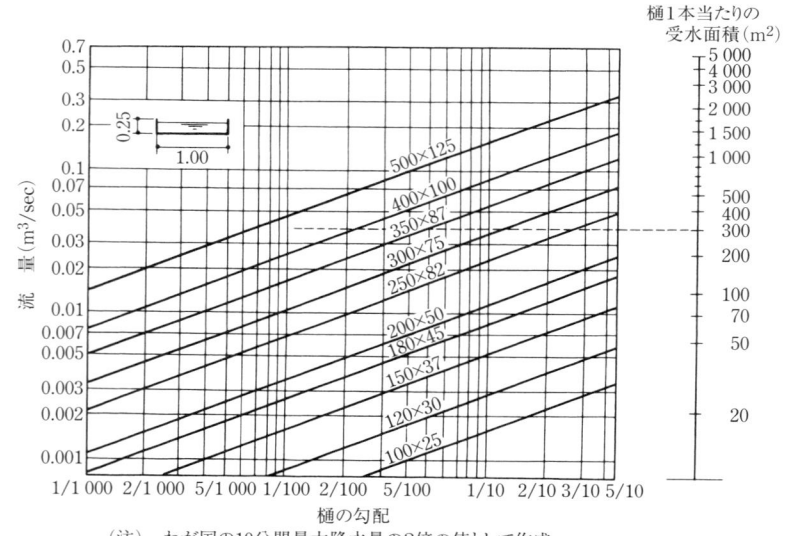

(注) わが国の10分間最大降水量の2倍の値として作成
例：受水面積300m²で勾配1/100の谷樋は，幅470，深さ120を得る。

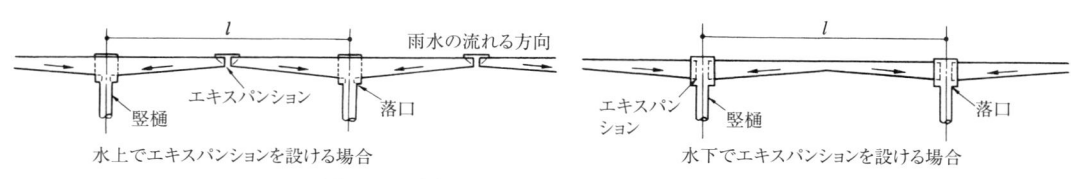

図 8.3-1　谷樋の断面積および勾配の計算図表

8.3.10 メンテナンス（塗替え）について

金属板はなんらかの塗装がなされて屋根，外壁などに使用されているが，年月を経るに従い，太陽光線，雨露，気温，大気中に含まれる亜硫酸ガスなどにより塗膜の劣化が進む。適正な時期に点検と塗替えを行えば寿命は飛躍的に伸びる。

塗装溶融亜鉛系めっき鋼板の点検および塗替えの時期についての一応の目安を**表 8.3-1**に示す。

表 8.3-1 塗装溶融亜鉛系めっき鋼板の点検および塗替えの時期

環　境	田　園	都　市	温暖地	海　岸	工業地
最初の外観点検時期	5～6年	4～5年	3～4年	2～3年	2～3年
外観点検間隔	2～3年	2～3年	2～3年	1～2年	1～2年
塗替え時期	7～8年	6～7年	5～6年	4～6年	4～6年

また，塗装溶融亜鉛系めっき鋼板で塗膜劣化が進み，白さびが発生している場合は，下塗りの必要がある。塗替えの標準塗装工程は下記のとおりである。なお，環境の厳しい場所では，塗料店およびメーカーと相談のうえ，必要であればポリウレタン系，塩化ゴム系，フッ素系などの高級塗料を使用する。

［表面調整（素地ごしらえ）］
① 色褪せの場合（下塗りは不要）……油，ゴミ，汚れなどを除去し，水洗いした後，乾燥させる。
② ふくれ，白さび，赤さびが発生した場合……浮いた塗膜や白さび，赤さびが落ちるまでワイヤーブラシなどでこすり，除去後水洗いした後，乾燥させる。

［下塗り］
油性系または合成樹脂系さび止め塗料を塗装する。使用量は石油缶（18缶）で，1回塗りで100～130m^{2}を目安に塗装する。

［上塗り］
油性系または合成樹脂系上塗り用塗料を塗装する。使用量は石油缶（18缶）で，1回塗りで100～120m^{2}を目安に塗装する。

8.4 屋根

8.4.1 金属屋根構法の分類

建築物の屋根構法は耐久性や加工性に優れた金属板の開発および成形，施工技術の向上により諸性能を満足し，併せてデザインの自由度が高い構法が次々と考案され，多用な屋根形状をつくることが可能となっている。主な金属屋根構法を分類し，下記に示す。

〔主な金属屋根構法の分類〕
① 平葺　　……　一文字葺，菱葺，亀甲葺
② 立はぜ葺　……　立はぜ葺，立平葺，掛葺
③ 瓦棒葺　　……　芯木あり瓦棒葺，芯木なし瓦棒葺，蟻掛瓦棒葺
④ 折板葺　　……　重ね式折板葺，はぜ折板葺，嵌合形，二重折板葺
⑤ 横葺　　　……　段葺，横葺
⑥ その他　　……　金属成形瓦葺，シーム溶接工法，改修工法

8.4.2 金属屋根構法の種類と特徴

一般的によく用いられる屋根構法の種類と特徴を整理し，屋根形状による適応性，金属板材料の種別による適応性を表 8.4-1（次々頁）に示す。

また，屋根構法の中で最も多く使用されている瓦棒葺，波板葺，角山葺，折板葺，金属成形瓦

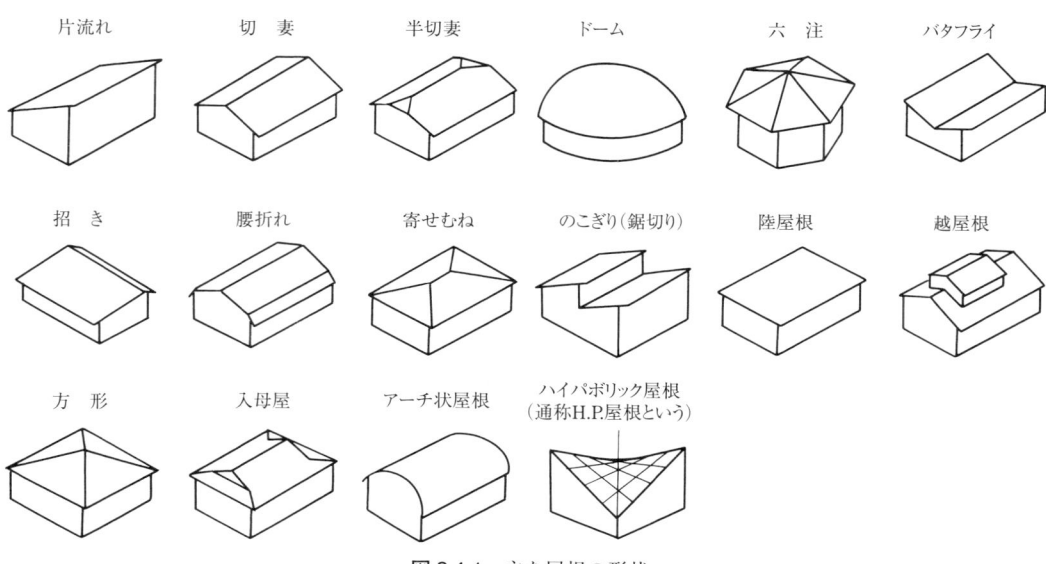

図 8.4-1　主な屋根の形状

葺，横葺の詳細を後掲する。

8.4.3 瓦棒葺屋根

(1) 構成部品

芯木なし瓦棒葺屋根（通し吊子）に用いる主な構成部品は，図 8.4-2，表 8.4-2～3 に示すものを標準とする。

(2) 詳細図

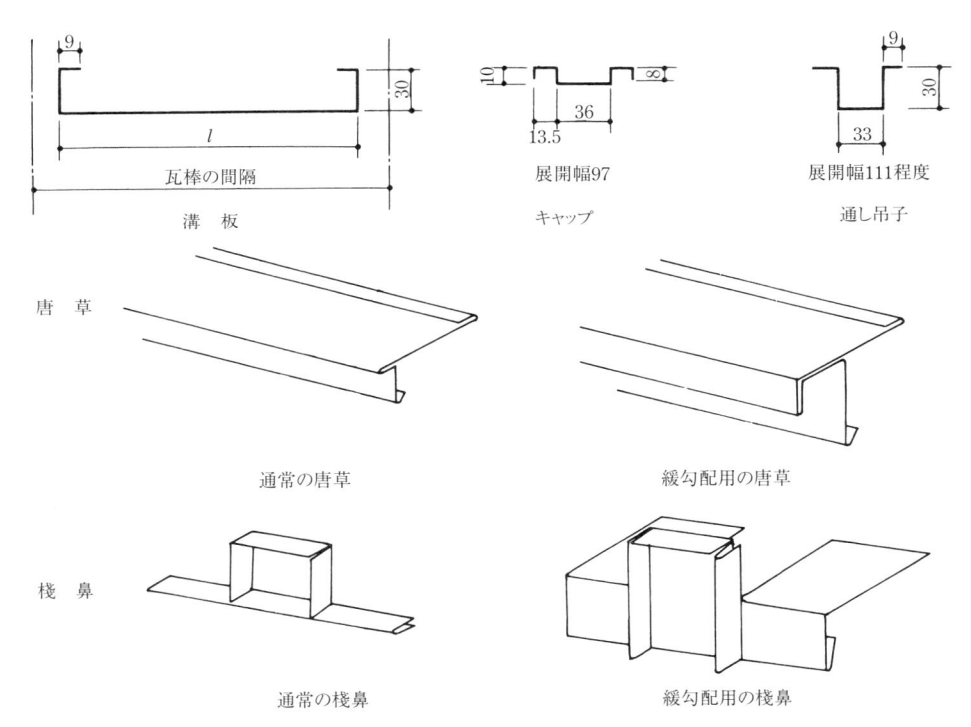

図 8.4-2 標準構成部品

表 8.4-2 溝板の寸法

| L (mm) | t (mm) | 使用する原板の板幅（mm） | 溝板の展開幅 | 原板から取り合わせる枚数 |||
				溝 板（枚）	キャップ（枚）	通し吊子（枚）
450	408	1 000	486	2	0[注1]	
418	376	914	454	2	0[注1]	
364	322	914	400	2	1	
321	279	914	357	2	2	

（注）1．別の原板から取り合わせる。

表 8.4-1 主な金属屋根構法の特徴と種類

名称	形状	特長	適応板厚 最小(mm)	適応板厚 最大(mm)	最小勾配
一文字葺		社寺建築に代表されるような，曲線に富んだ屋根に適合する。ひさしなどの小規模屋根にも向く。	0.3	0.4	$\frac{30}{100}$
芯木あり瓦棒葺		特別な加工機器を必要とせず，簡単に施工できる．瓦棒を丸型にすることも可能。	0.3	0.5	$\frac{10}{100}$
芯木なし瓦棒葺		長尺で住宅から工場，倉庫など比較的大規模な屋根まで幅広く適応できる．	0.35	0.5	$\frac{5}{100}$
立平葺		瓦棒のもつ長尺と防水性を備えた長尺屋根で，安価でかつ風の弱い比較的小さい屋根に適する．	0.35	0.4	$\frac{5}{100}$
蟻掛葺		立平葺に風に対する耐力を付加したもの．用途は立平葺と同じ．	0.35	0.4	$\frac{5}{100}$
波板葺		簡易建物の屋根や工場などの越屋根に適する．重ねをはぜにしたものもある．	0.35	0.6	$\frac{30}{100}$
角山葺		瓦棒と折板の中間的デザインで，施工が比較的簡単．板厚により母屋間隔を広げうる．	0.4	1.2	$\frac{5}{100}$
重ね折板葺		梁の上に直接葺くことが可能で，種々の荷重に耐える．瓦棒などに比べ工期が早い．	0.5	1.6	$\frac{3}{100}$
はぜ折板葺		重ね折板の防水性能をさらに向上させたもの．外表面にボルトが露出しないので安価でボルトさびの害がない．	0.6	1.2	$\frac{3}{100}$
横葺		屋根面を憐の線でデザインしだ形式の屋根で意匠性に富む．	0.35	0.6	$\frac{25}{100}$
金属瓦		瓦や化粧石綿板の意匠を取り入れた屋根．	0.3	0.3	$\frac{25}{100}$
溶接防水構法		板相互を連続シーム溶接するため完全な防水性能が得られる．また複雑な屋根にも適応可能．	0.4	0.4	$\frac{1}{100}$

（注）○：適応可能　△：適応可能であるが施工上十分な注意を必要とするもの　×：適応不可能

屋根形状による適応の可否															金属板の適応の可否								
															表面処理網板				ステンレス鋼板	アルミニウム		銅板	
片流れ	切妻	半切妻	招き	腰折	寄棟	方形	入母屋	アーチ	ドーム	六注	バタフライ	のこぎり	陸屋根	越屋根	H・P	塗装溶融亜鉛めっき	塗装溶融亜鉛-5%アルシニウム合金めっき	ポリ塩化ビニル被覆金属板	溶融アルミニウムめっき || 塗装板	表面処理仮	銅および銅合金板	表面処理板
○	○	○	○	○	○	○	○	○	○	○	○	○	×	○	○	○	○	○	△	○	○	△	△	△
○	○	○	○	○	○	○	○	△	×	○	○	○	○	○	△〜×	○	○	○	○	○	○	○	○	○
○	○	○	○	○	○	○	○	○	○	○	○	○	△	○	○	○	○	△	○	○	○	△	○	○
○	○	○	○	○	○	○	○	○	△〜×	○	○	○	△	○	○	○	○	△	○	○	○	△	○	○
○	○	○	○	○	○	○	○	○	△〜×	○	○	○	△	○	○	○	○	△	○	○	○	△	○	○
○	○	○〜△	△	○〜△	○〜△	○〜△	○	×	○〜△	○	×	○	×	○	△〜×	○	○	○	○〜△	○	○	△	×	×
○	○	△	△	○	○	○	○	△	×	○	○	○	×	○	×	○	○	○	○	×	△	△	○	×
○	○	△	○	○	○	○	○	○	×	○	○	○	△	○	×	○	○	○	○	△	△	△	○	×
○	○	△	△	○	○	○	○	○	×	○	○	○	△	○	×	○	○	○	○	△	△	△	○	×
○	○	○	○	○	○	○	○	○〜△	×	○	○	○	○	○	○	○	○	○	○	○	○	△	○	○
○	○	○	○	○	○	○	○	○〜△	×	○	○	○	○	○	△〜×	○	○	○	△	○	○	○	○	○
○	○	○	○	○	○	○	○	○	○	○	○	○	○	○	○	△	△	△	△	○	×	×	×	×

表 8.4-3　通し吊子とキャップの厚さ

溝板の厚さ（mm）	通し吊子の厚さ（mm）	キャップの厚さ（mm）
0.35	0.35 または 0.4	0.35 または 0.4
0.4	0.4	0.4
0.5		

●一般部の詳細●

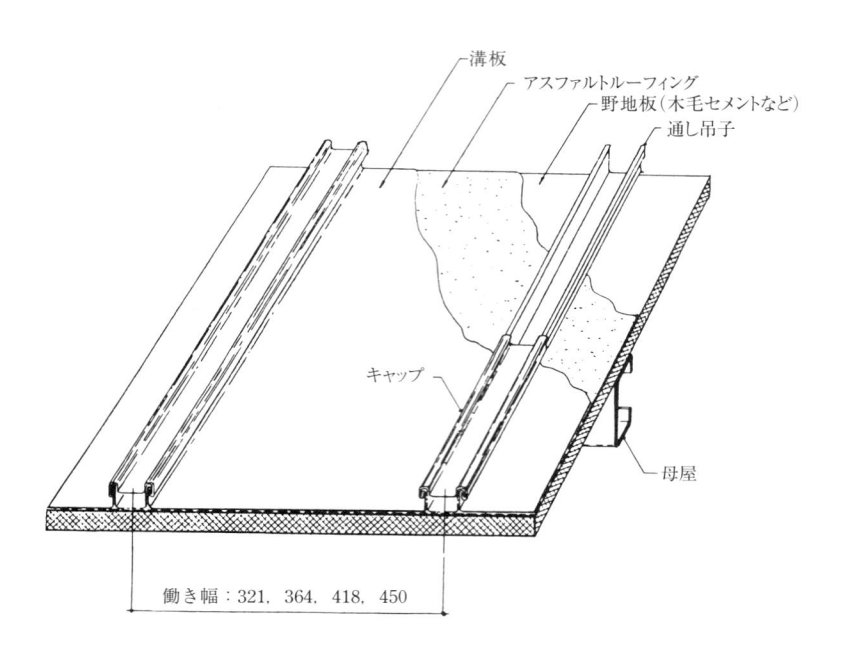

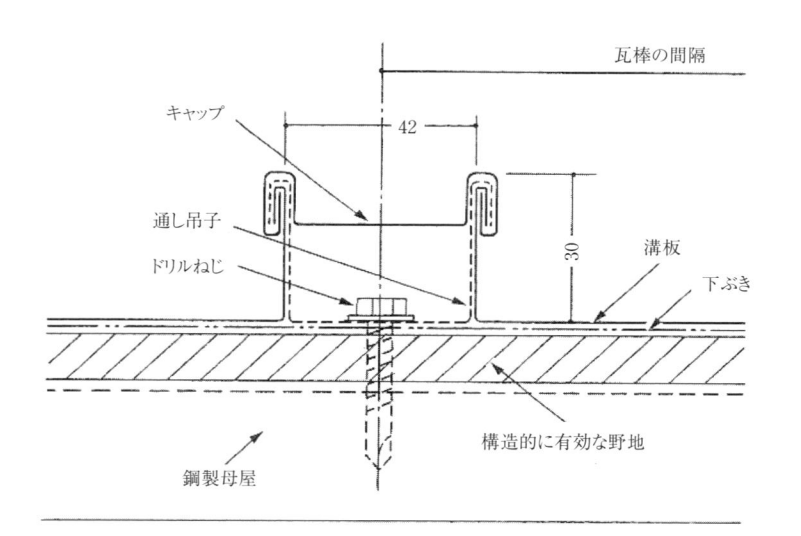

●棟部・けらば・軒先の詳細例●

【棟部】

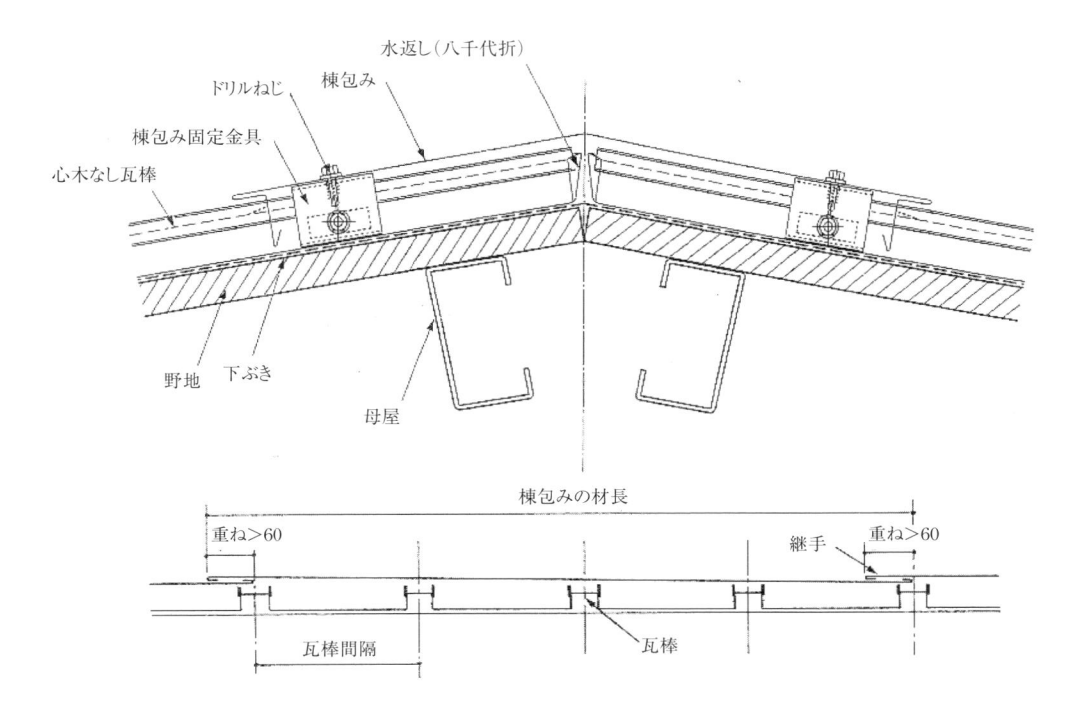

図中ラベル:
- 水返し(八千代折)
- ドリルねじ
- 棟包み
- 棟包み固定金具
- 心木なし瓦棒
- 野地
- 下ぶき
- 母屋
- 重ね>60
- 棟包みの材長
- 継手
- 瓦棒間隔
- 瓦棒

【けらば部】

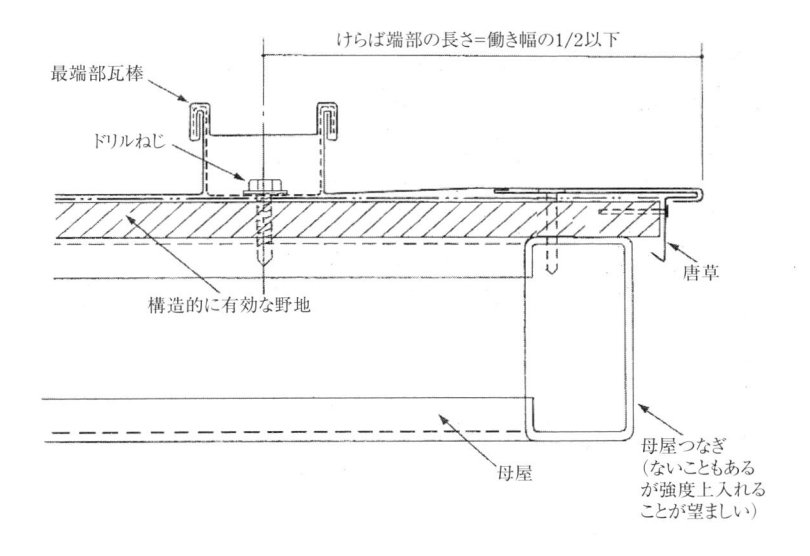

図中ラベル:
- けらば端部の長さ=働き幅の1/2以下
- 最端部瓦棒
- ドリルねじ
- 構造的に有効な野地
- 唐草
- 母屋
- 母屋つなぎ(ないこともあるが強度上入れることが望ましい)

【軒先部】

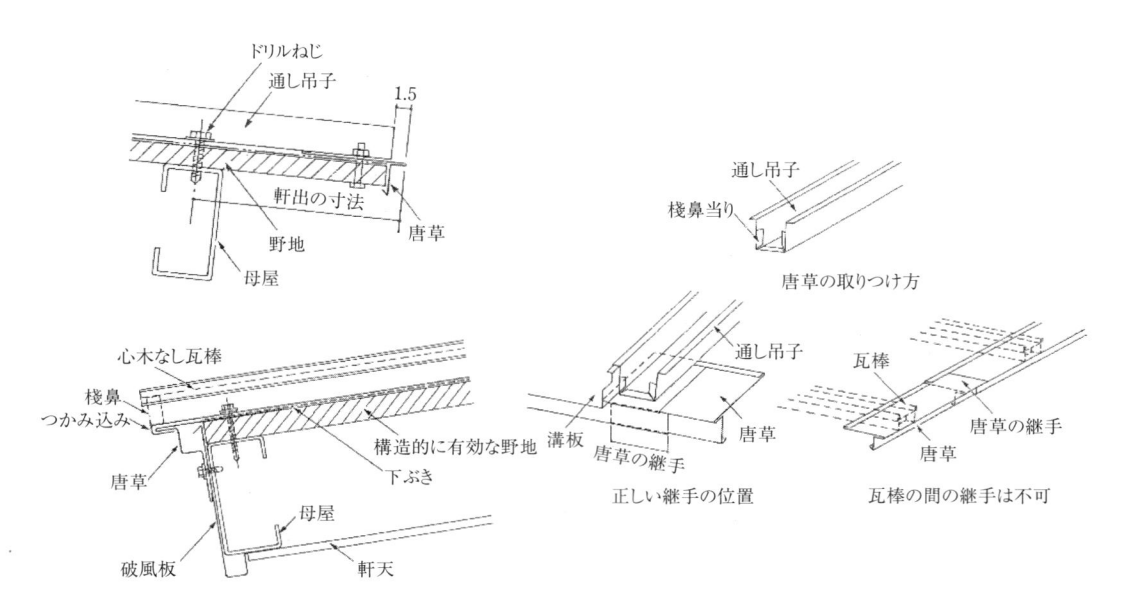

・唐草の取りつけ方
・正しい継手の位置
・瓦棒の間の継手は不可

●壁面との取合い部の詳細例●

【水上部】

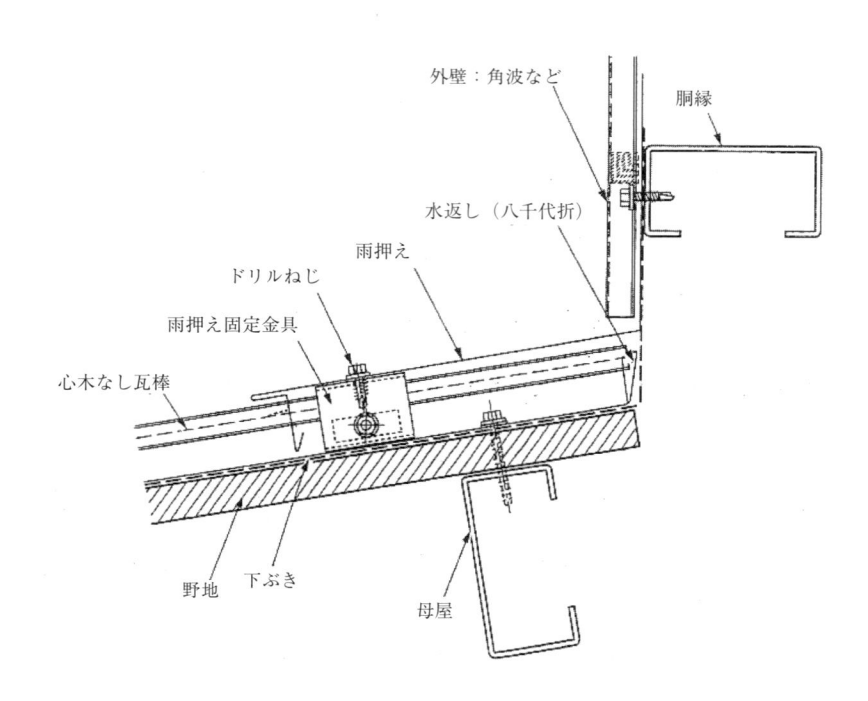

【流れ方向】

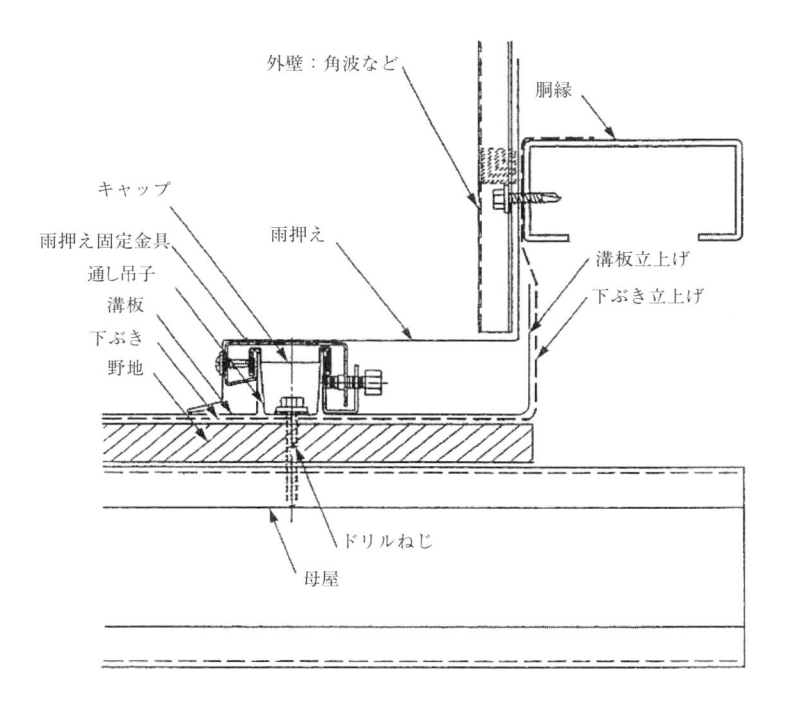

図 8.4-3 JIS G 3302 による波板 1 号（大波）

8.4.4 波板葺屋根

（1）構成部品

波板葺に用いる構成部品を以下に示す。

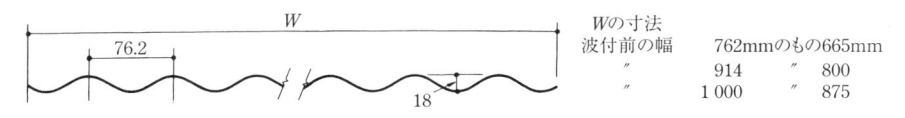

Wの寸法		
波付前の幅	762mmのもの	665mm
〃	914	〃 800
〃	1 000	〃 875

図 8.4-3 JIS G 3302 による波板 1 号（大波）

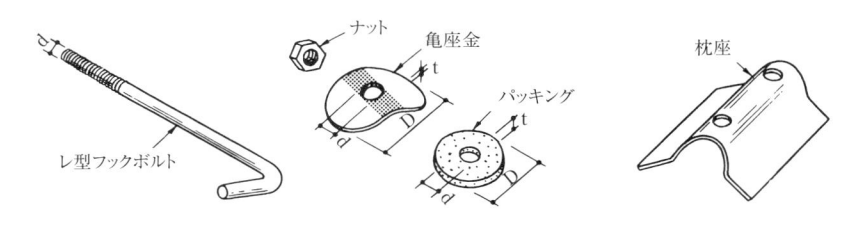

図 8.4-4 固定ボルト・座金・パッキング

表8.4-4 通し吊子とキャップの厚さ

(単位:mm)

品　名	直径 d	直径 D	厚さ t	表面処理ほか
レ型フックボルト	M6			MFZnⅡ
亀　座　金	6.6	21	1.0	MFZnⅡ
パッキング	4.8	18	5	フェルトまたは樹脂でつくられたもの。

表8.4-5 各種固定ボルトの短期許容力

(単位:N{kgf}/本)

固定ボルトの種類 ＼ ボルトの直径	レ型フックボルト	パイプボルト $\phi=50$	パイプボルト $\phi=34$	チャンネルボルト	L型フックボルト
M6	392 {40}	69 {7}	118 {12}	265 {27}	834 {85}
M5（参考）	294 {30}	−	−	−	−

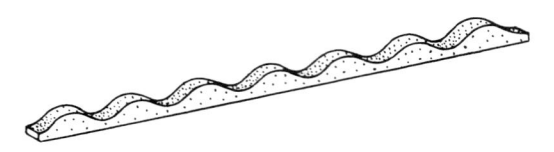

図8.4-5 波形面戸（フェルトまたは樹脂でつくられたもの）

表 8.4-6　波板葺の標準仕様

荷　重 N/m² {kgf/m²}	板　厚 (mm)	必要固定ボルト数 (本/m²)	許容母屋間隔 (mm)	軒出の許容長さ (mm)
± 883 {± 90}	0.35	5.5	910	450
	0.4			
	0.5			
± 1 177 {± 120}	0.35	5.5	910	400
	0.4			
	0.5			450
± 1 471 {± 150}	0.35	5.5	910	350
	0.4			
	0.5			400
± 1 765 {± 180}	0.35	5.5	910	350
	0.4			
	0.5			400
± 2 059 {± 210}	0.35	5.5	910	300
	0.4			
	0.5			350
± 2 354 {± 240}	0.35	6.0	860	300
	0.4		890	
	0.5		910	350
± 2 648 {± 270}	0.35	6.8	820	250
	0.4		850	300
	0.5		910	
± 2 942 {± 300}	0.35	7.5	780	250
	0.4		820	300
	0.5		880	
± 3 236 {± 330}	0.35	8.3	740	250
	0.4		780	
	0.5		840	300
± 3 530 {± 360}	0.35	9.0	710	250
	0.4		750	
	0.5		810	
± 3 825 {± 390}	0.35	9.8	680	200
	0.4		720	
	0.5		780	250
± 4 119 {± 420}	0.35	10.5	650	200
	0.4		690	
	0.5		760	250
± 4 413 {± 450}	0.35	11.3	630	200
	0.4		670	
	0.5		730	250
± 4 707 {± 480}	0.35	12.0	610	200
	0.4		640	
	0.5		710	250
± 5 001 {± 510}	0.35	12.8	590	200
	0.4		620	
	0.5		690	250
± 5 296 {± 540}	0.35	13.5	580	200
	0.4		610	
	0.5		670	
± 5 590 {± 570}	0.35	14.3	560	200
	0.4		590	
	0.5		650	
± 5 884 {± 600}	0.35	15.0	550	200
	0.4		580	
	0.5		660	

(2) 詳細図

●一般部の詳細●

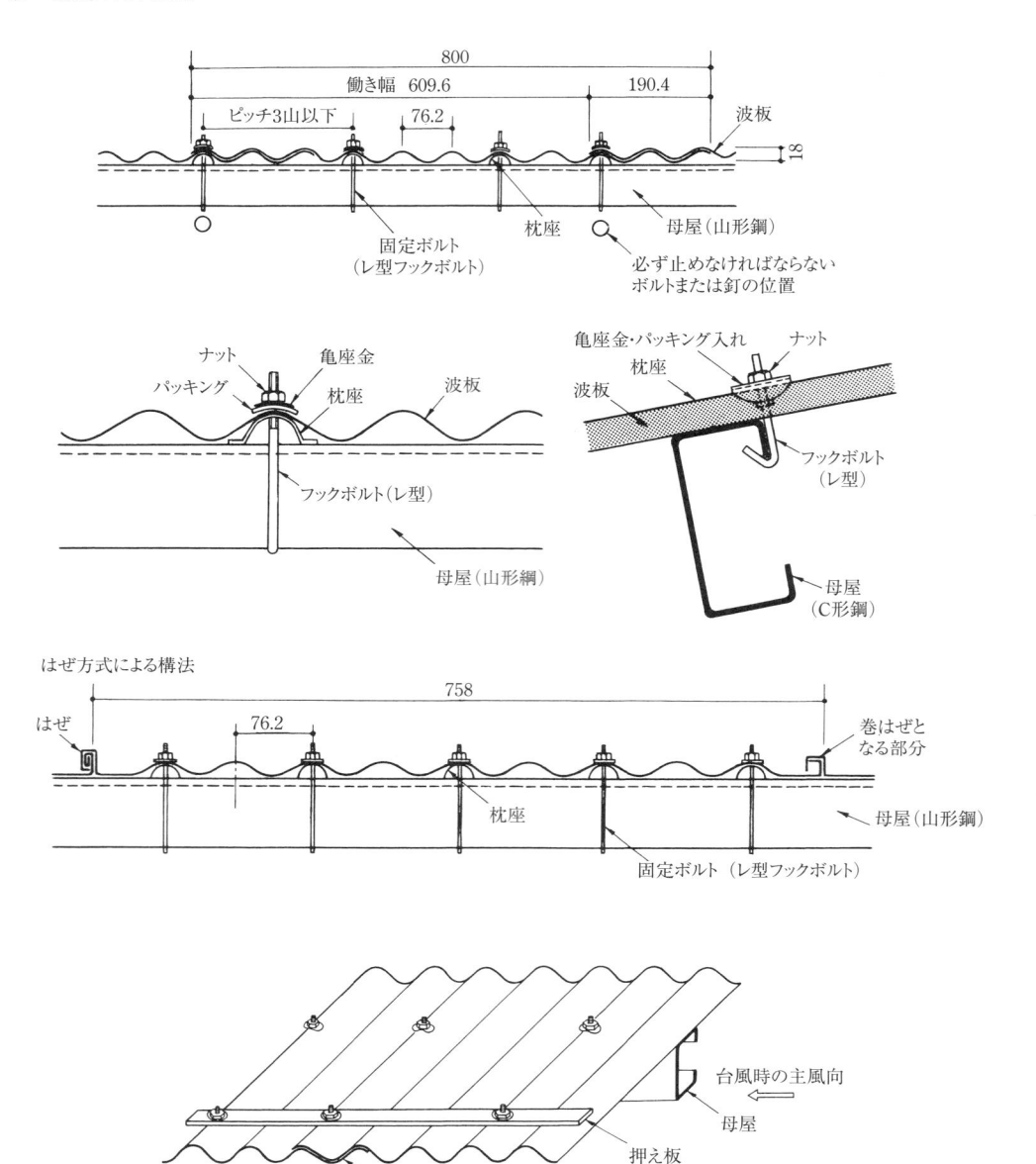

- ・台風時の主方向を上にして重ね継ぎとする。
- ・固定ボルトはM6とする。
- ・固定ボルト，固定釘は均等に配置し，ピッチは3山以下とする。
- ・ボルト孔は，原則としてドリル開孔とし，ボルト位置には，母屋と波板の間に枕座を入れる。

●棟部・けらばの詳細●

【棟部】

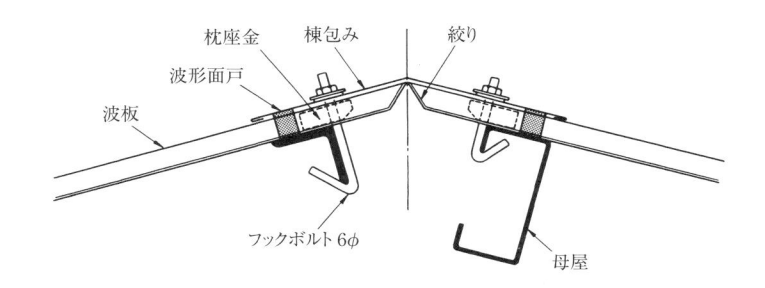

【けらば部】

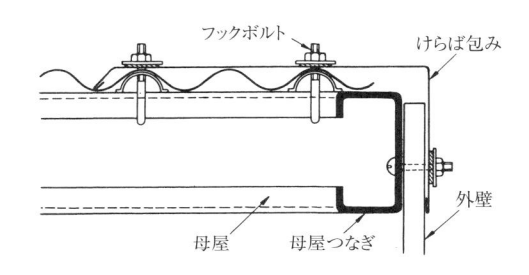

●壁面との取合い部の詳細●

【流れ方向】　　　　　　　　　　【流れ直角方向】

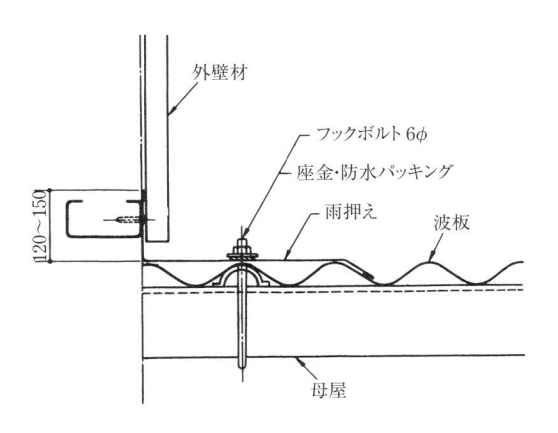

・水上端部は，水返しを付け，棟板，雨押えは，波板の上の波形面戸をはさみ込んで母屋からボルト止めとする。

8.4.5　角山葺屋根

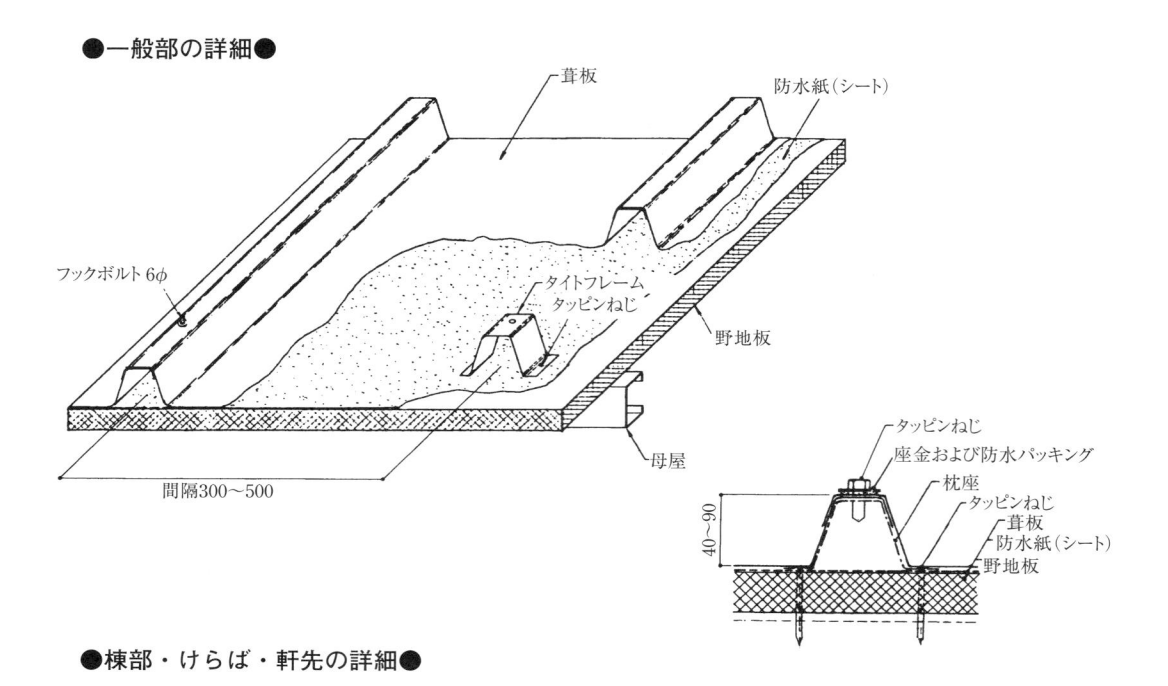

●一般部の詳細●

●棟部・けらば・軒先の詳細●

【棟部】

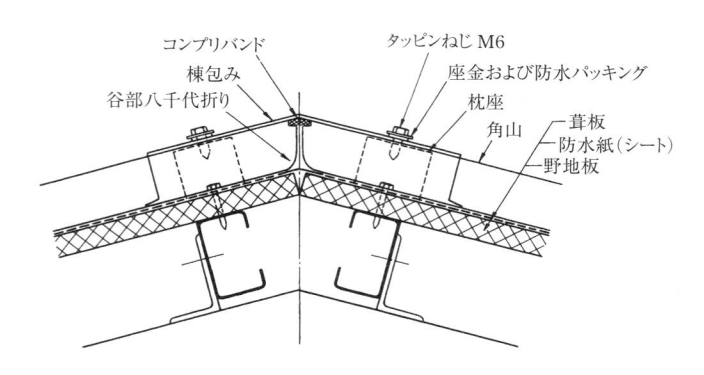

【けらば部】

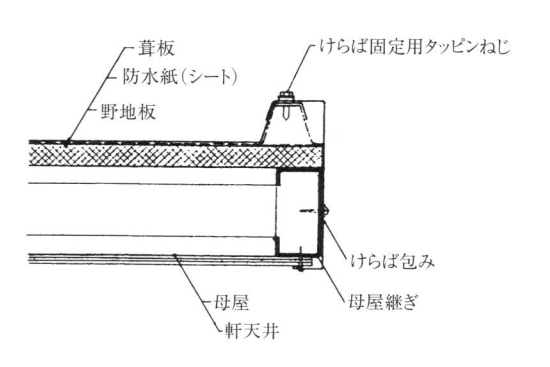

【軒先部】

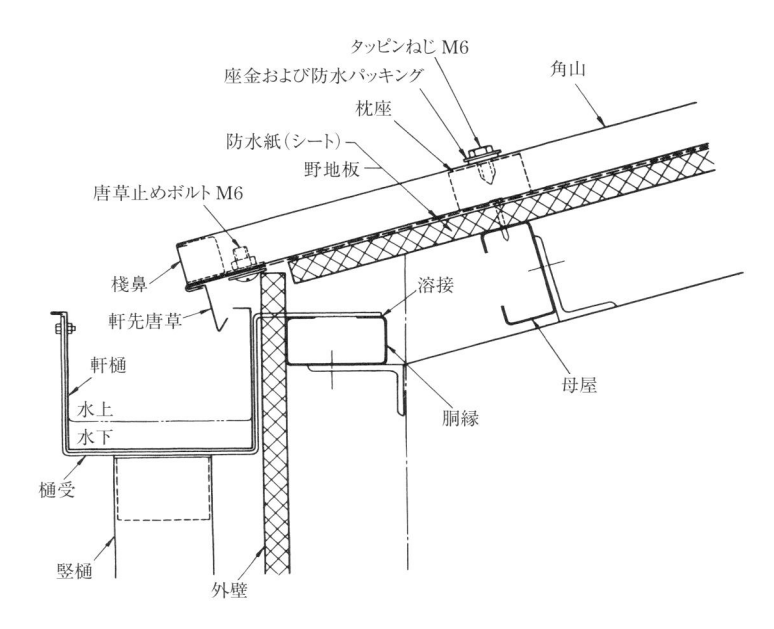

●壁面との取合い部の詳細●

【流れ方向】

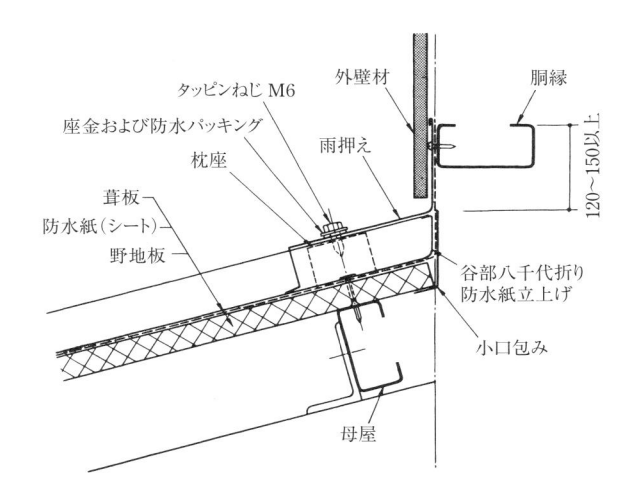

【流れ直角方向】

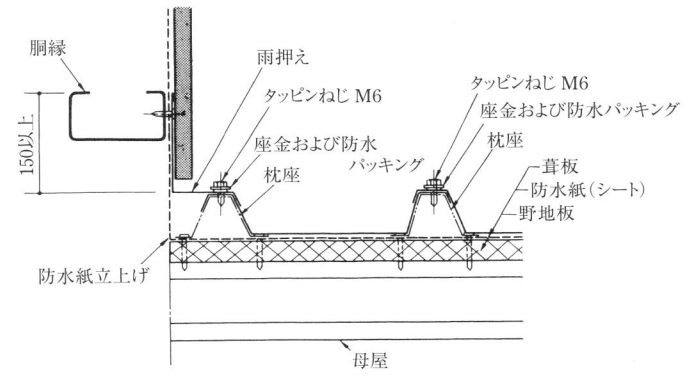

8.4.6 折板葺屋根

(1) 構成部品

折板屋根葺に用いる構成部品を以下に示す。なお，タイトフレームおよび固定ボルトの寸法ならびにその組合せは，折板の山高に応じ**表 8.4-13** に示したものを標準とする。

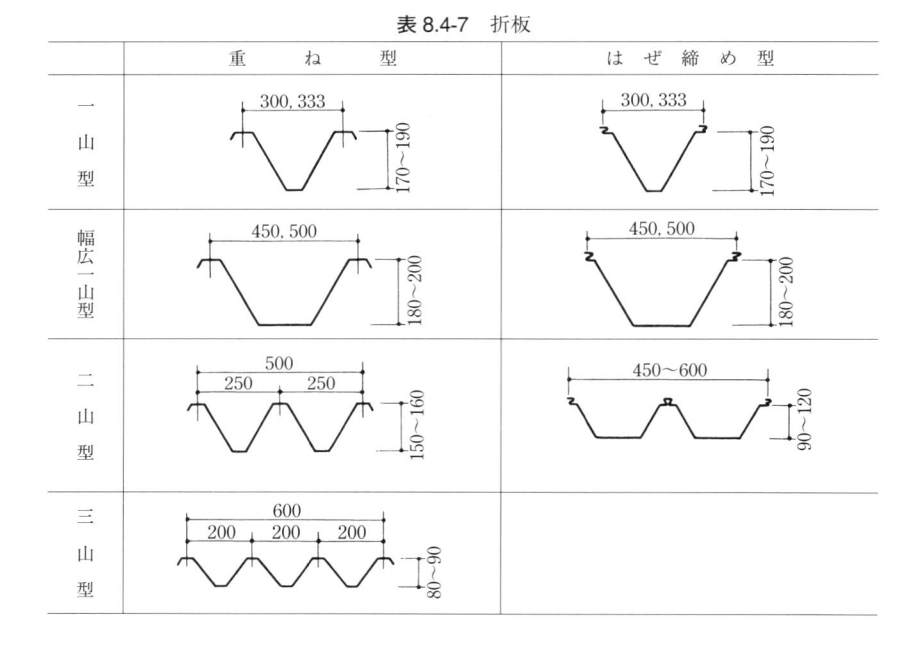

表 8.4-7 折板

	重 ね 型	はぜ締め型
一山型	300, 333 / 170〜190	300, 333 / 170〜190
幅広一山型	450, 500 / 180〜200	450, 500 / 180〜200
二山型	500 (250, 250) / 150〜160	450〜600 / 90〜120
三山型	600 (200, 200, 200) / 80〜90	

表 8.4-8 山高・山ピッチによる区分

山高による記号 \ 山ピッチによる記号		20	25	30	33	35	40	45	50
	山ピッチ寸法 mm → / 山高寸法 mm ↓	190以上 230未満	230以上 270未満	270以上 310未満	310以上 350未満	350以上 390未満	390以上 430未満	430以上 480未満	480以上 520以下
09	80以上 100未満	◎							
11	100以上 120未満	○	○						
13	120以上 140未満	○	○	◎	○				
15	140以上 160未満	○	◎	○	◎	○	○	○	○
17	160以上 180未満			◎	○	○	○	◎	◎
19	180以上 210以下				◎	○	◎	○	○

(注) 呼称は，山高および山ピッチの組合せによる。
例：山高寸法 150mm，山ピッチ寸法 250mm は 1525 と呼称する。

表 8.4-9 保証荷重

区分	記号	等分布荷重 N/m² {kgf/m²}
1種	1	980 {100}
2種	2	1 960 {200}
3種	3	2 940 {300}
4種	4	3 920 {400}
5種	5	4 900 {500}

表 8.4-10 結合用および補強用部品表

部品の種類	部品の名称
結合用部品	固定ボルト　緊結防止座金 固定ナット　緊結平座金 固定防水座金　緊結パッキング 固定パッキング　タイトフレーム 緊結ボルト　固定金具 緊結ナット
補強用部品	変形防止材

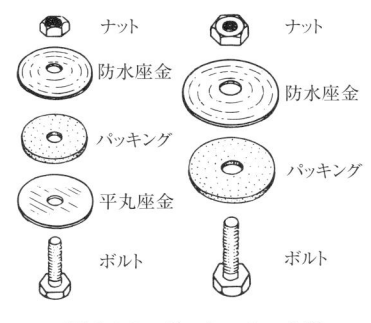

図 8.4-6 ボルト・ナット類

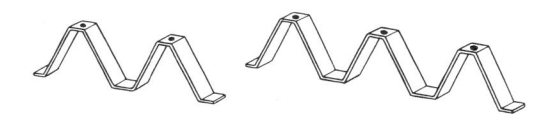

図 8.4-7 タイトフレーム

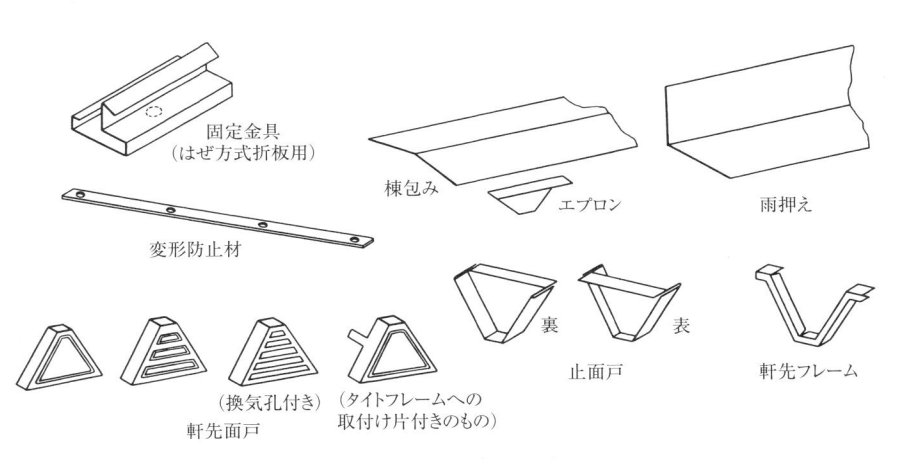

図 8.4-8 その他の部品

表 8.4-11　座金の寸法表

(単位：mm)

使用ボルト	d	D	t	H
M8	8.5	30〜40	2.3	4.6 以上
M10	10.5	40	3.2	6.4 以上

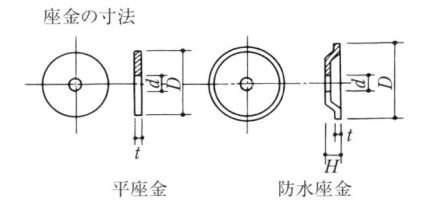

表 8.4-12　パッキングの寸法表

(単位：mm)

使用ボルト	d	D	t
M10	9.5	33	6
		28	5
M8	7.5	33	6
		28	5
		24	

表 8.4-13　タイトフレームおよび固定ボルト寸法ならびにその組合せ

(単位：mm)

山高による記号	タイトフレーム 厚さ	タイトフレーム 幅	固定ボルト
09	2.3	30	M8
11			
13	3.2	40	
15			
17	4.5	50	M10
19			

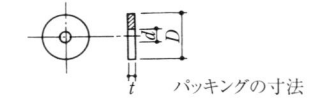

(2) 詳細図

●一般部の詳細●

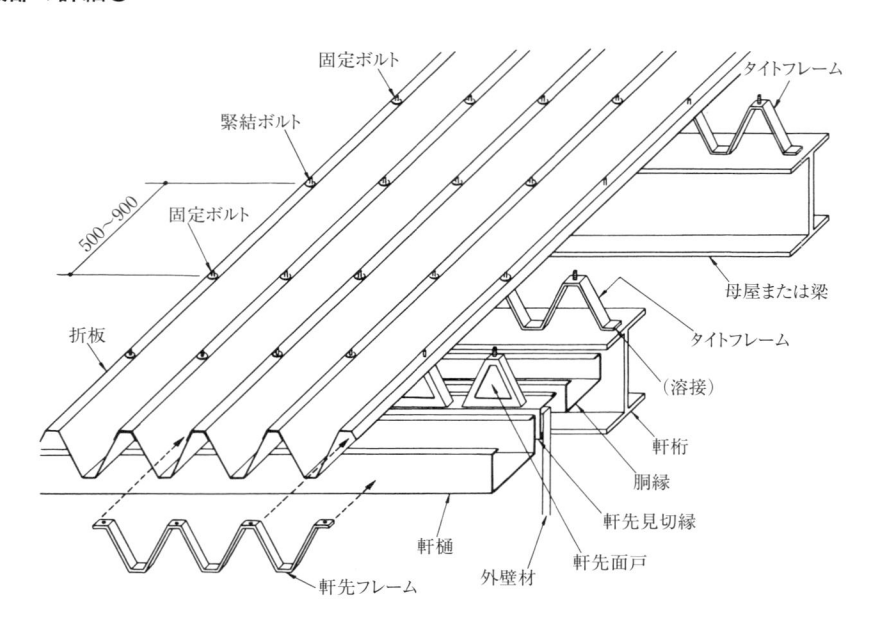

●棟部・けらば・谷部の詳細●

【棟部】

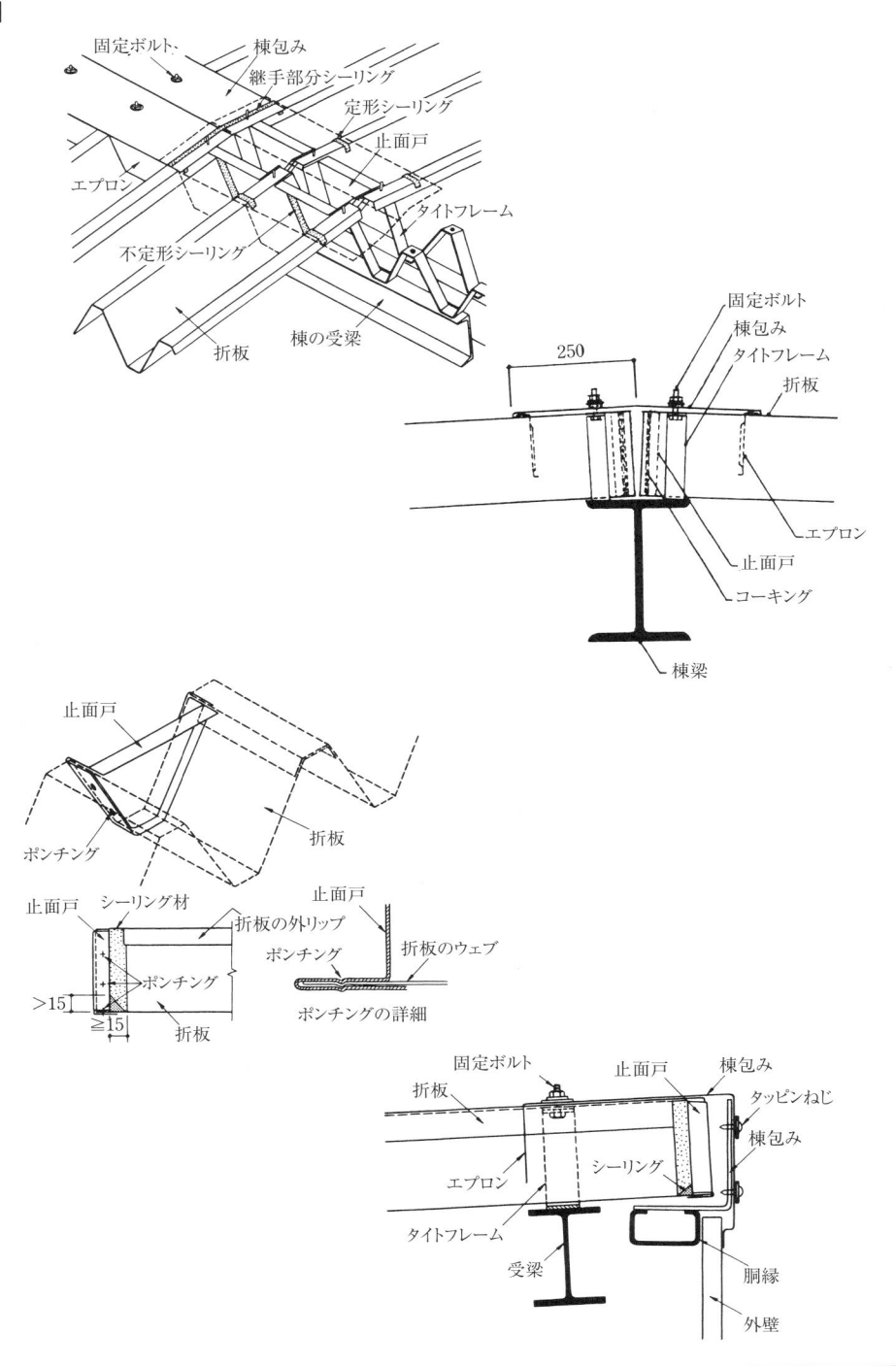

（図：棟部の詳細 — 固定ボルト、棟包み、継手部分シーリング、定形シーリング、止面戸、エプロン、タイトフレーム、不定形シーリング、棟の受梁、折板）

（図：断面 — 固定ボルト、棟包み、タイトフレーム、折板、250、エプロン、止面戸、コーキング、棟梁）

（図：止面戸、ポンチング、折板）

（図：ポンチングの詳細 — 止面戸、シーリング材、折板の外リップ、ポンチング、折板のウェブ、＞15、≧15、折板）

（図：折板、固定ボルト、止面戸、棟包み、タッピンねじ、エプロン、シーリング、タイトフレーム、受梁、胴縁、外壁）

・棟納めは棟包みによる納め方を原則とする。

【湾曲折板を用いた軒部の納め方例】

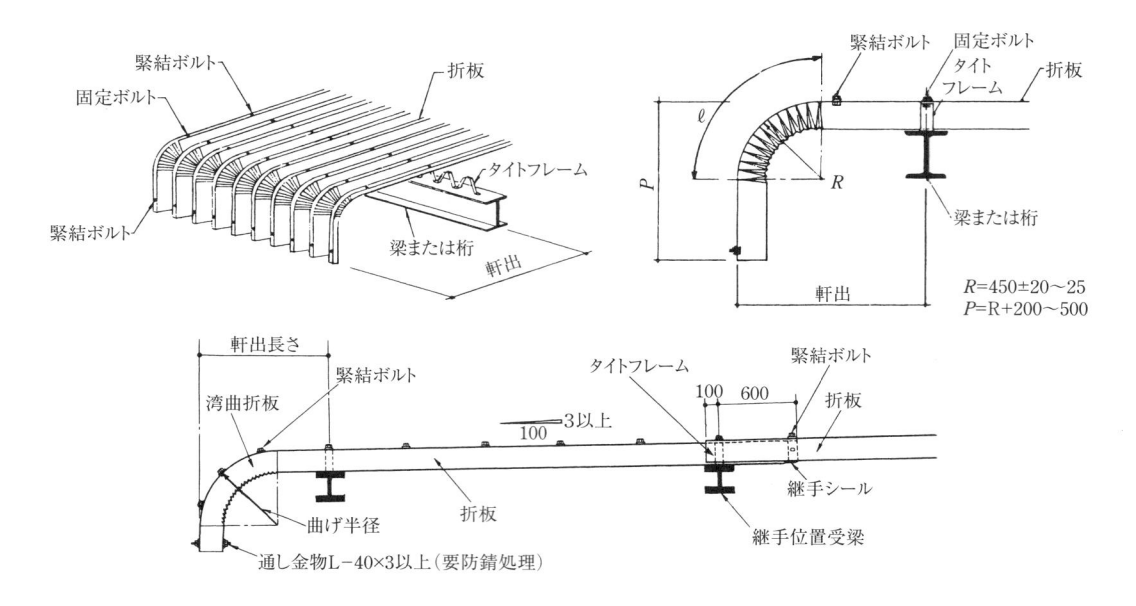

$R=450\pm20\sim25$
$P=R+200\sim500$

【けらば部】

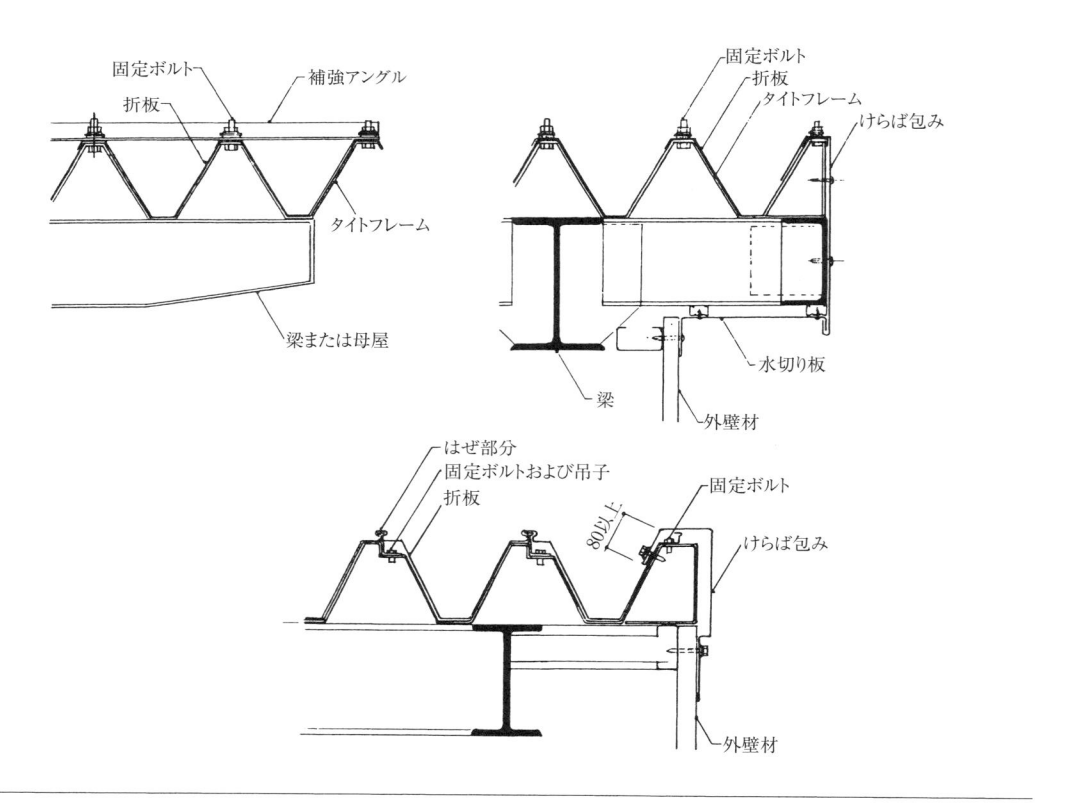

・けらば納めは，最端部の折板の上底で止める方法を原則とし，変形防止材を付けなければならない。

【谷部】

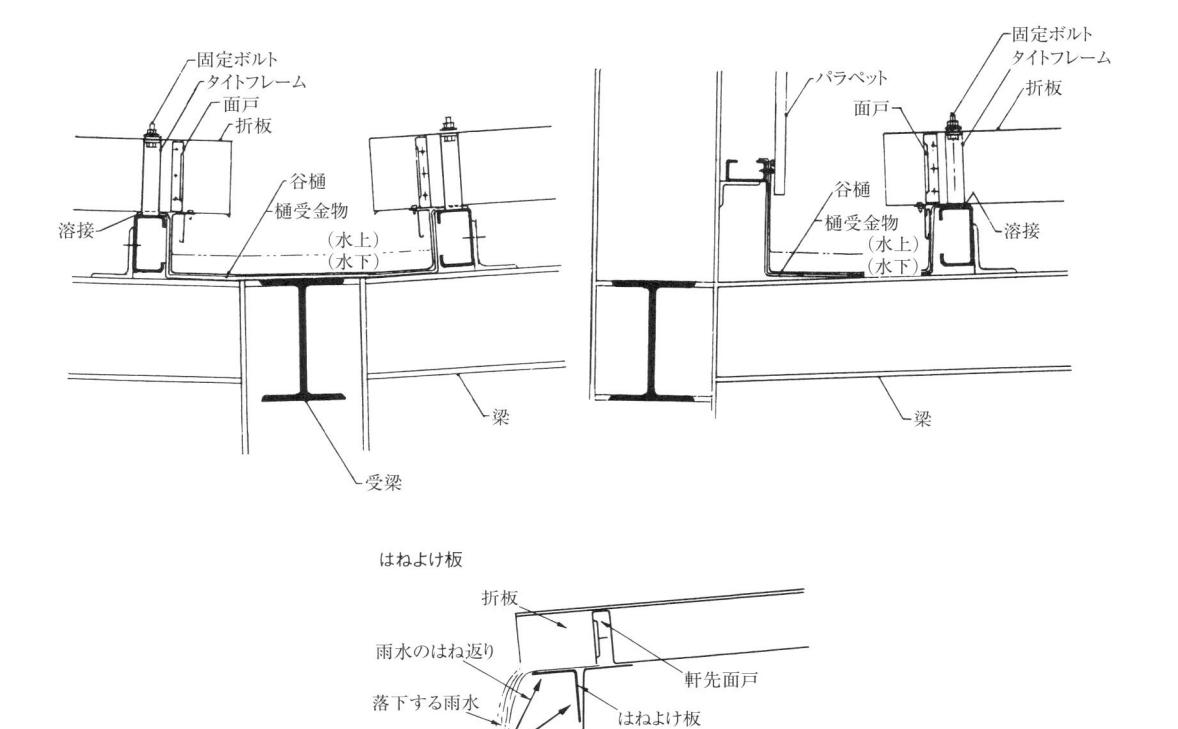

はねよけ板

雨水のはね返りをはねよけ板で防ぐ

●パラペットの詳細●

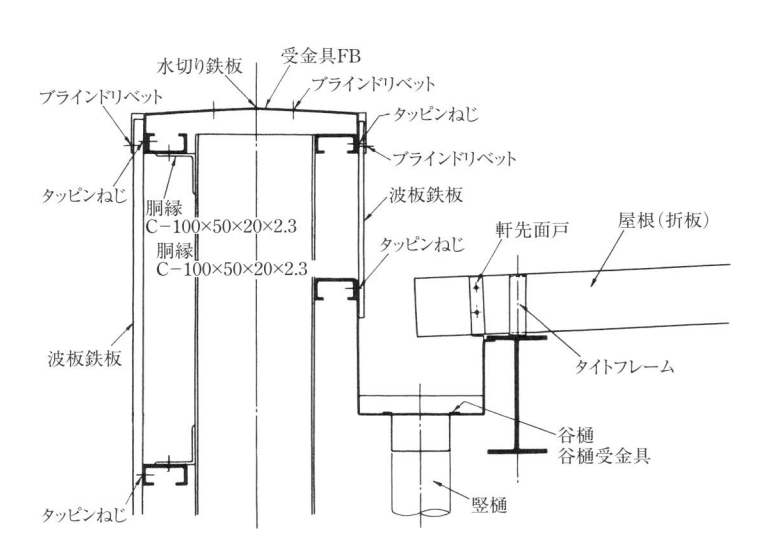

●壁面との取合い部の詳細●

【流れ方向】

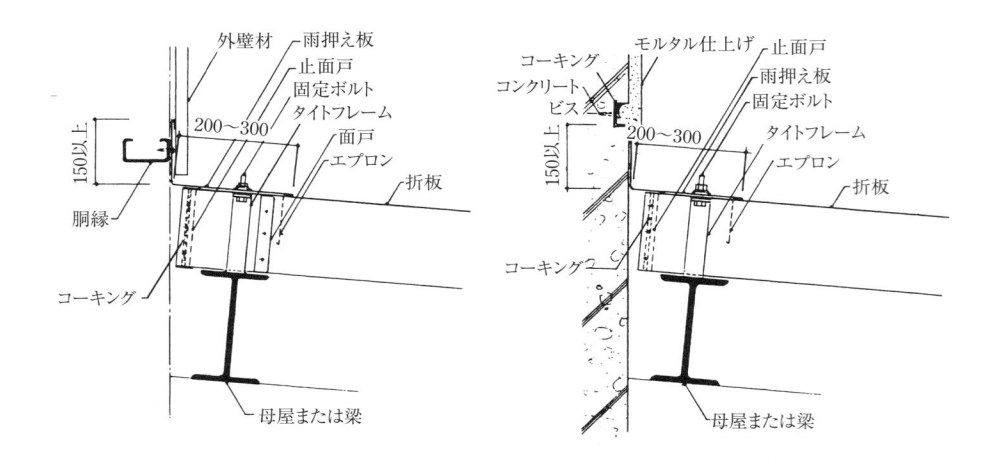

【流れ直角方向】

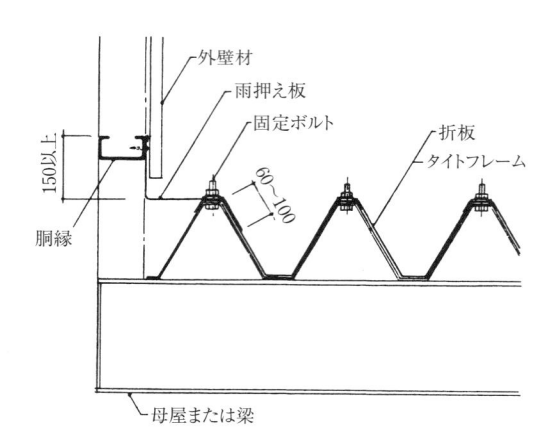

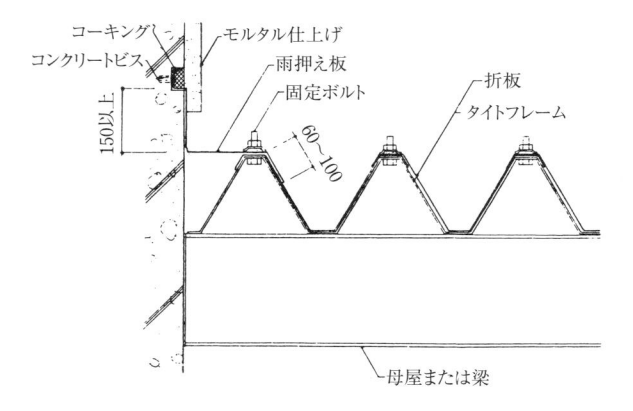

8.4 — 屋　根 ● 239

●その他の詳細●

【トップライト】

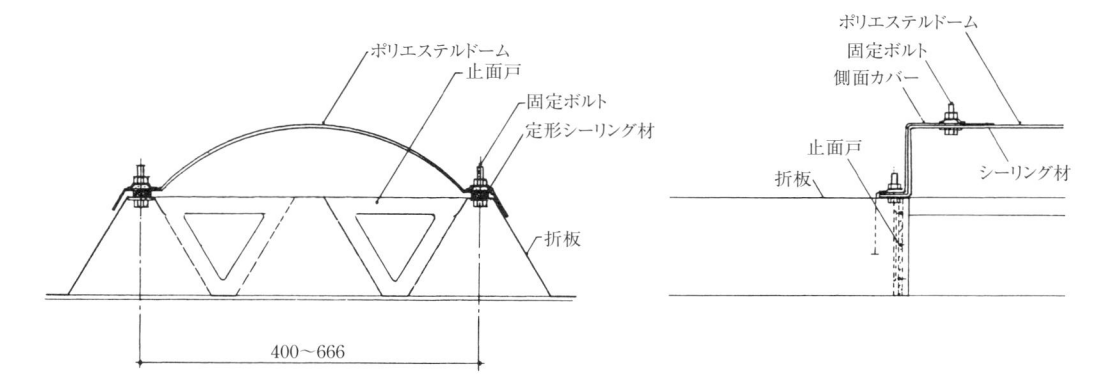

ポリエステルドーム
止面戸
固定ボルト
定形シーリング材
折板

400〜666

ポリエステルドーム
固定ボルト
側面カバー
止面戸
折板
シーリング材

梁間方向の中間にドームが取り付けられる場合

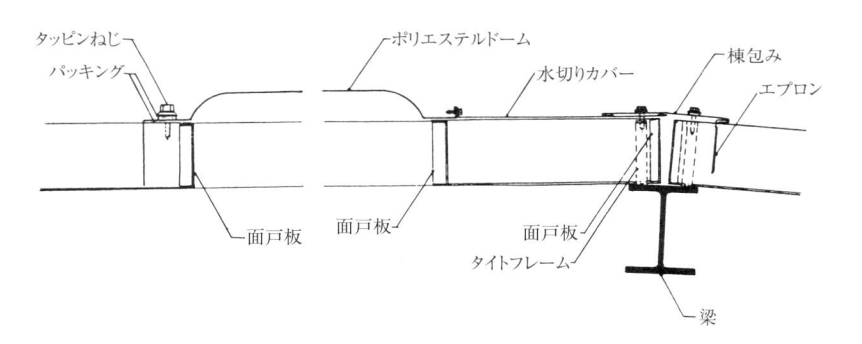

タッピンねじ
パッキング
ポリエステルドーム
水切りカバー
棟包み
エプロン
面戸板
面戸板
面戸板
タイトフレーム
梁

【ドームの接合部】

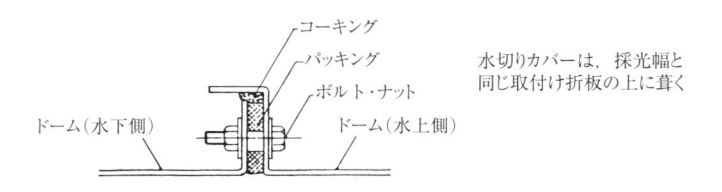

コーキング
パッキング
ボルト・ナット
ドーム（水下側）　ドーム（水上側）

水切りカバーは，採光幅と同じ取付け折板の上に葺く

棟の近くにドームが取り付けられる場合

ポリエステルドーム
タッピンねじ
パッキング
コーキング
棟包み
エプロン
折板
捨板
面戸板
梁

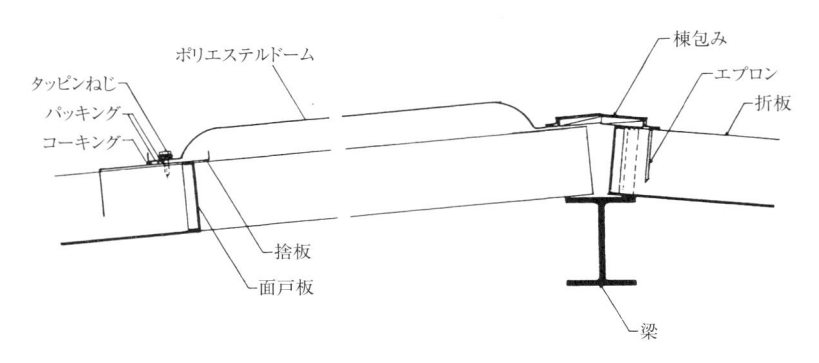

8.4.7　金属成形瓦葺屋根

●一般部の詳細●

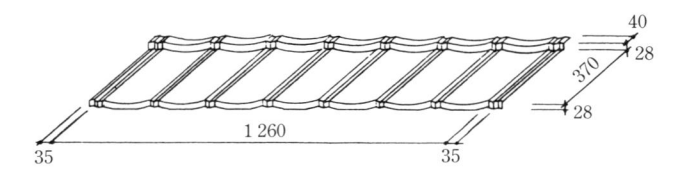

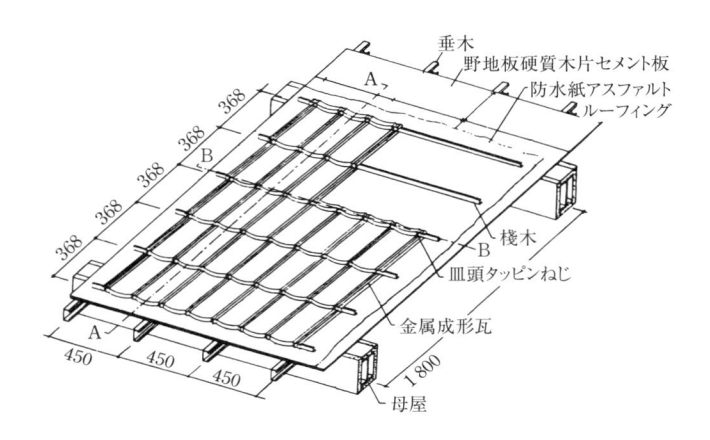

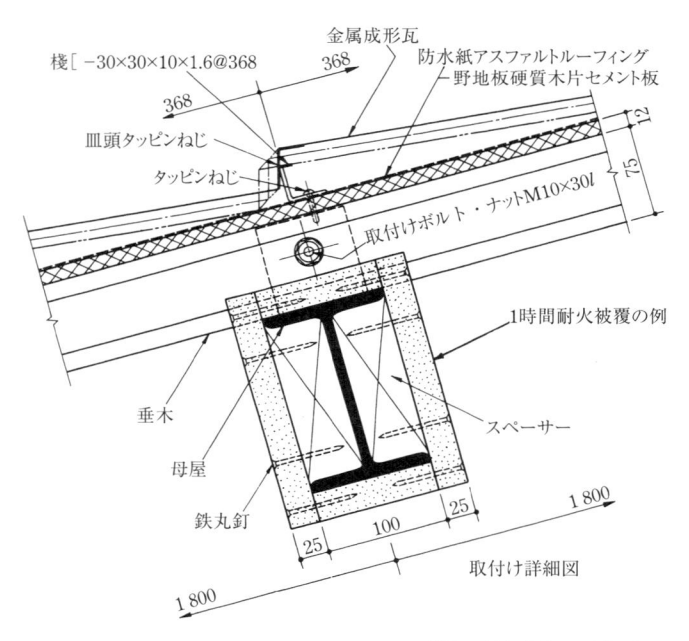

（注）　記入寸法は一例である。

8.4.8 横葺屋根

(1) 構成部品

横葺屋根に用いる主な構成部品の一例を図 8.4-9 ～ 11 に示す。

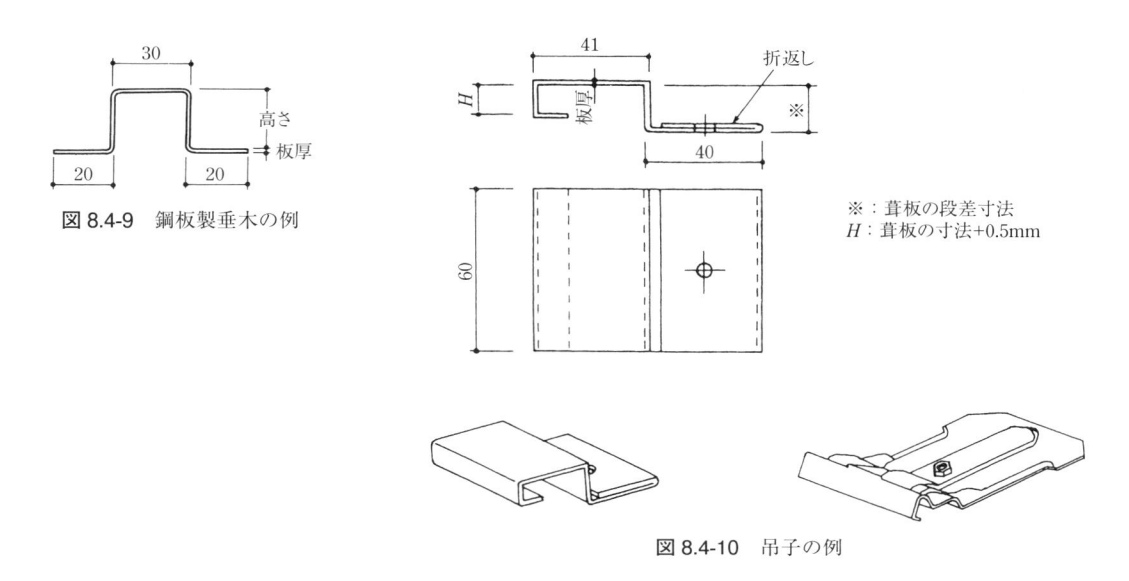

図 8.4-9　鋼板製垂木の例

※：葺板の段差寸法
H：葺板の寸法+0.5mm

図 8.4-10　吊子の例

図 8.4-11　継手の例

242 ●第8章―金属板

(2) 詳細図

●一般部の詳細●

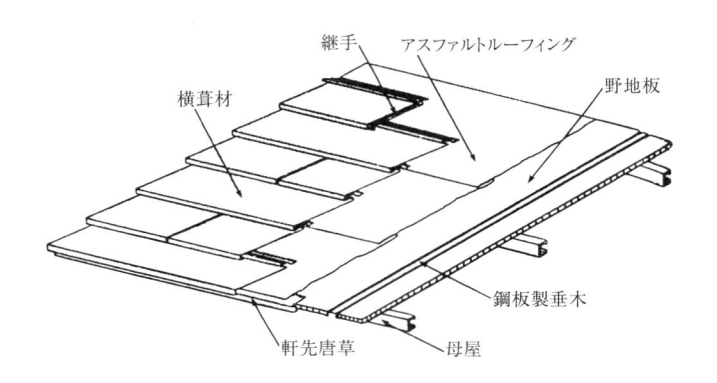

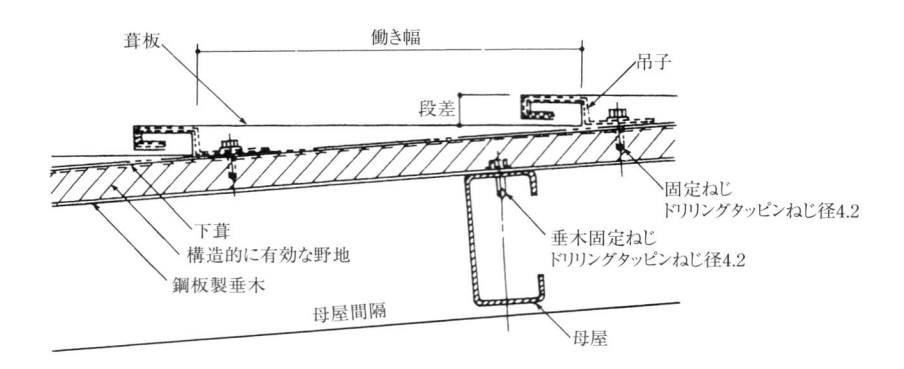

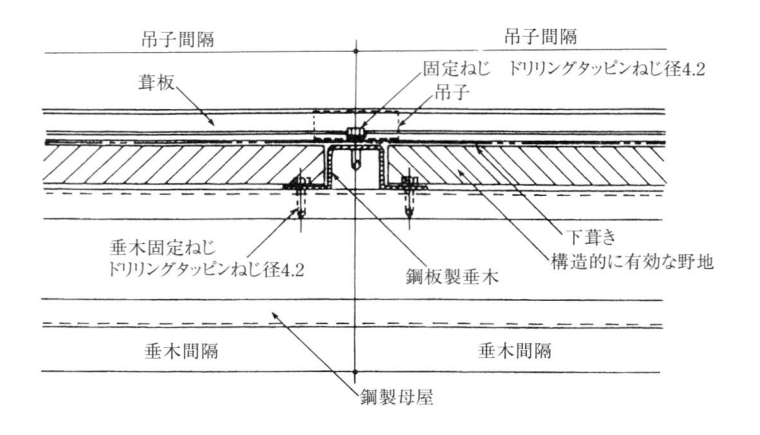

●棟部・けらば・軒先の詳細●

【軒先部】

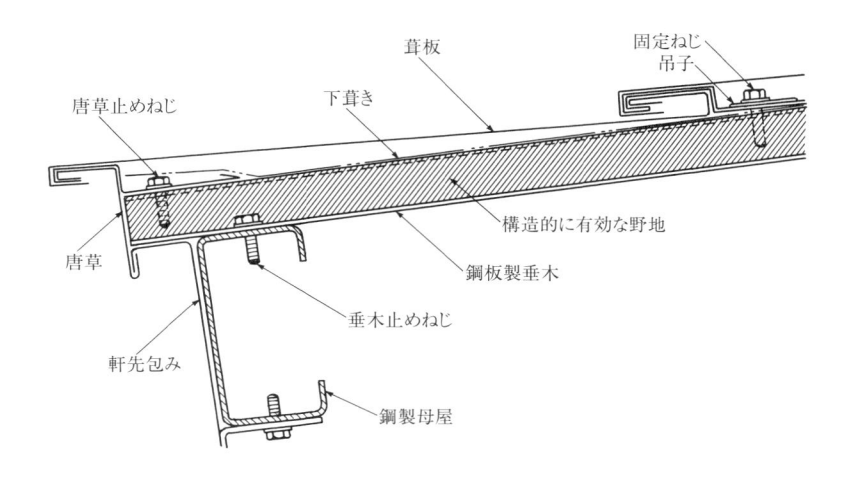

唐草止めねじ
葺板
固定ねじ
吊子
下葺き
構造的に有効な野地
鋼板製垂木
唐草
垂木止めねじ
軒先包み
鋼製母屋

【棟部】

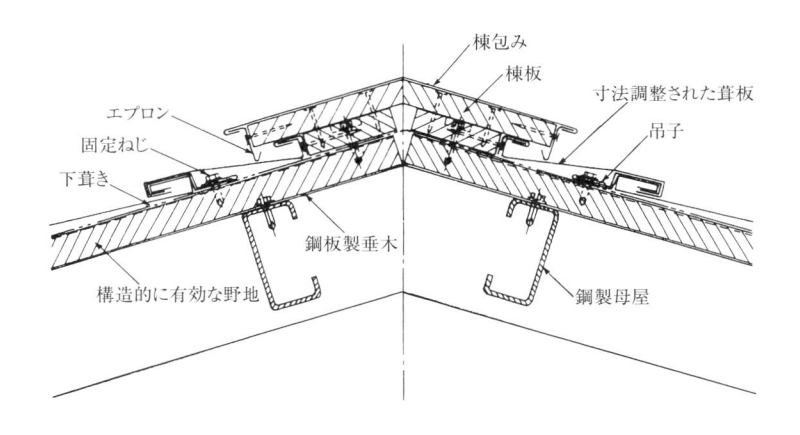

棟包み
棟板
寸法調整された葺板
エプロン
吊子
固定ねじ
下葺き
鋼板製垂木
構造的に有効な野地
鋼製母屋

【けらば部】

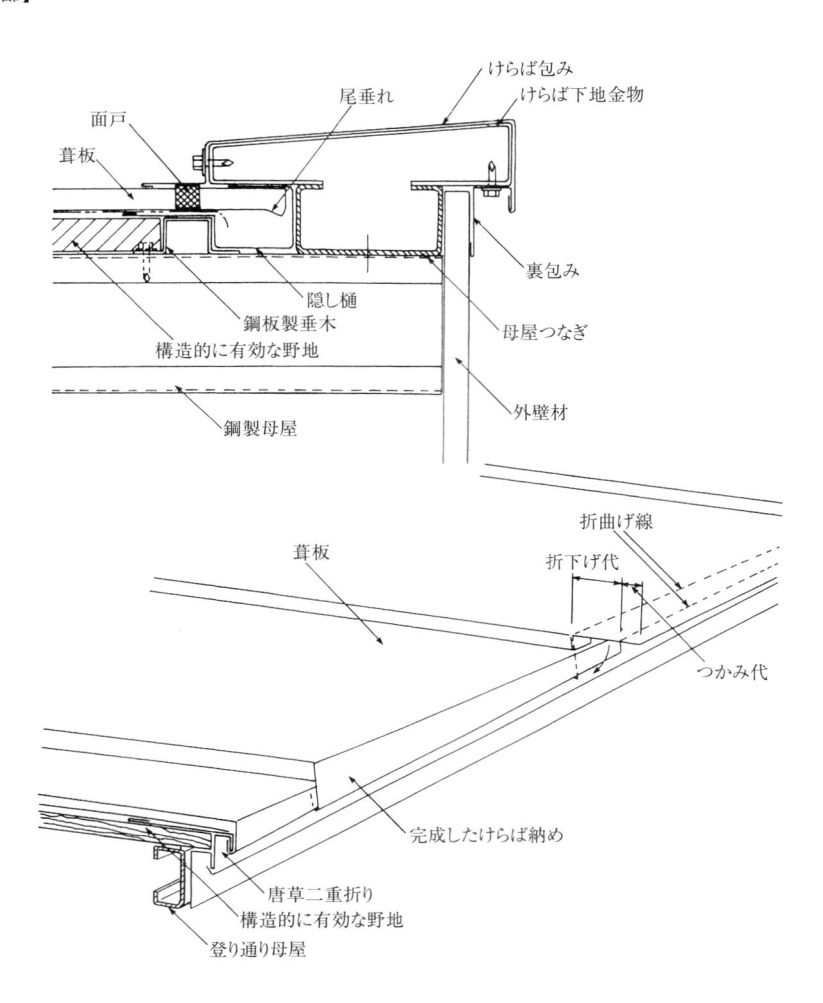

●壁面との取合い部の詳細●

【流れ方向】

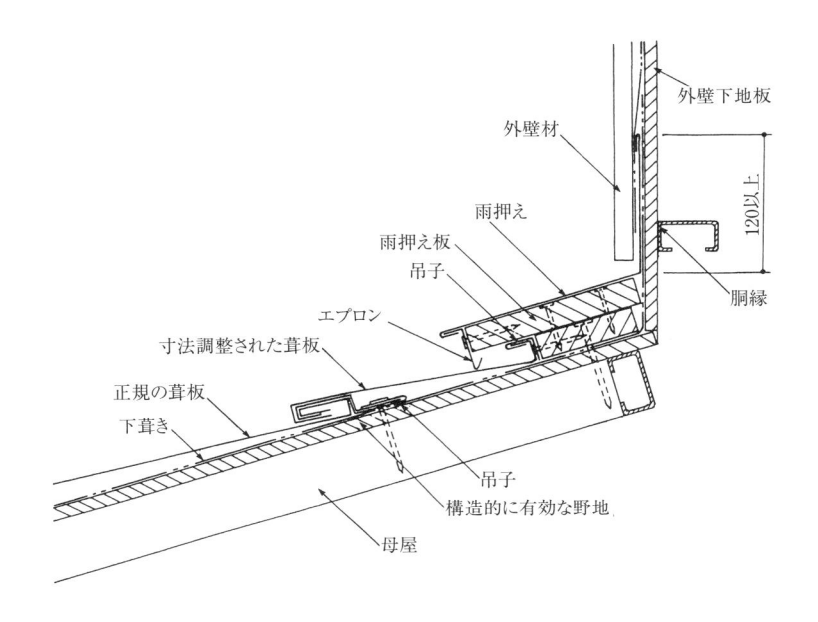

- 外壁下地板
- 外壁材
- 雨押え
- 雨押え板
- 吊子
- 胴縁
- エプロン
- 寸法調整された葺板
- 正規の葺板
- 下葺き
- 吊子
- 構造的に有効な野地
- 母屋
- 120以上

【流れ直角向】

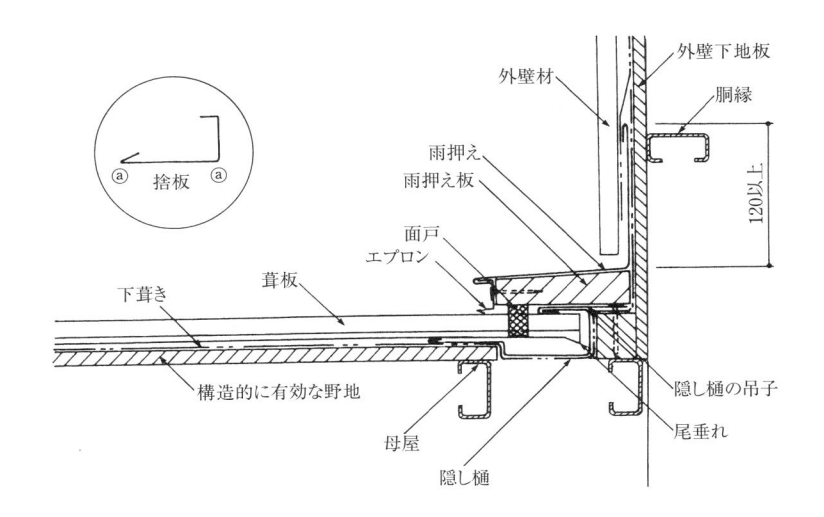

- 外壁下地板
- 外壁材
- 胴縁
- 雨押え
- 雨押え板
- 面戸
- エプロン
- 葺板
- 下葺き
- 構造的に有効な野地
- 母屋
- 隠し樋
- 隠し樋の吊子
- 尾垂れ
- 120以上
- 捨板 ⓐ ⓐ

8.4.9 金属屋根事例写真

写真 8.4-1　瓦棒葺

写真 8.4-2　蟻掛葺

写真 8.4-3　角山葺

写真 8.4-4　折板葺(ラジアル)

写真 8.4-5　金属形成瓦

写真 8.4-6　横葺

8.5 外壁

8.5.1 使用金属板の分類

外壁に使用される金属板は，一般的には耐久性，断熱性，デザイン性に幅を持たせた2次成形加工製品の中から，目的にふさわしいものを選択して用いることが多い。主に使われる金属板の分類を下記に示す。また，この中から一般的に多く採用される波板，金属サイディングの詳細を後掲する。

■**主に使われる金属板の分類**■

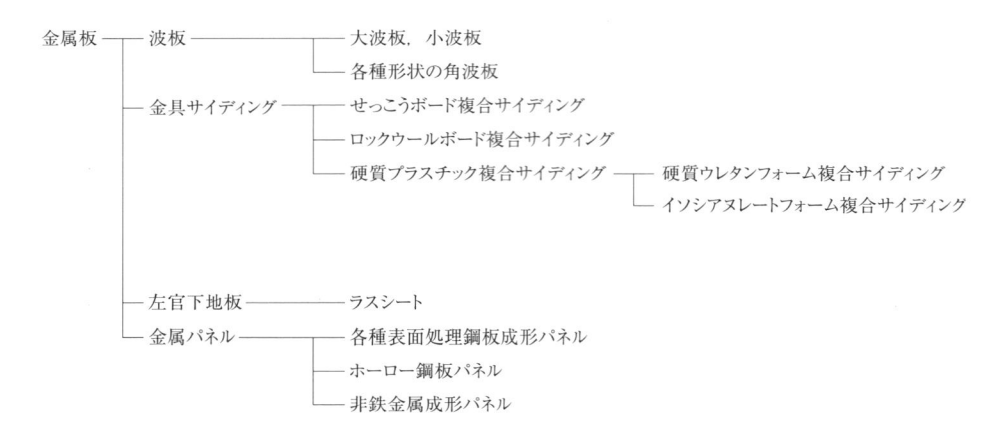

```
金属板 ─┬─ 波板 ─────────┬─ 大波板，小波板
        │                    └─ 各種形状の角波板
        ├─ 金具サイディング ─┬─ せっこうボード複合サイディング
        │                    ├─ ロックウールボード複合サイディング
        │                    └─ 硬質プラスチック複合サイディング ─┬─ 硬質ウレタンフォーム複合サイディング
        │                                                          └─ イソシアヌレートフォーム複合サイディング
        ├─ 左官下地板 ─────── ラスシート
        └─ 金属パネル ───────┬─ 各種表面処理鋼板成形パネル
                              ├─ ホーロー鋼板パネル
                              └─ 非鉄金属成形パネル
```

8.5.2 波板外壁

（1）構成部品

波板外壁に用いる構成部品を図 8.5-1〜2に示す。

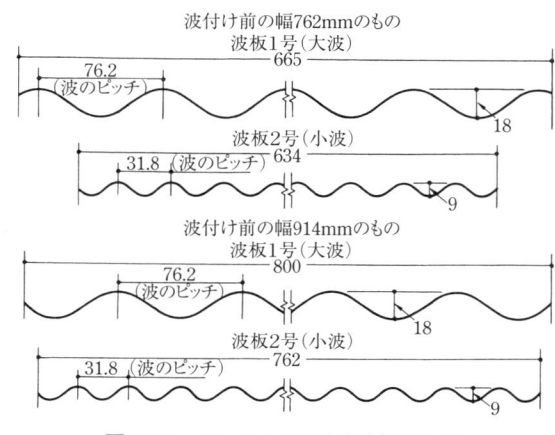

図 8.5-1 JIS C 3302 に示す波板の形状

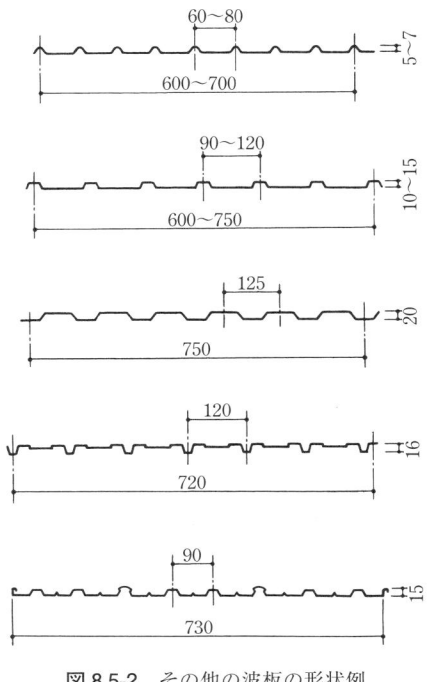

図 8.5-2　その他の波板の形状例

(2) 詳細図

●一般部の詳細●

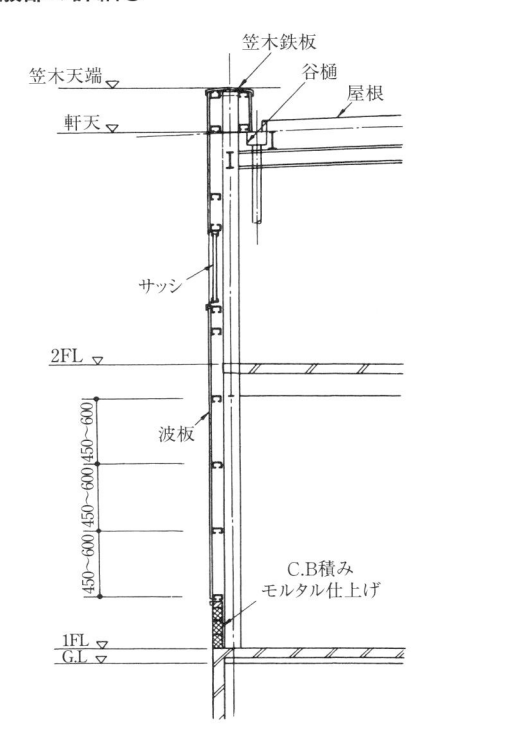

●出隅・入隅部の詳細●

【出隅部】

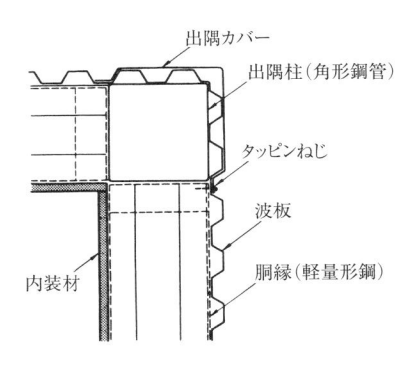

【入隅部】

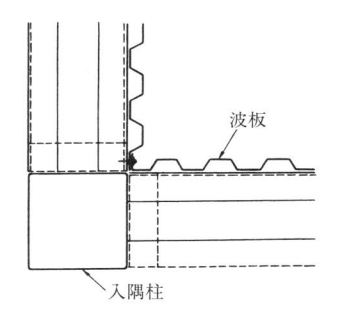

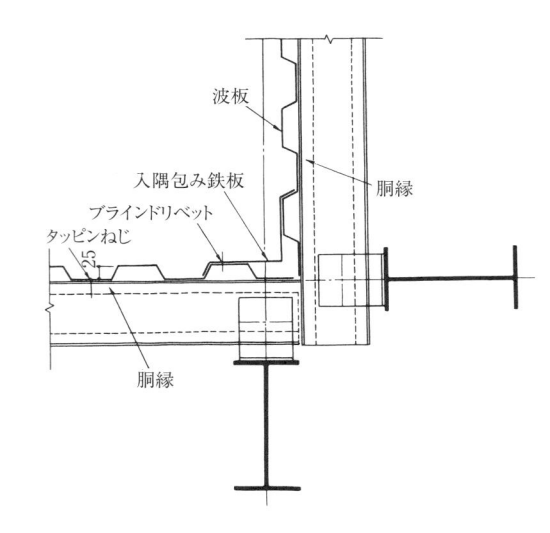

●軒天部の詳細●

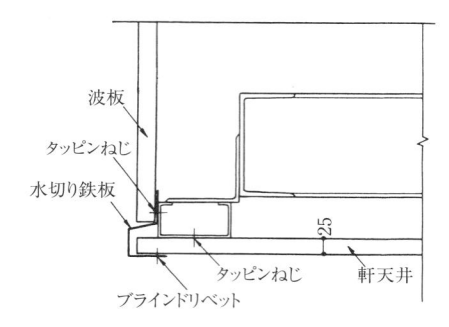

●開口部の詳細●

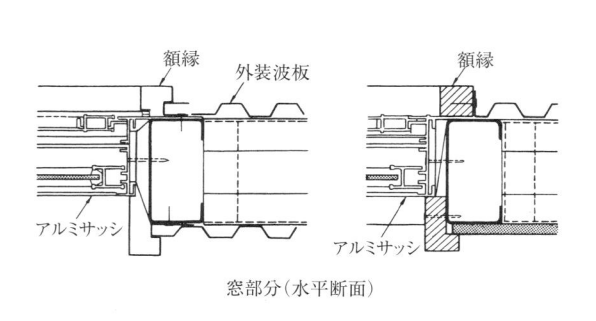

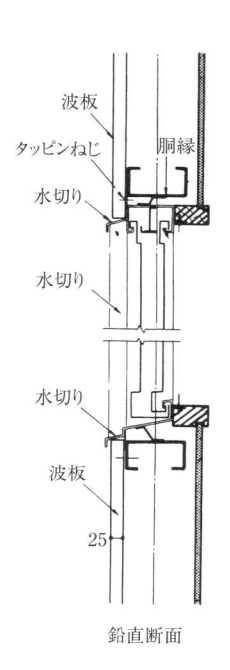

窓部分（水平断面）

鉛直断面

●腰壁との取合い部の詳細●

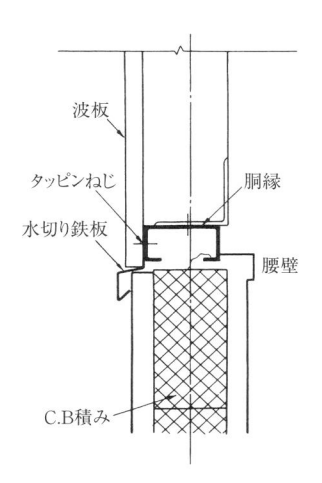

（図：波板、タッピンねじ、水切り鉄板、胴縁、腰壁、C.B積み）

8.5.3　金属サイディング外壁

(1) 製　品

　金属サイディングとは，金属板を単に成形加工しただけでなく，断熱性能や防火性能を高める芯材の付加，表面加工，接合部加工などを施した乾式工法用の複合外壁材である。

　金属板を用いた表面材は，表面に意匠性に富む柄（自然石やレンガ調のエンボスを施し，多色塗装したものなど）や金属感を全面に打ち出したものがある。

　芯材は大きく次の3つに分類される。

① せっこうボードを金属板に複合したせっこう複合金属サイディング
② 硬質プラスチックフォーム（ウレタン樹脂・ヌレート樹脂・フェノール樹脂など）の独立発泡体を金属板に複合した硬質プラスチックフォーム複合金属サイディング
③ ロックウールボードを金属板に複合したロックウールボード複合金属サイディング

　金属サイディングは施工方法によって，次の3つに分類される。
① 縦張り用の縦張り専用サイディング
② 横張り用の横張り専用サイディング
③ 縦横兼用の縦張り横張り兼用サイディング

　金属サイディングは不燃材料や準不燃材料の認定を受けた，防火性に優れた製品がある。各種防耐火構造に関しても，製品により対応が可能である。

(2) 形 状

サイディング形状の例を図 8.5-3 に示す。

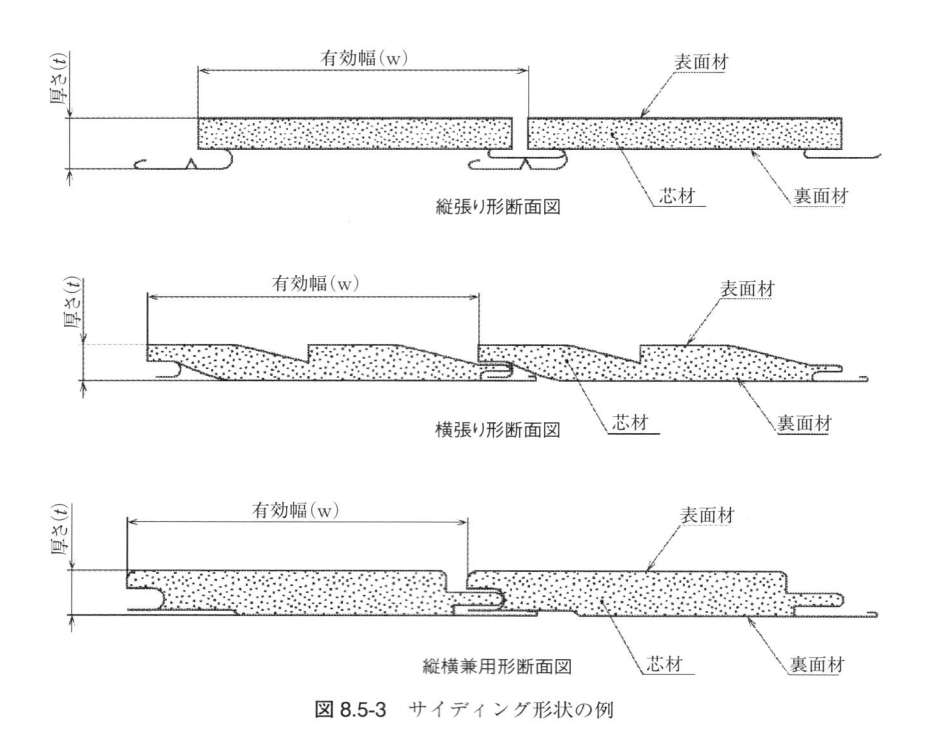

図 8.5-3 サイディング形状の例

(3) 構成部品

金属サイディング外壁に用いる構成部品を図 8.5-4 ～ 8 に示す。

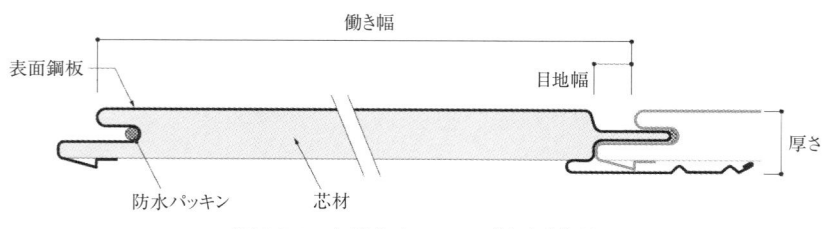

図 8.5-4 金属サイディング断面形状例

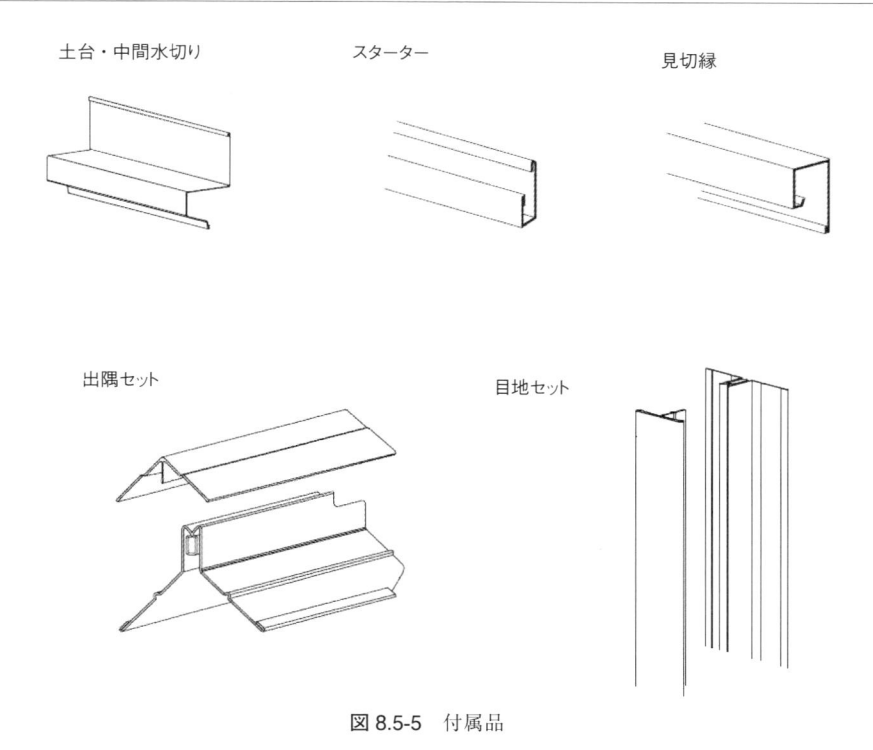

8.5 —外 壁 ● 253

土台・中間水切り　　スターター　　見切縁

出隅セット　　目地セット

図 8.5-5　付属品

(4) 詳細図

●下地のつくり方●

【縦張りサイディング用鉄骨下地】(一般工法縦張り)

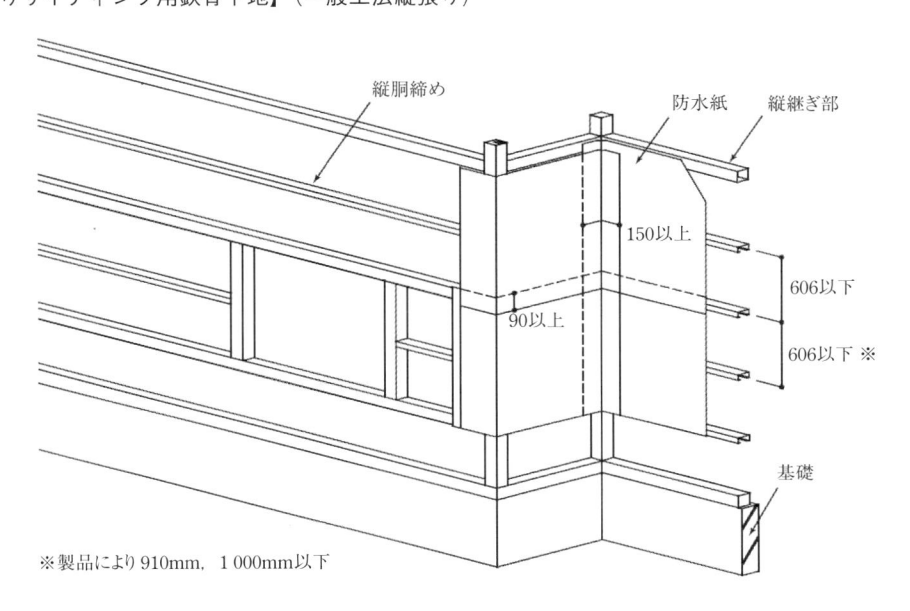

縦胴締め　　防水紙　　縦継ぎ部

150以上

606以下

90以上

606以下 ※

基礎

※製品により910mm，1 000mm以下

【横張りサイディング用鉄骨下地】（一般工法横張り）

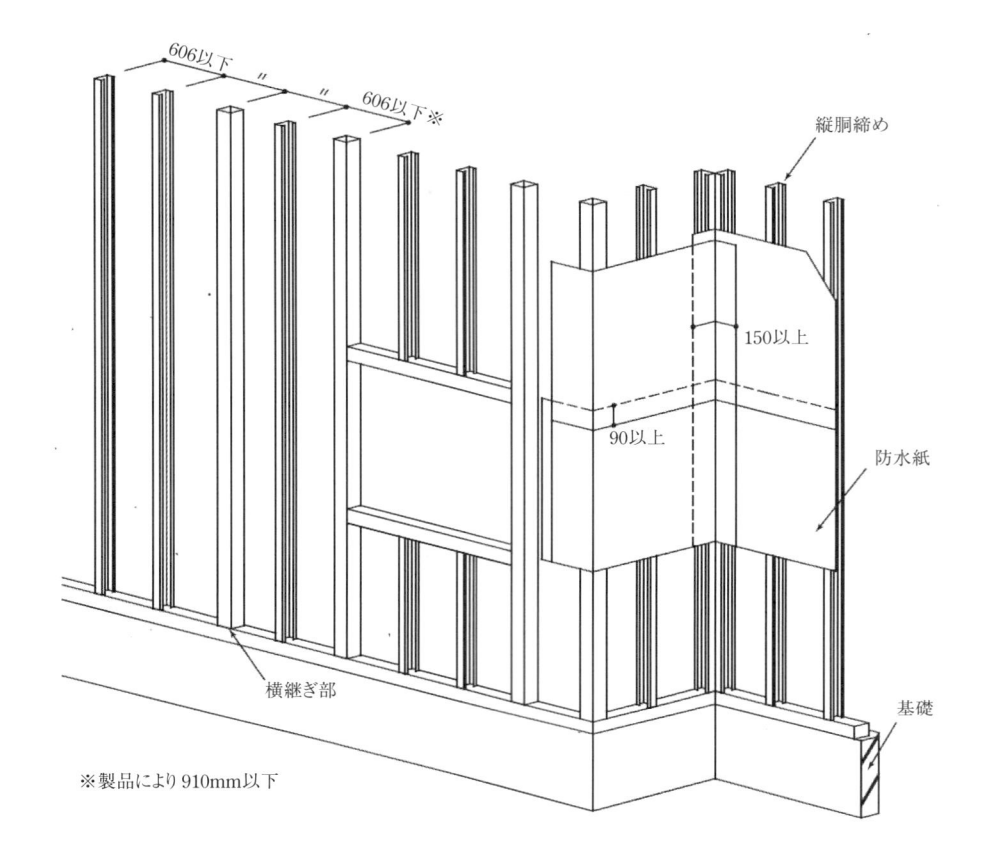

606以下　〃　〃　606以下※

縦胴締め

150以上

90以上

防水紙

横継ぎ部

基礎

※製品により910mm以下

●一般部の詳細● (通気胴縁工法)

【縦張りサイディング】

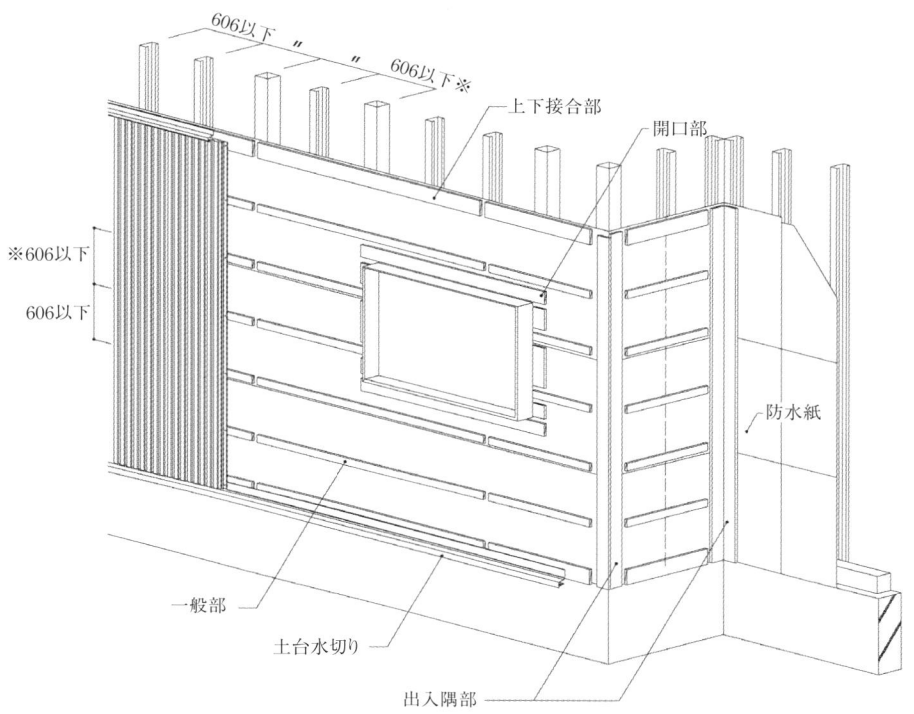

606以下
606以下※
上下接合部
開口部
※606以下
606以下
防水紙
一般部
土台水切り
出入隅部

※製品により910mm，1 000mm以下

256 ●第8章―金属板

【横張りサイディング】

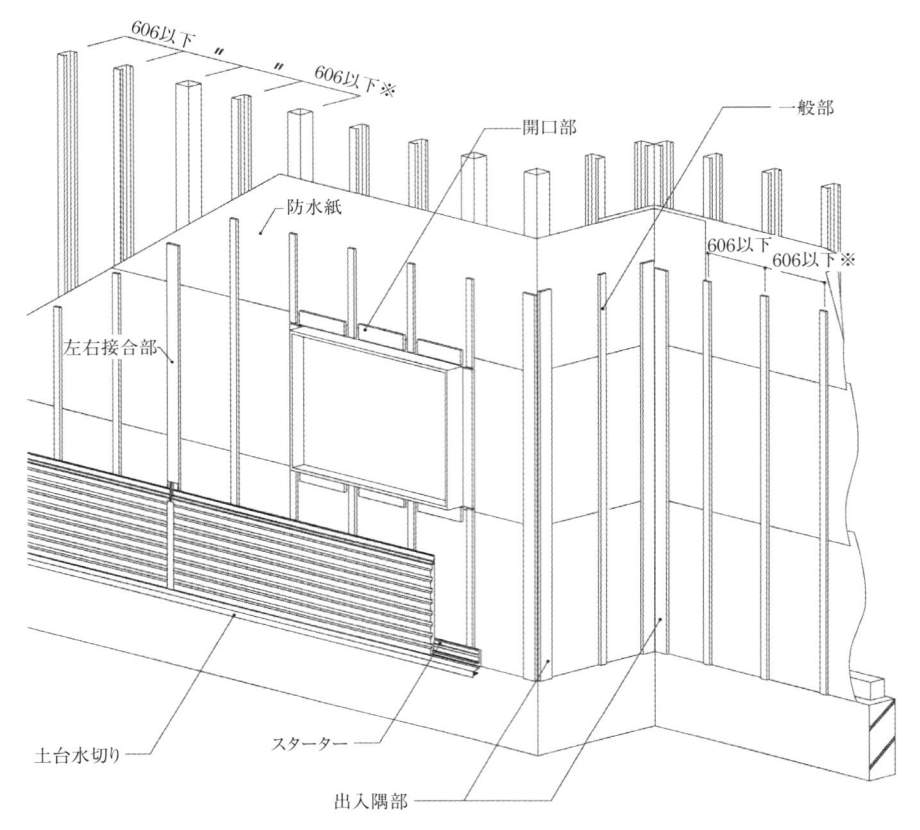

606以下　〃　〃　606以下※
開口部
一般部
防水紙
606以下　606以下※
左右接合部
土台水切り
スターター
出入隅部

※製品により910mm，1,000m以下

●土台部の詳細●

【縦張り】

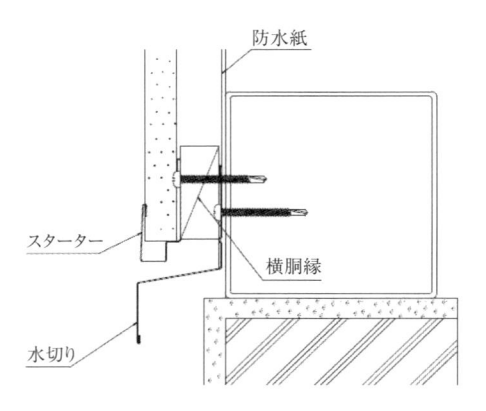

防水紙
スターター
横胴縁
水切り

【横張り】

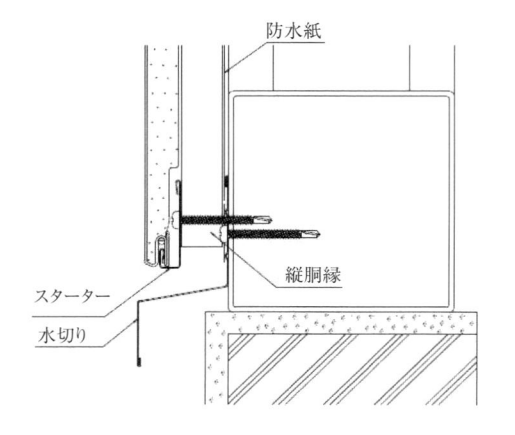

防水紙
スターター
縦胴縁
水切り

●中間水切り部の詳細（縦張り）●

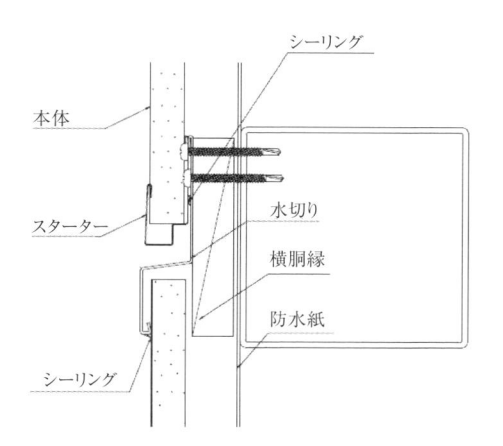

- 本体
- シーリング
- スターター
- 水切り
- 横胴縁
- 防水紙
- シーリング

●目地ジョイナー部の詳細（横張り）●

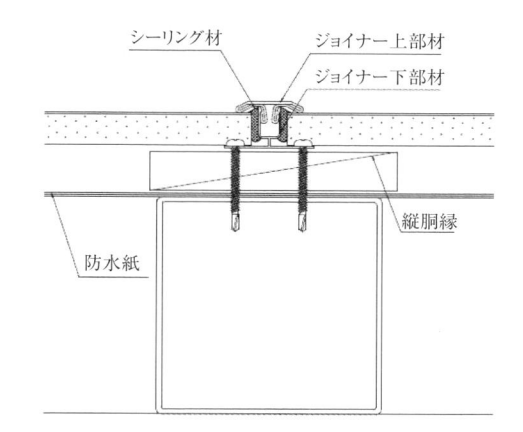

- シーリング材
- ジョイナー上部材
- ジョイナー下部材
- 防水紙
- 縦胴縁

●出隅部の詳細●

- 出隅上部材
- シーリング材
- 出隅下部材
- 縦胴縁

●入隅部の詳細●

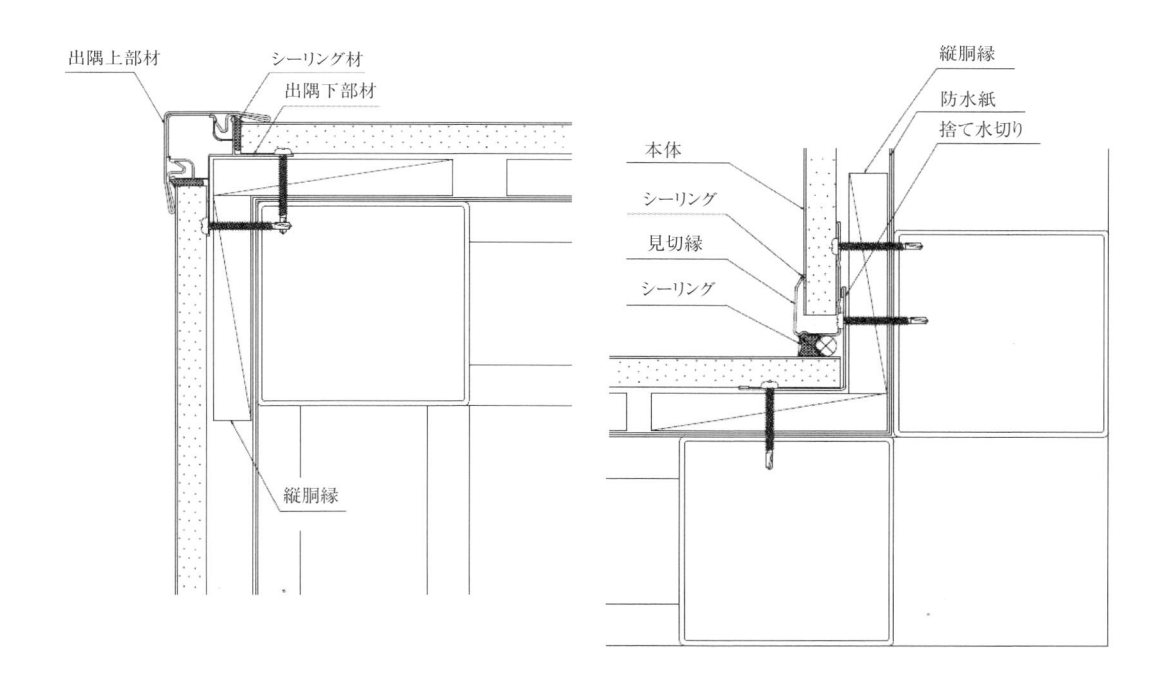

- 縦胴縁
- 防水紙
- 捨て水切り
- 本体
- シーリング
- 見切縁
- シーリング

●開口部の詳細●

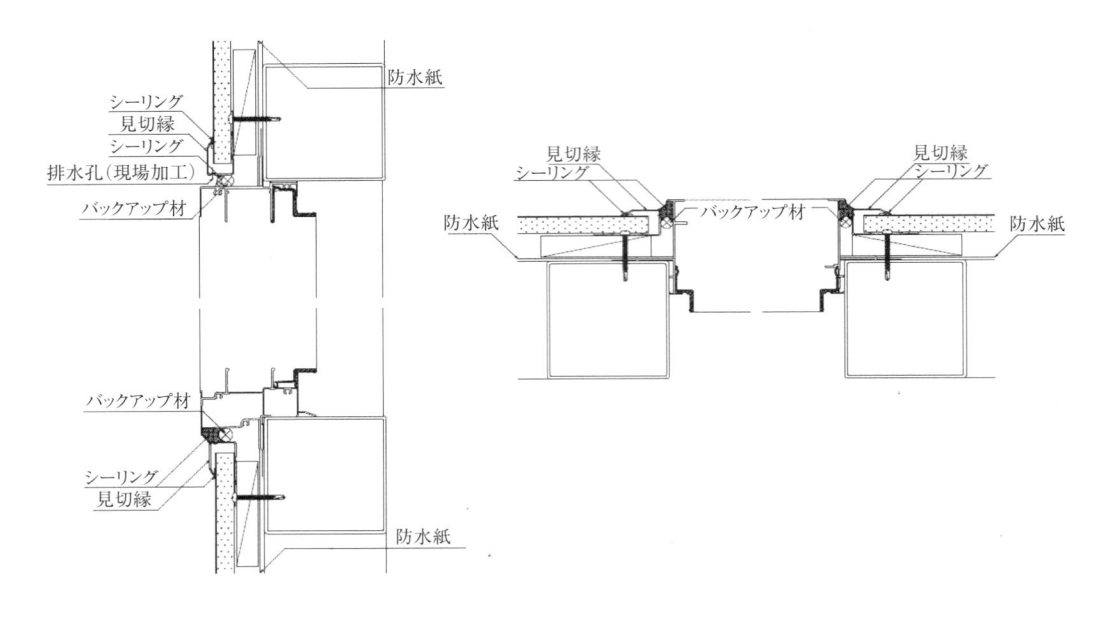

8.5.4 外壁事例写真

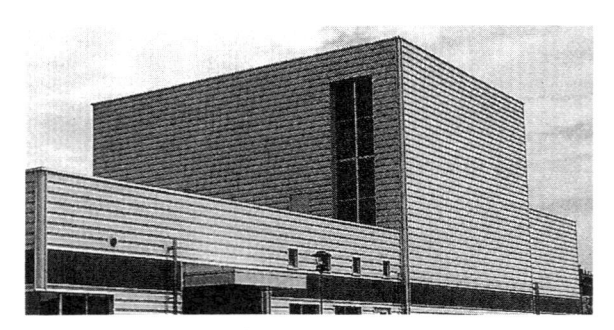

写真 8.5-1　角波板横張り

写真 8.5-2　角波板縦張り

写真 8.5-3　金属サイディング横張り

写真 8.5-4　金属サイディング横張り

第9章……カーテンウォール

9.1　歴史と製法

　メタルカーテンウォールは帳壁(ちょうへき)とも呼ばれ建築構造上取り外し可能な壁であり，建物の自重および荷重はすべて柱，梁，床，屋根などで支え，建物の構造的な荷重を直接負担しない非耐力壁である。高層建築においては柔構造が採用されるが，地震の際に壁面が変形し，それに伴いガラスや部材の破損・脱落の危険性も起きてくる。それら諸問題を解決するために外壁は各々の構造物に張り付けるだけとする工法としてカーテンウォールが開発されてきた。これにより外壁の軽量化，建物のしなりによるゆがみの影響を極力小さくすることなどが可能となった。

　一般的にカーテンウォールの種類はメタルカーテンウォールとPCカーテンウォールに大別される。メタルカーテンウォールはアルミニウム材やステンレス材などでフレームを組んで開口部およびスパンドレル部にガラスやパネルなど組み込み外装を構成しているのに対し，PCカーテンウォールはプレキャストコンクリート（以下PCaという）でつくられ，パネル方式は工場でパネルとして製作されたコンクリート版の壁に開口部を設けて窓を組み込み，外装を構成したものである。その壁面は，軽量コンクリート，SFRC（鋼繊維補強コンクリート）およびGRC（ガラス繊維補強セメント）でつくられている。このように，カーテンウォールは主材料によってメタル系とPC系に分類することができるが，両者を組み合わせた柱型・梁型方式および腰壁方式などの複合カーテンウォールも用いられている。

　日本におけるカーテンウォール建築は，1935（昭和10）年竣工の京都朝日会館が初とされているが1950（昭和25）年までは少なく，1951（昭和26）年のリーダース・ダイジェスト東京支社以降に数多く建てられるようになった。1960年代に入ると金属系とPCa系が主流となり柔構造に相応した構法が生まれてきた。1970年代になるとさらに技術的要素が加わり，それらを組み合わせたカーテンウォールや，オープンジョイント構法を採用した建物も出現してきた。そして1980年代には変革期を迎え，ウォールスルーエアコン，エアーフローウィンドウなど，カーテンウォールに空調設備を組み入れたり，フレームにガラスを接着するSSG構法（Structural Sealant Glazing），1990年代は金物で部分的にガラスを支持するDPG構法（Dot Point Glazing）およびインターロッキング構法による高い水密性能を発揮するカーテンウォールが開発された。2000（平成12）年から現在に至っては，省エネや室内環境への関心の高まりを受けてダブルスキンカーテンウォールや外部にリブガラスを使用した高層ビル，意匠的に複雑な3次元の造形を見せるカーテンウォールなどが技術の発展とともに近未来的なファサードをのぞかせている。

表 9.1-1　日本のカーテンウォールの歴史

年代	建物名称	特徴および主な外壁構法	国内の事象および技術史
1935	京都朝日会館	国内初期の CW 建築	1935～45　第二次世界大戦
1951	リーダースダイジェスト東京支社	ウィンドウウォール形式	1957　アルミの押出し技術開発
1964	ホテルニューオータニ	アルミ CW	1963　建築基準法の一部改正による高さ制限の緩和
1966	共同通信会館	アルミ方立 CW	
	経団連会館	アルミキャスト CW	1964　PCaCW の実用化
			（社）日本カーテンウォール工業会設立
1967	鹿島本社ビル	柱梁形 PCaCW	1967　標準 CW 発売
1968	霞が関三井ビル	アルミ CW とステンレス	
1970	世界貿易センタービル	アルミ分割パネル	
1971	京王プラザホテル	超高層の PCa パネル	
1974	新宿住友ビル	アルミパネル CW	1973　オイルショック
	新宿三井ビル	熱線反射ガラス CW	
1978	サンシャイン 60	PCaCW とアルミ CW	1978　等圧 CW 開発
1979	新宿センタービル	超高層での等圧 CW	
1982	新宿 NS ビル	PC 打込みサッシ	1981　建築基準法施行令の改正により主体構造に層間変位の制限が加わる
1984	東京電機大学神田校舎	WTA 組込み PCaCW	
1985	ホンダ青山ビル	等圧構法のフッ素樹脂塗装アルミ CW	
1986	アーク森ビル	CFRC	1986　免震技術の開発
1988	日本電気本社ビル	エアーフローウィンドウ	1988　複合 CW
1990	クリスタルタワー	ガラス CW	（石材・新素材）
1991	東京新庁舎	花崗岩打込み PCaCW	
1992	新横浜プリンスホテル	アルミキャスト CW	
1993	梅田スカイビル	多種の CW 構法組合せ	
	ランドマークタワー	花崗岩打込み PCaCW	
1994	聖路加ガーデン	フッ素樹脂塗装 PCaCW	
1995	NTT 新宿	ユニタイズド CW	1995　阪神大震災
1996	東京オペラシティ	超高層複合 CW	
1997	フジテレビ本社ビル	球体型チタン合金パネル CW	
1998	品川インターシティ	ユニタイズド CW, PCaCW	1998　建築基準法改正
			消費税 3% から 5% に引上げ
1999	西新宿三井ビルディング	ガスケット CW	1999　品確法公布
2000	東京ドームホテル	PC 打込みサッシ	
2001	愛宕グリーンヒルズ	ユニタイズド CW	2001　歌舞伎町雑居ビル火災
2002	電通汐留本社ビル	エアーフローウィンドウ CW	2002　建築基準法改正
			（旧 38 条認定廃止シックハウス対策）
2003	ロイヤルパーク汐留タワー	ハイブリッド方立構造	2003　建築基準法改正
2004	丸の内北口ビルディング	等圧構法の横連窓	（天空率導入）
2005	日本橋三井タワー	PC 打込みサッシ	
2006	虎ノ門タワーズオフィス	ダブルスキン CW	
2007	ミッドタウン・タワー	ユニタイズド CW	2007　郵政民営化，新潟中越沖地震
2008	モード学園スパイラルタワーズ	ユニタイズド CW	建築基準法改正
2009	丸の内パークビルディング	ユニタイズド CW	（建築確認検査の厳格化）
2010	大阪富国生命ビル	エアーフローウィンドウ CW	
2011	飯野ビル	ダブルスキン CW	2011　東日本大震災
2012	東京スカイツリー	ユニタイズド CW	
2013	読売新聞東京本社ビル	エアーフローウィンドウ CW	
2014	あべのハルカス	ダブルスキン CW	2014　消費税 5% から 8% に引上げ

9.2 種類と性能

9.2.1 主材料による分類

主材料により分類すると，①メタルカーテンウォール，②プレキャストコンクリートカーテンウォール（PCa カーテンウォール）に大別できる。

表 9.2-1 にカーテンウォールに使われる主材料の特徴を示す。

表 9.2-1 主材料の比較

分類	材料	重量 (kg/m^2)	仕上げの種類	特徴
メタル系	アルミニウム	40〜60	陽極酸化皮膜／複合皮膜／焼付け塗装	・押出しによって複雑な部材断面が可能である。 ・耐候性にすぐれている。
	アルミ鋳物	60〜100	陽極酸化皮膜／複合皮膜／焼付け塗装	・複雑な凹凸壁面が可能である。 ・PCaCW よりな軽く一般の金属 CW と同じ躯体設計でよい。
	ステンレス	50〜80	HL 仕上げ／エッチング／バフ仕上げ／焼付け塗装	・耐候性にすぐれている。（ただしもらいさびに弱い） ・光沢を求めると表面の平滑性が問題になる。（板厚が必要） ・部材断面は曲げ加工のみによる。（止水の注意が必要）
	耐候性鋼板	50〜80	仕上げなし／塗装	・仕上げをしないで発錆が安定すれば，耐候性がある。
	ホーロー鋼板	25（パネルのみ）	フラット・ステイプル仕上げ	・耐食，耐候性にすぐれ，色彩が豊富。 ・裏材材にけい酸カルシウム板を圧着。
	フッ素樹脂塗装鋼板	35（パネルのみ）	フラット・ステイプル仕上げ	・耐食，耐候性にすぐれ，色彩が豊富。
	複合	100〜120	本石先付	・PCaCW よりも軽く一般の金属 CW と同じ躯体設計でよい。
コンクリート系	PCa コンクリート	300〜450	タイル・本石打込み／転写マット／各種塗装	・耐候性，耐火性にすぐれている。 ・各種表面仕上げが可能。 ・重いので躯体の設計に影響を及ぼす。
	SFRC	120〜200	タイル・本石打込み／転写マット／各種塗装	・耐候性，耐火性にすぐれている。 ・各種表面仕上げが可能。 ・PCaCW よりも軽く躯体設計が容易。
	GRC	80	塗装／タイル／洗い出し	・複雑な凹凸，大型化が可能。 ・耐候性，耐火性にすぐれている。

9.2.2 材質によるデザインと品質

設計者がイメージする意匠の外壁とするためには，建物外壁全体の形状と仕上げ材の選定，および建物の外壁として期待する性能値を設定する必要がある。**表 9.2-2** に，材質によるカーテンウォールのデザイン特性と品質特性を記す。

表9.2-2 材質によるデザインおよび品質特性

		メタル系								コンクリート系		
		アルミニウム形材	アルミニウムパネル	アルミニウム鋳物	ステンレス	耐候性鋼板	ホーロー鉄板	フッ素樹脂塗装鋼板	複合ユニット	PCaコンクリート	SFRC	GRC
デザイン	フラット面	◎	◎	◎	◎	◎	◎	◎	◎	◎	◎	◎
	凹凸の変化	●	○	◎	●	○	○	○	◎	◎	◎	◎
	シャープ感	◎	◎	○	◎	○	○	◎	○	●	●	●
	軽量感	◎	◎	○	◎	○	◎	◎	◎	●	●	●
	重厚感	●	●	◎	○	○	○	●	●	◎	◎	◎
	全面ガラス	◎	●	●	●	●	●	●	◎	●	●	●
	大きな板	●	○	●	○	○	○	○	◎	○	◎	◎
	縦強調	◎	◎	◎	◎	◎	◎	◎	◎	◎	◎	◎
	横強調	◎	◎	◎	◎	◎	◎	◎	◎	◎	◎	◎
	グリット大	◎	○	◎	○	○	○	○	●	◎	◎	◎
	グリット小	◎	○	◎	◎	○	○	○	●	○	◎	◎
仕上げ	ガラス	◎	●	○	◎	○	●	●	◎	●	◎	◎
	本石	●	●	●	●	●	●	●	◎	◎	○	○
	タイル	●	●	●	●	●	●	●	◎	◎	○	○
	金属	◎	◎	◎	◎	◎	●	●	◎	○	○	○
	塗装	◎	◎	◎	◎	◎	◎	◎	◎	◎	◎	◎
性能	耐火	○	○	○	○	○	○	○	○	◎	◎	◎
	耐風圧	○	○	○	○	○	○	○	○	◎	◎	◎
	耐震	◎	○	○	○	○	○	○	○	◎	◎	◎
	水密	○	◎	○	◎	○	○	◎	◎	○	○	○
	断熱	○	○	○	○	○	○	○	◎	○	○	○
	遮音	●	●	●	●	●	●	●	○	◎	◎	◎
	気密	○	◎	○	◎	○	○	◎	◎	○	○	○
	耐候性	◎	◎	◎	◎	◎	○	○	◎	◎	◎	◎
その他	コスト	◎	○	●	●	○	○	●	●	◎	○	○
	重量	◎	◎	◎	◎	◎	◎	◎	◎	●	○	○
	構造体への配慮必要	◎	◎	◎	◎	◎	◎	◎	○	●	○	○

(注) デザイン： ◎：表現しやすい　○：工夫が必要　●：表現しにくい
　　 仕上げ： ◎：仕上げやすい　○：工夫が必要　●：仕上げにくい
　　 性　能： ◎：容易に対応　　○：工夫が必要　●：特別な工夫が必要
　　 コスト： メタル系は標準CW・コンクリート系はタイル仕上げで比較
　　　　　　 ◎：廉価　○：やや高価　●：高価　＊形状・仕上げで大きな差がある
　　 重　量： ◎：軽い　○：やや軽い　●：重い
　　 構造体への配慮必要： ◎：少し必要　○：必要　●：特に必要

9.2.3　窓の設け方・見え方による分類

窓の設け方・見え方により次の6種類に分類できる（図9.2-1）。
① ポツ窓　……パネル（壁パネル）方式の壁の中に単独の窓が設けられるもの。
② スパン窓……横に長い窓が，柱パネルの間いっぱいに設けられるもの。
③ 横連窓　……柱のスパンをこえて窓を横に連続させて設けられるもの。
④ 縦連窓　……ガラスの部分が縦に連続して設けられるもの。
⑤ 全面ガラス……全面がガラスのカーテンウォール。
⑥ ランダム……窓が同じ形の繰返しではなくランダムに配置されているもの。

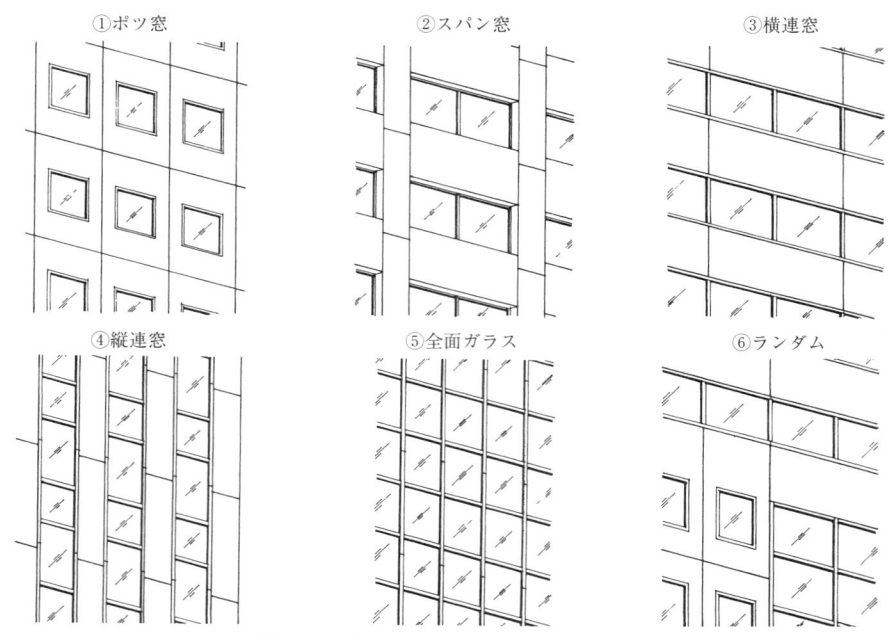

図 9.2-1　窓の設け方・見え方による分類

9.2.4　メタル系カーテンウォールの種類

（1）構成方式による分類

カーテンウォールおよびウィンドウウォールは，その構成方式により，それぞれ次の2種類に大別される。
①マリオン方式（方立方式）
方立（力骨）を床板から床板（または屋根板）に取り付け，これに各構成部材（無目・可動サッシユニット・ガラス・パネルなど）を取り付けていく方式。

構成部材は，工場で組み立ててユニットにしたものを現場に持ち込む場合（ユニット工法）と，バラバラのまま持ち込んで現場で組み立てる場合（ノックダウン工法）とがある。現在は，「バックマリオン」といわれているマリオンの前面（室外側）にガラスを納めるタイプが多くなってきた。特別の場合には，方立が2階分の長さであったり，ユニットがスパンドレルとサッシユニットに分けられることもある。

② パネル方式

壁部分を，分割方立などの枠材を用いて壁ユニットを構成した方式，パネルを並べれば壁面が構成されるので，現場の取付け工事は単純化される。

また，スパンドレルパネルや柱パネルを床板・梁・その他の構造体に取り付け，これにサッシなどの構成部材を取り付けて外壁を構成する方式もある。

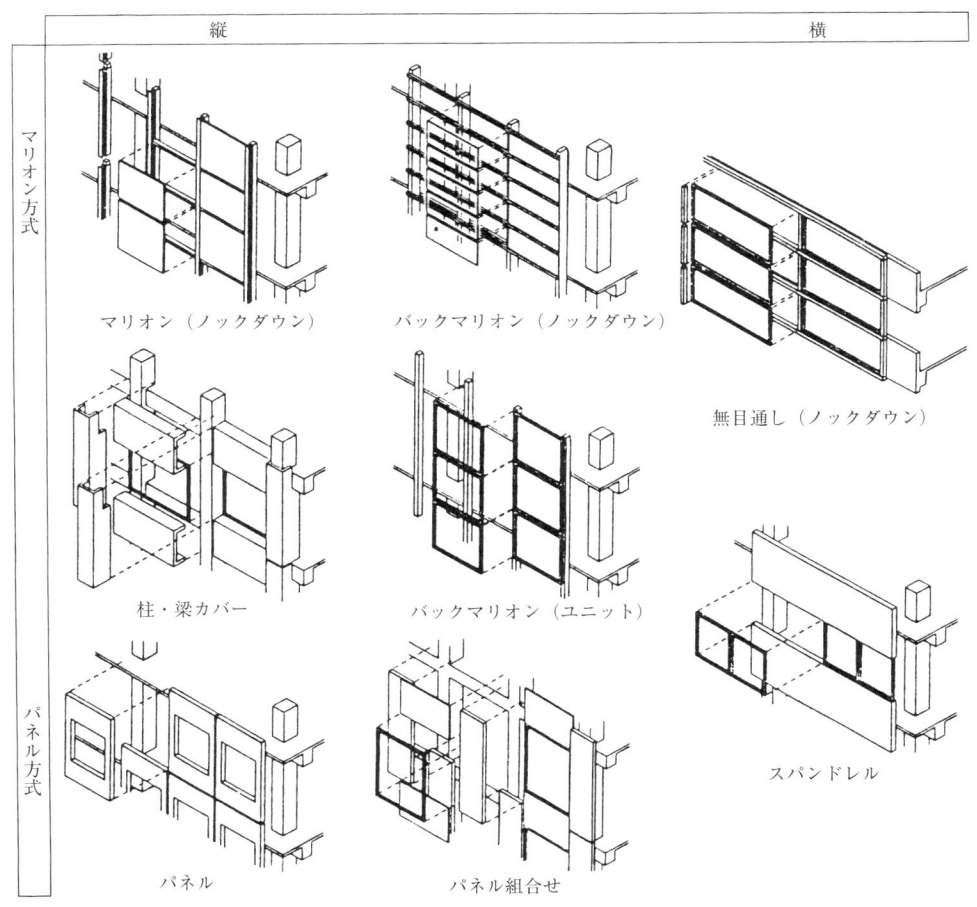

図9.2-2 メタル系カーテンウォールの構成方式による分類

9.2.5 コンクリート系カーテンウォールの種類

(1) 構成方式による分類

コンクリート系カーテンウォールは，構成方式により，次の4種類に分類することができる。

① パネル形式（単一部材で面を構成する）

② 柱型・梁型形式（複数部材で面を構成する）

③ 腰壁形式（水平材を通す）

④ 方立形式（垂直材を通す）

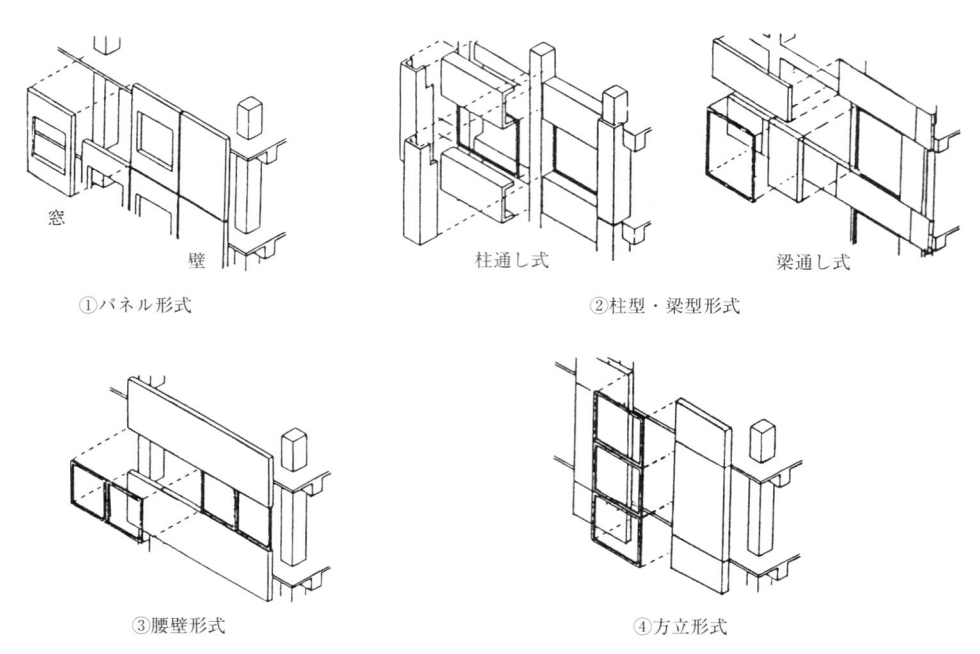

図9.2-3 コンクリート系カーテンウォールの構成方式による分類

(2) 取付け方式による分類

取付け方式を，変位追従性，固定度および手法の3項目について分類すると下記のとおりとなる。

① 変位追従性：水平移動方式（スウェイ方式），ロッキング方式（回転方式），ハーフロッキング方式（併用方式），固定方式

② 固定度：固定方式，ピン方式，ローラー（スライド）方式

③ 手法：ボルト締め，ダボ（落し込み）

原則として，スウェイ方式は部材の幅が大きく層間変位量が比較的小さい場合に用いられ，ロッキング方式は部材の縦横比が小さい場合，および超高層建物のように層間変位量の大きな場合に用いられる。

表9.2-3 コンクリート系カーテンウォールの取付け方式による分類

No.	構成	変位追従性	固定度	原理図
1	パネル形式	スウェイ方式（水平移動方式）	上部：ローラー 下部：ピン	
2	パネル形式	スウェイ方式（水平移動方式）	上部：ピン 下部：ローラー	
3	パネル形式・方立形式	ロッキング方式（回転方式）	上部：ローラー 下部：ローラー	
4	パネル形式・方立形式	ロッキング方式（回転方式）	上部：ローラー 下部：ローラー	
5	パネル形式	ハーフロッキング方式	上部：ローラー 下部：ローラー	
6	腰壁形式	固定方式	上部：ピン 下部：ピン	

△：自重支持点　○：ピン　⟷：ローラー　↕：ローラー　↑：上向きローラー

9.3 設計上の注意

9.3.1 カーテンウォールの性能

カーテンウォールは，軽微な内壁を伴うだけで，外周壁としてのさまざまな要求・耐風圧性・耐震性・水密性・気密性・遮音性・断熱性・耐火性あるいは耐熱変形性・防露性など，多岐にわたる要求に対応する必要がある。そのほかに，建物外周部に位置することや，単体としての大きさや使用面積の大きさから，工場で製作しやすいこと，現場で施工しやすいこと，そして使用時においては，操作性・清掃性に優れ，耐候性に富んでいることも重要なポイントである。

カーテンウォールの基本性能を**表9.3-1**に，性能基準（（一社）カーテンウォール・防火開口部協会『カーテンウォール性能基準2013』）を**表9.3-2〜7**および**図9.3-1**に示す。

なお，性能基準の適用に際しては，構造上高い性能が得られる部分の検討は行わず，いちばん弱い部分の性能を評価することによってカーテンウォール全体を代表して示すこと（代表表示）。また，これらの基準表は，メタルカーテンウォールの性能基準であるが，PCカーテンウォールにも適用できるものも多い。性能基準グレード表は，カーテンウォール性能基準2013に合わせてグレードを決定する。

表9.3-1 カーテンウォールの基本的な3つの性能

性能	内容		性能値
耐風圧性能 Pa $\{N/m^2\}$	風は空気の流れであるが，建物にぶつかったときには建物を押し，裏に回ったときには，渦をつくって建物を引っ張る。この押したり引っ張ったりする力を風圧という。面積当たりどのくらいの風圧 Pa $\{N/m^2\}$ に耐えるかの程度で耐風性能を表す。		施行令87条第2項，昭和46年建設省告示第109号に定める荷重について，主要部分のたわみ $L/150$・絶対値20mm以下，補修なしで継続使用できることを構造計算またはJIS A 1515による試験により確認する。
耐震性能 $\Delta x/H$	建物が地震や風で揺れるとき，上階の床と下階の床とは相互に水平方向のずれ「層間変位」が生じるが，カーテンウォールの耐震性とはどれだけの層間変位にまで耐えられるか「層間変位追従性」で表す。階高 H に対するずれ Δx の割合を層間変形角 R （ラジアンで表す）といい，「層間変位追従性」つまりは耐震性能の程度を表す。	$R=\Delta x/H$	補修なく（水密性確保）継続使用可：1/300 破損・脱落を生じない：1/150 計算またはせん断試験により所定の層間変位に対する追従性を確認する。
水密性能 Pa $\{N/m^2\}$	台風のように風を伴った雨のときには漏水しがちである。一定の降雨量のとき，どの程度の風圧まで雨水の浸入を防げるかを水密性といい，耐風圧性能と同じく Pa $\{N/m^2\}$ で表す。		水密試験により確認。4ℓ/m^2・分（10分・40mmの降雨量に相当，足摺岬で49mmの例）で10分間かけたとき，漏水を生じない限界圧力差（平均圧力差）Pa $\{N/m^2\}$ で表示する。

表 9.3-2 耐風圧性能グレード

性能グレード	1	2	3
風圧力 (N/m², Pa)	平成12年建設省告示第1458号による値	日本建築学会「建築物荷重指針・同解説（1993）」の設計用再現期間100年を用いた値	日本建築学会「建築物荷重指針・同解説（1993）」の設計用再現期間300年を用いた値

（注）耐風圧性能は建築基準法施行令第82条の4および平成12年建設省告示第1458号に基づく計算値，もしくは設計者の指定する風圧力に対して主要構成部材，取付け用金物およびガラスが安全であること。
　　　主要構成部材と取付け金物は，耐風圧性能に対して面外方向に有害な変形ならびに残留変形を起こさないものとし，原則としてたわみは支点間距離の1/150以下かつ20mm以下とする。支点間距離が4mを超える場合についての設定として，たわみ率を支点間距離の1/200以下，たわみ量に関して個別に考慮が必要な場合は特記によることとする。

表 9.3-3 層間変位追従性能グレード

性能グレード	1	2	3	4
層間変形角（ラジアン）	1/200	1/150	1/120	1/100

（注）層間変位追従性能は建物の層間変位によってカーテンウォールの面内方向に生じる変位にカーテンウォールが追従できる限界を層間変形角（ラジアン）で表示し，ほとんど補修の必要なしに継続使用に耐える限界として1/300を設定する。

表 9.3-4 水密性能グレード

性能グレード	1	2	3	4	5
FIX部 (圧力差 Pa)	975未満	975	1 500	P × 0.5 かつ 最低値 1 500	P × 0.75 かつ 最低値 2 250
可動部 (圧力差 Pa)	525未満	525	750	1 000	1 500

（注）水密性能はFIX部（固定窓部）と可動部それぞれが室内側に漏水を起こさないこと。性能値は漏水を起こさない限界の上限圧力差で表示したものである。FIX部グレード4，5の上限圧力差を算定に用いる風圧力（P）は耐風圧性能による値とする。（詳しくはカーテンウォール・防火開口部協会の「カーテンウォール性能基準2013」を参照）

表 9.3-5 気密性能グレード

性能グレード	1	2	3
等級 （等級線）	JIS等級A-3 （A-3等級線）	JIS等級A-4 （A-4等級線）	0.5等級 （0.5等級線）

（注）気密性能はFIX部については構造上から見ても高い気密性能が得られているので，通常は組み込まれている可動部（サッシ部）の気密性能の評価で代表表示とする。

表 9.3-6 遮音性能グレード

性能グレード	1	2	3	4
等級 （等級線）	JIS等級T-1 （T-1等級線）	JIS等級T-2 （T-2等級線）	JIS等級T-3 （T-3等級線）	JIS等級T-4 （T-4等級線）

（注）遮音性能は開口部（ガラスのFIX部および可動部とし，腰スパンドレル部・パネル部などを除く）の遮音性能で代表表示とする。（詳しくはカーテンウォール・防火開口部協会の「カーテンウォール性能基準2013」を参照）なお，表示の基準はJIS A 4706（サッシ）に規定する遮音等級で評価したものによる。

表 9.3-7 断熱性能グレード

性能グレード	1	2	3	4	5
等級 (熱貫流抵抗 m²·K/W)	JIS等級H-1 (0.215以上)	JIS等級H-2 (0.246以上)	JIS等級H-3 (0.287以上)	JIS等級H-4 (0.344以上)	JIS等級H-5 (0.430以上)

（注）断熱性能は開口部（ガラスのFIX部および可動部とし，腰スパンドレル部・パネル部などを除く）の断熱性能で代表表示とする。なお，表示の基準はJIS A 4706（サッシ）に規定する断熱等級で評価したものによる。

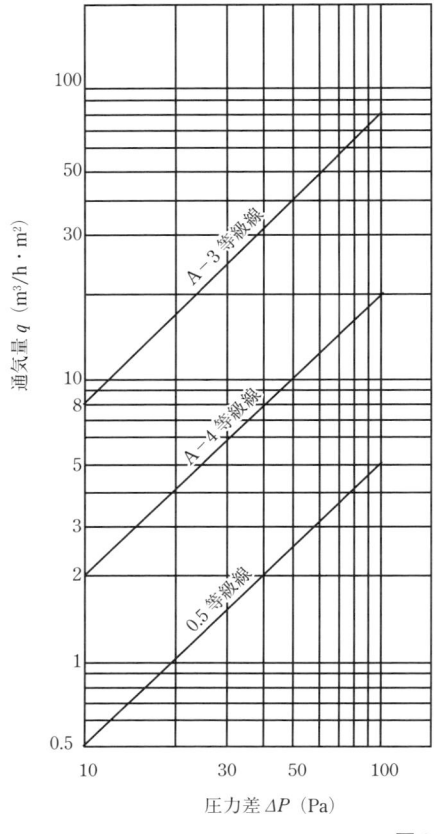

等級線は，次のとおりとする。

$q = \alpha(\Delta P \times 10^{-1})^{1/n}$

 q：通気量（m³/h・m²）
 α：0.5, 2, 8
 ΔP：圧力差（Pa）
  10, 30, 50, 100
 n：指数　$n=1$

※ この気密等級線は，JIS A 4706（サッシ）に規定する等級線からA-1・A-2等級線を除き0.5等級線を加えたものである。

図 9.3-1　気密等級線

9.3.2　メタルカーテンウォール設計のフローと部材設計

メタルカーテンウォール設計のフロー，設計条件および部材設計例を以下に示す。

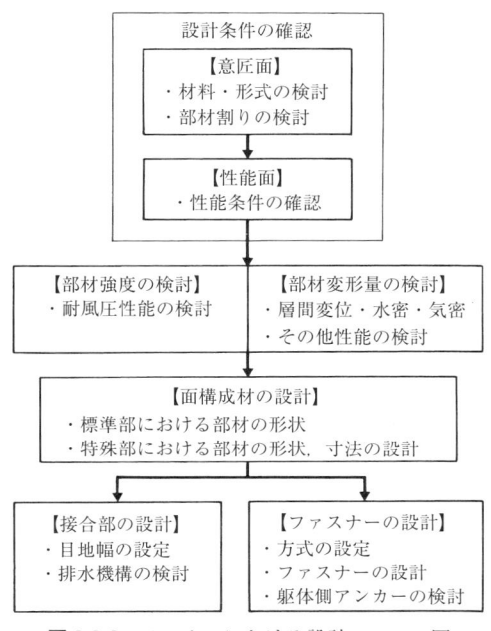

表 9.3-8　製造面からの設計条件

	メーカーの内部条件として制約される
供給能力の問題	・設備の規模による断面サイズ・長さ・幅などの質的制約。 ・工事工程に合わせた量的生産規模の制約。
技術水準の問題	・要求デザインと現状技術水準のギャップ。

表 9.3-9　施工面からの設計条件例

プロジェクト（現場）固有の条件でゼネコン（の現場）から要求される。

① 積層工法など建築全体の工法にかかわるもの。
② 外部足場の有無による取付け工法の選択。
③ ユニット工法の指定（例：工場でのガラス組込み）。
④ ほかの職種との共同作業の指定。
⑤ 未完成（ゼネコンの開発したものなど）の指定。
⑥ 新工法（ゼネコンの開発したものなど）の指定。

図 9.3-2　メーカーにおける設計のフロー図

外　観　　マリオンタイプの構造モデル　　部材断面主要寸法の決定要素
　　　　　　　　　　　　　　　　　　　　　（ノックダウンマリオンタイプの一例）

横材（T），マリオン（M）への風荷重仮定分布

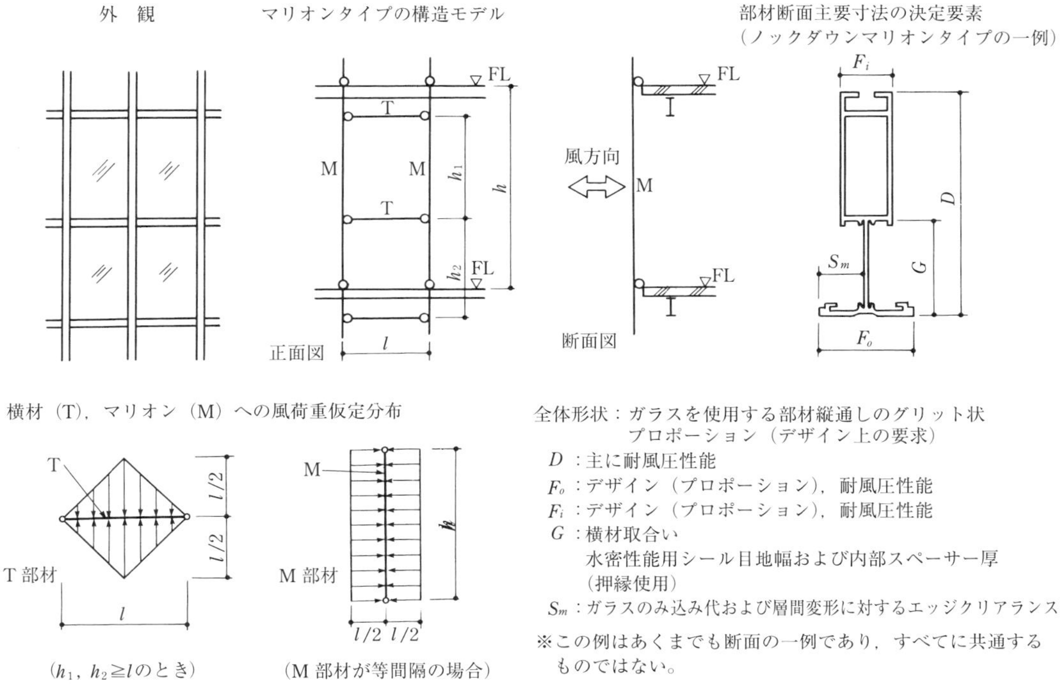

全体形状：ガラスを使用する部材縦通しのグリット状
　　　　　プロポーション（デザイン上の要求）
D　：主に耐風圧性能
F_o：デザイン（プロポーション），耐風圧性能
F_i：デザイン（プロポーション），耐風圧性能
G　：横材取合い
　　　水密性能用シール目地幅および内部スペーサー厚
　　　（押縁使用）
S_m：ガラスのみ込み代および層間変形に対するエッジクリアランス

※この例はあくまでも断面の一例であり，すべてに共通するものではない。

T部材　　（h_1, $h_2 \geq l$ のとき）
M部材　　（M部材が等間隔の場合）

図 9.3-3　部材設計例

9.3.3　PCカーテンウォール設計のフローと部材設計

PCカーテンウォール設計のフロー，設計条件および部材設計例を以下に示す。

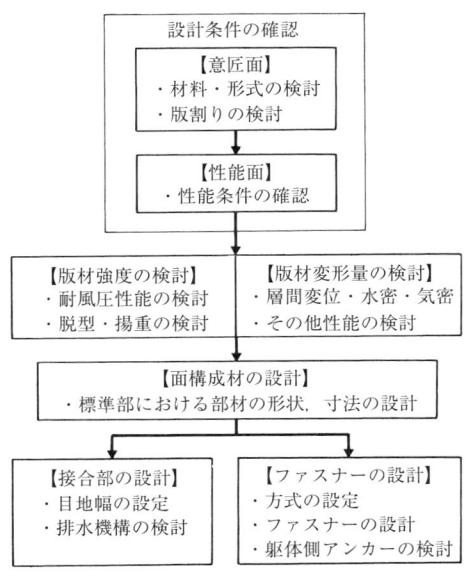

図 9.3-4　メーカーにおける設計のフロー図

表 9.3-10　製造面からの設計条件

	メーカーの内部条件として制約される
供給能力の問題	・設備の規模による断面サイズ・長さ・幅・重量などの質的制約。 ・工事工程に合わせた量的生産規模の制約。
技術水準の問題	・要求デザインと現状技術のギャップ。

表 9.3-11　施工面からの設計条件例

プロジェクト（現場）固有の条件でゼネコン（の現場）から要求される。
① 積層工法など建築全体の工法にかかわるもの。
② ユニット工法の指定（例：工場でのガラス組込み）。
③ ほかの職種との共同作業の指定。
④ 未完成（ゼネコンの開発したものなど）の指定。
⑤ 新工法（ゼネコンの開発したものなど）の指定。

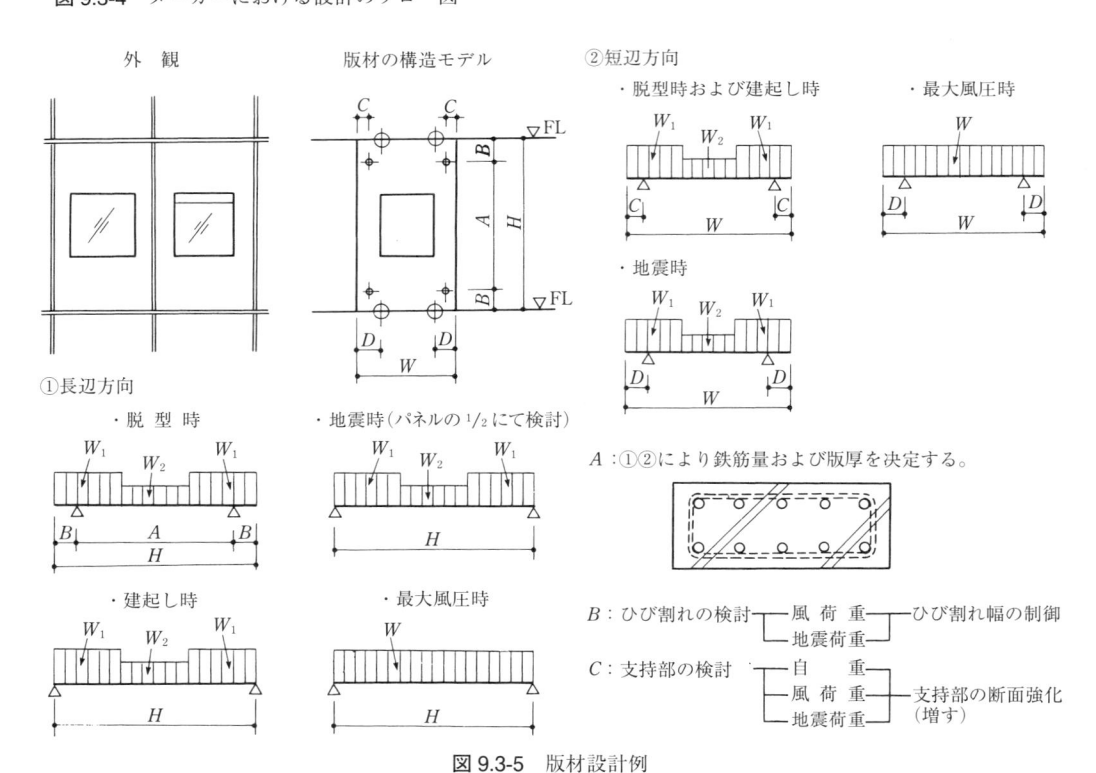

A：①②により鉄筋量および版厚を決定する。

B：ひび割れの検討 ─┬─風荷重──ひび割れ幅の制御
　　　　　　　　　　└─地震荷重

C：支持部の検討 ─┬─自　重─┐
　　　　　　　　　├─風荷重─┼─支持部の断面強化
　　　　　　　　　└─地震荷重┘　（増す）

図 9.3-5　版材設計例

9.3.4 雨仕舞機構の設計

　PCカーテンウォールは，パネル間のジョイントが主であるが，メタルカーテンウォールは，多数の部材より構成されているため，部材間の接合部からの漏水を防ぐことが重要となる。
　一般に漏水を生じさせる要因と対策には**表 9.3-12** のものがあり，カーテンウォールの接合部における考え方としては，フィルドジョイント方式とオープンジョイント方式がある。

［フィルドジョイント方式］
　接合部に不定形シール材などを充填して完全に密閉する方式で，カーテンウォールの変形に応じてシール幅を検討することと，シール切れを想定した排水経路を確保することが重要である。

［オープンジョイント方式］
　接合部を，外気に開放することによって内外の気圧差をなくし，水の浸入を防ぐもので，等圧工法とも呼ばれている。この方式では，外側に空気導入口を設けて空気を導入し，内側に気密材を用いて気密性を持たせる。外側の隙間からの雨水の浸入に対しては，水切りなどを設けて対処する。空気導入口の大きさは，要求水密性能により計算で求める。

表 9.3-12　雨水浸入機構と対策

雨水浸入の機構			対　策	
重　力	目地内に下方に向かう経路があると雨水はその自重で浸入する。		・目地内の傾斜を上向きにする。 ・水返し高さの高い立上りを設ける。	上向き勾配　水返し
表面張力	表面を伝わって目地内部へ回り込む		・水切りを設ける。	水切り
毛細管現象	幅0.5mm以下の隙間には奥へ水を吸収する力が働き浸入する。		・目地奥に広いエアポケット空間を設ける。 ・隙間間隔を広くする。	エアポケット　広い隙間
運動エネルギー	風速などによって水滴がもっている運動エネルギーにより，隙間内部まで浸入する。		・運動エネルギーを消耗させるため迷路を設ける。	迷路
気圧差	建物の内外に生ずる気圧差が起こす空気の移動とともに雨水が浸入する。		・外部と目地内の気圧の差をなくす。	

（1）カーテンウォールのジョイント目地のシーリング材の設計プロセス
　カーテンウォールのジョイント目地の設計プロセスは**図 9.3-6**に示すプロセスに従って実施するものとする。
　シーリング材はカーテンウォールの部材間の接合部に適切な目地を設けて，その水密性，気密

性を確保するために充填する。目地に用いるシーリング材は，JIS A 5758：2010 に規定される性能を満たすほか，層間変位，風圧力および熱変形による目地の変形に対して追従可能であり，かつ耐久性に優れたものを用いる。また，異種シーリング材の打継ぎが発生する場合は，施工の順序（先打ち・後打ち）によっては接着しないことがあるので事前に接着性の確認を行うなどの配慮が必要である。

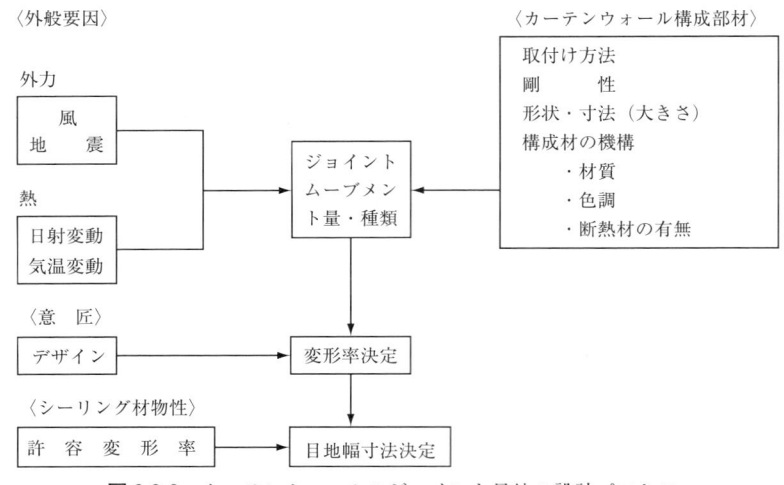

図 9.3-6 カーテンウォールのジョイント目地の設計プロセス

表 9.3-13 シーリング材の設計伸縮率・設計せん断変形率 ε の標準値

（単位：％）

シーリング材の種類		伸縮		せん断		耐久性の区分[注3]
主成分・硬化機構	記号	M_1[注1]	M_2[注2]	M_1[注1]	M_2[注2]	
2成分形シリコーン系	SR-2	20	30	30	60	10030
1成分形シリコーン系［低モジュラス[注4]］	SR-1 LM	15	30	30	60	10030，9030
1成分形シリコーン系［中モジュラス[注5]］ ［高モジュラス[注6]］	SR-1 MM SR-1 HM	(10)	(15)	(20)	(30)	9030G
2成分形変成シリコーン系	MS-2	20	30	30	60	9030
1成分形変成シリコーン系	MS-1	10	15	15	30	8020
2成分形ポリサルファイド系	PS-2	15 10	30 20	30 20	60 40	9030 8020
1成分形ポリサルファイド系	PS-1	7	10	10	20	8020
2成分形アクリルウレタン系	UA-2	20	30	30	60	9030
2成分形ポリウレタン系	PU-2	10	20	20	40	8020
1成分形ポリウレタン系	PU-1	10	20	20	40	9030，8020
1成分形アクリル系	AC-1	7	10	10	20	7020

（注）（ ）の数値はガラス回り目地の場合を示す。
1. 温度ムーブメントの場合
2. 風・地震による層間変位ムーブメントの場合
3. JIS A 5758：2010 による耐久性の区分
4. 低モジュラス（LM）：50% 引張応力 0.2N/mm² 未満（JIS A 1439：2010 5.20 引張接着性試験による Mx）
5. 中モジュラス（MM）：50% 引張応力 0.2N/mm² 以上 0.4N/m ㎡未満（同上）
6. 高モジュラス（HM）：50% 引張応力 0.4N/mm² 以上（同上）

9.3—設計上の注意● 275

表 9.3-14 主な構法・構成材とシーリング材の適切な組合せ

目地の区分	主な構法・部位・構成材			シリコーン系[注4]			変成シリコーン系[注6]		ポリサルファイド系		アクリルウレタン系		ポリウレタン系		アクリル系
				2成分形 低モジュラス	1成分形 高・中モジュラス	1成分形 低モジュラス	2成分形	1成分形	2成分形	1成分形	2成分形	1成分形	2成分形	1成分形	1成分形
ワーキングジョイント	カーテンウォール	ガラス・マリオン方式	ガラス回り目地	○											
			方立無目ジョイント	○											
		メタルカーテンウォール	ガラス回り目地		○										
			部材間目地					○							
		プレキャストコンクリート打込みタイル打込み	部材間目地	○[注5]			○	○							
		ウォール 吹付け塗装	窓枠回り目地				○	○							
			ガラス回り目地			○[注3]									○[注7]
	ALCパネル（ロッキング構法、アンカー構法）[注1]		塗装あり[注2]												
			塗装なし												
	各種外装パネル	塗装アルミニウムパネル（強制乾燥・焼付け塗装）	パネル間目地	○[注5]		○[注3]		○							
		塗装鋼板（ほうろう・焼付け塗装）	パネル間目地・窓枠回り目地					○							
		GRCパネル、押出成形セメント板	パネル間目地					○							
			窓枠回り目地												
		窯業系サイディング	パネル間目地					○[注8]							
			窓枠回り目地					○							
	金属建具		ガラス回り目地			○									
			水切り・風板目地	○[注5]				○							
		建物回り	建具周り目地					○							
	笠木	工場シール	シーリング材受け[注3]												
		金属笠木	笠木間目地												
		石材笠木	笠木間目地											○[注9]	
		プレキャスト鉄筋コンクリート笠木	笠木間目地											○[注9]	
ノンワーキングジョイント	コンクリート躯体	現場打ちコンクリート躯体、壁式プレキャストコンクリート	打継ぎ目地・ひび割れ誘発目地・塗装あり[注2]				○[注10]	○[注10]	○[注10]						
			塗装なし				○[注10]	○[注10]							
		湿式石張り（石打込みプレキャストコンクリート、石目地を含む）	窓枠回り目地				○[注10]	○	○						
	石張りタイル張り		石目地				○	○	○						
		タイル張り（タイル打込みプレキャスト鉄筋コンクリートを含む）	窓枠回り目地				○	○					○		
			タイル目地												
			タイル下躯体目地				○								
			窓枠回り目地				○								

(注) この表は一般的な目安であり、実際の適用にはシーリング材製造所に問合せを行い、十分に確認することが必要である。

表中で○印を付していないものでも事前検討すれば適用可能なものもあるため、施工に関する技術指針・同解説［外壁接合部の水密設計および施工］を参照されたい。

1. 経年時の50%引張応力が0.3N/mm²以下となる材料を目安とする。
2. シーリング材の表面塗装については事前に確認することが必要である。
3. 後打ちシーリング材との構造接着性の確認がとれている材料を使用する。
4. SSG構法に適用される構造シーラントは、対象外とする。
5. 外装材表面の付着汚染が生じる可能性がある。

6. シーリング材の厚さが薄いと硬化が阻害される場合があるので、薄層部が生じないよう注意する。
7. 経時でシーリング材が硬くなり、柔軟性が低下するものもあるので事前検討を十分に行う。
   また、窓枠回り目地には適用できない。
8. 窯業系サイディングを用途とする応力緩和型を使用する。
9. 窯業系サイディングを用途とした専用材料を使用する。
10. 石材によっては内部浸透汚染が生じる可能性があるため、事前確認することが必要である。

9.3.5　ファスナー部の設計

（1）ファスナーに要求される機能

カーテンウォールのファスナーは，カーテンウォール本体を建物の躯体に緊結する重要な部品であり，ファスナーに要求される機能には次の3つがある。

① カーテンウォールの自重・地震力・風圧力を躯体に伝える力の伝達機能
② 躯体の層間変位および垂直方向の変形に対する追従性と，金属の温度変化による伸縮を拘束しない変形吸収機能
③ 躯体誤差・製品誤差・取付け誤差を吸収する誤差吸収機能

ファスナーの躯体誤差および製品の寸法許容差を**表 9.3-15・16**に示す。

なお，上記②の変形吸収機能，および③の誤差吸収機能は，ともにファスナーにあけられたルーズホールにて吸収させる方法が一般化している。その方法を以下に示す。

- 誤差吸収のためのルーズホールは，取付け後，溶接などで動かないように固定する。近年，作業環境の改善を目指すためファスナー部に高力ボルト（摩擦接合）などを使用した非溶接化が採用されてきている。
- 変形吸収のためのルーズホールは，金属同士の摩擦音が発生しないように，滑り材を介してボルト締めを行い，変位に追従するようにする。滑り材とは発音や金属摩擦音を防止するために入れる材料で，ファスナー部では，ステンレス板やフッ素樹脂系のパッキン材を使用する。

表 9.3-15　躯体誤差

	項目および図	許容差（mm）
コンクリート	位置：設計図に対する各部材の位置	± 20
	断面寸法：厚さ	−5 +20
鉄骨	建物の倒れ：e	$e < \dfrac{H}{4\,000} + 7\,\mathrm{mm}$ かつ $e < 30\,\mathrm{mm}$
	建物の湾曲：e	$e < \dfrac{L}{4\,000}$ かつ $e < 20\,\mathrm{mm}$

表 9.3-16 製品の寸法許容差

	項　目		許容差（mm）
メタル	形材長さ	1.5m 以下	± 1.0
		1.5m 以上 4.0m 以下	± 1.5
		4.0m 以上	± 2.0
	パネル辺長	1.5m 以下	± 1.5
		1.5m 以上 4.0m 以下	± 2.0
		4.0m 以上	＋ 2.0，－ 3.0
	組立ユニット外のり寸法	1.5m 以下	± 2.0
		1.5m 以上 4.0m 以下	＋ 2.0，－ 3.0
		4.0m 以上	＋ 2.0，－ 4.0
	鋳物辺長		＋ 2.0，－ 4.0
PC	辺　長		± 3.0
	板　厚		± 2.0
	先付け金物の位置		± 5.0

・変形吸収機能と誤差吸収機能を満足するためにルーズホールの長さは，下記とする。

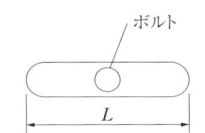

$$L = 2 \times （変形吸収量＋誤差吸収量）＋ボルト径$$

・多様な要求性能に対処するため，1次ファスナーと2次ファスナー（ブラケット）とにより構成され，上下，左右，出入りの3方向の調整を可能にする。

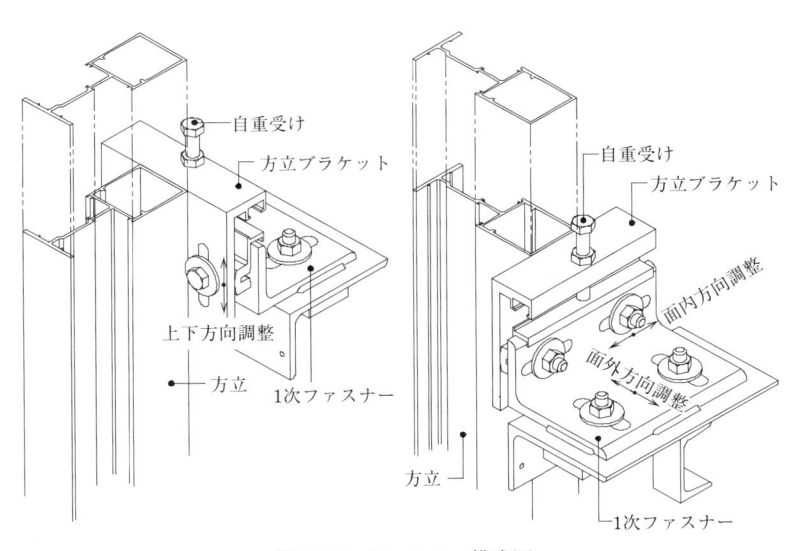

図 9.3-7　ファスナー構成図

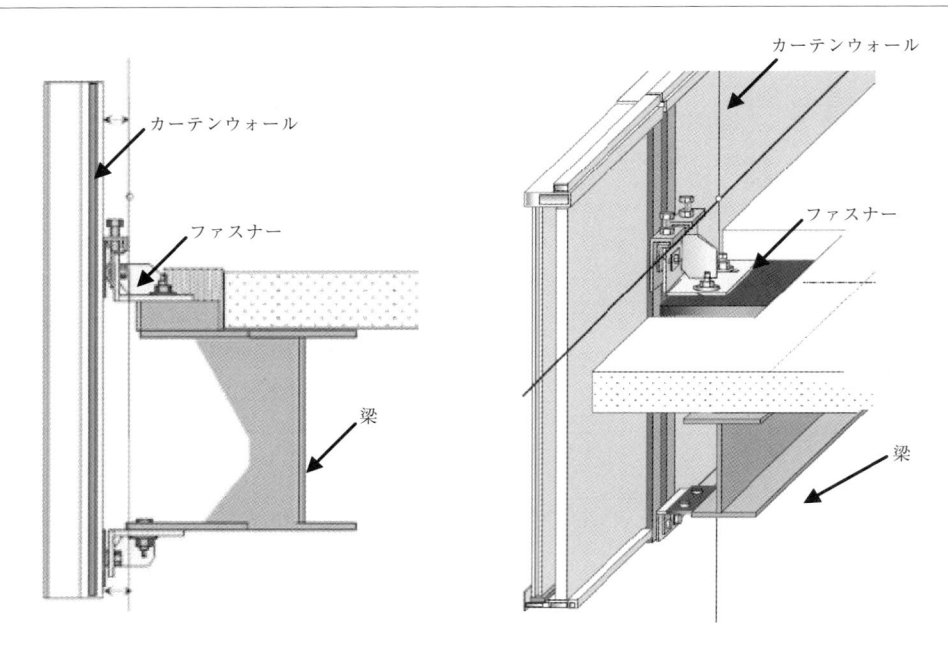

図 9.3-8　梁・ファスナー取合い詳細図

［PC カーテンウォール］
　PC カーテンウォールは剛性が高く，それ自体では変位を吸収できないため，ファスナー部での吸収が必要となる。
　① ロッキング方式 …… 主として縦長のパネルに用い，層間変位をパネルの回転で吸収する手法
　② スウェイ方式 …… 主として横長のパネルに用い，層間変位を上部または下部のルーズホールなどでスライドさせて吸収し，パネルを上下動させない手法
　③ 固定方式 …… 梁型パネルのように直接層間変位を受けないような部材を溶接などで固定する手法
　④ その他（ハーフロッキングなど）…… ロッキング方式とスウェイ方式を組み合わせたもので，頻繁に起こると思われる小さな変位はスウェイにて吸収し，残りをロッキングにて吸収する手法

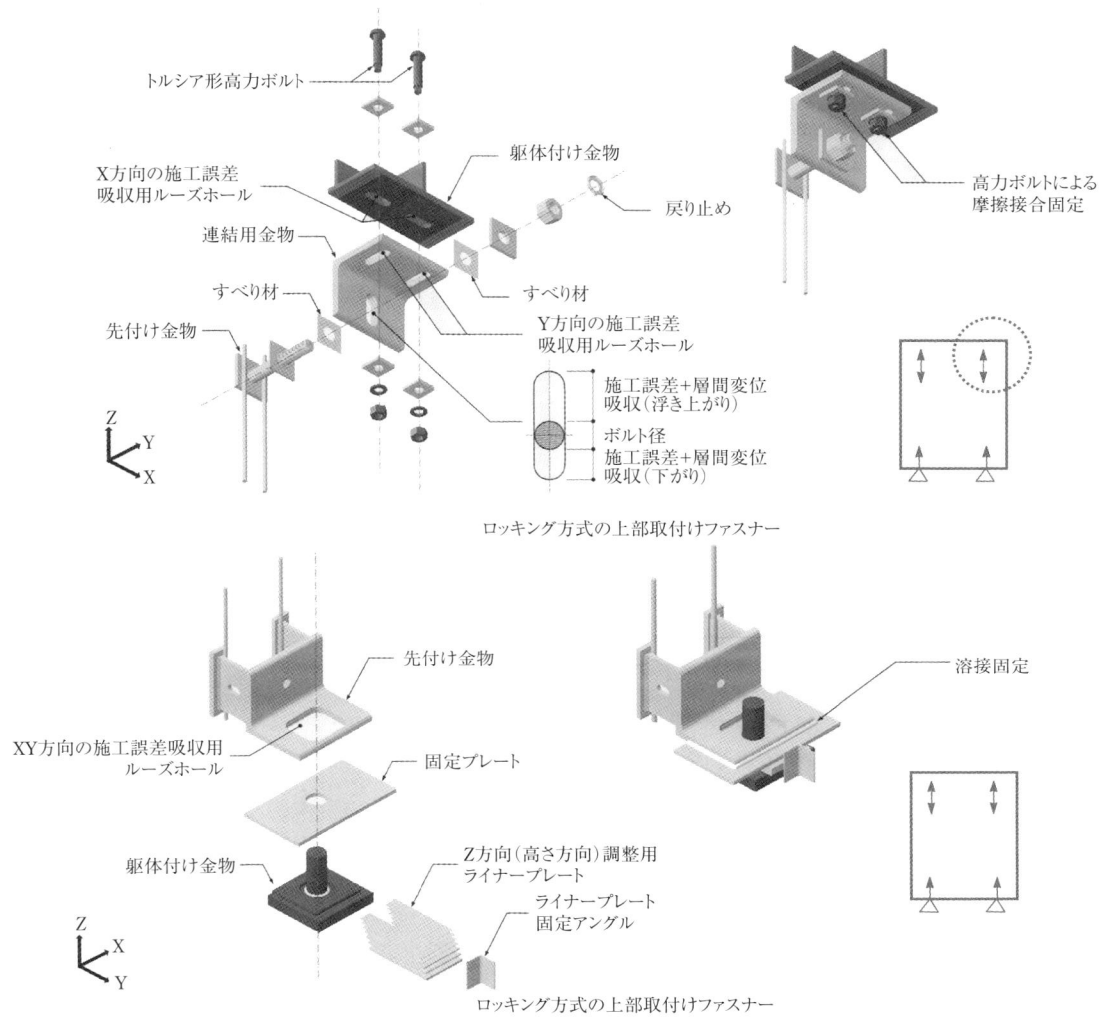

図 9.3-9　PC カーテンウォールのファスナー

9.4 メタル系カーテンウォール

9.4.1 マリオン方式の実例

ROKKEN 本社ビル

＜東京都千代田区＞

熱線反射ガラスを使用し，アクセントとして斜めに帯カバー材を加えたカーテンウォール。

●姿図●

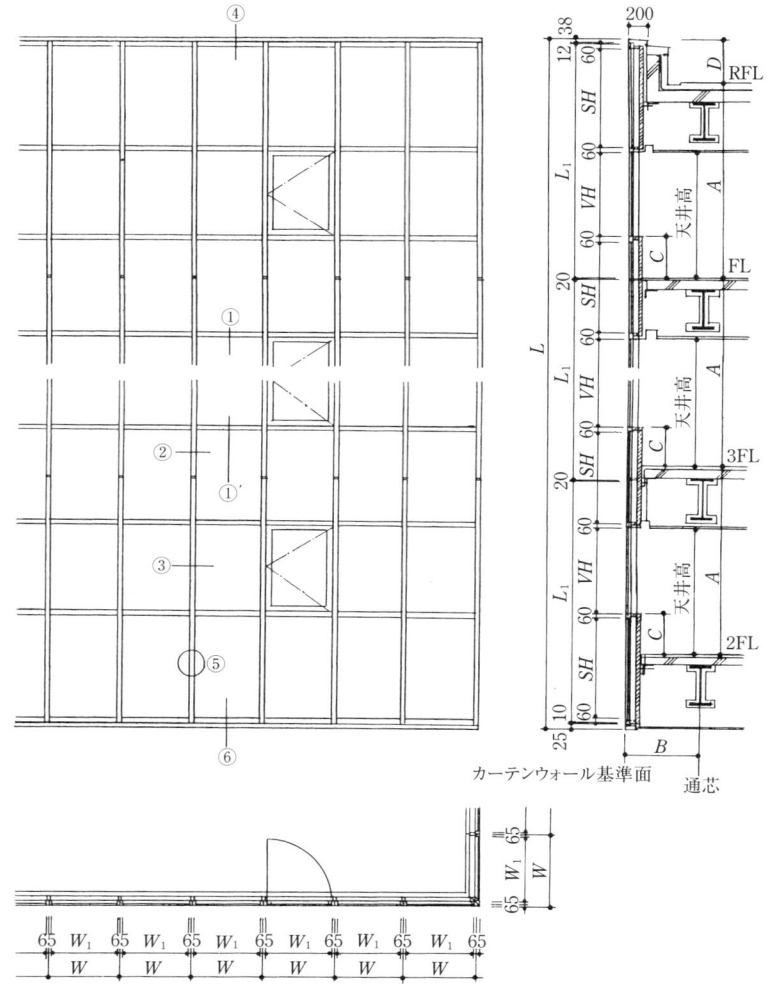

●詳細図●

【開口部および取付け部断面図(①-①'部)】

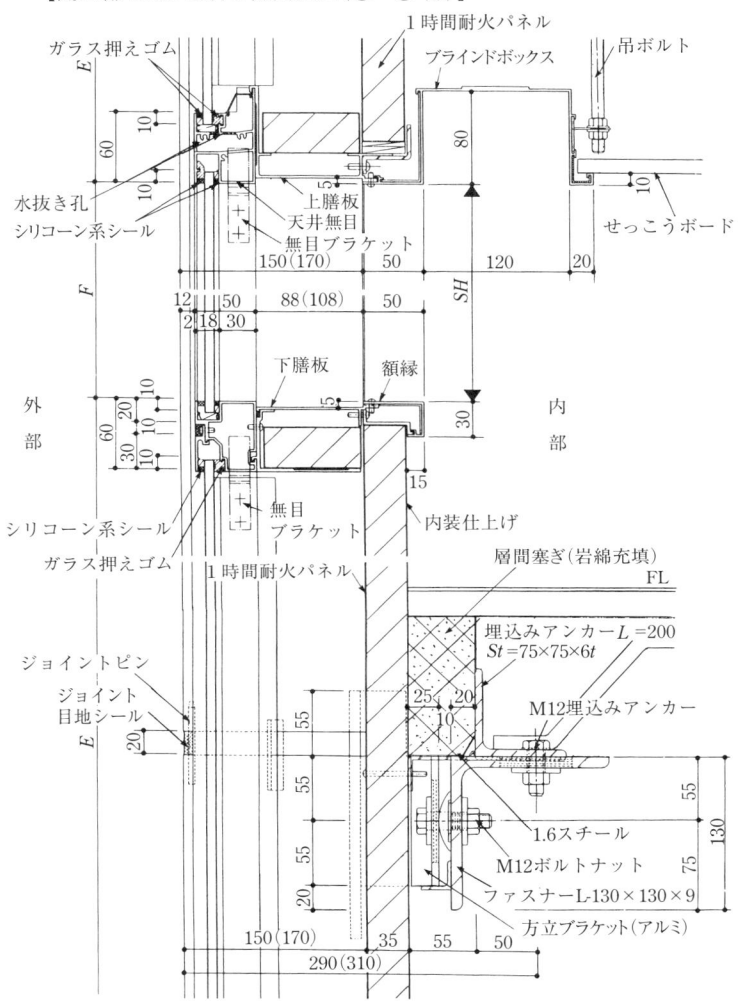

(図中註記)
- ガラス押えゴム
- 1時間耐火パネル
- ブラインドボックス
- 吊ボルト
- 水抜き孔
- 上膳板
- 天井無目
- せっこうボード
- シリコーン系シール
- 無目ブラケット
- 下膳板
- 額縁
- 外部 / 内部
- シリコーン系シール
- 無目ブラケット
- 内装仕上げ
- ガラス押えゴム
- 1時間耐火パネル
- 層間塞ぎ(岩綿充填)
- FL
- ジョイントピン
- 埋込みアンカー L=200 St=75×75×6t
- ジョイント目地シール
- M12埋込みアンカー
- 1.6スチール
- M12ボルトナット
- ファスナー L-130×130×9
- 方立ブラケット(アルミ)

【開口部平面図(③部)】

- 内部 / 外部
- ジョイント目板
- 無目ブラケット
- シリコーン系シール

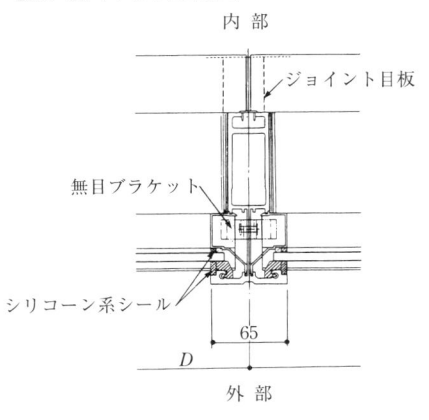

第9章—カーテンウォール

【取付け部平面図(②部)】

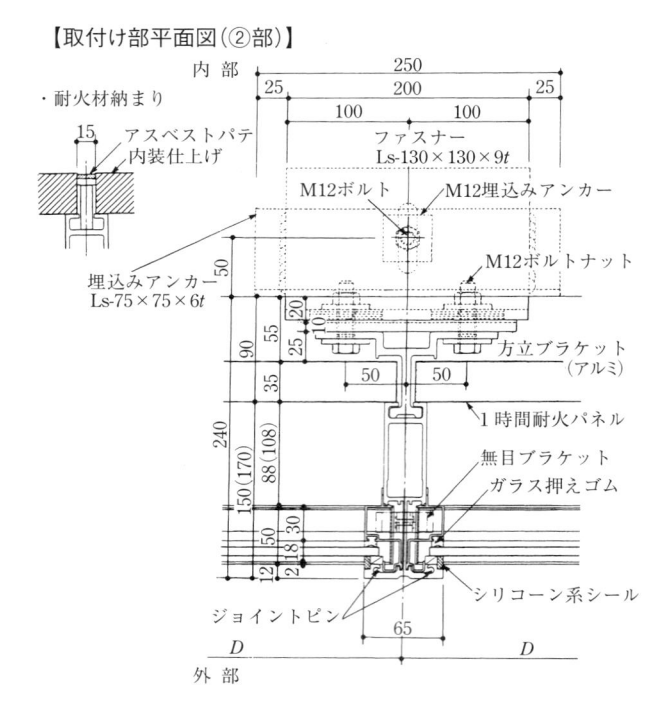

・耐火材納まり

- アスベストパテ
- 内装仕上げ
- 埋込みアンカー Ls-75×75×6t
- ファスナー Ls-130×130×9t
- M12ボルト
- M12埋込みアンカー
- M12ボルトナット
- 方立ブラケット(アルミ)
- 1時間耐火パネル
- 無目ブラケット
- ガラス押えゴム
- ジョイントピン
- シリコーン系シール

内部／外部

【最下部取付け部断面図(⑤部)】

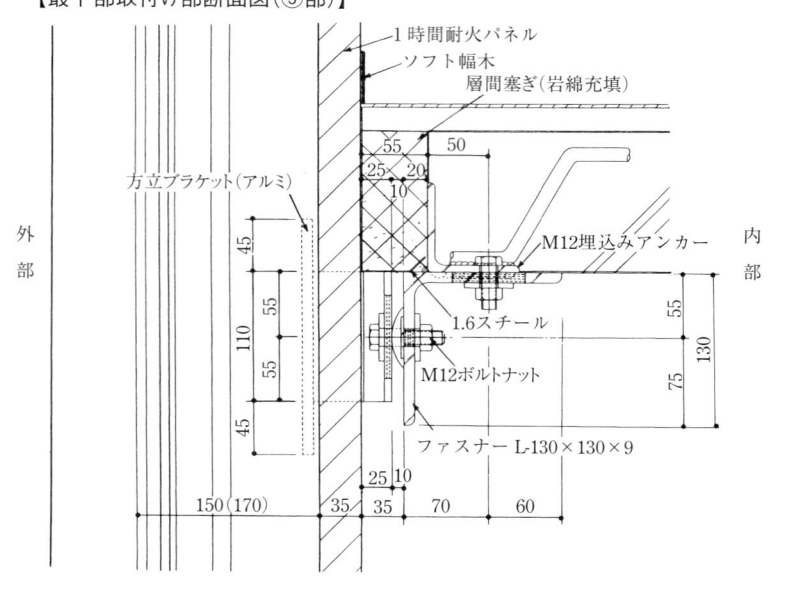

- 1時間耐火パネル
- ソフト幅木
- 層間塞ぎ(岩綿充填)
- 方立ブラケット(アルミ)
- M12埋込みアンカー
- 1.6スチール
- M12ボルトナット
- ファスナー L-130×130×9

外部／内部

9.5 コンクリート系カーテンウォール

9.5.1 パネル方式（スウェイ・スラブ上取付け）の標準図

●上下部内観図・平面図●

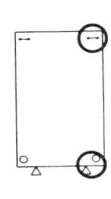

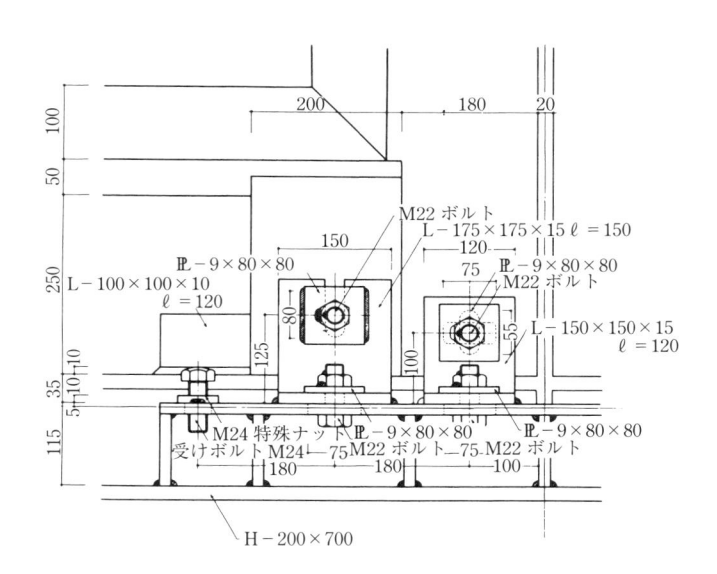

【内観図】

【平面図】

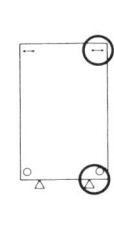

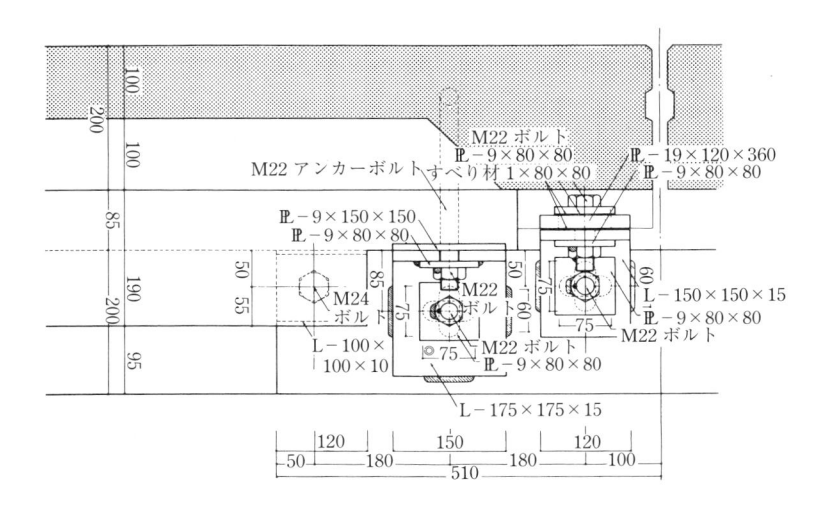

284 ●第9章—カーテンウォール

●詳細図●

【下部断面図】

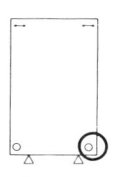

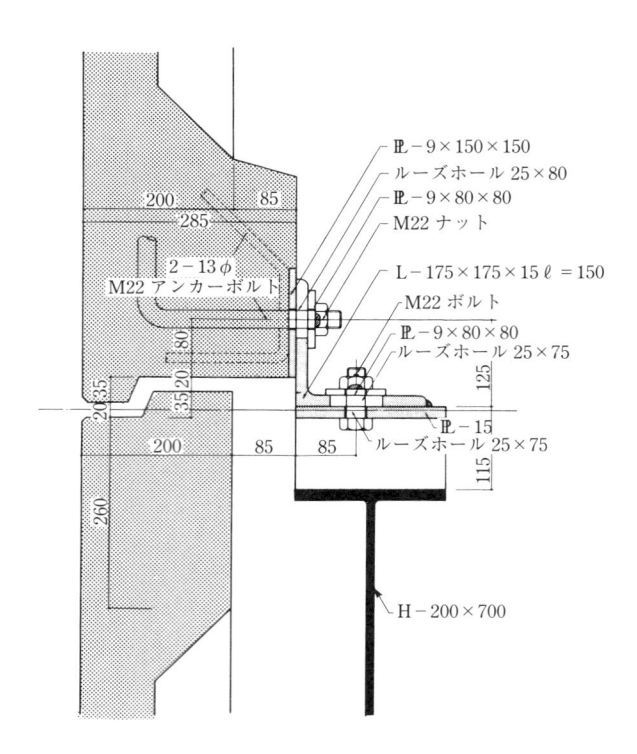

- PL－9×150×150
- ルーズホール 25×80
- PL－9×80×80
- M22 ナット
- 2－13φ M22 アンカーボルト
- L－175×175×15 ℓ＝150
- M22 ボルト
- PL－9×80×80
- ルーズホール 25×75
- PL－15
- ルーズホール 25×75
- H－200×700

【下部支持部断面図】

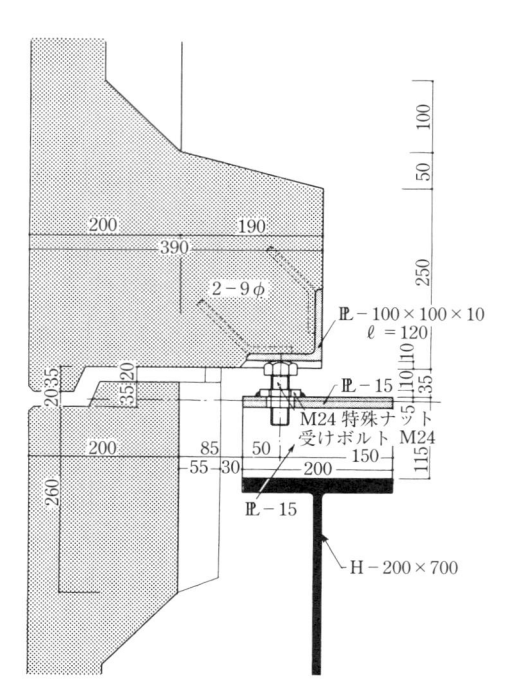

①

- 2－9φ
- PL－100×100×10 ℓ＝120
- PL－15
- M24 特殊ナット
- 受けボルト M24
- PL－15
- H－200×700

9.5―コンクリート系カーテンウォール ● 285

【上部断面図】

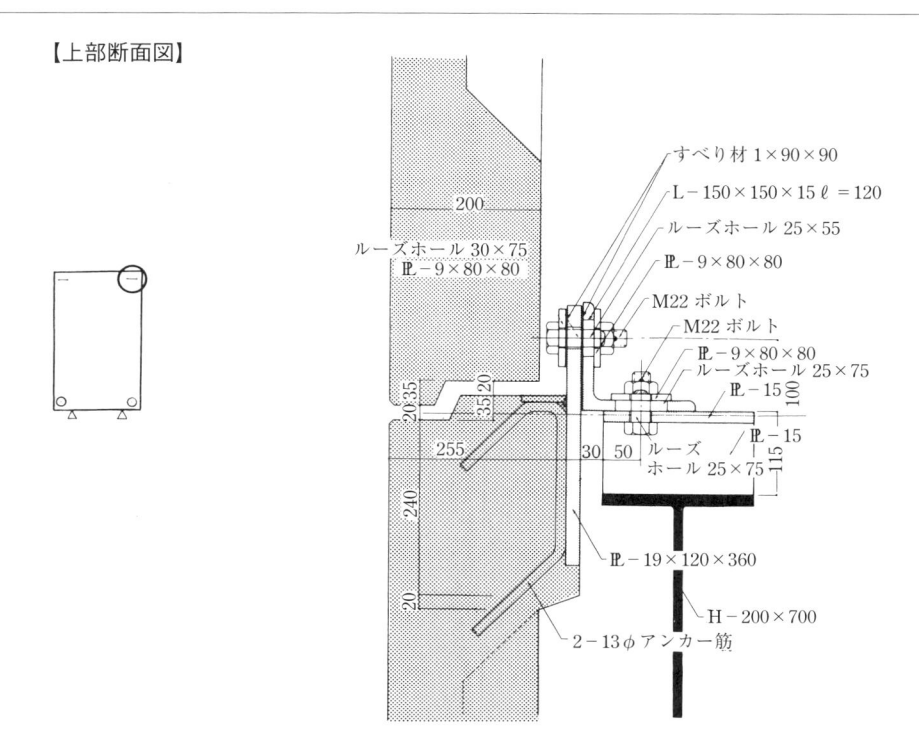

9.5.2 パネル方式（ロッキング）の標準図

●上下部内観図・平面図●

【上下部断面図】

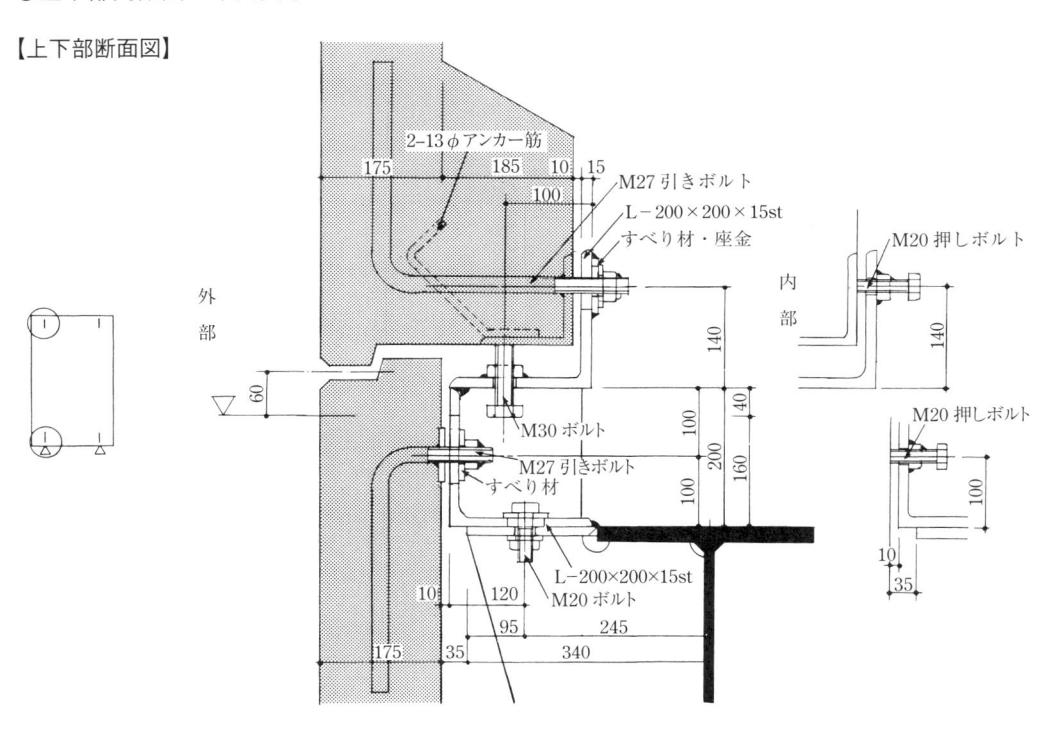

●第9章—カーテンウォール

【上下部内観図】

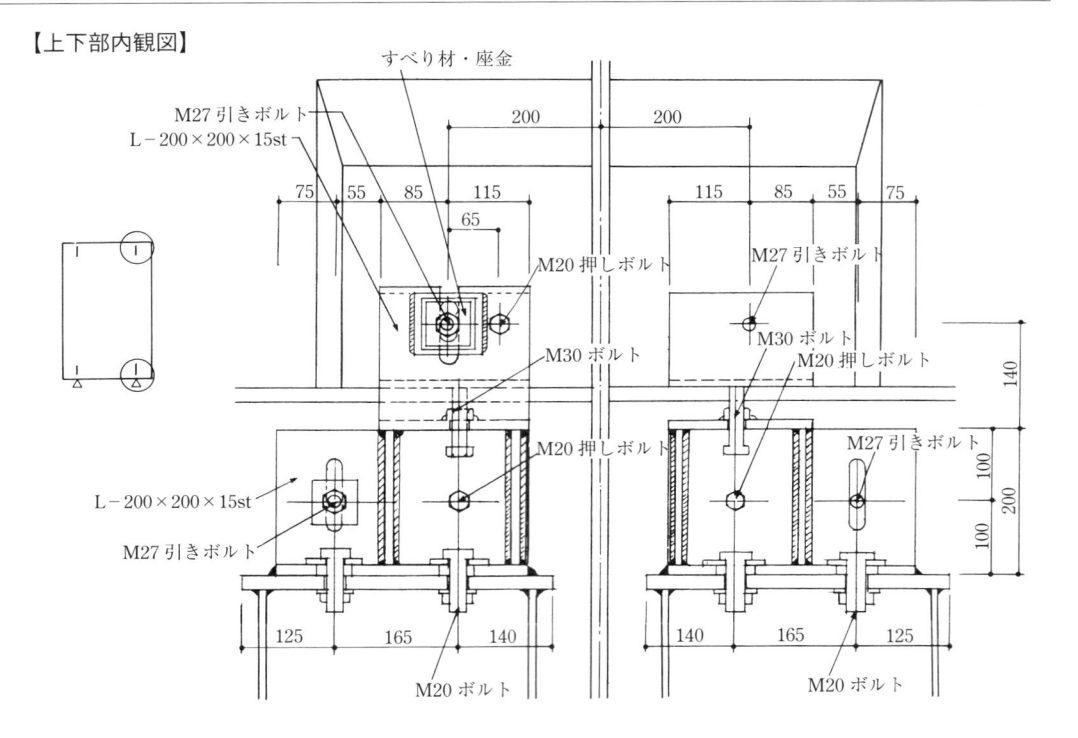

● M20ボルト部の詳細●

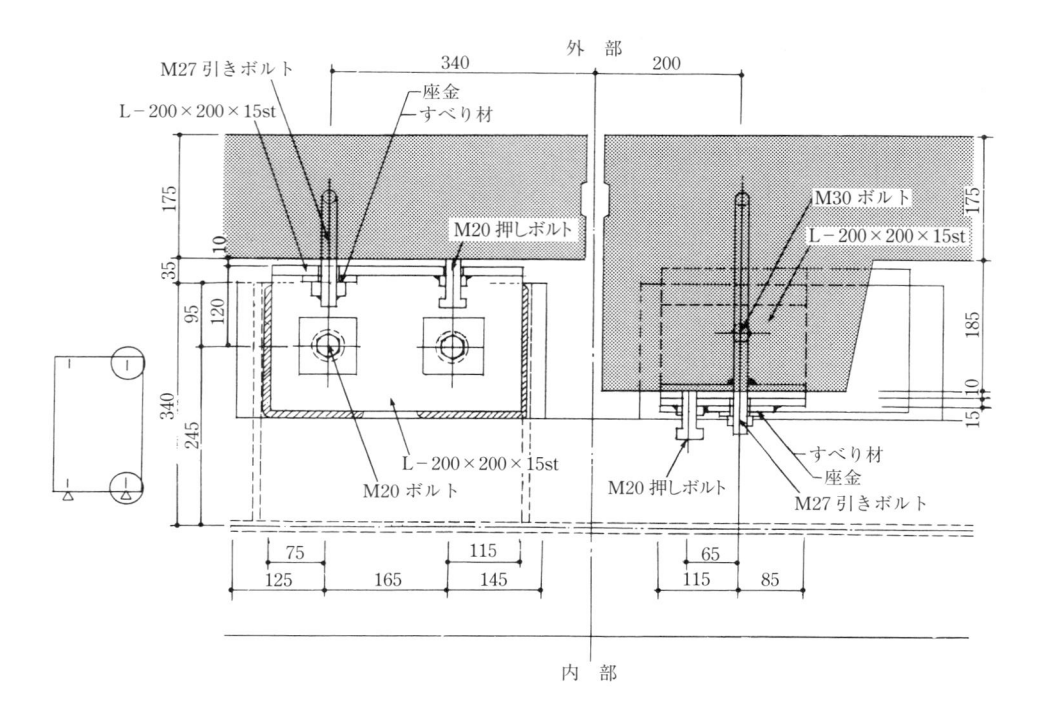

9.5.3 パネル方式の実例

東京都新庁舎（第一庁舎）
＜東京都新宿区＞
本石およびサッシ打込みのパネル方式のカーテンウォール。

●姿図●

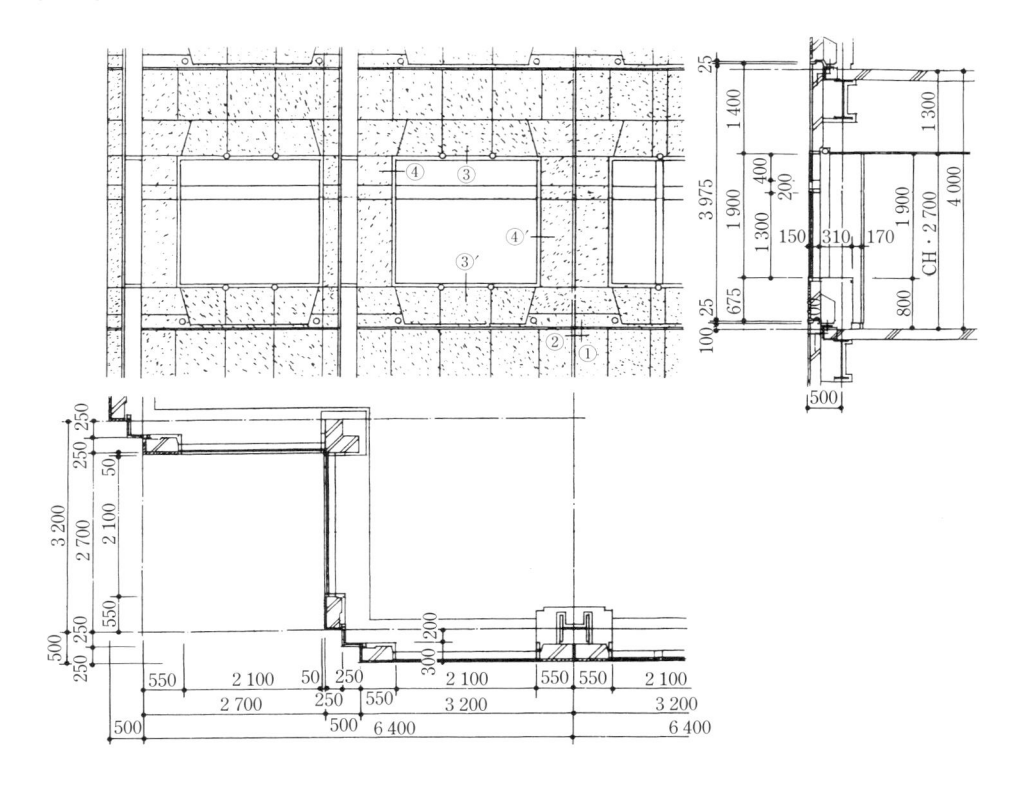

第9章―カーテンウォール

●詳細図●

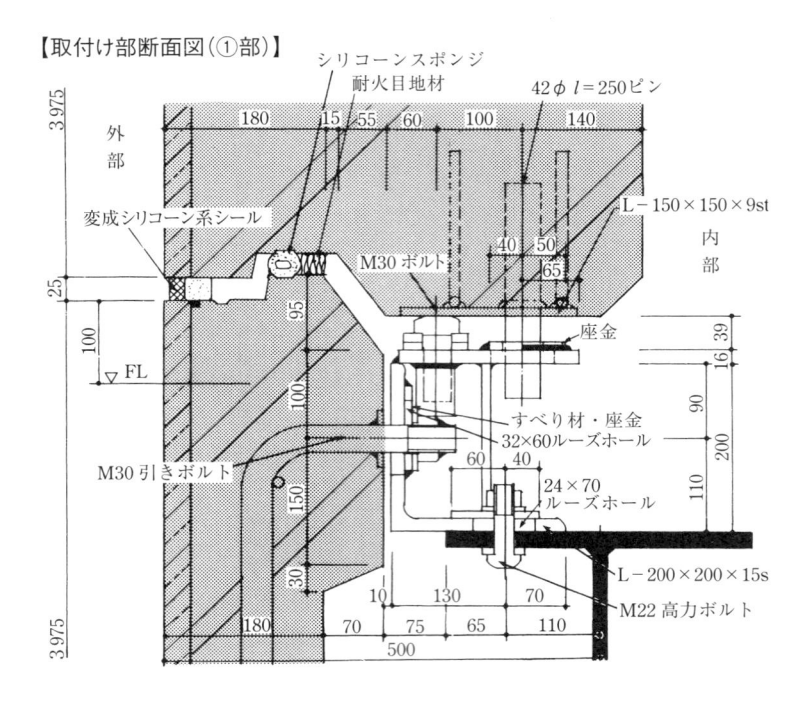

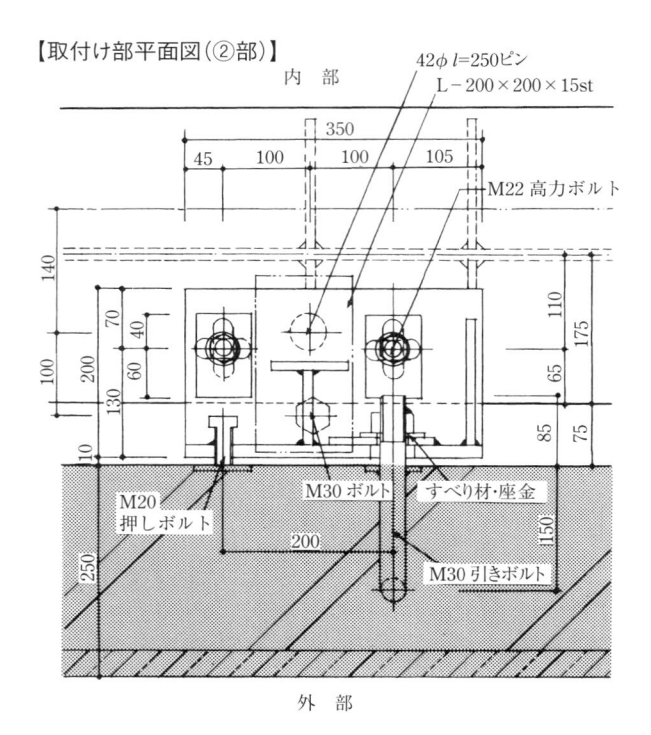

【取付け部断面図(①部)】

【取付け部平面図(②部)】

9.5―コンクリート系カーテンウォール ● 289

【開口部断面図(③―③'部)】

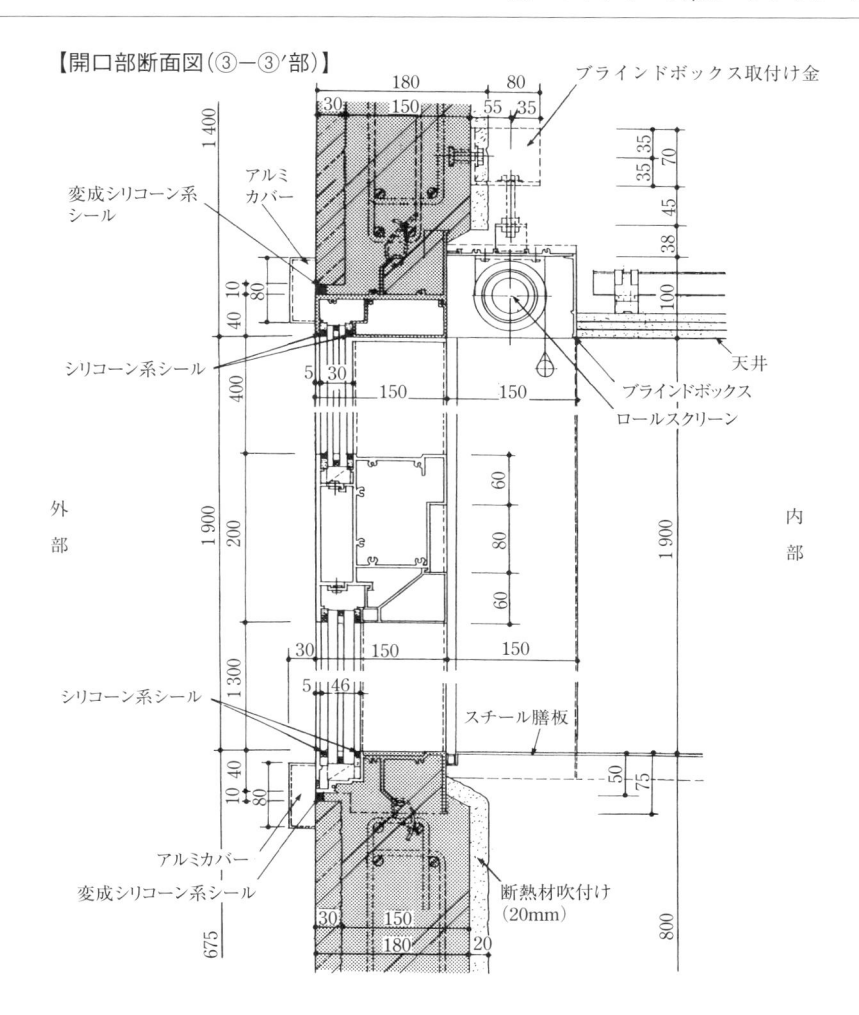

ブラインドボックス取付け金
変成シリコーン系シール
アルミカバー
シリコーン系シール
天井
ブラインドボックス
ロールスクリーン
外部
内部
シリコーン系シール
スチール膳板
アルミカバー
変成シリコーン系シール
断熱材吹付け(20mm)

【開口部平面図(④―④'部)】

内 部
断熱材吹付け(20mm)
シリコーン系シール
変成シリコーン系シール

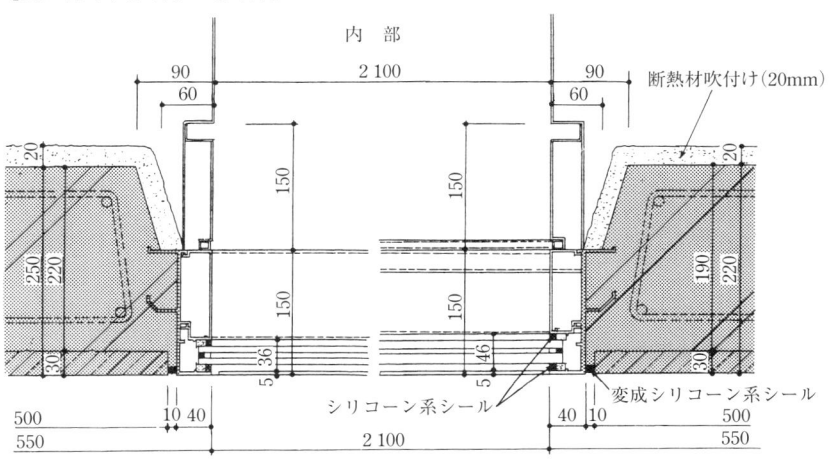

9.5.4　腰パネル方式の実例

ランドマークタワー
＜神奈川県横浜市＞

本石打込み PC で深みを強調した腰パネルで，横連窓サッシには横移動タイプの自動清掃ゴンドラユニット用ガイドレールを組み込んであるカーテンウォールである。

●姿図●

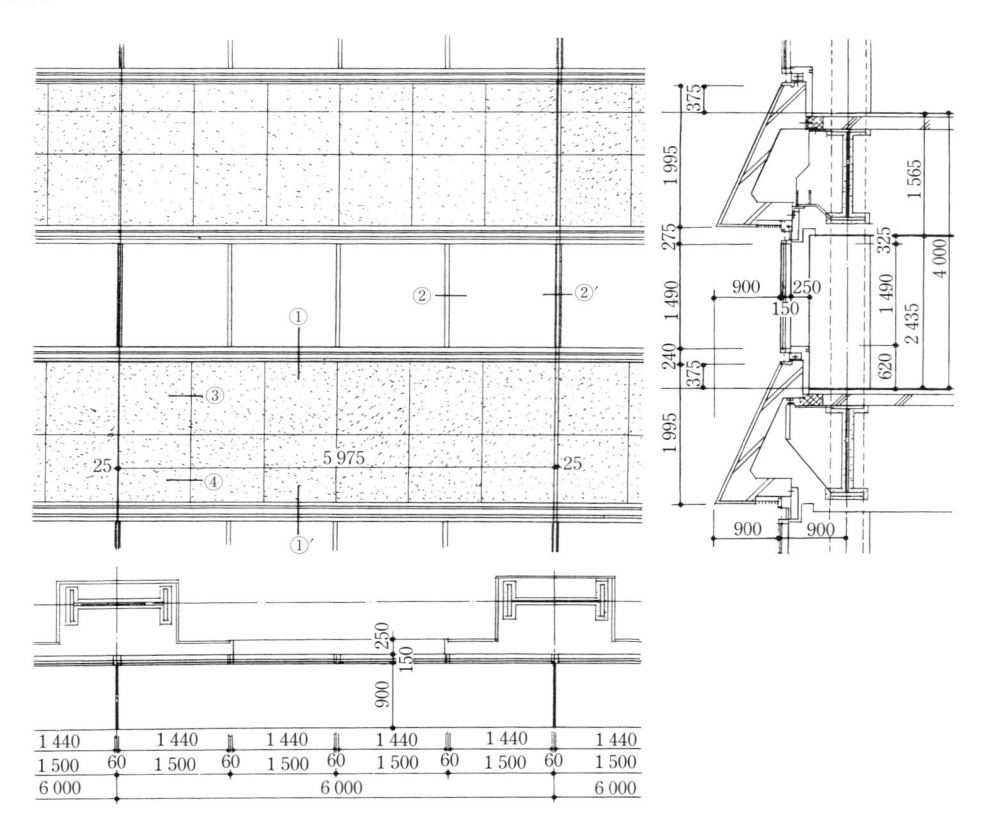

9.5―コンクリート系カーテンウォール

●詳細図●

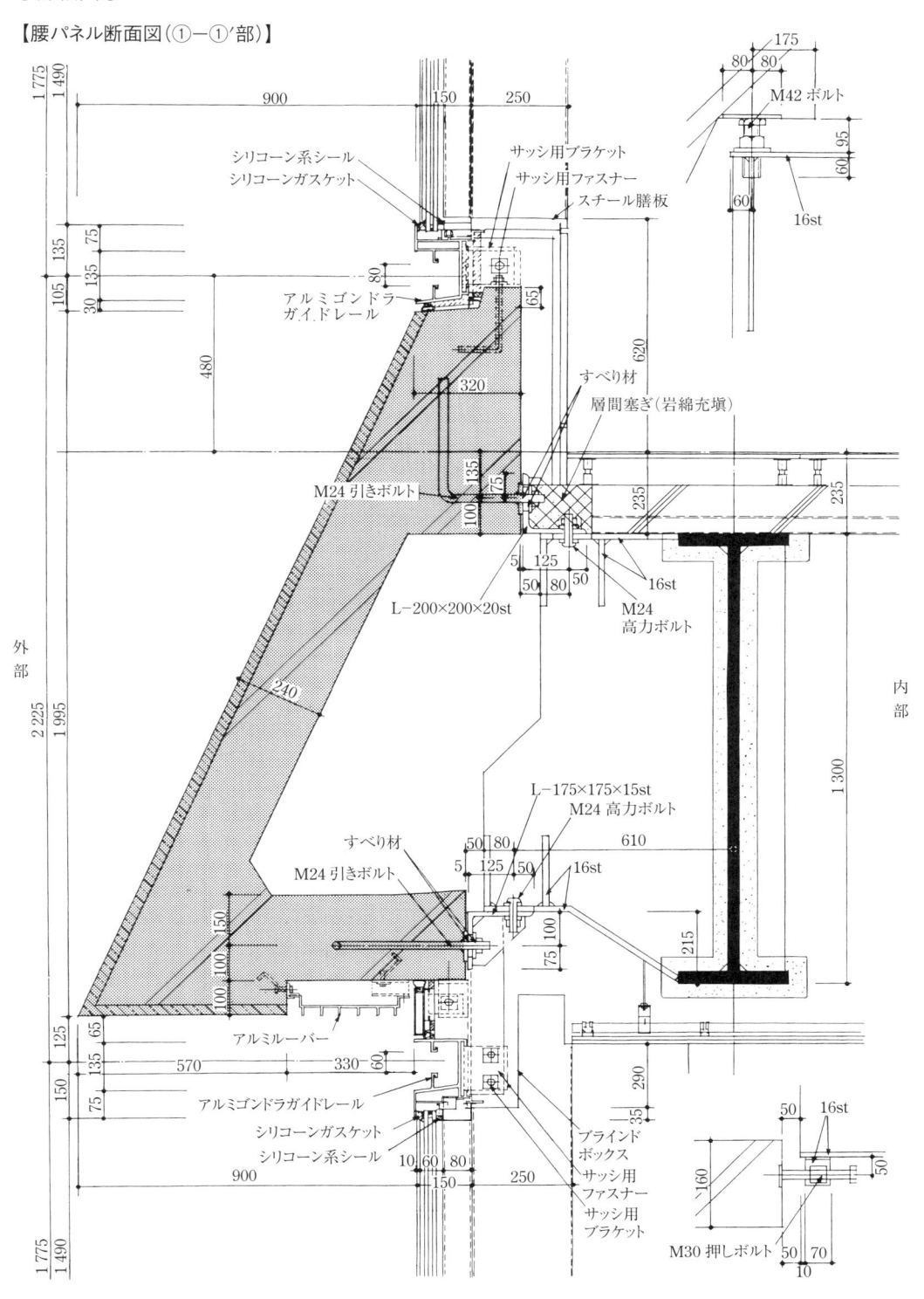

【腰パネル断面図（①―①'部）】

第9章—カーテンウォール

【開口部平面図(②-②'部)】

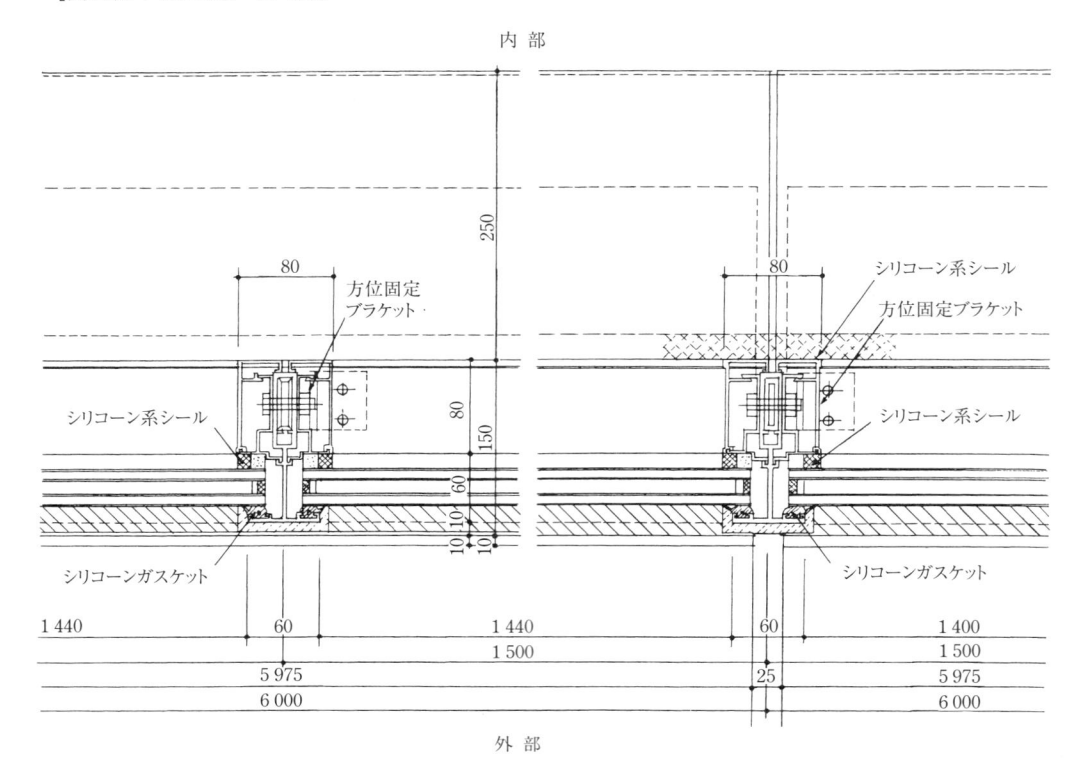

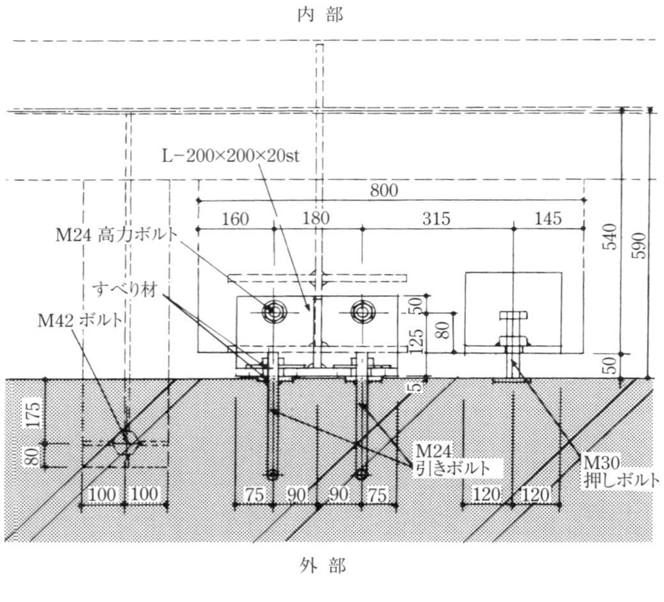

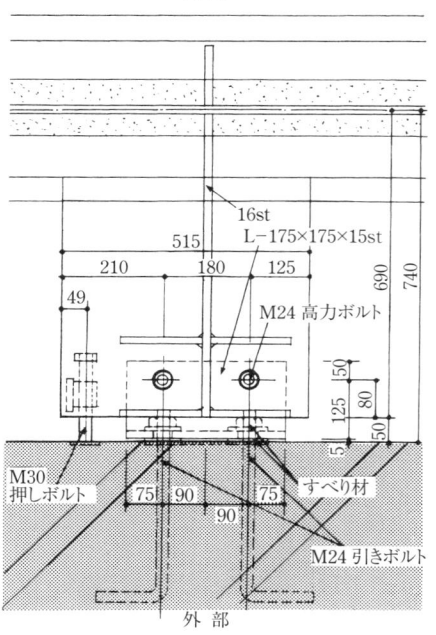

9.5.5 GRCパネル方式の実例1

MOA美術館（踊場ホール）
＜静岡県熱海市＞

直径22m, 高さ10mのドーム状空間。コンピュータによって証明が変化し，どんな色でも出せる。

●断面図●

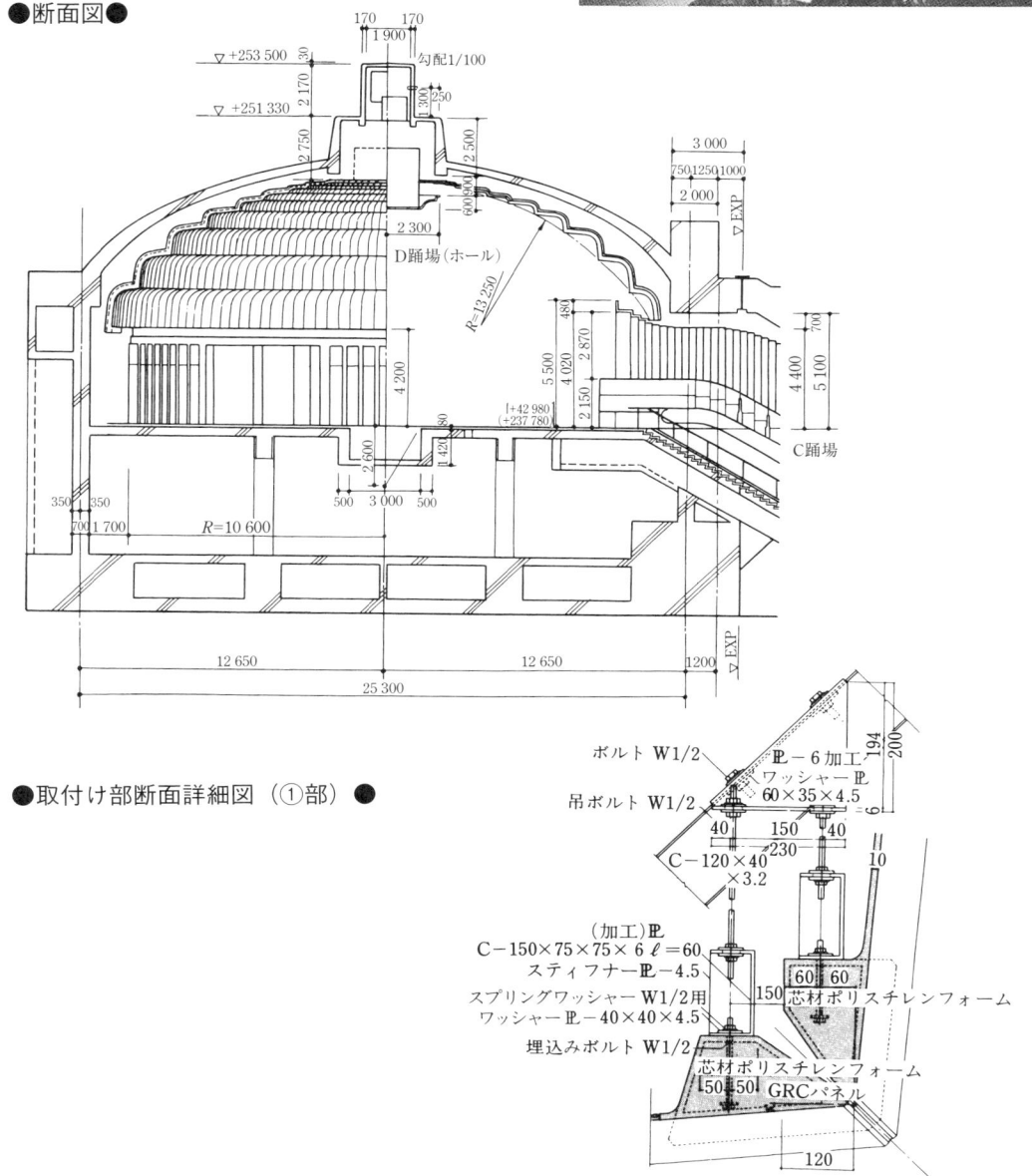

●取付け部断面詳細図（①部）●

9.5.6　GRCパネル方式の実例2

金沢パークビル
＜石川県金沢市＞
2 540 × 1 990 の大型パネルで外壁を構成。

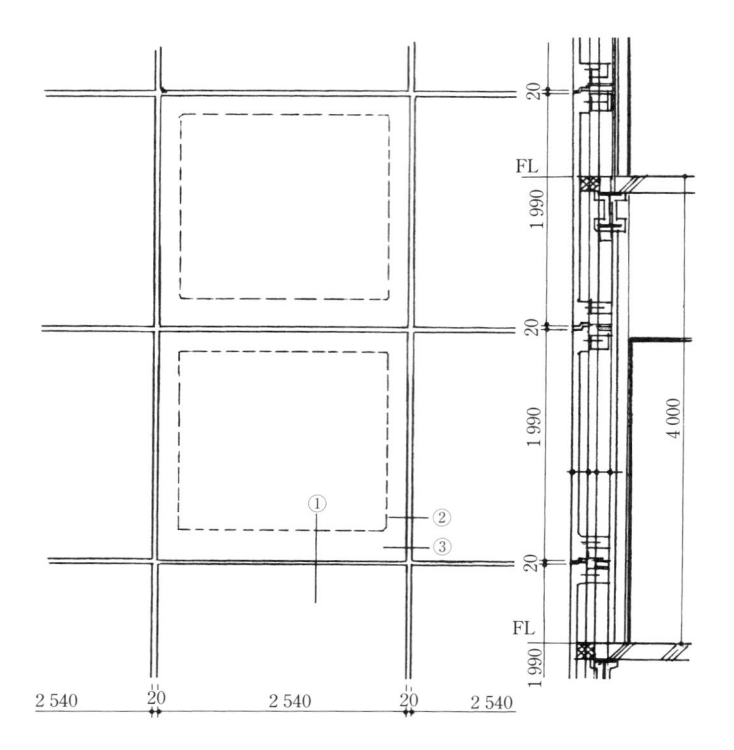

●姿図●

9.5—コンクリート系カーテンウォール

● 詳細図 ●

【断面図（①部）】

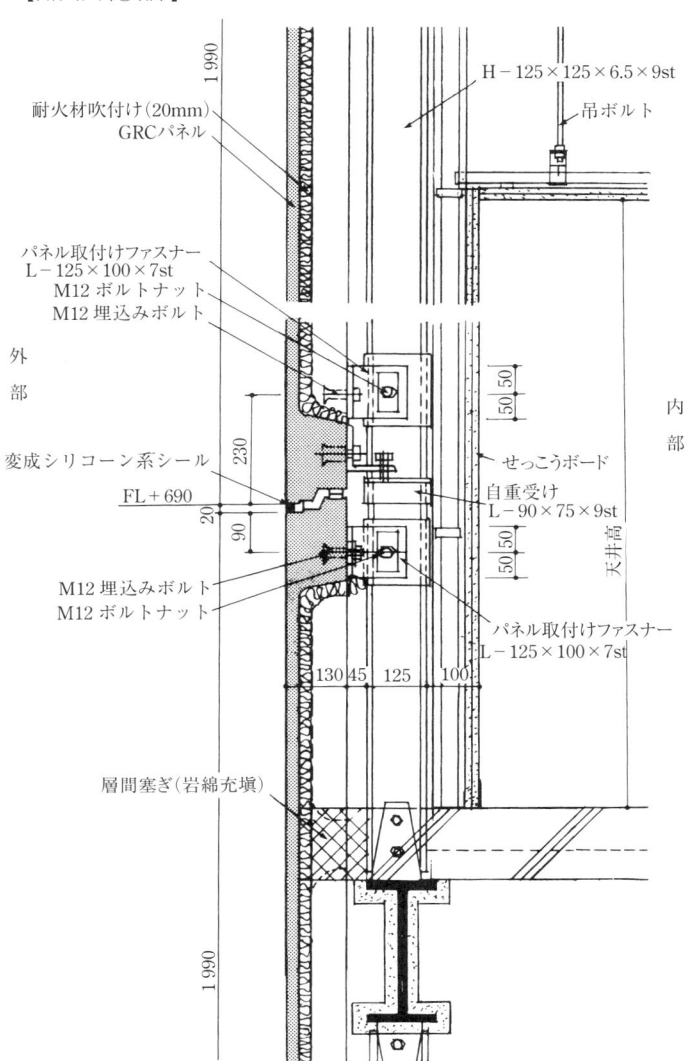

1,990

耐火材吹付け(20mm)
GRCパネル

H−125×125×6.5×9st
吊ボルト

パネル取付けファスナー
L−125×100×7st
M12 ボルトナット
M12 埋込みボルト

外部

50 50

変成シリコーン系シール

230

せっこうボード

FL+690

自重受け
L−90×75×9st

20
90

内部

50 50

M12 埋込みボルト
M12 ボルトナット

パネル取付けファスナー
L−125×100×7st

天井高

130 45 125 100

層間塞ぎ(岩綿充填)

1,990

【取付け部平面図（②部）】

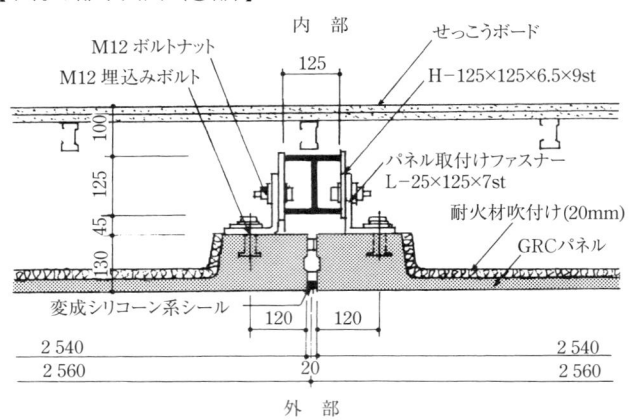

【取付け部（自重受部）平面図（③部）】

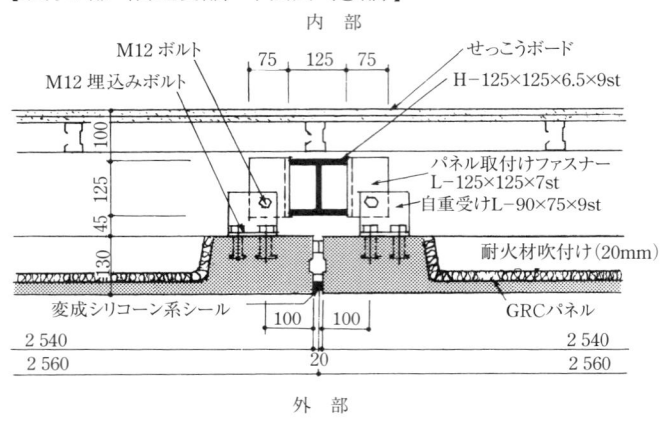

《参考文献》
1) 『建築工事標準仕様書・同解説　JASS 14　カーテンウォール工事　2012』日本建築学会，2012
2) 『カーテンウォール性能基準　2013』カーテンウォール・防火開口部協会，2013
3) 『カーテンウォールってなんだろう』日本カーテンウォール工業会，1995
4) 『プレキャストコンクリート・カーテンウォール設計の手引き』プレコンシステム協会
5) 『建築工事標準仕様書・同解説　JASS 8　防水工事　2014』日本建築学会，2014

第10章 窯業系サイディング

10.1 歴史と製法

わが国における窯業系サイディングの歴史は1964（昭和39）年，三井木材工業（株）が米国のエルメンドルフ社から技術を導入し，硬質木片セメント板（センチュリーボード）の製造，販売を開始したことに始まる。戸建住宅の外壁で主流であったモルタルに比べ，工場生産品であることから意匠の豊富さ，通年工事が可能で工期短縮も図れるなどの利点のほか，防火性能に優れることや地震の際に剥落しにくいという特徴もある。これらの特徴が認められて1985（昭和60）年ごろから急速に量を伸ばし，近年では低層住宅外壁の約75%を占めている。

窯業系サイディングは主原料にセメント・けい酸質原料，繊維質原料，各種の混和材を用いて板状に成形し，主として建築物の外壁に用いる材料である。1991（平成3）年に発足した製造メーカーの任意団体である日本窯業外装材協会（以下，NYG協会）には，現在7社が加盟しており，このうちの5社が外壁に用いる製品を製造している。製法は湿式と乾式，抄造と押出の別にさまざまなものがある。製法の例を**図10.1-1〜3**に示す。また，窯業系サイディングは，現場での化粧仕上げの必要性の有無によって**表10.1-1**に示すように化粧サイディングと現場塗装用サイディングの2種類に分けられる。

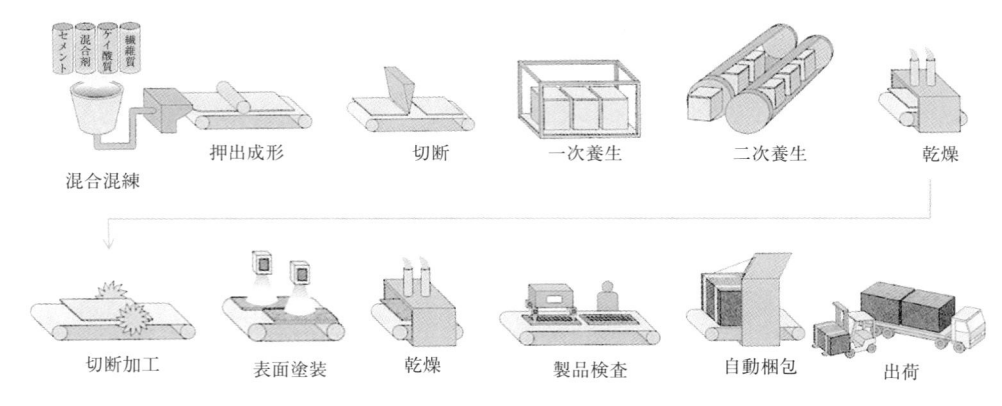

図10.1-1 製法の例（押出法）

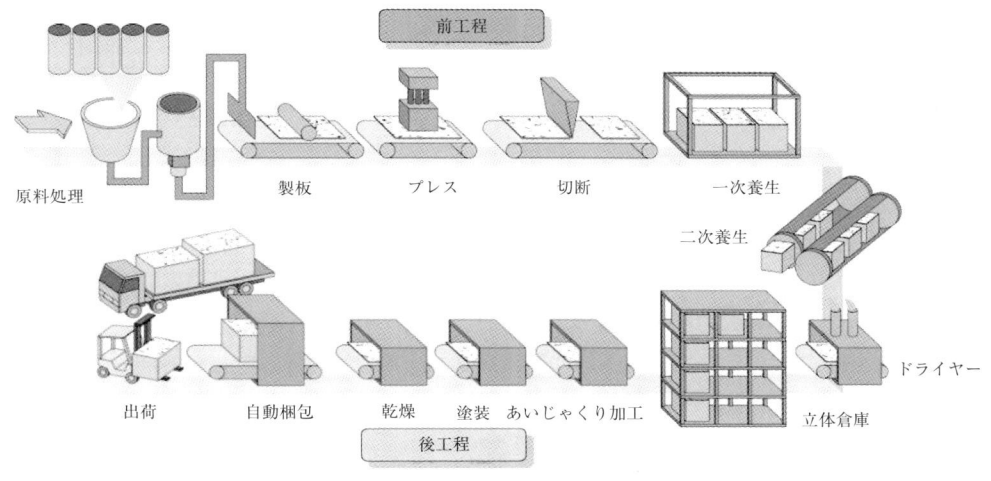

図 10.1-2 製法の例（湿式抄造法）

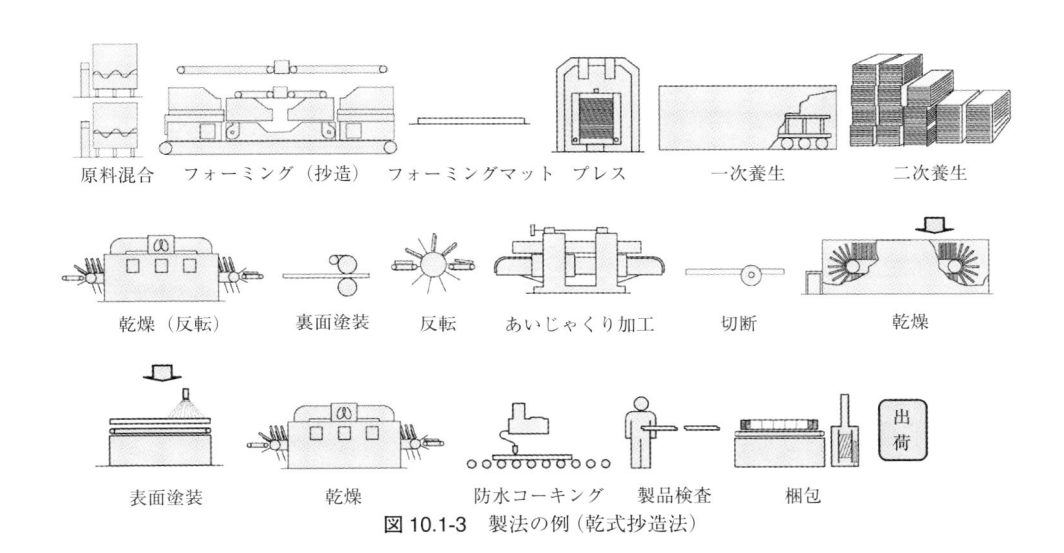

図 10.1-3 製法の例（乾式抄造法）

表 10.1-1 窯業系サイディングの種類

種　類	記号	現場での化粧仕上げの必要性の有無	製品の仕様
化粧サイディング	D	なし	工場で表面に印刷，塗装などの化粧仕上げ（張り仕上げを除く）を施したもの，工場で原料の一部として着色材料を混入したもの，または素地のままで使用するものを含む。
現場塗装用サイディング	S	あり	現場で化粧仕上げ（張り仕上げを除く）をすることを前提に，工場でシーラーを施したもの。

10.2 製品と性能

10.2.1 製品寸法・規格

窯業系サイディングの厚さ，幅，長さおよび許容差は**表 10.2-1**に示すように，JIS A 5422（窯業系サイディング）に規定されている。ただし，JIS にない幅が 1 100mm，長さが 3 300mm，および厚さが 26mm を超える製品は，受渡当事者間の協定による。また，窯業系サイディングの代表的な寸法を**表 10.2-2**に示す。ここでいう寸法は働き幅あるいは働き長さである。鉄骨造建築物に用いる外装材は通気金具留め工法（通気胴縁を要しない留付け金具を用いる工法）になるので，製品は厚さ 15mm 以上，働き幅 300 〜 600mm のものになる。

表 10.2-1　窯業系サイディングの寸法および許容差

（単位：mm）

厚さ	許容差	幅	許容差	長さ	許容差
14	± 1.0	160 〜 1 100	± 1	910 〜 3 300	± 1
15	± 1.2				
16	± 1.2				
17	± 1.2				
18	± 1.4				
19	± 1.4				
20	± 1.6				
21	± 1.6				
22	± 1.6				
23	± 1.6				
24	± 2.0				
25	± 2.0				
26	± 2.0				

表 10.2-2　代表的な働き幅および働き長さ

（単位：mm）

		働き長さ		
		1 820	2 730	3 030
働き幅	180			○
	303			○
	455	○	○	○
	600	○		○
	910	○	○	○
	1 000			○

10.2.2　物　性

　窯業系サイディングの性能（JIS規格）を表10.2-3に示す。窯業系サイディングは表面に意匠性を持たせた各種のエンボス模様が施されているため，曲げ性能は製品の厚さごとに曲げ破壊荷重で規定されており，試験方法はJIS A 1408（建築用ボード類の曲げ及び衝撃試験方法）を引用し，試験体サイズは3号（幅400mm，長さ500mm）を基本にしている。同様に，耐衝撃性もJIS A 1408により3号試験体を基本として試験をし，試験体の支持方法は砂上全面支持，おもりは球形おもり（W2-500）を用い，落下高さは製品厚さ17mmまでは1.4m，18〜26mmでは1.7mである。このほかにも，JISには外観や出荷時の反りに関する規定がある。

表10.2-3　代表的な働き幅および働き長さ

記号	厚さ mm	曲げ破壊荷重 N	耐衝撃性	塗膜の密着性[注1]	耐候性	耐凍結融解性[注3]	透水性 mm	吸水による反り mm	難燃性または発熱性[注4] JIS A 1321による難燃性試験	附属書Aによる発熱性試験
D	14〜17	785以上	貫通する亀裂が生じない	塗膜の剥離面積率5%以下	表面の隔離，膨れなどの面積率2%以下 色差ΔE*abが6未満または，グレースケール2-3号以上[注2]	表面の剥離面積率が2%以下で，著しい層間剥離がなく，かつ，厚さ変化率10%以下	減水高さ10以下	2以下	難燃2級以上	発熱性2級以上
	18〜20	900以上								
	21〜26	1 000以上								
S	14〜17	785以上			表面の隔離，膨れなどの面積率2%以下				—	—
	18〜20	900以上								
	21〜26	1 000以上								

（注）1．工場で原料の一部として着色原料を混入するものおよび素地のまま使用するものには適用しない。
　　　2．色差およびグレースケールは，素地のままで使用するものには適用しない。
　　　3．耐凍結融解性を表示する場合に適用する。
　　　4．難燃性試験または発熱性試験のいずれかを行う。

　NPO法人 住宅外装テクニカルセンターが申請者として取得し，管理している外壁の防耐火構造認定を表10.2-4に示す。窯業系サイディングの仕様は認定の中で規定されており，NYG協会会員各社の製品で該当するものが使用できる。また近年，NYG協会会員の中には，自社製品を用いて耐火構造の認定を取得しているものもある。

　窯業系サイディングは地震の際に剥落しにくく，これと本来の防火性能が相まって地震後の火災という二次災害の防止にも寄与する。金具留め工法の窯業系サイディング張り外壁の層間変形追従性を表10.2-5に示す。

　また，窯業系サイディングは建築高さ13m以下を原則としているが，建築高さ13mを超える建築物を対象にした特殊工法を用意しているNYG協会会員もある。

表10.2-4　窯業系サイディングの防耐火構造認定

防火性能	下地	耐力/非耐力	認定番号	構造の名称
防火構造	木造下地	耐力	PC030BE-9201	窯業系サイディング表張/せっこうボード裏張/木造外壁
	鉄骨造下地	耐力	PC030BE-9202	窯業系サイディング表張/せっこうボード裏張/鉄骨造外壁
	鉄骨造下地	非耐力	PC030NE-0036	化粧窯業系サイディング・せっこうボード張/軽量鉄骨下地外壁
	鉄骨造下地	非耐力	PC030NE-0045	化粧窯業系サイディング・せっこうボード張/軽量鉄骨下地外壁
45分準耐火構造	木造・鉄骨造下地	耐力	QF045BE-9226	両面窯業系サイディング張/木造・鉄骨造外壁
1時間準耐火構造	木造・鉄骨造下地	耐力	QF060BE-9225	両面窯業系サイディング張/木造・鉄骨造外壁

表10.2-5　窯業系サイディング張り外壁の層間変形追従性試験の結果（参考）

金具留め工法 （厚さ：16mm）	層間変形角	1/300	1/200	1/120	1/60
	試験状況	異常なし	異常なし	異常なし	異常なし
	破壊程度の区分	A*	A*	A*	A*

（注）A*：日本建築学会『非構造部材の耐震設計施工指針・同解説および耐震設計施工要領』に記載されている「損傷程度の区分」

10.3 設計上の注意

窯業系サイディングを外壁材として使用している建物は，低層住宅（併用住宅を含む）が最も多く，そのほかに店舗などの商業施設，工場・倉庫などがある。

窯業系サイディングの施工は外壁通気構法を標準とし，張り方は横張りと縦張りがある。なお，タイル張りの下地材として用いる場合は横張りとする。

10.3.1 設計上の留意点

① 窯業系サイディングの施工は外壁通気構法を標準とする。外壁通気構法と浸入した雨水，湿気などの水分排出の仕組みを図 10.3-1 に示す。

② 建物高さは原則として 13m 以下とする。13m を超える場合は，NYG 協会各社の仕様による。

③ 建物の層間変形角は 1/200 以下となるように設計する。ただし，NYG 協会各社の仕様によっては，窯業系サイディングの品種・工法により 1/120 まで可能とする。

④ 胴縁の仕様・精度は以下とする。

・胴縁には C 形鋼や角パイプを用い，厚さは 1.6mm 以上とする。ただし，構造耐力上鉛直荷重を負担する鋼材は厚さ 2.3mm 以上とする。

・C 形鋼の断面寸法は，75 × 45 × 15mm 以上とする。

・中間水切り部および窯業系サイディング左右接合部の胴縁は，C 形鋼をダブルに入れるか，角パイプを使用し，通気留付け金具が確実に固定されるようにする。

・ジョイント，溶接のバリ・ねじ頭などの不陸は 2mm 以内。（図 10.3-2）

・立ちは 3mm 以内，かつ H/1000 以内（H：階高）。

・曲がりは 3mm 以内，かつ L/1500 以内（L：胴縁の長さ）。（図 10.3-3）

・ねじれは 1mm 以内。（図 10.3-4）

・目通りは 3mm 以内。（図 10.3-5）

⑤ 胴縁の間隔は 606mm 以下とする。

⑥ 窯業系サイディングを直接柱や梁に留め付けるのは避け，必ず胴縁を使用して，胴縁に通気留付け金具を用いて留め付ける。開口部回りなどで，通気留付け金具を使用できない箇所はスペーサーを介してねじ留めをする。ねじ留めは窯業系サイディング端部から 30mm 程度離し，詳細は NYG 協会各社の仕様に従う。

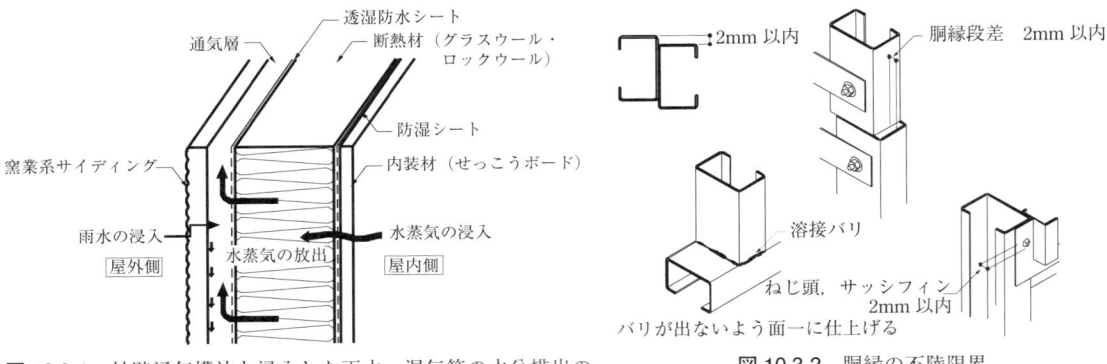

図 10.3-1　外壁通気構法と浸入した雨水，湿気等の水分排出の仕組み

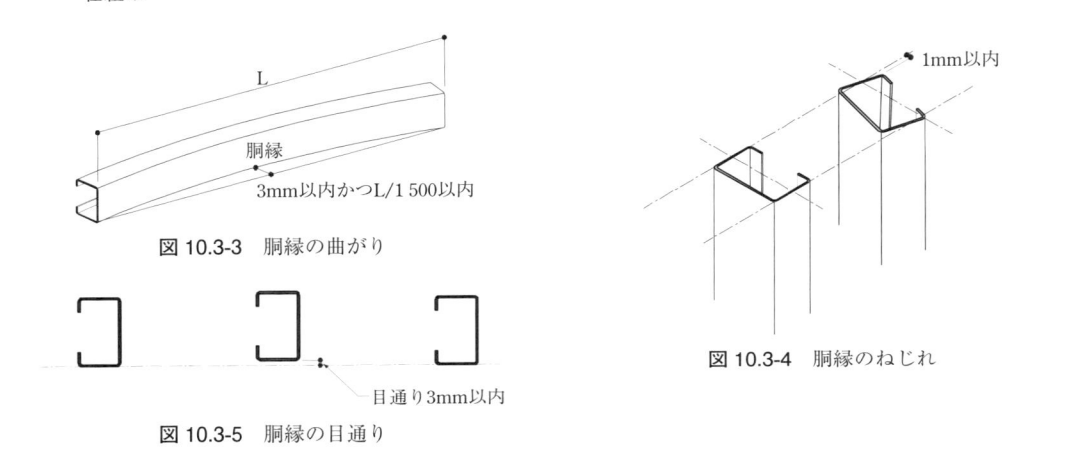

図 10.3-2　胴縁の不陸限界

図 10.3-3　胴縁の曲がり

図 10.3-4　胴縁のねじれ

図 10.3-5　胴縁の目通り

10.3.2　付属部材

窯業系サイディングの施工にはさまざまな付属部材が用いられる。主な付属部材を以下に示す。

- 水切り……土台部，1～2階中間部，オーバーハング部などに用いる。
- 見切り……軒天部などの納めに用いる。
- 防水テープ……二次防水部材で，主に透湿防水シートの施工に用いる。防水テープは幅50mm以上の両面粘着防水テープで，NYG協会会員（窯業系サイディングメーカー，以下同じ）の純正品またはNYG協会推奨品とする。開口部回りの防水テープ張りの方法を図10.3-6に示す。防水テープは図中の①～③の順序でサッシ枠のフィン（ツバ）と躯体にまたがるように張り，離型紙を取り除きながら防水テープの上に透湿防水シートを張り，ローラーやへらなどで圧着する。
- 留付け金具（通気留付け金具），専用ねじ……窯業系サイディングの施工に用い，必ず窯業系サイディングメーカーの純正品とする。通気留付け金具の例を図10.3-7に示す。
- 透湿防水シート……二次防水部材。透湿防水シートはNYG協会会員の純正品またはNYG協会推奨品とする。透湿防水シートの施工を図10.3-8に示す。張り方は横張りを原則とし

て下から上に張り上げ，重なりは上下90mm以上，左右は150mm以上とし，必ず胴縁がある箇所に留める。留付けには粘着防水テープやスプレーのりを用いる。出隅や入隅の隅角部は，とくに隙間や破れなどの防水上の欠陥を生じさせないようにする。

・シーリング材，目地ジョイナー……窯業系サイディング相互，開口部回りなどの目地処理に用いる。シーリング材を充填する目地にはさまざまな外力によりムーブメントが発生するので，3面接着を避け2面接着とする。3面接着とはシーリング材が被着体の2つの接着面のほかに目地底にも接着している状態をいい，図10.3-9に示すように目地の伸縮時にシーリング材接着面に応力が集中してシーリング材が破断するおそれがある。

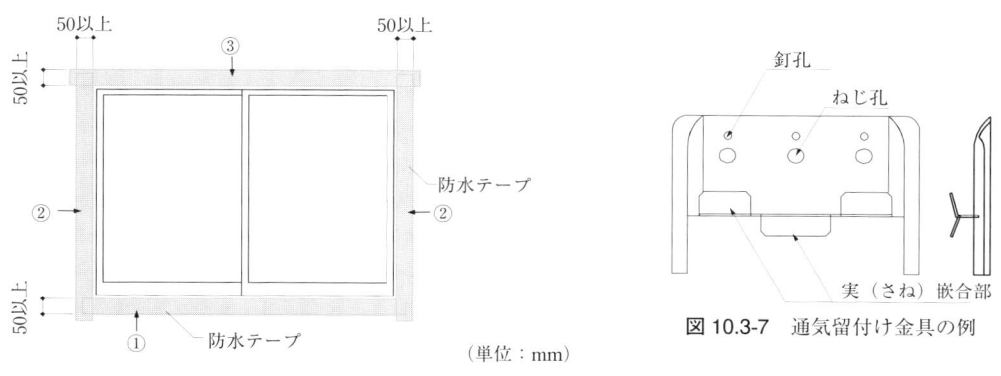

図10.3-6　開口部回りの防水テープ張り

図10.3-7　通気留付け金具の例

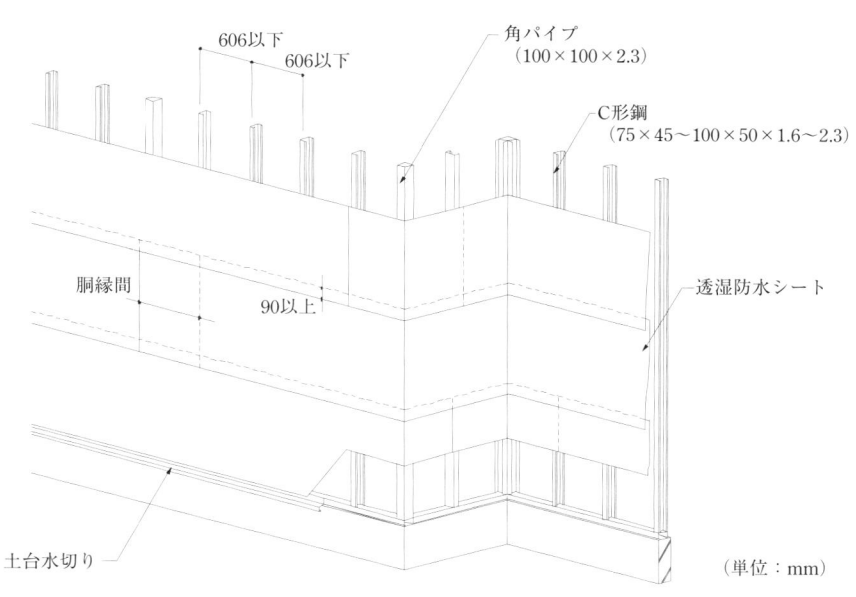

図10.3-8　透湿防水シートの施工

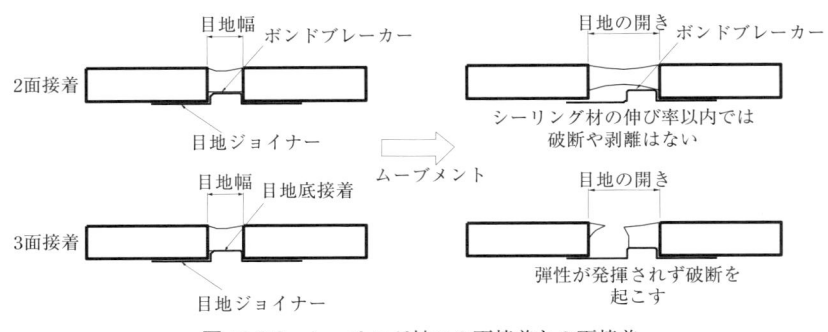

図 10.3-9　シーリング材の 2 面接着と 3 面接着

10.4 外 壁

10.4.1 横張り工法

●標準施工図●

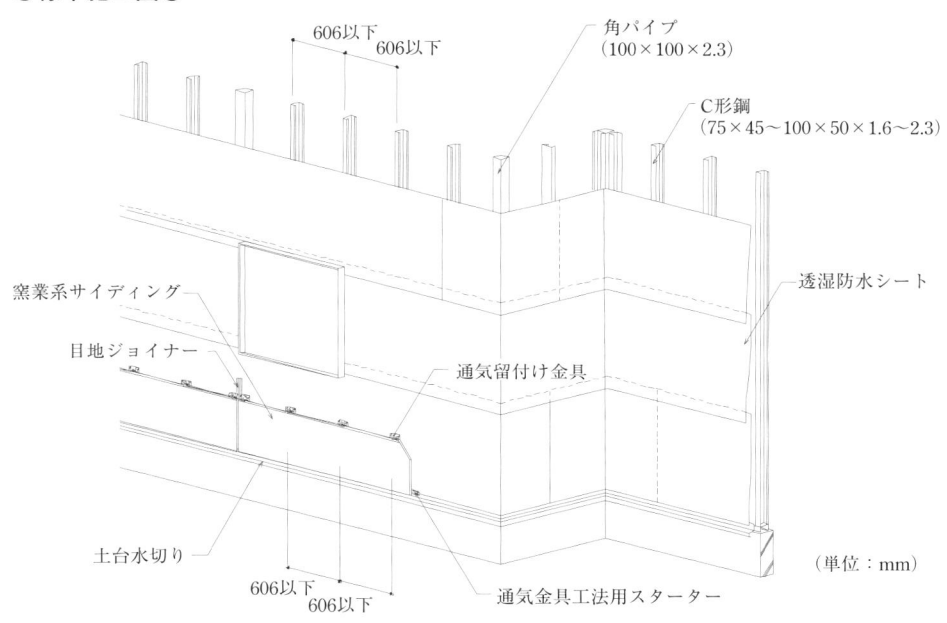

- 606以下
- 606以下
- 角パイプ (100×100×2.3)
- C形鋼 (75×45～100×50×1.6～2.3)
- 透湿防水シート
- 窯業系サイディング
- 目地ジョイナー
- 通気留付け金具
- 土台水切り
- 606以下
- 606以下
- 通気金具工法用スターター

(単位：mm)

●横断面図●

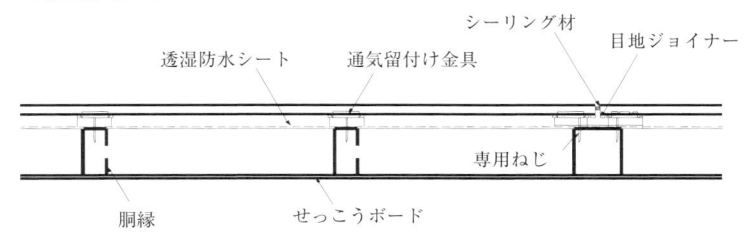

- 透湿防水シート
- 通気留付け金具
- シーリング材
- 目地ジョイナー
- 専用ねじ
- 胴縁
- せっこうボード

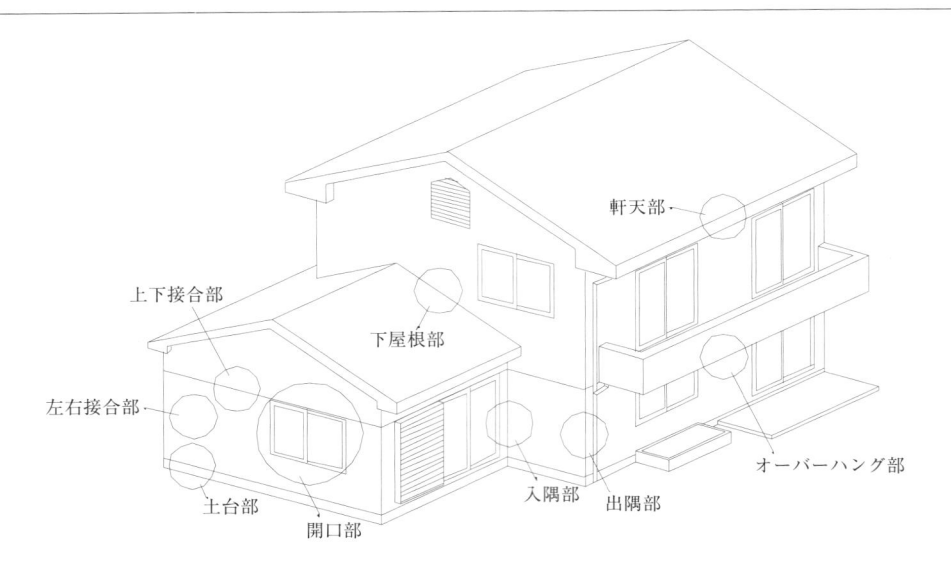

第10章―窯業系サイディング

軒天部
上下接合部
下屋根部
左右接合部
オーバーハング部
土台部
入隅部 出隅部
開口部

●土台部詳細●

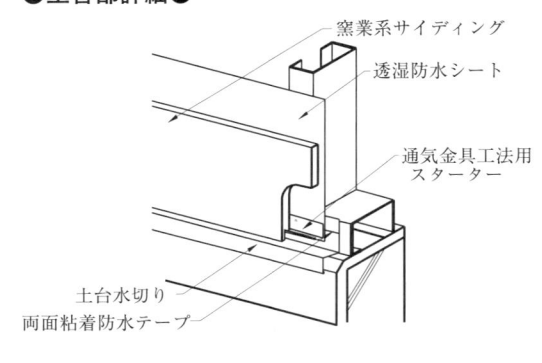

- 窯業系サイディング
- 透湿防水シート
- 通気金具工法用スターター
- 土台水切り
- 両面粘着防水テープ

●左右・上下接合部詳細●

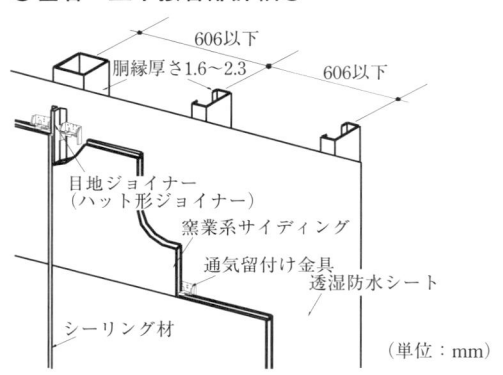

- 606以下
- 胴縁厚さ1.6～2.3
- 606以下
- 目地ジョイナー（ハット形ジョイナー）
- 窯業系サイディング
- 通気留付け金具
- 透湿防水シート
- シーリング材

（単位：mm）

●出隅部詳細●

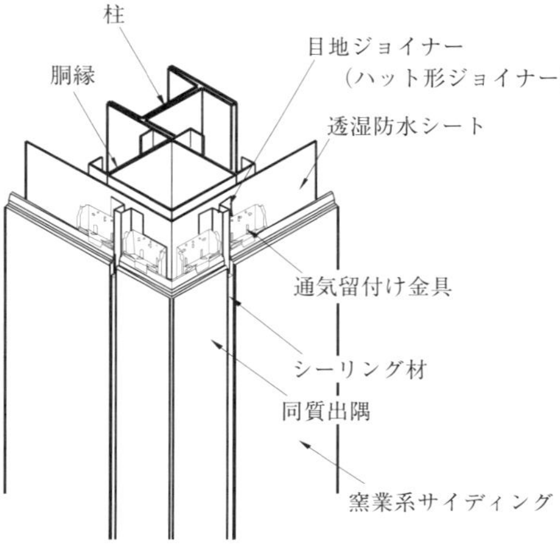

- 柱
- 胴縁
- 目地ジョイナー（ハット形ジョイナー）
- 透湿防水シート
- 通気留付け金具
- シーリング材
- 同質出隅
- 窯業系サイディング

●入隅部詳細●

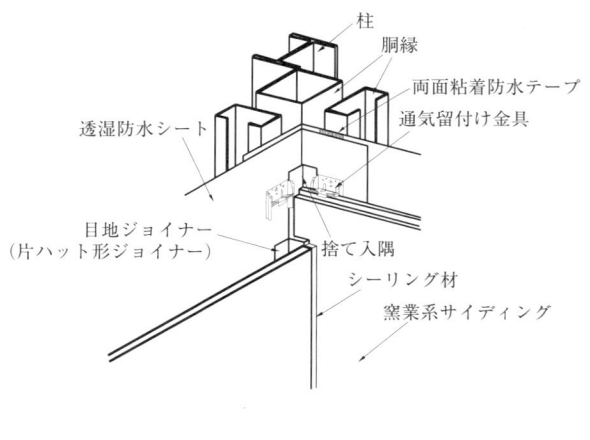

- 柱
- 胴縁
- 両面粘着防水テープ
- 通気留付け金具
- 透湿防水シート
- 目地ジョイナー（片ハット形ジョイナー）
- 捨て入隅
- シーリング材
- 窯業系サイディング

10.4 —外 壁

●開口部詳細●

【上部】

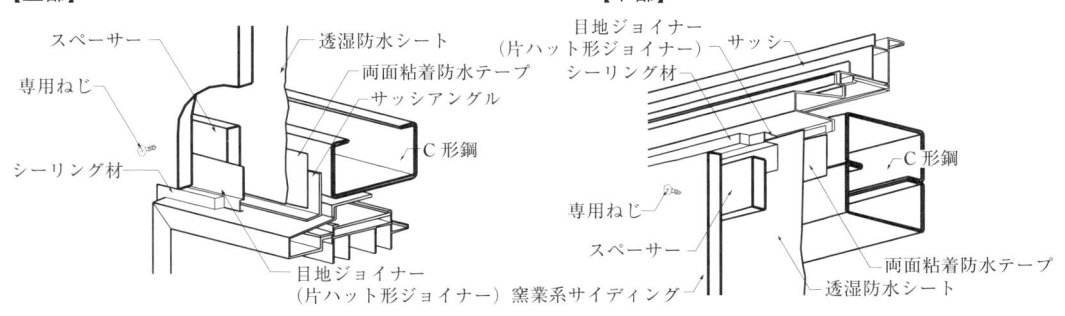

- スペーサー
- 専用ねじ
- シーリング材
- 透湿防水シート
- 両面粘着防水テープ
- サッシアングル
- C形鋼
- 目地ジョイナー（片ハット形ジョイナー）
- 窯業系サイディング

【下部】

- 目地ジョイナー（片ハット形ジョイナー）
- サッシ
- シーリング材
- C形鋼
- 専用ねじ
- スペーサー
- 両面粘着防水テープ
- 透湿防水シート

【左右】

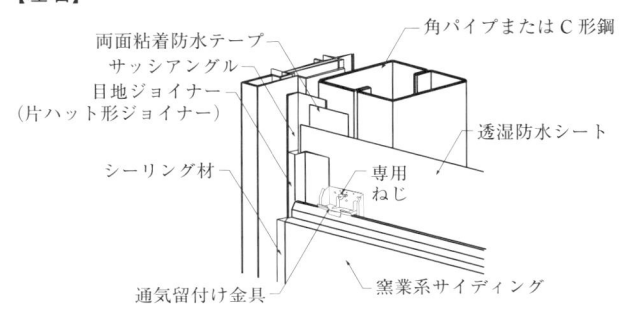

- 両面粘着防水テープ
- サッシアングル
- 目地ジョイナー（片ハット形ジョイナー）
- シーリング材
- 角パイプまたはC形鋼
- 透湿防水シート
- 専用ねじ
- 通気留付け金具
- 窯業系サイディング

●軒天部詳細●

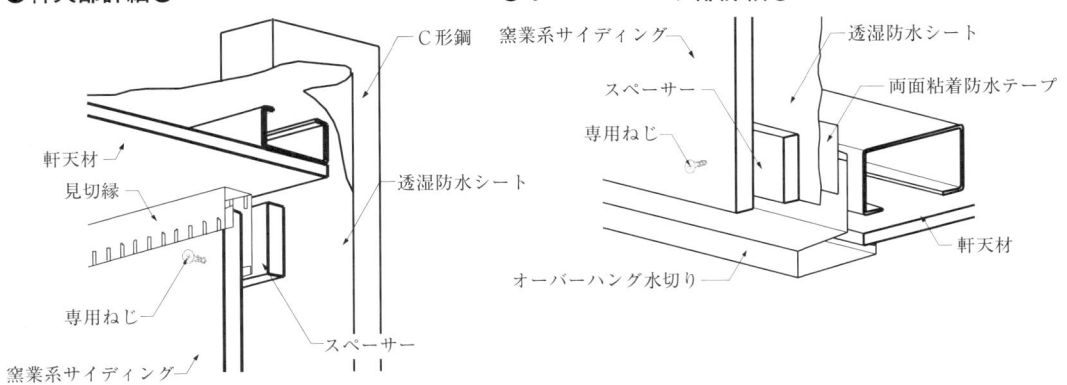

- C形鋼
- 軒天材
- 見切縁
- 透湿防水シート
- 専用ねじ
- スペーサー
- 窯業系サイディング

●オーバーハング部詳細●

- 窯業系サイディング
- 透湿防水シート
- スペーサー
- 両面粘着防水テープ
- 専用ねじ
- 軒天材
- オーバーハング水切り

●下屋根部詳細●

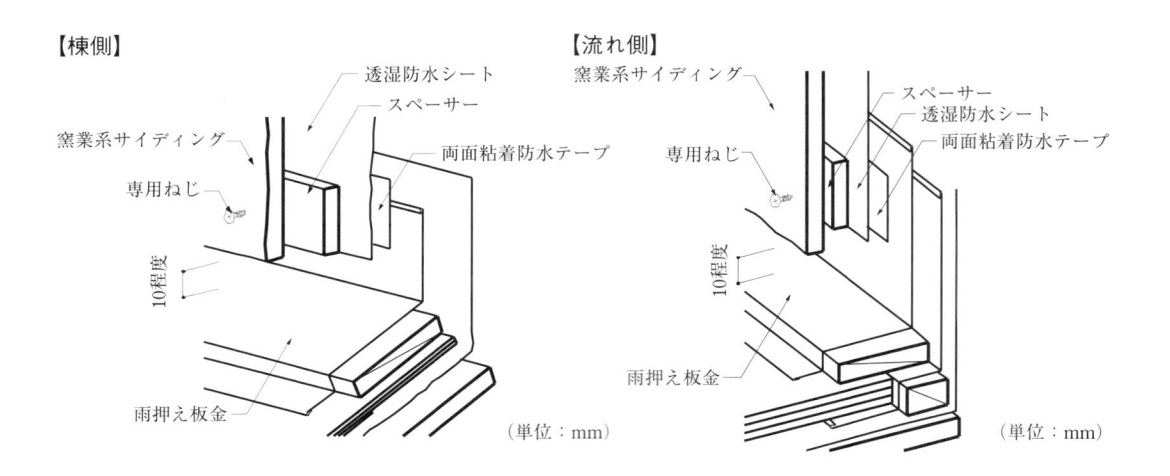

【棟側】 【流れ側】

（単位：mm）

10.4.2 縦張り工法

●標準施工図●

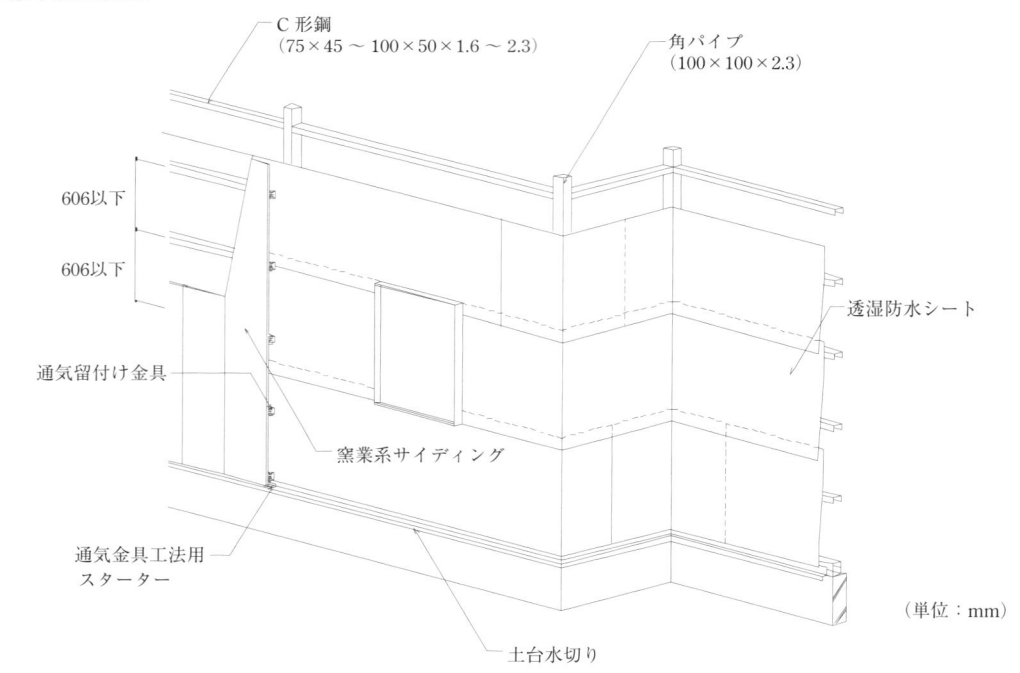

（単位：mm）

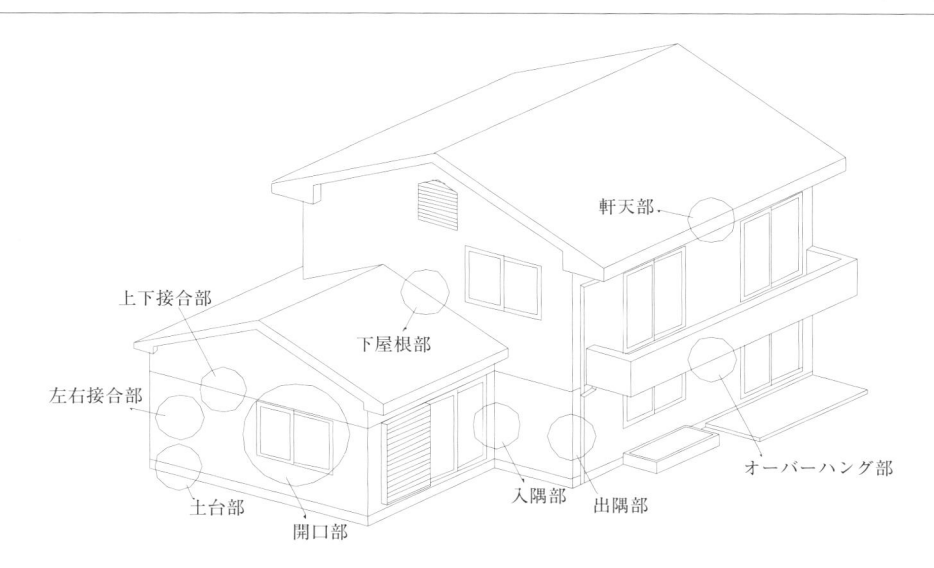

10.4 —外 壁 311

軒天部
上下接合部
下屋根部
左右接合部
土台部
開口部
入隅部
出隅部
オーバーハング部

●土台部詳細●

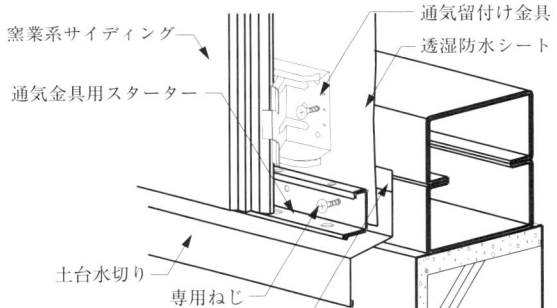

窯業系サイディング
通気金具用スターター
土台水切り
通気留付け金具
透湿防水シート
専用ねじ
両面粘着テープ

●左右接合部詳細●

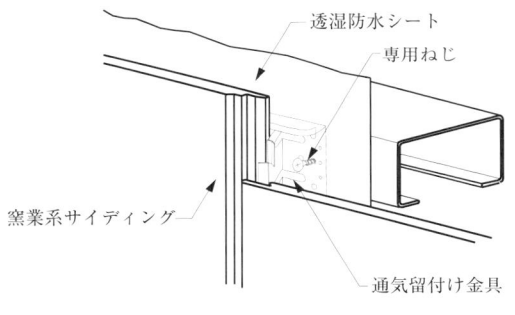

透湿防水シート
専用ねじ
窯業系サイディング
通気留付け金具

●上下接合部詳細●

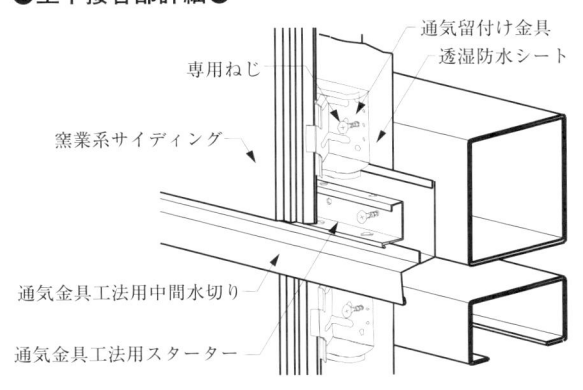

専用ねじ
窯業系サイディング
通気金具工法用中間水切り
通気金具工法用スターター
通気留付け金具
透湿防水シート

第10章―窯業系サイディング

●出隅部詳細●

- 透湿防水シート
- 角パイプ
- C形鋼
- 目地ジョイナー（ハット形ジョイナー）
- スペーサー
- 専用ねじ
- 窯業系サイディング
- 同質出隅
- シーリング材

●入隅部詳細●

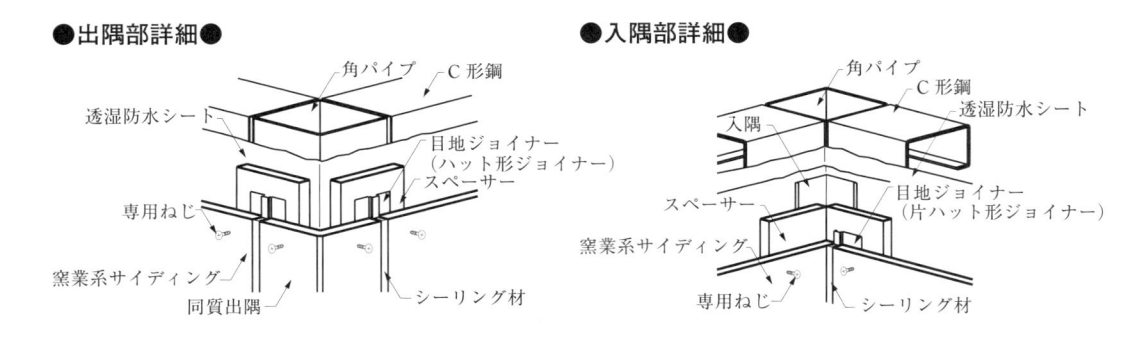

- 角パイプ
- C形鋼
- 透湿防水シート
- 入隅
- 目地ジョイナー（片ハット形ジョイナー）
- スペーサー
- 窯業系サイディング
- 専用ねじ
- シーリング材

●開口部詳細●

【上部】

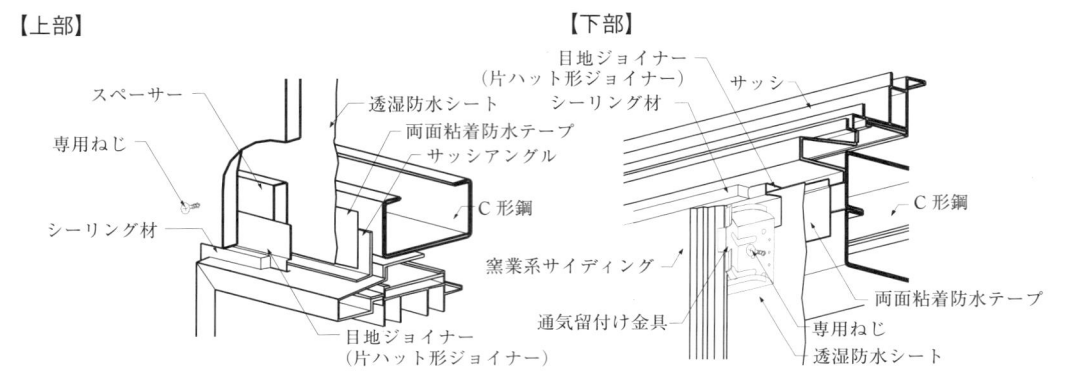

- スペーサー
- 専用ねじ
- シーリング材
- 透湿防水シート
- 両面粘着防水テープ
- サッシアングル
- C形鋼
- 目地ジョイナー（片ハット形ジョイナー）

【下部】

- 目地ジョイナー（片ハット形ジョイナー）
- シーリング材
- サッシ
- 窯業系サイディング
- 通気留付け金具
- 専用ねじ
- 透湿防水シート
- C形鋼
- 両面粘着防水テープ

【左右】

- 両面粘着防水テープ
- サッシアングル
- サッシ
- 目地ジョイナー（片ハット形ジョイナー）
- シーリング材
- 専用ねじ
- スペーサー
- 透湿防水シート
- 窯業系サイディング

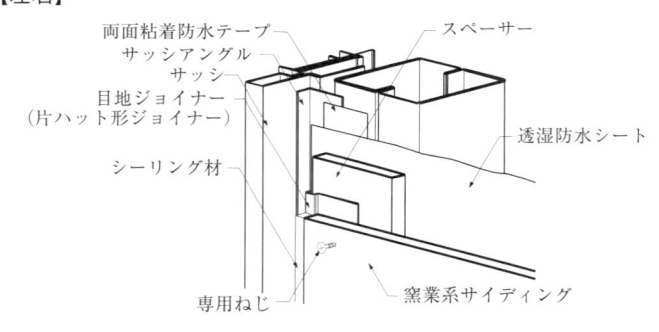

●軒天部詳細●

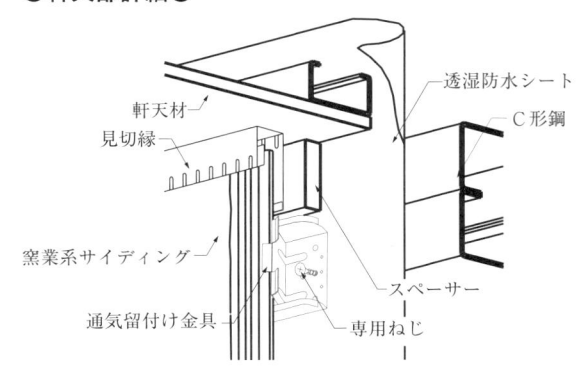

- 軒天材
- 見切縁
- 窯業系サイディング
- 通気留付け金具
- 専用ねじ
- スペーサー
- 透湿防水シート
- C形鋼

●オーバーハング部詳細●

＊横張り工法参照

●下屋根部詳細●

＊横張り工法参照

10.5 仕上げとメンテナンス

窯業系サイディングは，主に建築物の外壁として使用されている。仕上げは塗装仕上げが主で，工場で化粧仕上げを施した化粧サイディングと，現場で化粧仕上げをすることを前提として工場でシーラー処理を施した現場塗装用サイディングに大別されることは前述のとおりである。また，最近では特殊工法として現場塗装用サイディングを下地に用いてタイル仕上げを施すケースも増えてきた。

10.5.1 化粧サイディング仕上げ

工場で表面に印刷，塗装などの化粧仕上げを施した最終製品を現場で施工するものである。耐候性の高い塗装仕上げや意匠性の高い化粧仕上げ，さらに防汚性など機能を付与させた仕上げなども行われている。**表 10.5-1** に窯業系サイディングの主な塗装仕様を示す。

表 10.5-1　窯業系サイディングの塗装仕様

仕上げの種類	樹脂の種類	意匠仕上げの種類	機　能
エナメルトップ仕上げ クリヤートップ仕上げ	アクリル樹脂系 アクリルウレタン樹脂系 アクリルシリコン樹脂系 フッ素樹脂系 無機系	ツートン塗装 骨材撒き塗装 スパッタ塗装 印刷 骨材入りクリヤー塗装 基材着色	防汚性 遮熱性 防藻・防カビ性 高耐候性

10.5.2 現場塗装サイディング仕上げ

現場塗装サイディング仕上げの仕上げ塗材の種類を**表 10.5-2** に示す。現場塗装仕上げ塗材の種類には，外装薄塗材による砂壁状仕上げ塗料（リシン）や複層仕上げ塗材による合成樹脂エマルション塗料などがある。

表 10.5-2　現場仕上げ塗材の種類

建築用仕上げ塗材	外装薄塗材
	複層仕上げ塗材

［留意事項］
1) 塗装
   ① 用いる塗料・塗材は窯業系サイディングメーカーが指定または推奨しているものとする。塗装工事に際しては，塗装面が充分乾燥していることを確認し，低温時や雨天時または湿度が高い日は避ける。
   ② 塗装は窯業系サイディング施工完了後，早い時期（目安として2か月以内）に行うのが望ましい。
2) 補修点検（タッチアップ）

① 補修塗料は有効期限内か確認して使用する。
② 補修塗料は充分にかきまぜ，試し塗りをし，色合いを確認する。
③ 補修塗料はとくに目立つ箇所や，切断小口の見え掛かりの小面積にとどめる。
④ ねじ頭のパテはアクリル系，ウレタン系，エポキシ系など窯業系サイディングに適したものを使用する。
⑤ パテ処理後，充分乾燥してからタッチアップをする。
⑥ シーリング材を補修塗料の代わりには使用しない。

10.5.3 タイル仕上げ

近年，外装用の有機系接着剤の開発・改良が進み，いわゆる弾性接着剤の登場により，窯業系サイディングを下地材としてタイルで仕上げた耐久性の高い工法が確立されてきた。現在では，新設低層住宅の外装仕上げとして，タイルを用いる場合，窯業系サイディングを下地材として有機系接着剤を用いた工法が，軽量，工期短縮，トータルコスト軽減の観点から主流となり，市場ではすでに15年以上の実績がある。

タイル仕上げの工法には，タイルを有機系接着剤のみで張り付ける有機系接着剤張り工法（現場接着または工場接着）と，窯業系サイディングにタイル係止用突起を設けた専用下地材に特殊裏面形状のタイルを引掛け，タイル固定用接着剤を併用して張る引掛け工法がある。**表10.5-3**に鉄骨造におけるタイル張り工法と下地材（窯業系サイディング）の仕様の関係を示す。

表10.5-3 鉄骨造におけるタイル張り工法と下地材（窯業系サイディング）の仕様の関係

下地材（窯業系サイディング）の仕様		タイル施工方法	
留付け方法	張り方	接着剤張り工法		引掛け工法
通気金具留め	横張り	現場接着	工場接着	現場施工

［留意事項］
JIS A 5422では，タイルなどを最終的な仕上げ層として張り付けた外装材の性能までを含んだ規定を作成するのは困難との判断から，タイルなどを張り付けることを前提とした窯業系サイディングについては適用範囲外としており，タイル仕上げは窯業系サイディングの仕上げの中では特殊工法の位置付けである。

① 窯業系サイディングの品質および性能はJIS A 5422に適合したものとする。
② タイルの落下を招いたり，また壁面の防・耐火性能に悪影響を及ぼさないよう，タイルの外形寸法や目地幅，接着剤の種類や塗布量は窯業系サイディングとの相性が確認された組合せを適切に選択する必要があるため，窯業系サイディング下地へのタイル仕上げについては，事前にタイルメーカーへ確認する。

10.5.4 メンテナンス

窯業系サイディングの性能と美観を長く保つには,建築の設計や施工基準を守って施工を行うことが重要である。建築後は定期的に維持管理を継続することが重要で,それによって窯業系サイディングや建物全体の寿命を延ばすことにつながる。窯業系サイディングは紫外線・風雨・雪・外気温変化などの過酷な自然条件にさらされるので,定期的なメンテナンス(再塗装・シーリング材の打ち替えなど)を行うことが必要である。

(1) 点検のポイント

点検のポイントを**表 10.5-4** に示す。

表 10.5-4 点検のポイント

点検事項	点検内容	メンテナンス時期の目安	
塗装表面の状態	褪色・カビ・落ちなくなった汚れ・塗膜の亀裂・塗膜の剥離	塗り替え	5〜10年
シーリング部の状態	シーリング材自体の劣化によるひび割れ,および剥離	打ち替えなど	適宜対応
外壁材の状態	外壁材の破損・地震などによって発生した釘留め部の亀裂	部分張り替えなど	適宜対応

(2) メンテナンススケジュール

メンテナンススケジュールの目安を**表 10.5-5** に示す。

[留意事項]
① 定期点検は住宅会社のメンテナンススケジュールに沿って行う。
② 張り替えの場合は,専門家による下地を含めた診断を行う。
③ 窯業系サイディングは塗装仕上げの種類と建築地域・環境条件や使用条件(建物の形状や部位など)により劣化の進行が異なってくるので,メンテナンス時期は一様ではない。
④ 表 10.5-5 のメンテナンススケジュールは一般的な塗装仕様(アクリルエマルション)についてのものである。特殊な塗装仕様(クリアー塗装など)については,専門業者(住宅会社,

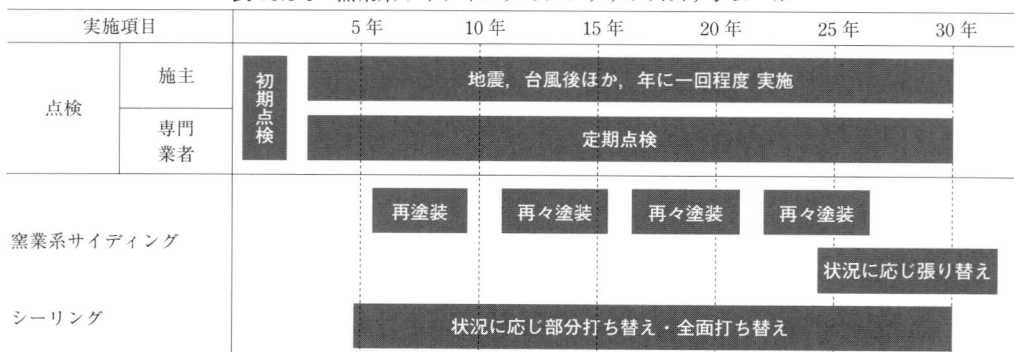

表 10.5-5 窯業系サイディングのメンテナンススケジュール

実施項目		5年	10年	15年	20年	25年	30年
点検	施主	初期点検	地震,台風後ほか,年に一回程度 実施				
	専門業者		定期点検				
窯業系サイディング			再塗装	再々塗装	再々塗装	再々塗装	
						状況に応じ張り替え	
シーリング			状況に応じ部分打ち替え・全面打ち替え				

工務店）に問い合わせる。

《参考文献》

1) 森田育男（日本窯業外装材協会）「特集『建築物各部位の安全性その5　外壁①』窯業系サイディング」『建築防災』日本建築防災協会，No.439，2014.8

2) 難波三男（ニチハ（株）性能評価センター）「特集『建築物各部位の安全性その5　外壁①』硬質木片セメント板」『建築防災』日本建築防災協会，No.439，2014.8

3) 『窯業系サイディングと標準施工（第2版2刷）』日本窯業外装材協会，2011

4) 「第9節　窯業系サイディング外壁工事」『建築工事標準仕様書・同解説　JASS 27　乾式外壁工事2011』日本建築学会，2011

5) 菅原進一監修「委託研究　窯業系サイディングタイル張りシステムの開発　報告書」日本建築仕上学会，2010

第11章……ガラススクリーン

11.1　歴史と製法

　ガラスが，いつどこで生まれたのかは，まだ解明されていないが，紀元前数千年ごろだとされている。中世，近代を経てガラスの製造法が進歩するとともに，より薄くて大きなガラスがつくられるようになった。1900年代に入り，工業的な製造法により，板ガラスの大量生産が可能になった。1959年に英国ピルキントン社が開発したフロート式と呼ばれる製造法は，従来のガラスの製法と異なり，溶解したガラスを溶融金属の上に流し，板状に成形しながら表面を平坦に仕上げる画期的な製法であり，現在においても，板ガラスの主流の製造法である。

　フロート式によって製造されるフロート板ガラスは，高い平面精度を有し，優れた透視性と反射像が得られる。また，厚く，大寸法の板ガラスが製造でき，大開口のガラススクリーンの施工技術の発展にも影響している。

　20世紀後半の1960年代前半にリブガラス構法が，1990年代に孔あけ（DPG）構法が，それぞれ欧州から技術導入された。建物のエントランスおよび競技場のスタンドなどで，「光」を多く入れ，眺望や室内からの景観をよくするために，ガラスを主体とした大きなスクリーンが使われている。最近では，ガラスリブ支持タイプもしくは縦フレームタイプから，より大きなスクリーンとシャープさや軽快さを求めて，ワイヤーロットを使用したテンション支持構法でファサードを構成する建物が見られ，フレームレスで開放的な大型ガラスファサードをつくり上げることができる。

11.2 種類と性能

ガラススクリーンの分類を図11.2-1に示す。また代表的なものについて，以下に述べる。

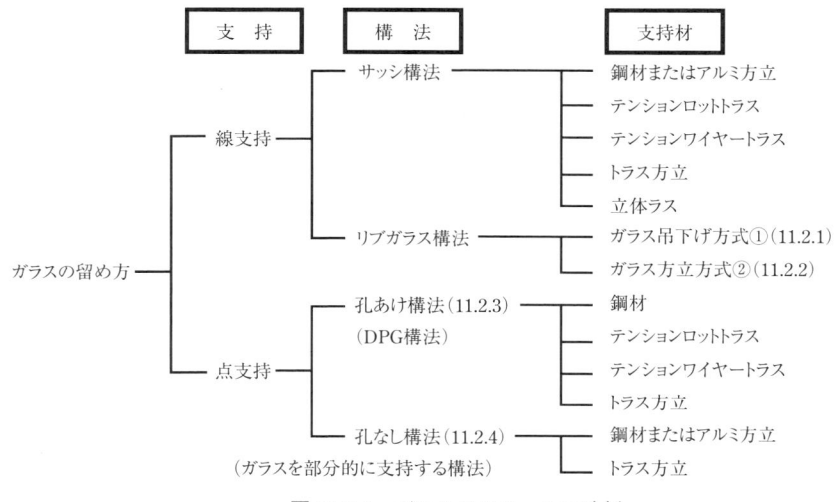

図11.2-1 ガラススクリーンの分類

①リブガラス構法（ガラス吊下げ方式）　②リブガラス構法（ガラス方立方式）

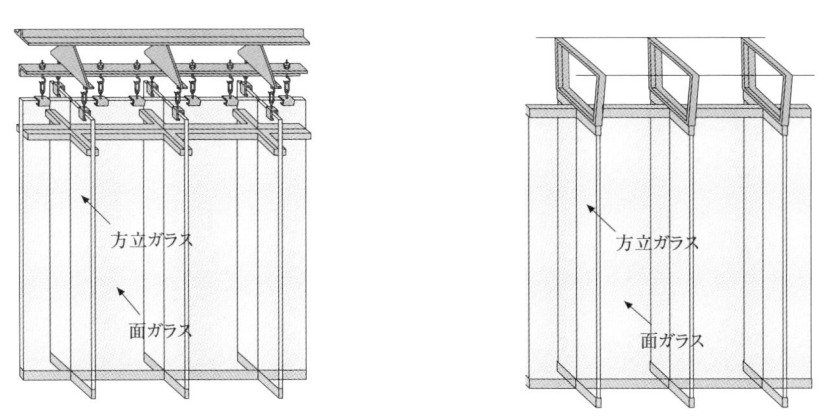

図11.2-2 ガラススクリーンの代表例

11.2.1 リブガラス構法のガラス吊下げ方式

建物の梁またはスラブから吊下金物を用いて，縦長の大型ガラスを吊り下げることにより，ガラスの自重によるたわみや内部応力による破損の原因を解決した方法である。施工条件・設計風圧・板ガラスの形状・厚さによるが，高さが4.5〜5.0m以上になる場合は本方式を採用することが望ましい。

11.2.2 リブガラス構法のガラス方立方式

　金属製の枠のかわりにガラスの方立を面ガラスの補強材として用い，面ガラスと方立の接合部にシーリング材を接合材として充填して，ガラススクリーンを構成する方式である。なお，板ガラスの高さが4.5～5.0m以上になる場合は，ガラス吊下げ方式と併用することが望ましい。

11.2.3 孔あけ構法（DPG構法）

　ガラスの四隅に孔をあけて，その孔に支持金物を取り付けてガラスを固定し，フレームレスで開放的な大型ガラスファサードをつくりあげることができる。ファサードの支持構造として，金属やガラスの方立を用いる場合と，大空間を効果的に演出するワイヤーまたは金属製のロットを用いたテンショントラスなどの支持方法がある。なお，DPG構法とは，Dot Point Glazing構法の略である。英語ではPoint Fixed Glazingと呼ばれている。ガラスは，孔あけのため，原則として飛散防止対策をした強化ガラス仕様となる。

　ガラスの耐風圧強度は点支持のため，応力計算により算定する。点支持金物はガラス支持部の応力集中を緩和するための工夫がされているものがある。層間変位はガラスをスウェイおよびロッキングさせる事で対応する。各ガラスメーカーがそれぞれ独自のシステムを提案しており，ガラスとボルトを含む支持金物との接合方法も色々な方法が考案されている。

　テンショントラスを用いる時は，支持材に初期張力を加えるが，特徴は次のとおりとなる。

① 本来だと圧縮材となり構造部材として役立たない部材も，初期張力を加えることにより引張材となり，構造部材として有効に働く。そのため，トラスを構成する部材の断面を小さくできる。

② 初期張力を加えることにより，トラス面の回転を防ぐ力が働き，各トラス面同士をつなぐ

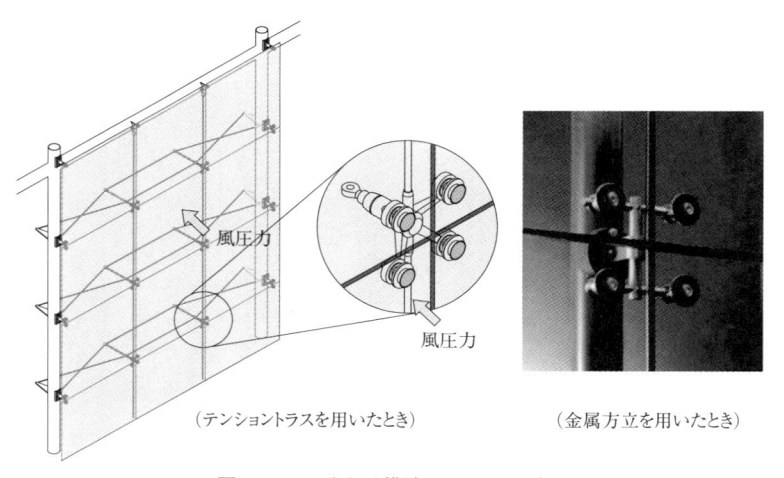

図 11.2-3　孔あけ構法システム概略図

つなぎ材が不要となり，施工性・意匠性が向上する。

11.2.4　孔なし構法（ガラスを部分的に支持する構法）

ガラスに孔をあけることなくガラスエッジ（目地部）を表裏から緩衝材を介して支持部材で挟み込んでガラスを支持する構法である。縦目地，横目地，十字目地を支持するバリエーションがある。孔をあけていないので，設計条件によりガラス仕様はフロート板ガラスなどが使用できる。ただし，ガラスの耐風圧強度は点支持のため，応力計算により算定する。

支持構造は孔あけ構法と同様の方法が可能である。

十字目地支持金物 　　　　　　　　縦目地支持金物

図 11.2-4　孔なし構法ガラス支持金物の例

11.3　設計上の注意

11.3.1　リブガラス構法の場合

① ガラス方立方式における面ガラスと面ガラスとのクリアランス，または面ガラスと方立ガラスとのクリアランスの寸法は表 11.3-1 を標準とする。また，シーリング材は部位によって適切なものを使用すること。
② 板ガラスと支持枠とのクリアランス，およびかかり代の寸法の最小値は表 11.3-2 による。
③ 板ガラスと支持枠との取合い部に充填するシーリング材の深さは 8mm 以上とする。
④ 方立ガラスは，面ガラスに加わる風荷重を保持しているので，方立ガラスがこの荷重によって動かないように支持枠に固定しなければならない。
⑤ 耐震性能を確保するうえで，ガラス方立とサッシ間の面クリアランスならびに面ガラスとのクリアランス（目地幅）を十分確保すること。
⑥ 耐震性能を確保するうえで，面ガラス上辺のエッジクリアランスを十分確保をすること。

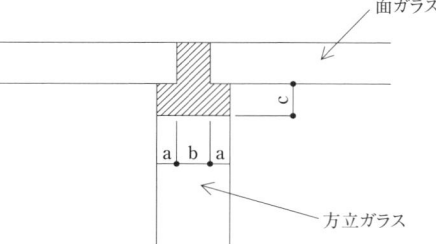

図 11.3-1　面ガラスと方立ガラスのクリアランス

表 11.3-1　面ガラスと方立ガラス接合部のクリアランス（最小寸法）
（単位：mm）

方立ガラス厚さ	面ガラスと方立ガラスのかかり代 a	面ガラスと面ガラスのクリアランス b	面ガラスと方立ガラスのクリアランス c
15	5	5	6(10)*
19	6	7	6(10)*

（注）(10)* は、板硝子協会の推奨値

表 11.3-2　板ガラスと支持枠のクリアランスおよびかかり代の最小値
（単位：mm）

面クリアランス	10
かかり代	20 または板厚の 1.5 倍
エッジクリアランス	耐震性を満たす数値とする

●方立ガラスまわりのクリアランス

面ガラスとの目地幅は10mm以上と余裕を持たせる。

クロロプレンゴムまたはEPDMなど

方立ガラス

目地幅を12mm以上と余裕を持たせる。

●端部面ガラスのクリアランス

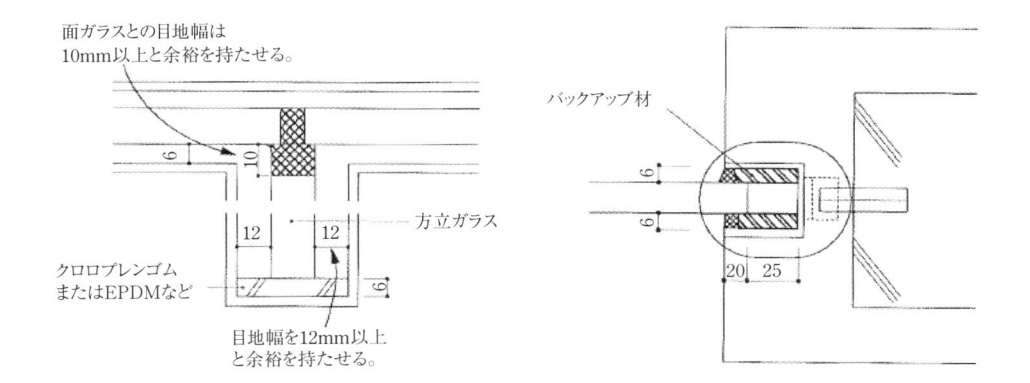

バックアップ材

●面ガラス上辺のクリアランス

●コーナーガラス部分のクリアランスおよび破損対策例

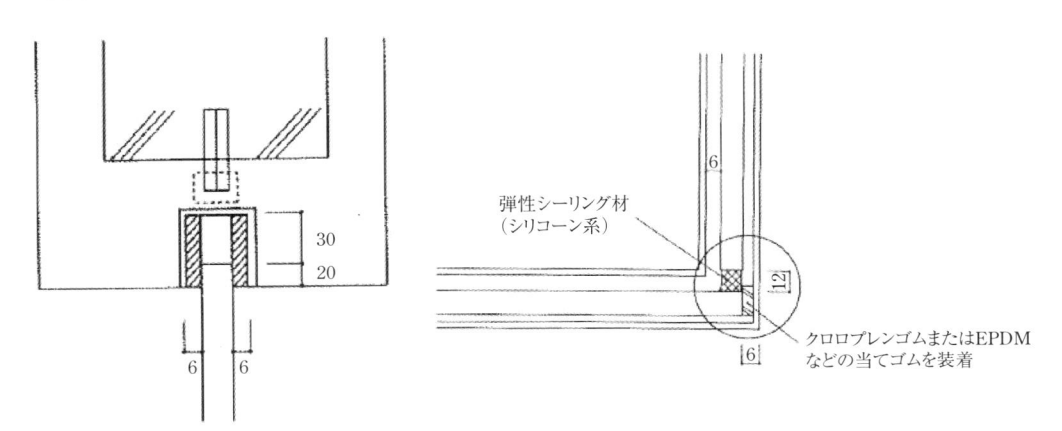

弾性シーリング材（シリコーン系）

クロロプレンゴムまたはEPDMなどの当てゴムを装着

●セッティングブロックの使用位置（ガラス方立方式）

面ガラス
支持枠上面
セッティングブロック

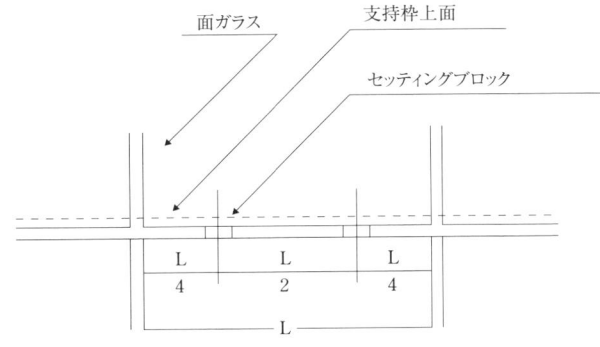

図 11.3-2　板ガラス・支持枠間の耐震性能を考慮した納まり例

11.3.2 孔あけ構法，孔なし構法の場合

① 点支持金物，点支持構造材ともに，設計時に面内鉛直，面内水平，面外の各荷重への対応を検討すること。
② ガラスは支持部に各荷重が集中するため，実験検証に基づいた応力解析（FEM：有限要素法）などの検討をすること。
③ 支持構造の間隔が長スパンに設計される場合，耐風圧時の本構法全体のたわみの検討，支持構造材の熱伸縮，および主構造材への反力などを検討すること。
④ 万一のガラス破損時のガラス破片飛散・脱落防止対応，ガラス交換対応など二次災害を未然に防ぐための検討を設計時からすること。

11.4 外　壁

11.4.1　リブガラス構法（ガラス吊下げ方式）の標準図

●標準図●

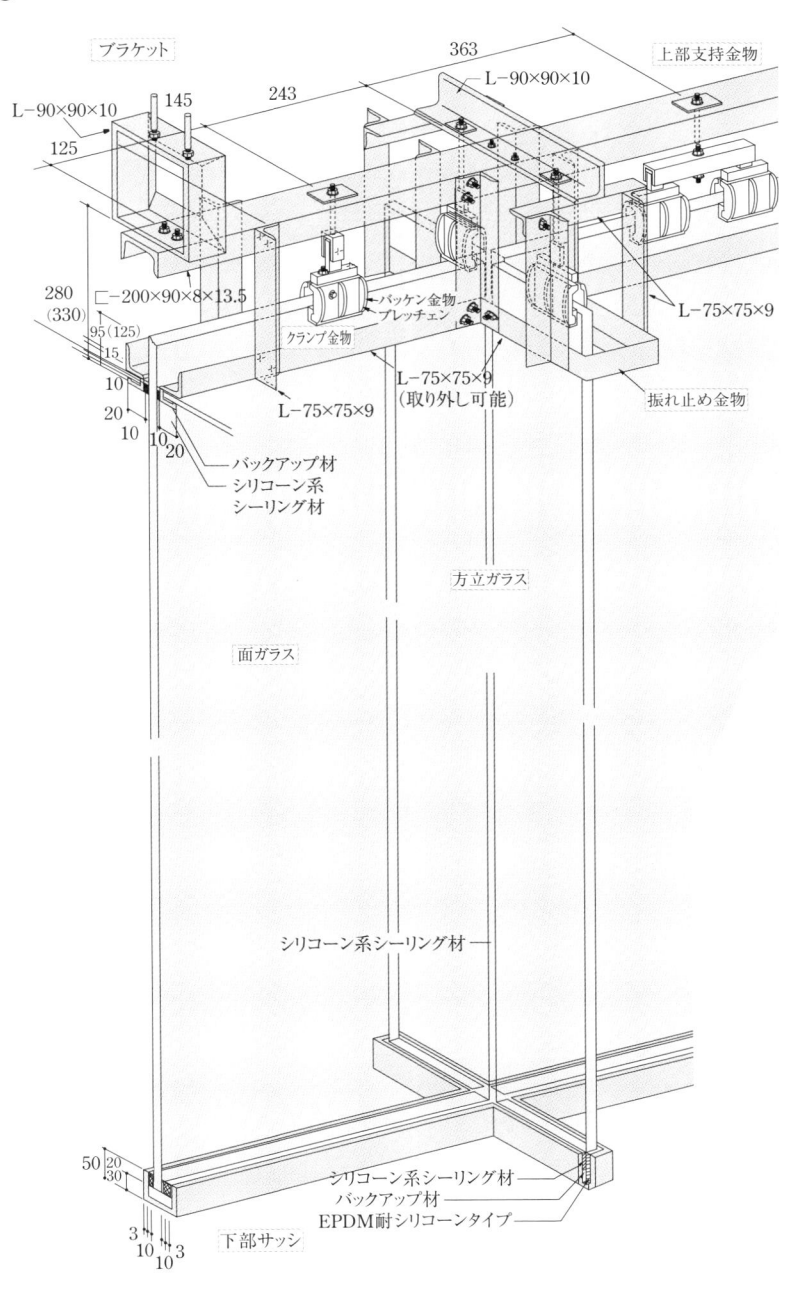

●取付け部詳細図●

【断面図】

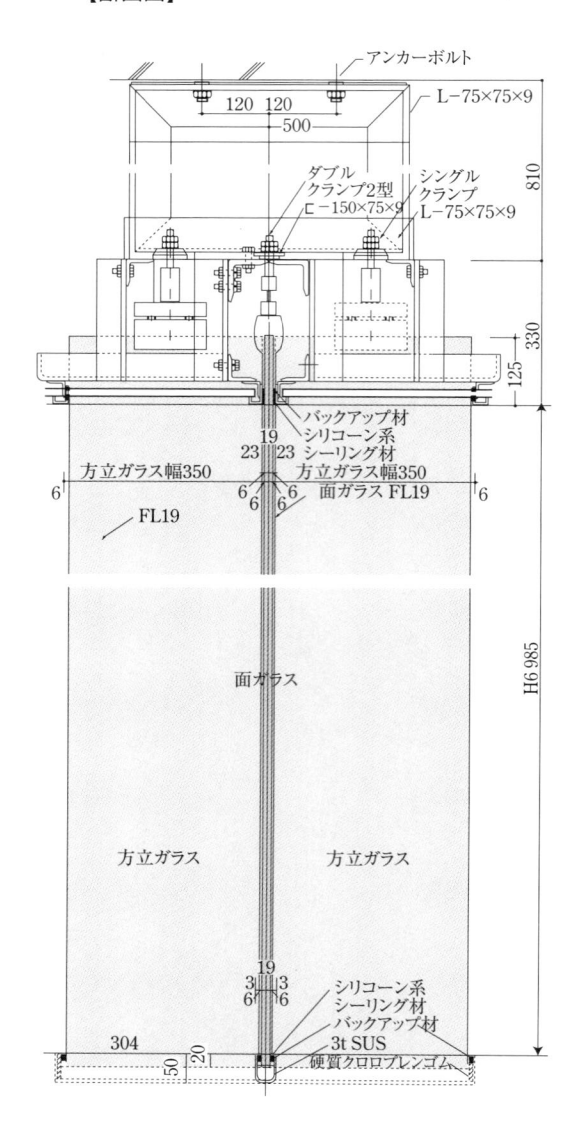

11.4.2 孔あけ構法の支持金物の例

●構法例その1（旭硝子　テンポイント）●

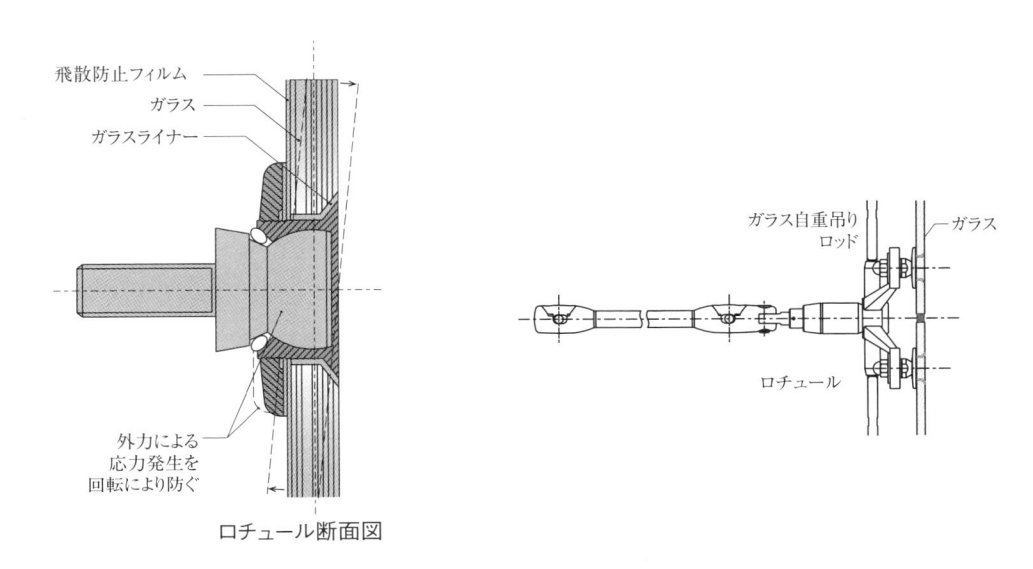

飛散防止フィルム
ガラス
ガラスライナー
外力による応力発生を回転により防ぐ
ロチュール断面図
ガラス自重吊りロッド
ガラス
ロチュール

●構法例その2（日本板硝子　プレナーフィッティングシステム）●

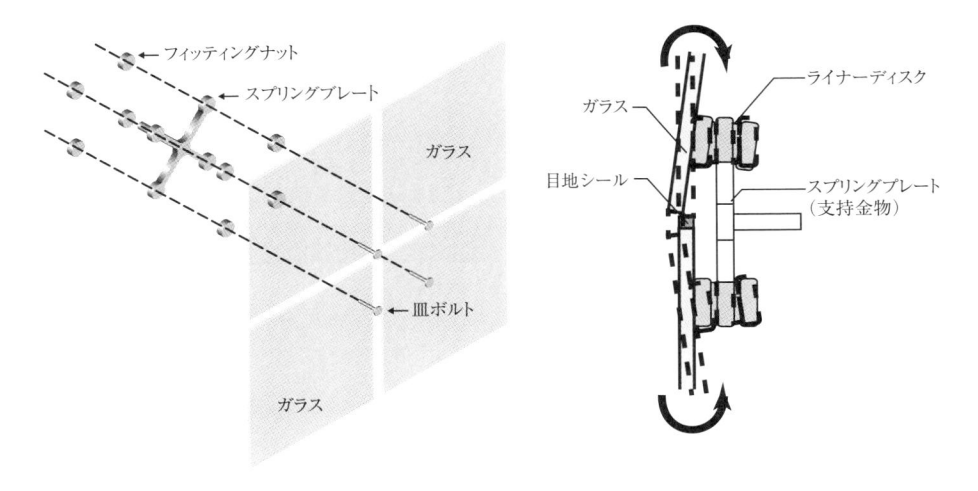

フィッティングナット
スプリングプレート
ガラス
皿ボルト
ライナーディスク
ガラス
目地シール
スプリングプレート（支持金物）

● **構法例その3（セントラル硝子　クワトロポイントシステム）** ●

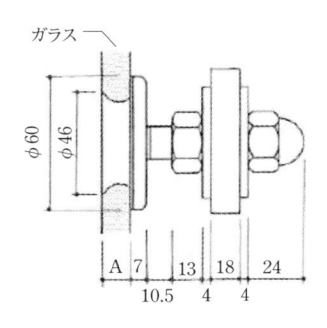

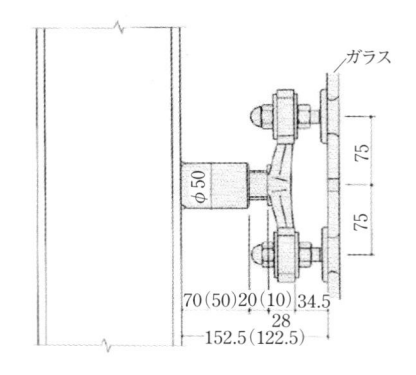

11.4.3　リブガラス構法（ガラス吊下げ方式）の実例

日本橋東海ビル

＜東京都中央区＞

　荘重な雰囲気の外壁面と透明なガラス壁面が，巧妙なプランによって見事に一体化し，魅力的な雰囲気をつくり出している。

● 姿図 ●

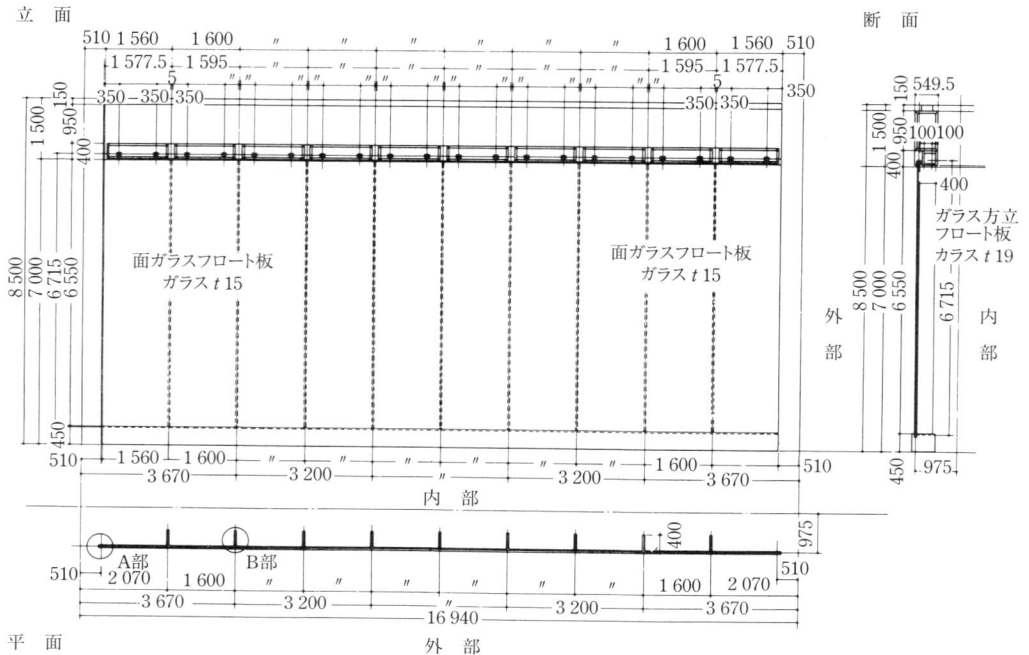

●詳細図●

【上部断面】

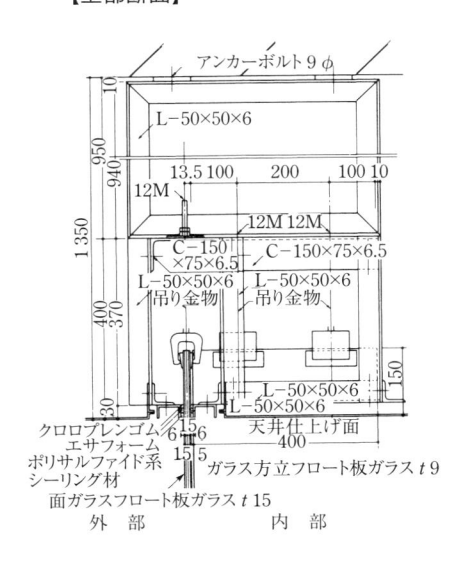

- アンカーボルト 9φ
- L-50×50×6
- 12M
- 12M 12M
- C-150×75×6.5
- C-150×75×6.5
- L-50×50×6
- L-50×50×6
- 吊り金物
- 吊り金物
- L-50×50×6
- 天井仕上げ面
- クロロプレンゴム
- エサフォーム
- ポリサルファイド系シーリング材
- ガラス方立フロート板ガラス t 9
- 面ガラスフロート板ガラス t 15
- 外部　内部

【正面上部】

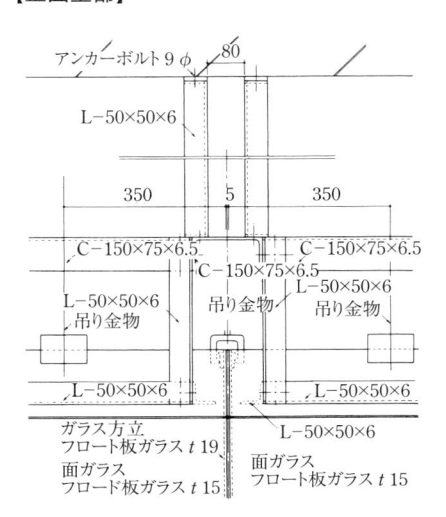

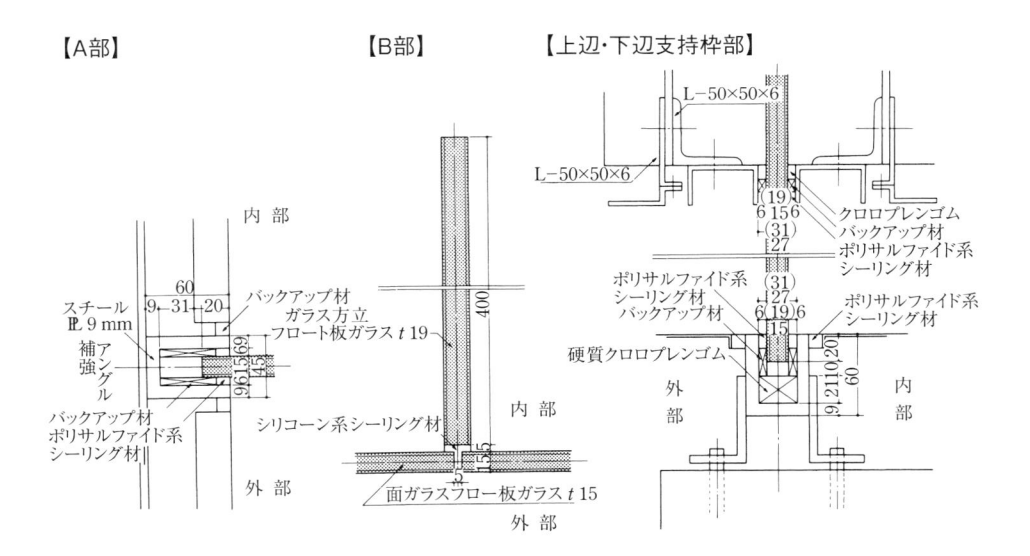

- アンカーボルト 9φ
- L-50×50×6
- C-150×75×6.5
- C-150×75×6.5
- L-50×50×6
- L-50×50×6
- 吊り金物
- 吊り金物
- L-50×50×6
- L-50×50×6
- ガラス方立フロート板ガラス t 19
- 面ガラスフロード板ガラス t 15
- 面ガラスフロート板ガラス t 15

【A部】

- 内部
- スチール PL 9 mm
- 補強アングル
- バックアップ材
- ポリサルファイド系シーリング材
- バックアップ材
- ガラス方立フロート板ガラス t 19
- シリコーン系シーリング材
- 外部

【B部】

- 内部
- 面ガラスフロー板ガラス t 15
- 外部

【上辺・下辺支持枠部】

- L-50×50×6
- L-50×50×6
- クロロプレンゴム
- バックアップ材
- ポリサルファイド系シーリング材
- ポリサルファイド系シーリング材
- バックアップ材
- 硬質クロロプレンゴム
- 外部　内部

11.4.4 下置き式中空ガスケット工法の実例

大宮公園双輪場
＜埼玉県さいたま市＞

グラサードF工法に加えて，中空ガスケット工法を採用し，上下挙動に対応しやすい構造になっている。

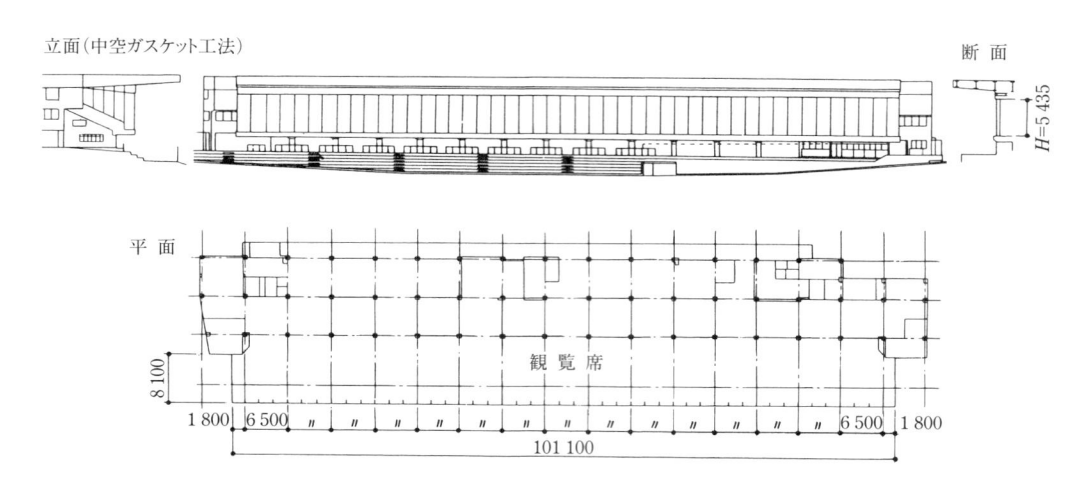

●姿図●

立面（中空ガスケット工法）

断面
$H=5\,435$

平面

$8\,100$

$1\,800$ $6\,500$ 〃 〃 〃 〃 〃 〃 〃 〃 〃 $6\,500$ $1\,800$

$101\,100$

観覧席

11.4 — 外 壁　333

● 詳細図 ●

【フェイスプレート部断面図】

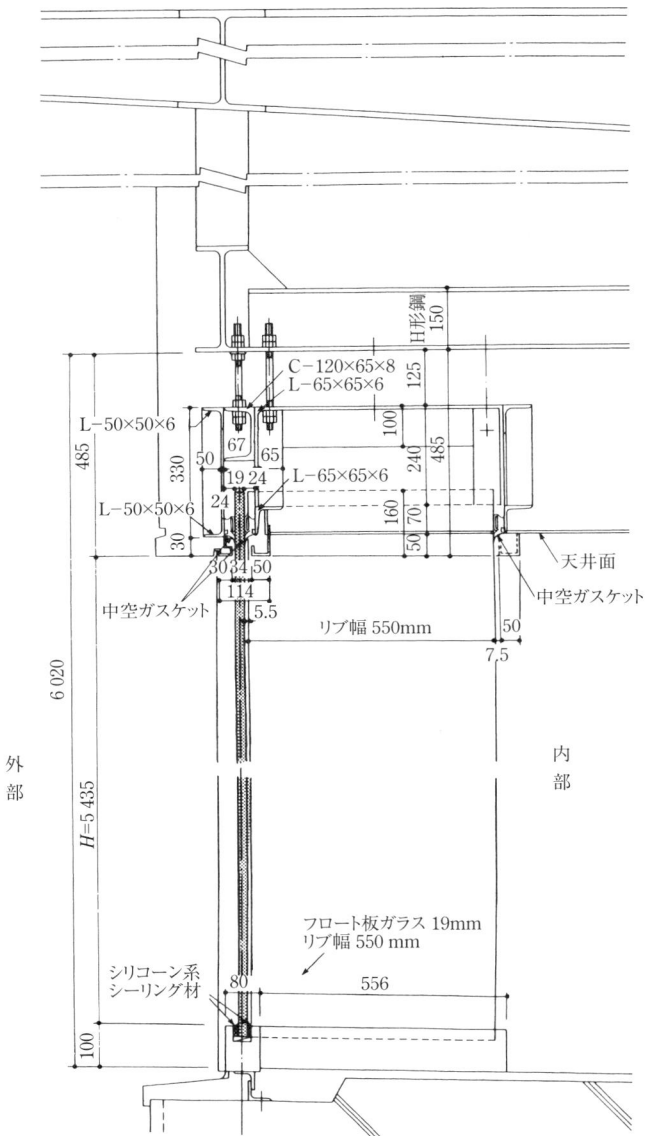

【下方変位吸収性状】

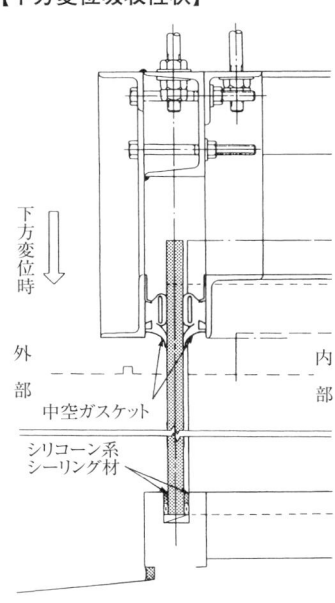

H形鋼 150
C-120×65×8
L-65×65×6 125
L-50×50×6
485　330　100
67
65　240　485
50　19 24
L-65×65×6
L-50×50×6
24　160
30　70
30 34 50　50
114
中空ガスケット　5.5
リブ幅 550mm
天井面
中空ガスケット
50
7.5

外部　内部

下方変位時
外部　内部
中空ガスケット
シリコーン系シーリング材

6 020
H=5 435

フロート板ガラス 19mm
リブ幅 550 mm

シリコーン系シーリング材
80　556
100

【上方変位吸収性状】

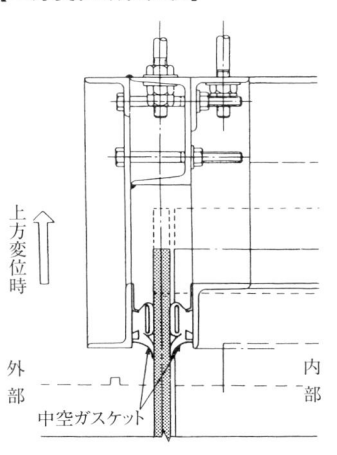

上方変位時
外部　内部
中空ガスケット

【平面図】

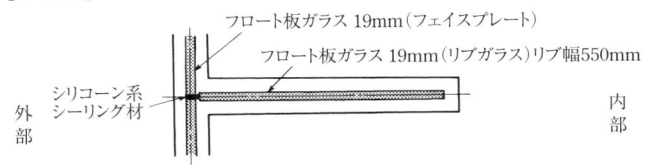

フロート板ガラス 19mm（フェイスプレート）
フロート板ガラス 19mm（リブガラス）リブ幅550mm
シリコーン系シーリング材
外部　内部

11.4.5 孔あけ構法（テンションロット工法）の実例

P＆G本社テクニカルセンター
＜兵庫県神戸市＞

主構造材をロッドで補強したスタイルで，単純にマリオンに比べて細く透明度が高い。

●姿図●

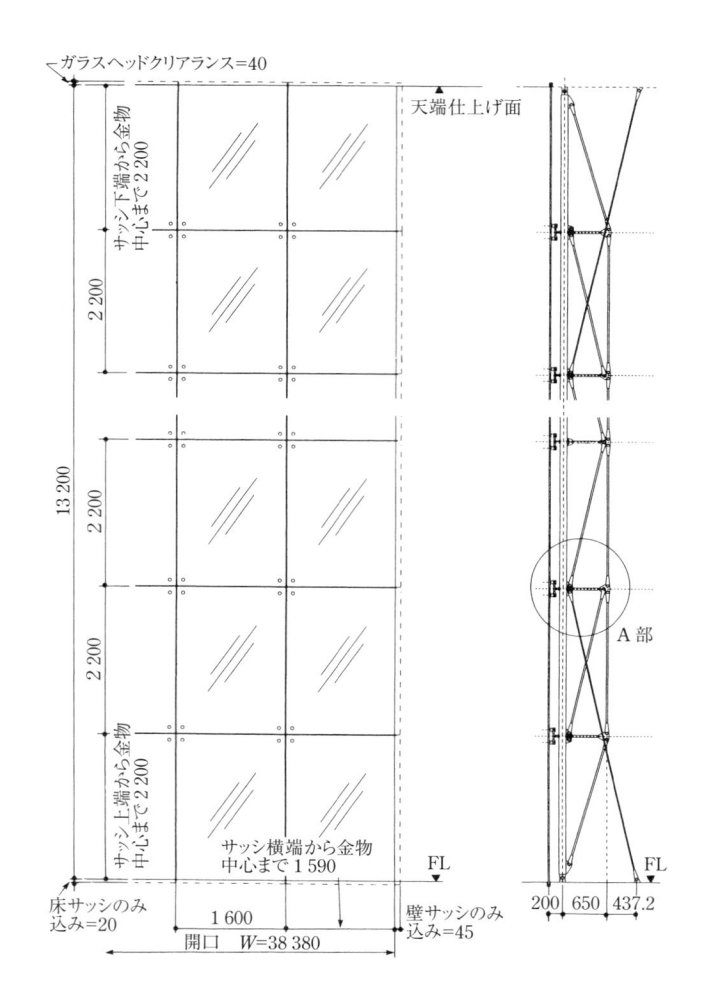

11.4 — 外　壁　● 335

● 詳細図 ●

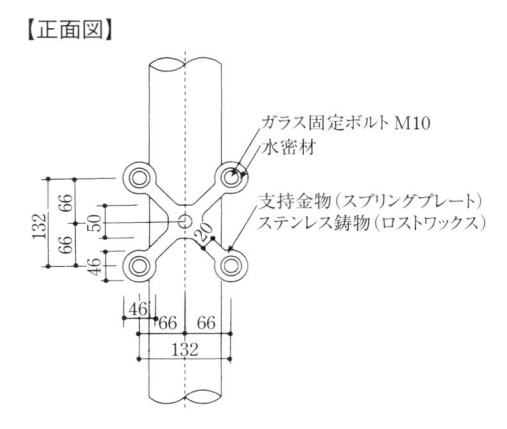

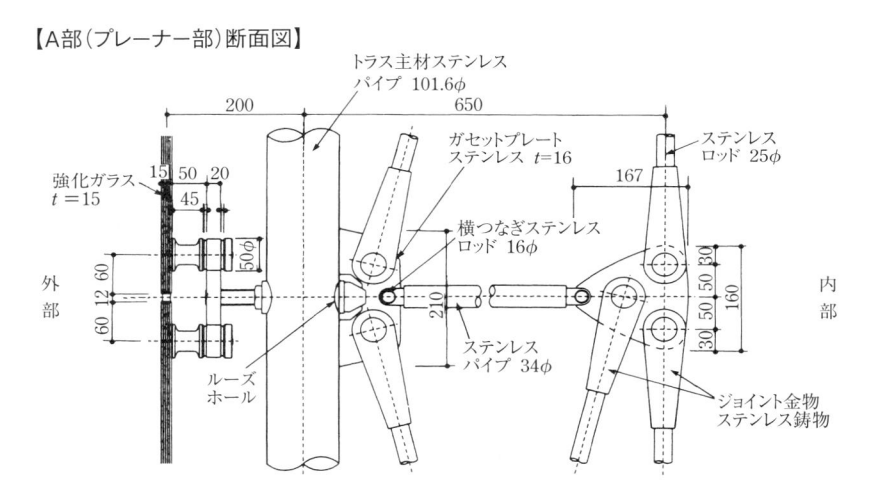

【正面図】

- ガラス固定ボルト M10
- 水密材
- 支持金物（スプリングプレート）
- ステンレス鋳物（ロストワックス）

【A部（プレーナー部）断面図】

- トラス主材ステンレスパイプ 101.6φ
- ガセットプレートステンレス t=16
- ステンレスロッド 25φ
- 強化ガラス t=15
- 横つなぎステンレスロッド 16φ
- ステンレスパイプ 34φ
- ルーズホール
- ジョイント金物 ステンレス鋳物
- 外部
- 内部

関連団体名簿

● ALC 協会 ●

ALC 協会・・・・・・・・・・・・・・・・・・・〒 101-0047　東京都千代田区内神田 3-24-4（9 STAGE kanda）・・・03-5256-0432
[会員名]
クリオン(株)・・・・・・・・・・・・・・・・・〒 135-0044　東京都江東区越中島 1-2-21（ヤマタネビル）・・・・・・03-6458-5445
住友金属鉱山シポレックス(株)・・・
・・・・・・・・・・・・・・・・・・・・・・・・・・・・・・・・・・〒 105-0004　東京都港区新橋 5-11-3（新橋住友ビル）・・・・・・・・・・・03-3435-4660
旭化成建材(株)・・・・・・・・・・・・・・・〒 101-8101　東京都千代田区神田神保町 1-105（神保町三井ビルディング）
・・・03-3296-3510

● 押出成形セメント板協会 ●

押出成形セメント板協会・・・〒 650-0035　神戸市中央区浪花町 15（ノザワ内）・・・・・・・・・・・・・・・・・・・・・・・・078-333-7700
[会員名]
(株)ノザワ・・・・・・・・・・・・・・・・・・・・〒 650-0035　神戸市中央区浪花町 15　・・・・・・・・・・・・・・・・・・・・・・・・・・・・・078-333-4111
アイカテック建材(株)・・・・・・〒 176-0012　東京都練馬区豊玉北 6-5-15・・・・・・・・・・・・・・・・・・・・・・・・・・・・・・・・・03-5912-0740

● せんい強化セメント板協会 ●

せんい強化セメント板協会・・・〒 108-0014　東京都港区芝 5-15-5（泉ビル 3F）・・・・・・・・・・・・・・・・・・・・・03-5445-4829
[会員名]（50 音順）
アイカテック建材(株)・・・・・・〒 176-0012　東京都練馬区豊玉北 6-5-15・・・・・・・・・・・・・・・・・・・・・・・・・・・・・・・・・03-5912-0740
宇部興産建材(株)・・・・・・・・・・・・〒 755-0067　宇部市大字沖宇部字沖の山 525-104　・・・・・・・・・・・・・・・・・・0836-22-0251
(株)エーアンドエーマテリアル・・・
・・・・・・・・・・・・・・・・・・・・・・・・・・・・・・・・・・〒 230-8511　横浜市鶴見区鶴見中央 2-5-5　・・・・・・・・・・・・・・・・・・・・・・・・045-503-5771
(株)大嶽名古屋・・・・・・・・・・・・・・・〒 460-0012　名古屋市中区千代田 5-8-22　・・・・・・・・・・・・・・・・・・・・・・・・052-261-3351
小野田化学工業(株)・・・・・・・・・〒 105-0022　東京都港区海岸 1-15-1（スズエベイディアム 6F）・・・03-5776-8239
神島化学工業(株)・・・・・・・・・・・・〒 500-0011　大阪市西区阿波座 1-3-15（JEI 西本町ビル 6F）　・・・06-6110-1133
チヨダセラ(株)・・・・・・・・・・・・・・・〒 259-1141　神奈川県伊勢原市上粕屋 760・・・・・・・・・・・・・・・・・・・・・・・・0463-95-4545
中越アドバンス(株)・・・・・・・・・〒 340-0002　埼玉県草加市青柳 1-6-15　・・・・・・・・・・・・・・・・・・・・・・・・・・・・・048-935-4561
東京スレート(株)・・・・・・・・・・・・〒 144-0052　東京都大田区蒲田 1-1-7　・・・・・・・・・・・・・・・・・・・・・・・・・・・・・03-3737-1441
東洋スレート(株)・・・・・・・・・・・・〒 536-0011　大阪市城東区放出西 1-2-43・・・・・・・・・・・・・・・・・・・・・・・・・06-6961-2233
ナイガイ(株)・・・・・・・・・・・・・・・・・・〒 130-8528　東京都墨田区緑 1-27-8・・・・・・・・・・・・・・・・・・・・・・・・・・・・・03-3635-6211
ニチアス(株)・・・・・・・・・・・・・・・・・・〒 104-8555　東京都中央区八丁堀 1-6-1　・・・・・・・・・・・・・・・・・・・・・・・03-4413-1161
日光化成(株)・・・・・・・・・・・・・・・・・・〒 531-0077　大阪市北区大淀北 1-6-41・・・・・・・・・・・・・・・・・・・・・・・・・06-6458-5511
日本インシュレーション(株)・・・〒 542-0081　大阪市中央区南船場 1-18-17（商工中金船場ビル 8F）・・・06-6210-1282
(株)ノザワ・・・・・・・・・・・・・・・・・・・・〒 650-0035　神戸市中央区浪花町 15　・・・・・・・・・・・・・・・・・・・・・・・・・・・078-333-4111
(株)ミエスレート・・・・・・・・・・・・〒 512-0911　三重県四日市市生桑町 945・・・・・・・・・・・・・・・・・・・・・・・・・059-331-1231
大和スレート(株)・・・・・・・・・・・・〒 760-0018　高松市天神前 1-21・・・・・・・・・・・・・・・・・・・・・・・・・・・・・・・・・・・087-831-9141

●日本窯業外装材協会●

日本窯業外装材協会	〒104-0031	東京都中央区京橋 1-6-13（アサコ京橋ビル） 03-5159-0680

[会員名]（50音順）

旭トステム外装(株)	〒135-0001	東京都江東区毛利 1-19-10（江間忠錦糸町ビル 6F） 03-5638-5111
倉敷紡績(株)	〒541-8581	大阪市中央区久太郎町 2-4-31 06-6266-5671
ケイミュー(株)	〒540-6013	大阪市中央区城見 1-2-27（クリスタルタワー 13F） ナビダイヤル 0570-005-611
神島化学工業(株)	〒550-0011	大阪府大阪市西区阿波座 1-3-15（JEI 西本町ビル 6F） 06-6110-1133
東レ ACE(株)	〒103-0011	東京都中央区日本橋大伝馬町 12-2 03-3669-7533
ニチハ(株)	〒460-8610	名古屋市中区錦 2-18-19（三井住友銀行名古屋ビル） 052-220-5114
フクビ化学工業(株)	〒918-8585	福井市三十八社町 33-66 0776-38-8001

●石膏ボード工業会●

一般社団法人 石膏ボード工業会	〒105-0003	東京都港区西新橋 2-13-10（吉野石膏虎ノ門ビル 5F） 03-3591-6774

[会員名]

吉野石膏(株)	〒100-0005	東京都千代田区丸の内 3-3-1（新東京ビル） 03-3216-0951
新東洋膏板(株)	〒690-0026	島根県松江市富士見町 2 0852-37-1211
チヨダウーテ(株)	〒510-8570	三重県四日市市住吉町 15-2 059-363-5555
(株)ジプテック	〒101-0063	東京都千代田区神田淡路町 2-8（プロステック淡路町） 03-5298-8831
日東石膏ボード(株)	〒031-0801	青森県八戸市江陽 3-1-134 0178-43-7191
北海道吉野石膏(株)	〒061-1409	北海道恵庭市黄金南 1-285-2 0123-32-2311
多木建材(株)	〒675-0124	兵庫県加古川市別府町緑町 2 079-437-7111
新潟吉野石膏(株)	〒950-3101	新潟県新潟市北区太郎代 901-1 025-255-2521
小名浜吉野石膏(株)	〒972-8311	福島県いわき市常磐水野谷町亀ノ尾 85-2 0246-43-2200
直島吉野石膏(株)	〒761-3110	香川県香川郡直島町 4049-1 087-892-3391

●日本鉄鋼連盟●

一般社団法人 日本鉄鋼連盟	〒103-0025	東京都中央区日本橋茅場町 3-2-10（鉄鋼会館） 03-3669-4811

[会員名]

愛知製鋼(株)	〒476-8666	愛知県東海市荒尾町ワノ割 1 052-604-1111
東鋼業(株)	〒340-0831	埼玉県八潮市南後谷 99 048-936-8021
アズマプレコート(株)	〒272-0127	千葉県市川市塩浜 2-30 047-396-0171
大阪製鐵(株)	〒541-0045	大阪府大阪市中央区道修町 3-6-2 06-6204-0300
大阪鐵板(株)	〒590-0977	大阪府堺市大浜西町 6-3 072-238-4601
共英製鋼(株)	〒530-0004	大阪府大阪市北区堂島浜 1-4-16 06-6346-5221
合同製鐵(株)	〒530-0004	大阪府大阪市北区堂島浜 2-2-8 06-6343-7600
(株)神戸製鋼所	〒141-8688	東京都品川区北品川 5-9-12 03-5739-6000

会社名	〒	住所	電話
佐々木製罐工業(株)	664-0845	兵庫県伊丹市東有岡 5-47	072-782-6205
山陽特殊製鋼(株)	672-8677	兵庫県姫路市飾磨区中島 3007	079-235-6003
三和コラム(株)	410-0004	静岡県沼津市足高 294-38	055-920-6400
JFE 建材(株)	103-0012	東京都中央区日本橋堀留町 1-10-15	03-5644-1200
JFE 鋼管(株)	299-0107	千葉県市原市姉崎海岸 7-1	0436-62-8111
JFE 鋼板(株)	141-0032	東京都品川区大崎 1-11-2	03-3493-1326
JFE スチール(株)	100-0011	東京都千代田区内幸町 2-2-3	03-3597-3111
神鋼建材工業(株)	660-0086	兵庫県尼崎市丸島町 46	06-6418-2621
新日鐵住金ステンレス(株)	103-0004	東京都千代田区大手町 2-6-1	03-3276-4800
新日鐵住金(株)	100-8071	東京都千代田区丸の内 2-6-1	03-6867-4111
新日本電工(株)	103-8282	東京都中央区八重洲 1-4-16	03-6860-6800
(株)セイケイ	327-0816	栃木県佐野市栄町 3-2	0283-22-4425
大平洋金属(株)	031-8617	青森県八戸市河原木遠山新田 5-2	0178-47-7121
ダイト工業(株)	555-0044	大阪府大阪市西淀川区百島 2-1-10	06-6473-7141
大同特殊鋼(株)	461-8581	愛知県名古屋市東区東桜 1-1-10	052-963-7501
高砂鉄工(株)	175-0081	東京都板橋区新河岸 1-1-1	03-5399-8111
中部鋼鈑(株)	454-8506	愛知県名古屋市中川区小碓通 5-1	052-661-3811
千代田鋼鉄工業(株)	120-0005	東京都足立区綾瀬 6-10-6	03-3605-2191
(株)DNP エリオ	243-0303	神奈川県愛甲郡愛川町中津 4013	046-285-7734
東海カラー(株)	808-0022	福岡県北九州市若松区大字安瀬 1	093-771-1080
東邦シートフレーム(株)	276-0022	千葉県八千代市上高野 1812	047-484-2813
東北特殊鋼(株)	989-1393	宮城県柴田郡村田町西ヶ丘 23	0224-82-1010
東洋鋼鈑(株)	102-8447	東京都千代田区四番町 2-12	03-5211-6200
トピー工業(株)	141-8634	東京都品川区大崎 1-2-2	03-3493-0777
ナカジマ鋼管(株)	530-0001	大阪府大阪市北区梅田 2-4-9	06-6914-1811
中山化成(株)	596-0001	大阪府岸和田市磯上町 6-17-5	0724-39-9931
(株)中山製鋼所	551-8551	大阪府大阪市大正区船町 1-1-66	06-6555-3111
日亜鋼業(株)	660-0091	兵庫県尼崎市中浜町 19	06-6416-1021
日新製鋼(株)	100-8366	東京都千代田区丸の内 3-4-1	03-3216-5511
日新製鋼ステンレス鋼管(株)	660-0092	兵庫県尼崎市鶴町 1	06-6416-1031
日新総合建材(株)	135-0016	東京都江東区東陽 3-23-22	03-5635-6111
日鉄住金コラム(株)	299-1141	千葉県君津市君津 1	0439-50-8322
日鐵住金建材(株)	135-0042	東京都江東区木場 2-17-12	03-3630-3200
日鉄住金鋼板(株)	103-0023	東京都中央区日本橋本町 1-5-6	03-6848-3675
日本金属(株)	108-0014	東京都港区芝 5-30-7	03-5765-8100
日本高周波鋼業(株)	101-0032	東京都千代田区岩本町 1-10-5	03-5687-6023
日本重化学工業(株)	104-8257	東京都中央区新川 1-17-25	03-3523-7201
(株)日本製鋼所	141-0032	東京都品川区大崎 1-11-1	03-5745-2001
日本冶金工業(株)	104-8365	東京都中央区京橋 1-5-8	03-3272-1511

会社名	〒	住所	電話
日立金属(株)	105-8614	東京都港区芝浦 1-2-1	03-5765-4000
(株)不二越	930-8511	富山県富山市不二越本町 1-1-1	076-423-5111
北海鋼機(株)	067-8565	北海道江別市上江別 441	011-382-3361
丸一鋼管(株)	550-0014	大阪府大阪市西区北堀江 3-9-10	06-6531-0101
三菱製鋼(株)	104-8550	東京都中央区晴海 3-2-22	03-3536-3111
(株)メタル建材	273-8502	千葉県船橋市西浦 1-1-1	047-433-8511
(株)淀川製鋼所	541-0054	大阪府大阪市中央区南本町 4-1-1	06-6245-1111
明鋼材(株)	454-0013	愛知県名古屋市中川区八熊 1-11-15	052-331-8551
浅井産業(株)	108-0075	東京都港区港南 2-13-34	03-5783-5361
伊藤忠丸紅鉄鋼(株)	103-8247	東京都中央区日本橋 1-4-1	03-5204-3300
(株)ウエノ	103-0023	東京都中央区日本橋本町 4-14-2	03-3664-1611
(株)エヌテック	104-0032	東京都中央区八丁堀 3-12-8	03-3553-6011
(株)扇谷	550-0001	大阪府大阪市西区土佐堀 1-3-7	06-6444-1521
オーミインダストリー(株)	542-0081	大阪府大阪市中央区南船場 3-11-10	06-6252-2470
近江産業(株)	551-0023	大阪府大阪市大正区鶴町 4-13-13	06-4394-3500
岡谷鋼機(株)	100-0005	東京都千代田区丸の内 1-9-1	03-3215-7552
(株)小河商店	460-0012	愛知県名古屋市中区千代田 2-25-3	052-259-1681
片山鉄建(株)	550-0012	大阪府大阪市西区立売堀 3-1-1	06-6532-1571
金森藤平商事(株)	104-0028	東京都中央区八重洲 2-11-4	03-3272-8505
カネヒラ鉄鋼(株)	550-0012	大阪府大阪市西区立売堀 1-10-7	06-6532-1121
兼松(株)	105-8005	東京都港区芝浦 1-2-1	03-5440-8717
(株)カノークス	451-8570	愛知県名古屋市西区那古野 1-1-12	052-564-3511
川重商事(株)	136-8588	東京都江東区南砂 2-6-5	03-5677-1011
草野産業(株)	104-0061	東京都中央区銀座 3-9-4	03-3541-2911
ケー・アンド・アイ特殊管販売(株)	100-0004	東京都千代田区大手町 2-7-1	03-3279-8751
光洋商事(株)	550-0015	大阪府大阪市西区南堀江 1-18-15	06-6538-7200
(株)古島	103-0025	東京都中央区日本橋茅場町 2-17-7	03-3668-4333
斎長物産(株)	104-0031	東京都中央区京橋 3-14-6	03-5524-1044
阪口興産(株)	551-0031	大阪府大阪市大正区泉尾 7-3-30	06-6554-2991
佐藤商事(株)	100-8285	東京都千代田区丸の内 1-8-1	03-5218-5311
(株)佐渡島	542-0082	大阪府大阪市中央区島之内 1-16-19	06-6251-0855
産業振興(株)	136-0071	東京都江東区亀戸 1-5-7	03-5627-2401
(株)三陽商会	103-0027	東京都中央区日本橋 1-13-1	03-3281-2212
JFE商事(株)	100-8070	東京都千代田区大手町 2-7-1	03-5203-5053
芝本産業(株)	104-0043	東京都中央区湊 1-1-12	03-3553-1111
(株)信栄商会	550-0013	大阪府大阪市西区新町 1-17-5	06-6541-2521
神鋼商事(株)	103-8261	東京都中央区日本橋 1-2-5	03-3276-2036
(株)スチールセンター	101-0047	東京都千代田区内神田 3-6-2	03-5207-8484
住友商事(株)	104-8610	東京都中央区晴海 1-8-11	03-5166-5000

大銑産業(株)	〒541-0042	大阪府大阪市中央区今橋 2-1-10	06-6220-1121
東京貿易金属(株)	〒104-8510	東京都中央区八丁堀 2-13-8	03-3555-7110
トピー実業(株)	〒141-8667	東京都品川区大崎 1-2-2	03-3495-6500
富安(株)	〒130-0012	東京都墨田区太平 4-5-15	03-5611-7770
豊田通商(株)	〒450-8575	愛知県名古屋市中村区名駅 4-9-8	052-584-5000
中川産業(株)	〒578-0914	大阪府東大阪市箕輪 3-6-82	072-964-8410
中川特殊鋼(株)	〒104-0045	東京都中央区築地 3-5-4	03-3542-8812
中村鋼材(株)	〒104-0033	東京都中央区新川 2-8-10	03-3551-8161
中山通商(株)	〒550-0015	大阪府大阪市西区南堀江 1-12-19	06-6538-1812
西澤(株)	〒541-0051	大阪府大阪市中央区備後町 2-5-8	06-6208-5400
日鉄住金物産(株)	〒107-8527	東京都港区赤坂 8-5-27	03-5412-5001
日本鐵板(株)	〒103-8237	東京都中央区日本橋 1-2-5	03-3272-5112
(株)ハヤカワカンパニー	〒451-0042	愛知県名古屋市西区那古野 2-22-8	052-551-3101
阪和興業(株)	〒104-8429	東京都中央区築地 1-13-1	03-3544-2171
フジデン(株)	〒541-0051	大阪府大阪市中央区備後町 3-2-8	06-6261-2471
三井物産(株)	〒100-0004	東京都千代田区大手町 1-2-1	03-3285-1111
三井物産スチール(株)	〒107-6334	東京都港区赤坂 5-3-1	03-5544-5001
三菱商事 RtM ジャパン(株)	〒100-7027	東京都千代田区丸の内 2-7-2	03-5221-3700
明和産業(株)	〒100-8311	東京都千代田区丸の内 3-3-1	03-3240-9011
(株)メタルワン	〒100-7032	東京都千代田区丸の内 2-7-2	03-6777-2000
(株)メタルワンチューブラー	〒100-7032	東京都千代田区丸の内 2-7-2	03-6777-2000
森定興商(株)	〒450-8523	愛知県名古屋市中村区名駅 3-22-8	050-3538-1130
淀鋼商事(株)	〒541-0054	大阪府大阪市中央区南本町 4-1-1	06-6241-7231
ステンレス協会	〒103-0025	東京都中央区日本橋茅場町 3-2-10	03-3669-5691
一般社団法人 日本鋳鍛鋼会	〒101-0047	東京都千代田区内神田 1-14-4	03-5283-1611
普通鋼電炉工業会	〒103-0025	東京都中央区日本橋茅場町 3-2-10	03-5640-1122
全国厚板シヤリング工業組合	〒103-0025	東京都中央区日本橋茅場町 3-2-10	03-3669-0641
全国コイルセンター工業組合	〒103-0025	東京都中央区日本橋茅場町 3-2-10	03-3662-6590
全国ファインスチール流通協議会	〒541-0057	大阪府大阪市中央区北久宝寺町 3-5-12	06-6227-8221

● 日本金属サイディング工業会 ●

日本金属サイディング工業会	〒103-0012	東京都中央区日本橋堀留町 2-3-8（田源ビル 9F）	03-3639-9003

[会員名]

アイジー工業(株)	〒999-3716	山形県東根市蟹沢上縄目 1816-12	0237-43-1830
旭トステム外装(株)	〒135-0001	東京都江東区毛利 1-19-10	03-5638-5111
ケイミュー(株)	〒540-6013	大阪府中央区城見 1-2-27（クリスタルタワー 13F）	06-6945-8081
(株)チューオー	〒322-0014	栃木県鹿沼市さつき町 13-2	0289-76-3261
東邦シートフレーム(株)	〒276-0022	千葉県八千代市上高野 1812	047-484-0100
日新総合建材(株)	〒135-0016	東京都江東区東陽町 3-23-22（東陽 AN ビル）	03-5635-6130
(株)淀川製鋼所	〒541-0054	大阪市中央区南本町 4-1-1	06-6245-1256
YKK AP(株)	〒101-8642	東京都千代田区神田和泉町 1	0120-72-4134

●日本金属屋根協会●

一般社団法人 日本金属屋根協会　〒103-0012　東京都中央区日本橋堀留町 2-3-8（田源ビル 9F）　03-3639-8954

[会員名]

北長金日米建材(株)	札幌市東区	011-782-6003
(株)洞内板金工業所	札幌市東区	011-721-0581
(有)栄金属工業	札幌市東区	011-783-3408
(有)八木田建築板金	札幌市東区	011-782-3786
(株)チューオー札幌営業所	札幌市東区	011-748-3051
石岡金属板工業(株)	札幌市豊平区	011-852-5222
(株)川島建築板金工業所	札幌市豊平区	011-831-5418
(株)丸亀佐久間板金工業所	札幌市豊平区	011-851-9411
(株)丸蔵佐々木建築板金工業	札幌市豊平区	011-822-5450
(有)川又板金	札幌市西区	011-662-5393
三晃金属工業(株)北海道支店	札幌市北区	011-726-3551
元旦ビューティ工業(株)北海道営業所	札幌市白石区	011-856-3061
(株)淀川製鋼所札幌営業所	札幌市中央区	011-271-4771
熊谷板金工業(株)	札幌市中央区	011-231-2330
JFE 鋼板(株)北海道支店	札幌市中央区	011-219-3011
(有)段坂板金工業	札幌市清田区	011-882-2318
三晃金属工業(株)旭川営業所	北海道旭川市	0166-23-7211
(有)佐藤板金工業所	北海道旭川市	0166-25-5810
旭川長尺工業(株)	北海道旭川市	0166-57-3141
(有)宇治板金工業所	北海道旭川市	0166-36-1983
田中板金工業(株)	北海道旭川市	0166-23-8072
(有)渋谷板金工業	北海道旭川市	0166-65-1756
津島工業(株)	北海道岩見沢市	0126-23-0212
空地鋼板工業(株)	北海道岩見沢市	0126-24-3141
桑原板金工業所	北海道帯広市	0155-34-3383
富家金属板工業(株)	北海道帯広市	0155-36-6004
三晃金属工業(株)帯広営業所	北海道帯広市	0155-22-1177

(株)アサヒ金物	北海道帯広市	0155-37-9552
三晃金属工業(株)釧路営業所	北海道釧路市	0154-23-3518
工藤金属工業(株)	北海道釧路市	0154-42-3655
(株)松浦板金工業所	北海道北見市	0157-36-3011
三晃金属工業(株)北見営業所	北海道北見市	0157-23-7511
北晃板金(有)	北海道北見市	0157-25-4376
(有)谷口板金工業所	北海道滝川市	0125-23-3725
(株)サトウ工業	北海道苫小牧市	0144-55-1551
梨木工業(有)	北海道苫小牧市	0144-33-7027
(有)千葉板金工業	北海道苫小牧市	0144-55-0905
(株)田原	北海道苫小牧市	0144-55-1315
守屋建装(株)	北海道登別市	0143-85-2880
三晃金属工業(株)函館営業所	北海道函館市	0138-32-4402
渡辺板金工業	北海道函館市	0138-55-1076
(株)プロテック	北海道北斗市	0138-49-4550
(有)武山板金工業所	北海道富良野市	0167-22-2696
(有)堀口商会	北海道富良野市	0167-22-2465
(有)小池板金	北海道稚内市	0162-34-3977
(有)山崎板金	北海道標津郡	01538-2-2080
(有)東建築板金工業	北海道常呂郡	0157-47-3268
(株)佐藤板金工務店	北海道空知郡	0125-62-2237
(株)赤川板金	北海道広尾郡	01558-6-3051
(有)小野寺板金工業	北海道紋別郡	01586-2-2891
帯広鋼板(株)	北海道河西郡	0155-62-8655
(有)丸修くどう板金	青森県青森市	0177-81-9254
三晃金属工業(株)青森営業所	青森県青森市	0177-62-3335
(有)NR西村板金工業	青森県青森市	017-738-5846
(有)マルイ板金工業所	青森県弘前市	0172-86-2704
(有)協栄企画	青森県十和田市	0176-25-6677
(有)石川板金工業	青森県十和田市	0176-28-2483
(株)吉田産業	青森県八戸市	0178-47-8111
(有)斉藤板金製作所	青森県南津軽郡	0173-45-3619
(株)手塚	秋田県秋田市	018-824-0371
(株)カネキカナカオ秋田営業所	秋田県秋田市	018-824-0334
オリエンタルメタル(株)秋田営業所	秋田県秋田市	018-863-8868
三晃金属工業(株)秋田駐在員事務所	秋田県秋田市	018-862-2632
(株)永沢	秋田県横手市	0182-32-0466
(有)共栄板金工業所	秋田県由利郡	0184-55-3444
(有)西舘板金	岩手県盛岡市	019-696-2281
三晃金属工業(株)盛岡営業所	岩手県盛岡市	019-651-9811

㈱淀川製鋼所盛岡営業所	岩手県盛岡市	019-624-3051
元旦ビューティ工業㈱盛岡営業所	岩手県盛岡市	019-622-2271
㈲木地谷板金	岩手県久慈市	0194-53-4411
㈲及留板金工業所	岩手県水沢市	0197-23-3347
㈲佐々木工業	岩手県胆沢郡	0197-47-0664
㈱チューオー盛岡営業所	岩手県紫波郡	019-637-2620
㈱ホシカワ	山形県山形市	023-632-2166
三條物産㈱	山形県山形市	023-681-7101
㈱佐藤商会	山形県山形市	023-695-4101
アイジー工業㈱本社	山形県東根市	0237-43-1810
㈱サミー工業	仙台市泉区	022-372-5456
㈲鹿野板金工業	仙台市太白区	022-246-0168
三晃金属工業㈱東北支店	仙台市宮城野区	022-791-1211
JFE日建板㈱東北営業所	仙台市宮城野区	022-254-6645
宮城サクマ㈱	仙台市若林区	022-284-0121
㈱淀川製鋼所仙台営業所	仙台市青葉区	022-225-7891
元旦ビューティ工業㈱東北支店	仙台市青葉区	022-728-3031
㈲垣崎建築板金工業	仙台市青葉区	022-272-8630
JFE鋼板㈱東北支店	仙台市青葉区	022-223-8591
㈱ケイ・ウィン	仙台市太白区	022-281-7055
㈱チューオー仙台営業所	宮城県仙台市	022-297-3433
装建工業㈱	宮城県仙台市	022-295-2121
アイジー工業㈱仙台営業所	宮城県仙台市	022-292-5405
㈱小向板金工業所	宮城県多賀城市	022-364-4488
㈱千葉誠	宮城県気仙沼市	0226-22-2880
㈱カネキカナカオ仙台営業所	宮城県名取市	022-384-2166
㈲佐々木板金工業	宮城県白石市	0224-24-4062
㈱金野建築板金工業所	宮城県栗原郡	0228-56-2464
佐藤製線販売㈱	宮城県亘理郡	0223-34-3131
三晃金属工業㈱郡山営業所	福島県郡山市	024-924-0901
オリエンタルメタル㈱郡山営業所	福島県郡山市	024-959-3675
㈲吉田板金店	福島県郡山市	0249-55-2693
㈱チューオー郡山営業所	福島県郡山市	0249-33-6210
月星商事㈱福島支店	福島県田村郡	0247-62-6211
元旦ビューティ工業㈱福島営業所	福島県本宮市	0243-36-1616
㈲ヤリタ板金工業	群馬県前橋市	027-232-2345
三晃金属工業㈱前橋営業所	群馬県前橋市	027-253-2135
JFE日建板㈱前橋営業所	群馬県前橋市	027-263-3385
㈱淀川製鋼所高崎営業所	群馬県高崎市	027-361-1281
元旦ビューティ工業㈱高崎営業所	群馬県高崎市	027-363-5175

会社名	所在地	電話番号
(株)チューオー髙崎営業所	群馬県高崎市	027-372-1135
クボタ金属(株)	群馬県邑楽郡	0276-63-2765
藤伸板金(有)	群馬県北群馬郡	0279-23-6338
月星商事(株)北関東支店	群馬県佐波郡	0270-65-3311
三晃金属工業(株)宇都宮営業所	栃木県宇都宮市	028-637-4557
(株)カネキカナカオ宇都宮営業所	栃木県宇都宮市	028-634-3271
(株)カナメ	栃木県宇都宮市	028-660-3831
(株)五十嵐商店	栃木県足利市	0284-72-1611
(株)チューオー(本社)	栃木県鹿沼市	0289-76-3262
月星商事(株)小山支店	栃木県小山市	0285-49-2311
銅市金属工業(株)	栃木県小山市	0285-23-1515
金島板金	栃木県下野市	0285-48-1743
(有)千住板金	栃木県下野市	0285-44-5777
(有)辻鈑金工業所	栃木県大田原市	0287-54-0352
三晃金属工業(株)大宮営業所	埼玉県さいたま市	048-652-9931
元旦ビューティ工業(株)埼玉営業所	埼玉県さいたま市	048-652-7171
(有)伊藤板金工業所	埼玉県さいたま市	048-855-7362
アイジー工業(株)関東営業所	埼玉県さいたま市	048-658-1600
オリエンタルメタル(株)	埼玉県蕨市	048-442-3111
月星商事(株)埼玉支店	埼玉県桶川市	048-728-9111
(有)クロサキ	埼玉県熊谷市	048-522-8046
オリエンタルメタル(株)熊谷営業所	埼玉県熊谷市	048-533-4416
富士鋼工業(株)	埼玉県川口市	048-258-2900
(有)木村板金工業所	埼玉県川口市	048-294-9962
(有)山田板金工業所	埼玉県川越市	049-225-2267
飯塚板金工業(有)	埼玉県深谷市	048-571-7557
大和スレート(株)関東支店	埼玉県春日部市	048-755-2511
エスケー金属工業(株)	埼玉県大里郡	0485-88-2136
沢田板金工業所	埼玉県北埼玉郡	0480-72-4686
(有)鈴木板金工業所	埼玉県北葛飾郡	0480-58-8127
幸建工業(株)	埼玉県北葛飾郡	0480-58-8193
(有)遠藤板金工業	埼玉県北葛飾郡	0480-32-8348
(株)梅山工業所	茨城県水戸市	029-241-1419
三晃金属工業(株)茨城営業所	茨城県水戸市	029-243-9281
(株)チューオー水戸営業所	茨城県水戸市	029-303-6088
小野沢工業(株)	茨城県下館市	0296-24-3240
(株)萬道総業	茨城県鹿嶋市	0299-83-1866
月星商事(株)土浦支店	茨城県土浦市	0298-31-8022
小西(株)	茨城県結城市	0296-32-2011
日本板金興業(株)	茨城県猿島郡	0280-87-4531

会社名	所在地	電話番号
(株)カネキカナカオ茨城営業所	茨城県稲敷郡	0298-43-3891
東栄ルーフ工業(株)	茨城県稲敷郡	029-894-3739
(株)ヤスダ	千葉市若葉区	043-253-7171
元旦ビューティ工業(株)千葉営業所	千葉市中央区	043-248-8041
新生ビルド(株)千葉支店	千葉市中央区	043-264-5161
(株)モリカワ板金千葉営業所	千葉市中央区	043-224-5777
月星商事(株)千葉支店	千葉市花見川区	043-259-0511
三晃金属工業(株)千葉営業所	千葉市中央区	043-242-8601
(株)加藤板金工業	千葉市中央区	043-265-0781
三晃金属工業(株)君津営業所	千葉県君津市	0439-52-2525
常勝板金	千葉県君津市	0439-55-0487
三勇工業	千葉県君津市	0439-55-1162
(株)東京セキノ商事柏	千葉県柏市	0471-33-7626
新生ビルド(株)	千葉県東金市	0475-52-7666
(株)モリカワ板金	千葉県野田市	0471-24-7222
(有)建築板金ハギワラ	千葉県野田市	04-7125-3281
(株)カネキカナカオ千葉営業所	千葉県市川市	047-327-3179
(有)関東ルーフ	千葉県市原市	0436-74-0877
サンクリエイテム工業(株)	千葉県市原市	0436-36-3719
稲垣商事(株)	東京都千代田区	03-3863-0351
銅金(株)	東京都千代田区	03-5275-1461
(株)トーネツ	東京都千代田区	03-3291-8521
(株)カクイチ	東京都千代田区	03-3264-0621
岡谷鋼機(株)東京本店	東京都千代田区	03-3215-7554
アイジー工業(株)　東京営業所	東京都千代田区	03-5283-7211
(株)カネキカナカオ	東京都中央区	03-3663-4946
日昌グラシス(株)	東京都中央区	03-3667-3091
JFE日建板(株)	東京都中央区	03-5645-8200
(株)淀川製鋼所東京支社	東京都中央区	03-3551-7941
JFE鋼板(株)	東京都中央区	03-5255-9511
(株)淀川製鋼所東京建材営業所	東京都中央区	03-3551-7941
月星商事(株)	東京都中央区	03-3551-2121
元旦ビューティ工業(株)東京支店	東京都中央区	03-3555-1801
アルアピア(株)	東京都中央区	03-3297-6021
片山鉄建(株)東京営業所	東京都中央区	03-3551-6321
(株)チューオー首都圏営業所	東京都中央区	03-5640-2401
三晃金属工業(株)	東京都港区	03-5446-5600
日立化成工業(株)	東京都港区	03-5446-9128
大江金属工業(株)	東京都目黒区	03-5768-1855
ビルトマテリアル(株)	東京都目黒区	03-3460-3111

会社名	所在地	電話番号
竹田工業(株)	東京都目黒区	043-259-6007
(株)北陸	東京都品川区	03-3765-1033
東京スプレー(株)	東京都品川区	03-3494-0057
綿半鋼機(株)	東京都新宿区	03-3341-2723
綿半鋼機(株)関東支店	東京都新宿区	03-3341-1381
(株)銅銀	東京都新宿区	03-3357-6026
(株)ニック金属	東京都新宿区	03-3226-6830
(株)中七	東京都杉並区	03-3381-6800
吉田伸彦	東京都杉並区	
千代田鋼鉄工業(株)	東京都足立区	03-3605-2191
(株)関東セキノ	東京都台東区	03-5828-2335
(株)協和	東京都台東区	03-3844-6196
大島応用(株)東京支店	東京都台東区	03-3831-6855
(有)海老原板金工業所	東京都北区	03-3902-5222
(株)トーセン	東京都江東区	03-5626-4411
(株)三浦工業	東京都江戸川区	03-3638-7022
山口工業(株)	東京都江戸川区	03-3652-6651
(株)小野工業所	東京都墨田区	03-3624-2261
永野建材工業(株)	東京都世田谷区	03-3702-9650
(株)友伸工業	東京都中野区	03-3386-4048
(株)柴板金	東京都荒川区	03-3806-0878
(株)テクノアームス	東京都葛飾区	03-3609-6891
(有)下迫建築板金工業	東京都調布市	0424-88-7424
三晃金属工業(株)八王子営業所	東京都八王子市	0426-26-0156
矢野板金(株)	東京都昭島市	0425-41-1114
(有)海老板金工業所	東京都三鷹市	0422-46-3300
(有)原子板金	東京都町田市	042-792-1283
竹内板金工業(株)	東京都国立市	042-575-3355
元旦ビューティ工業(株)西東京営業所	東京都立川市	042-548-7741
三晃金属工業(株)横浜支店	横浜市中区	045-681-1235
(株)淀川製鋼所横浜営業所	横浜市中区	045-241-3211
オリエンタルメタル(株)横浜営業所	横浜市旭区	045-391-4301
(有)斉藤板金	横浜市都筑区	045-591-5912
(有)金子板金工業	横浜市瀬谷区	045-301-6692
(有)平野板金加工所	横浜市港北区	045-541-6651
(有)眞良建築板金	横浜市中区	045-641-5178
(有)とい工房	神奈川県川崎市	044-511-0556
(有)佐藤板金工業所	神奈川県横須賀市	0468-43-0064
元旦ビューティ工業(株)	神奈川県藤沢市	0466-45-8771
元旦ビューティ工業(株)神奈川支店	神奈川県藤沢市	0466-43-2174

団体名	所在地	電話番号
月星商事(株)神奈川支店	神奈川県大和市	046-263-2020
(株)フジ工業	神奈川県大和市	046-261-2240
三協工業(株)神奈川営業所	神奈川県大和市	046-268-9950
JFE日建板(株)相模原営業所	神奈川県相模原市	042-760-0871
三晃金属工業(株)甲府営業所	山梨県甲府市	055-226-1811
綿半鋼機(株)甲府支店	山梨県甲府市	055-224-6155
(株)カネキカナカオ長野営業所	山梨県塩尻市	0263-53-8715
元旦ビューティ工業(株)甲信営業所	山梨県北杜市	0551-47-4321
(株)松田	山梨県南アルプス市	0552-84-1221
甲田板金工業(株)	山梨県南アルプス市	0552-73-2083
(有)功刀板金工業所	山梨県南アルプス市	055-282-2211
(株)淀川製鋼所長野営業所	長野県長野市	026-223-2668
綿半鋼機(株)長野支店	長野県長野市	026-244-6500
綿半鋼機(株)松本支店	長野県松本市	0263-28-5000
三晃金属工業(株)松本営業所	長野県松本市	0263-26-7734
(有)堀地板金工業所	長野県松本市	0263-25-3358
綿半鋼機(株)飯田支店	長野県飯田市	0265-25-8181
宮下板金工業(有)	長野県飯田市	0265-23-0224
(株)チューオー長野営業所	長野県塩尻市	0263-85-7511
綿半鋼機(株)岡谷支店	長野県岡谷市	0266-22-3471
綿半鋼機(株)東信支店	長野県佐久市	0267-63-2330
(資)河内屋板金工業	長野県駒ヶ根市	0265-82-5106
綿半鋼機(株)伊那支店	長野県上伊那郡	0265-72-4191
荻原銅器店	長野県北佐久郡	0267-45-8373
(有)志賀板金工業所	長野県下高井郡	0269-33-4893
三晃金属工業(株)新潟営業所	新潟県新潟市	025-247-6221
(株)淀川製鋼所新潟営業所	新潟県新潟市	025-243-3661
元旦ビューティ工業(株)新潟営業所	新潟県新潟市	025-245-5090
JFE鋼板(株)新潟営業所	新潟県新潟市	025-243-9131
(株)ニイガタルーフシステム	新潟県新潟市	025-234-3417
(株)チューオー新潟営業所	新潟県新潟市	025-283-0727
(株)原貞板金工業所	新潟県栃尾市	0258-52-2454
(株)コマスヤアルテック	新潟県長岡市	0258-32-0618
小山金属工業(株)	新潟県白根市	025-375-4191
(有)千喜良板金	新潟県南魚沼郡	0257-77-2542
赤塚板金	新潟県西蒲原郡	0256-86-3383
共和板金工業	新潟県西蒲原郡	0256-86-3556
(株)小河商店	名古屋市中区	052-261-3131
(株)淀川製鋼所名古屋営業所	名古屋市中区	052-239-1259
元旦ビューティ工業(株)中部支店	名古屋市中区	052-220-1051

三晃金属工業(株)名古屋支店	名古屋市中区	052-323-8621
初穂商事(株)	名古屋市中区	052-222-1066
(株)野々山商店	名古屋市中区	052-251-0541
綿半鋼機(株)中部支店	名古屋市中村区	052-586-2556
(株)カネキカナカオ	名古屋市中村区	052-481-7151
JFE鋼板(株)名古屋支店	名古屋市中村区	052-561-3396
大永建装(株)	名古屋市西区	052-531-4093
大島応用(株)名古屋支店	名古屋市西区	052-529-1201
アイジー工業(株)名古屋営業所	名古屋市西区	052-506-9898
(有)ササキ板金	名古屋市北区	052-914-2692
サンユー	名古屋市港区	052-382-2783
犬飼鈑金工業所	名古屋市港区	052-303-1085
いたや塗工所	名古屋市昭和区	052-781-0001
(株)ウチダ	愛知県豊橋市	0532-32-1351
太田商事(株)	愛知県刈谷市	0566-23-5811
司板金社	愛知県稲沢市	0587-32-3938
(有)林鈑金	愛知県稲沢市	0587-36-2463
(株)久忠	愛知県津島市	0567-32-4280
(有)笠井板金工業所	愛知県岡崎市	0564-52-4704
(株)戸松板金工業所	愛知県岡崎市	0564-52-4219
三晃金属工業(株)三河営業所	愛知県岡崎市	0564-32-0891
(有)岩澤板金工業	愛知県常滑市	0569-42-1304
(株)チューオー名古屋営業所	愛知県小牧市	0568-47-2067
(株)後藤工業	愛知県犬山市	0568-62-1307
(有)北川板金工業	愛知県一宮市	0586-51-0626
大和建材工業(株)	愛知県愛西市	0567-28-4940
(有)西春金属	愛知県西春日井郡	0568-22-2363
(株)オオタ	愛知県西春日井郡	052-409-3077
ケイズ工業	愛知県知多郡	0569-47-0887
出口工業(株)	愛知県春日井市	0568-34-5817
三晃金属工業(株)静岡営業所	静岡県静岡市	054-209-5181
(株)淀川製鋼所静岡営業所	静岡県静岡市	054-253-8191
綿半鋼機(株)静岡建築営業グループ	静岡県静岡市	054-285-8226
(株)小野工業所静岡営業所	静岡県静岡市	054-286-0105
(株)小池弥太郎商店	静岡県静岡市	054-263-2280
元旦ビューティ工業(株)静岡営業所	静岡県静岡市	054-652-1181
(株)伊藤長尺板金	静岡県浜松市	053-471-7613
(有)板垣板金	静岡県浜松市	053-448-3208
三晃金属工業(株)浜松営業所	静岡県浜松市	053-462-4330
綿半鋼機(株)浜松建築営業グループ	静岡県浜松市	053-461-1092

(株)釜慶商店	静岡県浜松市	053-423-0007
(株)小山金物	静岡県浜松市	053-441-4471
(有)銅正板金	静岡県浜北市	053-586-2553
共立メタル工業	静岡県浜松市	053-482-0323
(有)ナルオカ工業	静岡県浜松市	053-411-6755
(有)サノシン	静岡県沼津市	0559-23-1883
(株)植松	静岡県沼津市	055-922-1555
綿半鋼機(株)三島建築営業グループ	静岡県三島市	0559-77-6345
(株)カネキカナカオ静岡営業所	静岡県島田市	0547-36-1331
(有)鳶西海	静岡県富士市	0545-21-8508
月星商事(株)静岡支店	静岡県榛原郡	0548-22-5241
(株)TBK	静岡県榛原郡	0548-52-5562
大畑工業	静岡県牧之原市	0548-54-0646
(株)竜洋	静岡県磐田市	0538-66-2808
(株)奥伝工業	三重県津市	059-225-2510
(株)久居屋	三重県津市	059-234-3151
三晃金属工業(株)三重営業所	三重県津市	059-226-1011
(有)佐々木板金工業所	三重県四日市市	0593-53-2779
大島応用(株)四日市営業所	三重県四日市市	0593-45-1005
(株)ウエオカ金属工業	三重県四日市市	059-333-8840
(有)エヌ・ビ・アール工業	三重県四日市市	059-366-0815
(株)森井板金工業	三重県鈴鹿市	0593-83-4151
(有)万助屋板金店	三重県伊勢市	0596-76-0061
(株)丸石商店	三重県松阪市	0598-51-5151
(有)橋爪板金	三重県松阪市	0598-56-6877
(株)ミツイバウ・マテリアル	三重県松坂市	0598-51-3308
(株)ミヤムラ	三重県安芸郡	059-245-1515
神山商事(株)	岐阜県岐阜市	058-232-1981
(有)菅原板金工業所	岐阜県岐阜市	058-279-3347
三晃金属工業(株)岐阜営業所	岐阜県岐阜市	058-274-9031
吉田金属(株)	岐阜県岐阜市	058-271-3352
(株)ODA工業	岐阜県岐阜市	058-234-1560
(有)ナガヤ	岐阜県大垣市	0584-91-7525
(株)辻商店	岐阜県大垣市	0584-81-2218
綿半鋼機(株)中津川支店	岐阜県中津川市	0573-68-4611
(株)メトーカケフ	岐阜県可児市	0574-62-1212
(株)横瀬板金工業所	岐阜県羽島郡	058-247-8873
郡上板金企業組合	岐阜県郡上郡	0575-65-3197
(株)セキノ興産	富山県富山市	076-479-2222
三晃金属工業(株)富山営業所	富山県富山市	076-442-3662

(株)淀川製鋼所北陸営業所	富山県富山市	076-432-2804
JFE 鋼板(株)北陸営業所	富山県富山市	076-441-2421
(株)精田建鉄	富山県富山市	076-451-2100
(株)チューオー富山営業所	富山県富山市	076-425-9898
アイジー工業(株)富山営業所	富山県富山市	076-443-8621
(株)かな和工業	富山県南砺市	0763-52-4012
富源商事(株)	富山県高岡市	0766-21-4550
三晃金属工業(株)北陸営業所	石川県金沢市	076-223-4980
元旦ビューティ工業(株)北陸営業所	石川県金沢市	076-222-9911
(有)木田板金	石川県金沢市	076-268-2351
浅井板金工業(株)	石川県七尾市	0767-52-1362
能晃板金	石川県七尾市	0767-52-1362
カネタ(株)	福井県福井市	0776-23-2229
(株)北川	福井県福井市	0776-22-2694
山崎金属(株)	福井県福井市	0776-22-1500
豊公資材(株)	滋賀県長浜市	0749-63-8851
三晃金属工業(株)大津営業所	滋賀県大津市	077-524-7572
(有)中邑板金工業	滋賀県愛知郡	0749-46-0150
松井金属工業(株)	京都市下京区	075-361-9341
(株)ヨドケン	京都市南区	075-671-6111
(有)鎌田板金	京都市南区	075-662-0355
(株)ダイム・ワカイ	京都市下京区	075-343-1260
キョウバン工業(株)	京都市上京区	075-414-1567
元旦ビューティ工業(株)京都営業所	京都市下京区	075-353-9831
(株)A.K 鋏工房	京都市伏見区	075-643-0809
京阪長尺金属工業(株)	京都市南区	075-644-7667
(有)上山板金工業所	京都府舞鶴市	0773-75-0327
三晃金属工業(株)福知山営業所	京都府福知山市	0773-27-2372
(有)槙原金属工業	京都府綾部市	0773-42-7549
山本板金工業	京都府京丹後市	
(株)淀川製鋼所	大阪市中央区	06-6245-1256
元旦ビューティ工業(株)大阪支店	大阪市中央区	06-6223-1841
大島応用(株)	大阪市旭区	06-6954-6521
三晃金属工業(株)大阪支店	大阪市西区	06-6444-9011
(有)ヨコタ	大阪市西区	06-4391-7560
キタオカ(株)	大阪市西区	06-4391-7570
(株)カネキカナカオ大阪営業所	大阪市西区	06-6541-2828
片山鉄建(株)	大阪市西区	06-6532-1571
栄興金属(株)	大阪市城東区	06-6933-5461
(有)河野工業所	大阪市此花区	06-6463-3857

月星商事(株)大阪支店	大阪市此花区	06-6462-0202
三和産業(株)	大阪市此花区	06-6461-9717
(株)野口工業	大阪市平野区	06-6792-6949
(株)三共	大阪市平野区	06-6701-0571
(株)淀川製鋼所大阪建材営業所	大阪市西淀川区	06-6472-6991
ヨドコウ興産(株)	大阪市西淀川区	06-6476-3535
JFE鋼板(株)西日本支店	大阪市北区	06-6342-0627
綿半鋼機(株)関西支店	大阪市淀川区	06-6305-0276
(株)小野工業所大阪営業所	大阪市淀川区	06-6304-0654
新星商事(株)	大阪市浪速区	06-6567-1108
NSSB奥平スチール(株)	大阪府松原市	072-335-0500
津熊鋼建(株)	大阪府大東市	072-872-2131
ニスク販売(株)	大阪府東大阪市	06-6745-5522
佐田板金	大阪府東大阪市	0729-81-7981
中山化成(株)	大阪府岸和田市	0724-39-9931
(有)アイ・ルーフ	大阪府岸和田市	0724-32-8625
(株)近藤板金	大阪府岸和田市	0724-43-8179
水田板金工業所	大阪府堺市	0722-32-6857
箕原板金	大阪府堺市	072-244-7843
ワイビー工業(株)	大阪府堺市	072-233-7445
タップ工房(株)	大阪府茨木市	0726-20-2580
(有)南野鈑金工作所	大阪府茨木市	072-623-2472
(有)崎須賀鈑金	大阪府守口市	06-6780-3166
(株)チューオー大阪営業所	大阪府吹田市	06-6190-3525
杉原板金店	大阪府吹田市	06-6875-7470
真野鈑金	大阪府箕面市	0727-22-3180
アイジー工業(株)大阪営業所	大阪府箕面市	072-749-3188
黒澤鈑金(株)	大阪府高槻市	0726-75-5285
大和スレート(株)大阪支店	大阪府摂津市	072-634-7161
(有)別井鈑金工業	大阪府南河内郡	0721-98-0263
(株)きたむら	神戸市灘区	078-851-7171
三晃金属工業(株)神戸営業所	神戸市須磨区	078-230-3560
(株)淀川製鋼所神戸営業所	神戸市中央区	078-361-5500
三協工業(株)	兵庫県尼崎市	06-6487-1298
ハイデッキ(株)	兵庫県姫路市	0792-36-9988
山本板金工業(株)	兵庫県姫路市	0792-34-2711
内海板金工業(株)	兵庫県姫路市	0792-36-4421
大和スレート(株)姫路出張所	兵庫県姫路市	079-236-9787
(株)川原鈑金工業	兵庫県西宮市	0798-33-5441
誠金属工業(株)	兵庫県西宮市	0798-73-5459

会社名	所在地	電話番号
馬頭板金工業所	兵庫県加西市	0790-44-2218
池垣建築板金(株)	兵庫県豊岡市	0796-24-1456
三協工業(株)兵庫支店	兵庫県加古川市	0794-25-2251
木地板金	兵庫県加古川市	0794-23-9610
月星商事(株)兵庫支店	兵庫県神崎郡	0790-22-5271
月星商事(株)和歌山営業所	和歌山県和歌山市	073-471-6591
楠本板金工作所	和歌山県和歌山市	073-444-1630
(資)栗林鈑金工作所	和歌山県新宮市	0735-22-4727
(有)松本板金工業所	和歌山県新宮市	0735-22-6049
(有)中川板金	和歌山県有田郡	0737-63-5858
(株)岡橋板金	奈良県橿原市	0744-22-0533
藤板金	奈良県橿原市	0744-23-1267
三晃金属工業(株)奈良営業所	奈良県橿原市	0744-24-1034
(有)髙松板金工業	奈良県大和高田市	0745-23-8016
(株)淀川製鋼所岡山営業所	岡山県岡山市	086-223-4751
三協工業(株)岡山営業所	岡山県岡山市	086-262-3321
大島応用(株)岡山営業所	岡山県岡山市	086-942-3964
三晃金属工業(株)岡山駐在員事務所	岡山県岡山市	086-292-2777
田中板金工業(有)	岡山県岡山市	086-296-3917
井原金属工事(株)	岡山県井原市	0866-62-3676
JFE鋼板(株)岡山営業所	岡山県岡山市	086-233-0068
元旦ビューティ工業(株)岡山営業所	岡山県岡山市	086-236-0651
太耀産業(株)	岡山県岡山市	086-293-2325
大和スレート(株)岡山出張所	岡山県岡山市	086-282-3178
山田工業(株)	岡山県倉敷市	086-462-1832
(株)板屋金属	岡山県勝田郡	0868-38-3094
アサヒ金属(株)	岡山県都窪郡	086-292-5858
(株)淀川製鋼所広島営業所	広島市中区	082-248-2431
大島応用(株)広島営業所	広島市中区	082-245-2080
オリエンタルメタル(株)西日本営業所	広島市中区	082-293-8151
JFE鋼板(株)中国営業所	広島市中区	082-245-3238
重森板金工業(株)	広島市南区	082-254-5500
三晃金属工業(株)中国支店	広島市南区	082-264-7881
大和スレート(株)広島支店	広島市南区	082-259-3707
元旦ビューティ工業(株)広島営業所	広島市東区	082-261-3161
(株)島屋	広島市西区	082-277-1133
(株)中和商会	広島市西区	082-503-0055
沖板金	広島市安佐北区	082-837-0597
タナベ工業(株)	広島市安佐南区	082-872-3322
西和興業(株)	広島市佐伯区	082-927-6783

会社名	所在地	電話番号
(有)瀬戸内板金工業	広島市佐伯区	082-923-4427
(株)細川工業	広島県福山市	0849-43-5230
日光鋼板(有)	広島県福山市	0849-53-8334
大和スレート(株)福山出張所	広島県福山市	084-953-3634
国興産業(株)	広島県呉市	0823-71-9191
(株)アカリ工業	広島県三原市	0848-64-5343
北板金工業(株)	広島県佐伯郡	0829-55-2482
金山板金工業(株)	山口県下関市	083-248-3835
鋲工事三畑	山口県下松市	0833-43-6760
トキワスチール(株)	山口県下松市	0833-44-1133
田山板金店	山口県徳山市	0834-88-3553
渡部板金	山口県徳山市	0834-25-0925
三晃金属工業(株)徳山営業所	山口県徳山市	0834-21-3482
(株)ヤマダ	山口県周南市	0834-62-3161
兼森板金	山口県防府市	0835-23-7786
長崎工業	山口県岩国市	0827-22-5668
大和スレート(株)山口出張所	山口県山口市	083-972-7884
(有)松田板金工作所	山口県熊毛郡	0833-91-0354
後藤工業	山口県熊毛郡	0820-52-7151
カワゾエ工業(有)	山口県玖珂郡	0827-84-0760
(有)天野鈑金工作所	島根県松江市	0852-37-1238
(株)斐川板金	島根県簸川郡	0853-63-1281
三晃金属工業(株)米子駐在員事務所	鳥取県米子市	0859-38-3477
亀井サンキ(株)	愛媛県松山市	089-945-3535
(株)ケイ・アール・シー	愛媛県松山市	089-971-5714
(有)タケダメタル工業	愛媛県松山市	089-958-2325
三晃金属工業(株)四国営業所	愛媛県松山市	089-924-5251
元旦ビューティ工業(株)四国営業所	愛媛県松山市	089-947-7818
(株)久門スチールワークマン社松山出張所	愛媛県松山市	089-958-3637
大和スレート(株)松山出張所	愛媛県松山市	089-963-3911
(有)日下部鈑金工業所	愛媛県新居浜市	0897-45-3780
(株)久門スチールワークマン社	愛媛県新居浜市	0897-35-2005
大島応用(株)新居浜支店	愛媛県新居浜市	0897-46-2300
(株)おがわ	香川県高松市	087-848-1111
(株)淀川製鋼所高松営業所	香川県高松市	087-834-3611
三晃金属工業(株)高松駐在員事務所	香川県高松市	087-822-4451
大和スレート(株)本社	香川県高松市	087-831-9141
大和スレート(株)四国営業所	香川県高松市	087-831-9142
大和スレート(株)観音寺出張所	香川県観音寺市	0875-25-1396
(株)川上板金工業所	香川県仲多度郡	0877-75-5156

シンコユニ㈱	香川県綾歌郡	087-877-1000
蔵本板金㈲	徳島県小松島市	0885-32-0918
㈱今岡金物店	徳島県小松島市	0885-32-2177
大和スレート㈱徳島出張所	徳島県小松島市	0885-48-6011
新晃商事㈱	高知県高知市	088-832-0307
㈱淀川製鋼所高知営業所	高知県高知市	088-884-3115
㈲筒井板金工業	高知県高知市	088-832-1415
㈱渡辺藤吉本店	福岡市博多区	092-291-1320
㈱協和	福岡市博多区	092-431-4232
三晃金属工業㈱九州支店	福岡市博多区	092-441-3551
月星商事㈱福岡営業所	福岡市博多区	092-414-3315
大島応用㈱福岡営業所	福岡市博多区	092-473-8343
JFE鋼板㈱九州支店	福岡市博多区	092-262-7711
㈱チューオー福岡営業所	福岡市博多区	092-402-1210
㈱淀川製鋼所福岡営業所	福岡市中央区	092-781-6035
元旦ビューティ工業㈱福岡支店	福岡市中央区	092-712-1691
㈱野田清商店福岡支店	福岡市中央区	092-712-4375
㈲フクタケ板金	福岡市東区	092-691-6218
大和スレート㈱福岡支店	福岡市西区	092-806-0101
日創プロニティ㈱	福岡市南区	092-552-3749
㈲坪井板金工業所	北九州市小倉北区	093-592-4648
三晃金属工業㈱北九州営業所	北九州市小倉北区	093-531-1713
㈲岩尾錺工店	北九州市小倉北区	093-521-4096
㈲西川板金工業	北九州市八幡東区	093-681-8210
八幡板金工業㈱	北九州市八幡東区	093-661-1148
大和スレート㈱北九州出張所	北九州市小倉南区	093-452-0870
信和鋼板㈱	北九州市若松区	093-751-1580
アイジー工業㈱福岡営業所	福岡県福岡市	092-474-5564
シンコー㈱	福岡県飯塚市	0948-24-0811
㈱淀工業	福岡県宗像市	0940-36-5634
三協工業㈱福岡営業所	福岡県直方市	0949-28-0777
㈱野田清商店	福岡県久留米市	0942-21-4141
松尾塗装工業	福岡県大牟田市	0944-53-4679
㈱ミリオンテック	福岡県小郡市	0942-72-0400
ニシオ工販㈱	福岡県飯塚市	0948-26-5898
九州メタル・ルーフ	福岡県京都郡	093-436-0440
大和スレート㈱久留米出張所	福岡県八女郡	0942-53-7807
㈱國廣板金工業	佐賀県鹿島市	0954-63-3389
㈱野田清商店鳥栖営業所	佐賀県鳥栖市	0942-83-6485
㈱一原産業	大分県大分市	097-551-8211

三晃金属工業(株)大分営業所	大分県大分市	0975-58-5742
(株)三邦	大分県大分市	097-593-3222
(有)日伸工作所	大分県中津市	0979-32-1946
(有)永田板金工業	長崎県長崎市	095-847-4188
三晃金属工業(株)長崎営業所	長崎県長崎市	095-843-4611
林板金工業	長崎県長崎市	095-856-9260
(株)黒田板金工業	長崎県大村市	0957-53-6450
(株)ニーテックハマナカ	長崎県西彼杵郡	095-882-2204
三晃金属工業(株)熊本営業所	熊本県熊本市	096-346-2807
JFE日建板(株)熊本営業所	熊本県熊本市	096-331-7241
(株)平島	熊本県熊本市	096-354-1231
大和スレート(株)熊本出張所	熊本県熊本市	096-388-7150
松本板金工業(株)	熊本県八代市	0965-35-3155
元旦ビューティ工業(株)熊本営業所	熊本県熊本市	096-362-8711
(株)エフ・ケイ工業	熊本県合志市	096-248-3935
(有)郡山板金工業所	宮崎県宮崎市	0985-24-3500
(有)日成金属工業	宮崎県都城市	0986-24-2422
(株)ミック・マツモト	宮崎県都城市	0986-22-1600
松崎板金工業(株)	宮崎県日向市	0982-52-3408
加治佐工業(株)	宮崎県えびの市	0984-33-4188
南九州金属工業(株)	鹿児島県鹿児島市	099-229-7111
三晃金属工業(株)鹿児島営業所	鹿児島県鹿児島市	099-225-8150
(株)淀川製鋼所鹿児島営業所	鹿児島県鹿児島市	099-222-5077
大和スレート(株)鹿児島出張所	鹿児島県鹿児島市	099-220-7577
宮口板金塗装店	鹿児島県串木野市	0996-32-2380
川崎板金工業(株)	鹿児島県いちき串木野市	0996-32-0345
大和スレート(株)鹿屋出張所	鹿児島県鹿屋市	0994-43-3267
三晃金属工業(株)沖縄営業所	沖縄県那覇市	098-861-7001
元旦ビューティ工業(株)沖縄営業所	沖縄県宜野湾市	098-870-2761
沖阪産業(株)	沖縄県那覇市	098-861-1950
田本建築板金	沖縄県島尻郡	098-888-2204
大保商事(株)	沖縄県豊見城市	098-850-1005
(有)フロンティアーズ	沖縄県沖縄市	098-934-6701

●カーテンウォール・防火開口部協会●

一般社団法人 カーテンウォール・防火開口部協会
〒105-0003　東京都港区西新橋1-1-21(日本酒造会館2F)03-3500-3891(カーテンウォール)／03-3500-3634(防火戸)
[会員名]

三協立山(株)	0766-20-2101
不二サッシ(株)	03-6867-0780

(株)LIXIL	03-3638-1285
YKK AP(株)	03-3864-2380
菊川工業(株)	047-492-1231
昭和リーフ(株)	03-3832-1101
旭硝子(株)	03-3218-7781
阿部興業(株)	03-3341-9021
アルメタックス(株)	06-6440-3838
伊藤忠ウインドウズ(株)	03-6739-7520
(株)イマイ	0574-62-6211
老川工業(株)	048-267-2121
ガーディアン・ジャパン・リミテッド	03-5645-1585
ガデリウス・インダストリー(株)	03-5414-8752
金秀アルミ工業(株)	098-835-8100
(株)かんぜん	058-245-6181
(有)共和木工	0266-52-0774
(株)建鋼社	096-386-2111
サンゴバン・ハングラス・ジャパン(株)	03-5275-0866
三和シヤッター工業(株)	03-6734-7575
三和タジマ(株)	03-5954-5880
昭和フロント(株)	03-3293-6737
スウェーデンハウス(株)	03-5430-7620
セントラル硝子(株)	03-3259-7024
テクノエフアンドシー(株)	03-6302-0807
(株)デザインアーク	06-6536-6111
(株)手島製作所	03-5836-1134
寺岡オートドア(株)	03-3758-3531
東洋シヤッター(株)	06-4705-2110
ナブテスコ(株)	03-5213-1156
(株)日鋼サッシュ製作所	087-867-1674
日本板硝子(株)	0436-61-2863
日本電気硝子(株)	077-537-1700
日本フネン(株)	0883-25-4660
(株)ニュースト	026-261-3870
(株)ハイレンハウス	03-3779-4170
BXティアール(株)	048-771-3710
文化シヤッター(株)	03-5844-7200
ヴェステック(株)	03-5305-5321
ペラコーポレーション	03-6717-4303
豊和工業(株)	052-408-1163
まねきや硝子(株)	072-963-6061

(株)ユニテ ……………………………………………………………………………………… 0489-31-1251
利高工業(株)……………………………………………………………………………………… 06-6478-0333

●プレコンシステム協会●
一般社団法人 プレコンシステム協会 …………………………………………………………………
　　　　　　　　　　　　　〒 103-0023　東京都中央区日本橋本町 2-3-15（共同ビル（新本町）4F）… 03-3273-6337
［会員名］
(株)エスシー・プレコン… 〒 270-0122　千葉県流山市大畔 440 …………………………… 04-7158-6531
川岸工業(株)……………… 〒 105-0021　東京都港区東新橋 1-2-13 ………………………… 03-3572-5401
(株)三暁プレコンシステム…………………………………………………………………………………
　　　　　　　　　　　　　〒 062-0020　北海道札幌市豊平区月寒中央通 1-2-14 ……………… 011-852-5221
(株)ダイワ………………… 〒 511-0284　三重県いなべ市大安町梅戸 1316 ………………… 0594-77-0821
高橋カーテンウォール工業(株)……………………………………………………………………………
　　　　　　　　　　　　　〒 103-0023　東京都中央区日本橋本町 1-5-4（住友不動産日本橋ビル 6F）… 03-3271-1711
東栄コンクリート工業(株) ………………………………………………………………………………
　　　　　　　　　　　　　〒 990-2345　山形県山形市富神台 19 番地（山形市西部工業団地）… 023-643-1144
東洋プレコン工業(株)…… 〒 501-1205　岐阜県本巣市曽井中島 2408-1 ………………………… 0581-34-2778
(株)ナルックス…………… 〒 510-8001　三重県四日市市天ヵ須賀 5-4-13 …………………… 059-363-3333
フジピーシー(株)………… 〒 426-0022　静岡県藤枝市稲川 852 …………………………… 054-646-3677
翠興産(株)………………… 〒 848-0121　佐賀県伊万里市黒川町塩屋 5-33 ………………… 0955-27-1881
(株)ヤマックス…………… 〒 862-0950　熊本県熊本市水前寺 3-9-5 ……………………… 096-381-6411

●板硝子協会●
板硝子協会………………… 〒 108-0074　東京都港区高輪 1-3-13（NBF 高輪ビル 4F）　……… 03-6450-3926
［会員名］
旭硝子(株)………………… 〒 100-0005　東京都千代田区丸の内 1-5-1 …………………… 03-3218-5741
日本板硝子(株)…………… 〒 108-6321　東京都港区三田 3-5-27（住友不動産三田ツインビル西館）… 03-5443-9522
セントラル硝子(株)……… 〒 101-0054　東京都千代田区神田錦町 3-7-1（興和一橋ビル）…… 03-3259-7111

［第三版］
鉄骨建築内外装構法図集

1985年10月20日	1版1刷発行
1997年12月20日	2版1刷発行
2016年 3月10日	3版1刷発行

定価はカバーに表示してあります。

ISBN 978-4-7655-2585-5 C3052

編　者　一般社団法人
　　　　日　本　鉄　鋼　連　盟
　　　　鉄骨建築内外装構法図集
　　　　改　訂　委　員　会
発行者　長　　　滋　　　彦
発行所　技報堂出版株式会社

〒101-0051　東京都千代田区神田神保町1-2-5
電　話　営　業（03）（5217）0885
　　　　編　集（03）（5217）0881
Ｆ　Ａ　Ｘ　　　　（03）（5217）0886
振替口座　00140-4-10
Ｕ　Ｒ　Ｌ　http://gihodobooks.jp/

日本書籍出版協会会員
自然科学書協会会員
土木・建築書協会会員

Printed in Japan

Ⓒ The Japan Iron and Steel Federation, 2016

装幀：田中邦直　印刷・製本：昭和情報プロセス

落丁・乱丁はお取り替えいたします。

JCOPY　<出版者著作権管理機構 委託出版物>

本書の無断複写は著作権法上での例外を除き禁じられています。複写される場合は，そのつど事前に，出版者著作権管理機構（電話：03-3513-6969，FAX：03-3513-6979，e-mail: info@jcopy.or.jp）の許諾を得てください。

◆小社刊行図書のご案内◆

定価につきましては小社ホームページ（http://gihodobooks.jp/）をご確認ください。

薄板軽量形鋼造建築物設計の手引き（第2版）

国土交通省国土技術政策総合研究所・建築研究所監修／日本鉄鋼連盟 編

A4・420頁

【内容紹介】国土交通省告示第1641号の2012年9月改正に対応。これにより，4階建てまでの建築が可能となり，重量鉄骨，鉄筋コンクリート造骨組との併用構造が設計できることとなった。

鋼構造建築物へのエネルギー法活用マニュアル

—平成17年国土交通省告示第631号「エネルギーの釣合いに基づく耐震計算法」に準拠して—

建築研究所 監修／建築研究所・日本建築構造技術者協会・日本鋼構造協会・日本鉄鋼連盟 編

A4・464頁

【内容紹介】「エネルギーの釣合いに基づく耐震計算法」は，地震により構造物に入るエネルギーと構造物が吸収できるエネルギーの対比によって構造性能を評価しようとするものである。エネルギーの概念による評価では，限界耐力計算で導入された変形の概念と従来の許容応力度等計算での保有耐力とを併せて用い，構造物の耐震性を合理的に評価する。本書は，この計算法を鋼構造建築物に適用する場合に必要な技術的背景の理解と具体的計算における判断を養い実際の設計に進めるよう平易に解説したものである。

設計者のための見落としてはならない非構造部材

日本建築構造技術者協会 編

B5・248頁

【内容紹介】「見落としてはならない非構造部材・設備と躯体との取合い」（2006年発行）を，東日本大震災の教訓や法令，基規準の改定を踏まえて改定した書。本書は，非構造部材の躯体への取り付け方法を中心に，施工上の注意点を工事管理チェックリストの形式でまとめて解説し，耐震性能を含め安全性能を確保するためには非常に有益なものとなっている。

鉄骨工事現場施工計画書の作成マニュアル

建築業協会・日本建築構造技術者協会 編

B5・204頁

【内容紹介】地上10階塔屋1階建ての鉄骨造を対象に，鉄骨建方の標準的な手順を示し解説しました。計画書本文とその解説とは見開き頁で編集し，添付CDには本文をMS-WordとPDFのデータで収載してあるので，読書はこれを自由にコピー・アレンジして当該工事に見合う施工計画書を作成できます。本書は，ゼネコンやサブコン各社が独自に作成されている施工計画書を収集し，管理・監理者と施工者が双方の立場から検討した成果です。また，小規模現場から大規模現場までの使用に耐え得ること目指しています。

鉄筋コンクリート造建築物における構造スリット設計指針

日本建築構造技術者協会 編

B5・162頁

【内容紹介】鉄筋コンクリート造建築物の壁に多く用いられる構造スリットにより生じる種々の問題を解決するために，スリット付き壁を含む梁部材の剛性評価の提案，法的要求，スリットの各種性能をまとめた書。構造設計者や建設に携わる人々に，「守るべき望ましい水準」と「性能検証方法と評価レベル」を示し，指針として利用してもらうことを目指している。これまで過大であった剛性評価について，画期的な式も提案する。

技報堂出版 ｜ TEL 営業 03(5217)0885 編集 03(5217)0881
FAX 03(5217)0886